青山学院大学総合研究所叢書

中小企業の企業連携

中小企業組合における農商工連携と地域活性化

●

森川 信男 編著

学文社

執 筆 者

＊**森川　信男**	青山学院大学経営学部教授	（第1・6・7・8・9・10・12・13章）
小嶌　正稔	東洋大学経営学部教授	（第2章）
中野　勉	青山学院大学大学院国際マネジメント研究科教授	（第3章）
三村優美子	青山学院大学経営学部教授	（第4章）
須田　敏子	青山学院大学大学院国際マネジメント研究科教授	（第5章）
佐久間一浩	全国中小企業団体中央会事業推進部長	（第6・7・9・10・12・13章）
樋口　和彦	白鷗大学経営学部教授	（第8章）
加藤　篤志	全国中小企業団体中央会事務局長	（第11章）

（執筆順，＊は編者）

はしがき

　わが国経済は，昨年末までは「失われた十年」と呼ばれて久しかったが，ようやく長期低迷から脱却する機会が訪れ，実体経済上ほのかに薄明かりが見えてきた観があり，少なくとも「景気の"気"」からは景気回復の気配が濃厚となってきており，久方ぶりの安堵感である。

　しかし，依然として日本企業の凋落が止まらない分野も見られる。とりわけ，グローバル化と情報化の直撃，否その具体的かつ実効性のある対応策の遅れにより，かつてはわが国産業の独壇場であった家電・半導体・情報機器を中核とするIT関連産業の落ち込みは覆うべくもなく，未だに企業業績回復のきっかけさえつかめない企業も少なくない状況である。バブル崩壊以降「失われた二十年」を経た今日でも未だに，戦後の索漠荒廃から「世界第二の経済大国」にまで奇跡的な復興を遂げた「成功体験」を忘れられないかの如く，凋落の事実を率直に受け止めることができない情況に置かれている観もある。

　それはある意味ではまったく無理からぬことである。バブル崩壊後暫くの間はともかくとして，今日では個人も企業も政府も，従業員も経営者も，都市も地方も，主婦も学生も教師も日本国中，リストラを堪え忍び，生活を切り詰めて「一生懸命」与えられた仕事をこなしており，少なくとも戦後から今日に至る幾多の不況対応策からみれば，これ以上何をすれば良いのか，どのように頑張れば良いのかがまったく分からなくなってきているからである。

　凋落の要因としては資源極少から少子高齢，官僚機構，為替通貨問題まで多種多様であるが，結局のところは，わが国企業・産業・政府，否個人・組織・社会が，グローバル化と情報化の急展開という，歴史的にみても類い希な，急激な環境変化に十分対応することができない現実に帰結する。現代の，グローバル化と情報化が高次に複合化した，「グローバル情報化時代」における企業経営には，とりわけ以下の対応が希求される。

第一は企業経営の迅速化である。いかなる企業経営も「情報による意思決定の実行」は古今東西変わることはない。意思決定の遅れは古い情報に基づく意思決定を意味しており，意思決定時点ですでに実状に不適合な可能性が大きい。大規模企業は責任と権限を大幅に委譲し，実質的に小規模企業の連携化を図る形に再編成して，機動性を大幅に高めることが肝要である。的確なコンプライアンスを志向し，「角を矯めて牛を殺す」ことなく，とりわけオフィス業務を迅速化してリアルとネット，物流と情流，商流と資流の連携化により，意思決定の迅速化を支援する必要がある。

　第二は企業経営の現地化である。現実世界は好むと好まざるとにかかわらず，言語・習慣・気候・風土・自然，あるいは経済・政治・教育・文化・宗教等きわめて多様な自然的・社会的な環境の下に存在している。こうした現状を直視して，現地にあった製品・サービスを提供し，事業・業務活動を迅速に遂行する必要がある。わが国における携帯電話の発展・普及と，その企業・産業の対応・展開に見るまでもなく，「ガラパゴス化現象」の拡散ではなく，経営業務の現地化を進め，利用者・使用者の状況に適合した，「郷に入れば郷に従う」企業経営を徹底することが肝要である。

　第三は企業経営の情報化である。旧来情報化は，ともすれば華々しく出現する情報技術（Information Technology：IT）の革新に目を奪われ，情報思考（Information Thinking：IT）の展開を疎かにしてきたきらいがあるが，本来両者は表裏一体の関係にある。情報化の進展にともなって，誠に皮肉なことに情報は一見ますます無料化する感があるが，情報化社会における価値の源泉は「情報」の創出にあることに変わりはない。先進国における企業経営は，製品・サービス自体，あるいはその生産・販売体制（システム）の中にいかに情報思考を展開し，いかに情報的付加価値を高めるかにかかっている。

　本書は，青山学院大学総合研究所における「中小企業の企業連携─組織的・産業的・地域的連携─研究」研究プロジェクト（研究期間：2010年4月～2012年3月，プロジェクト代表：森川信男）による研究成果の一端である。

　本研究プロジェクトは，「グローバル情報化時代」における企業経営の要諦

は，一にも二にも「連携」にあるとの視点から，プロジェクトの名称通り「中小企業の企業連携」について研究を進めたが，とりわけ「組織的・産業的・地域的連携」の具体的な事例として，今日でもなお，否ますます中小企業の優れた連携組織として重要性を増している「中小企業組合」における，「農商工連携」と「地域活性化」を取り上げた。

　本プロジェクトは，学内の三村優美子（経営学部教授），須田敏子（国際マネジメント研究科教授），中野勉（国際マネジメント研究科教授），森川信男（経営学部教授）の４名，さらに学外の小嶌正稔（東洋大学経営学部教授）と樋口和彦（白鷗大学経営学部教授）の２名，そして実務界から加藤篤志（全国中小企業団体中央会事務局長）と佐久間一浩（全国中小企業団体中央会事業推進部長）のお二人の，学問界と実務界を結ぶ学内外の８名の参加を得て，名実ともに「総合研究所」の名称にふさわしい形で「総合的研究」を進めてきた。

　今般，こうして研究成果を当初計画通り刊行できることは，青山学院大学総合研究所からのご助成の賜物である。また，本プロジェクトの研究期間中には，本書に事例として掲載した全国多数の中小企業や中小企業組合などを直接訪問し，ヒアリング実地調査によってしか得ることのできない，新たな知見を得る機会に恵まれたことは，研究者として誠に貴重な経験であった。

　本書の出版に際しては，特に総合研究所の事務スタッフの皆様と，学文社の田中千津子社長他スタッフの皆様には大変お世話になりました。本プロジェクトにかかわった研究員一同は，今般の共同研究が研究成果刊行へと豊かに結実したことの恵みに感謝しつつ，本書において纏めきれなかった幾つかの課題について，今後ともさらなる研鑽を積み重ねていきたい。

2013年　弥生

編著者　森川　信男

目　次

第一部　中小企業の企業連携

第1章　企業連携の本質と類型 …………………………………………… 3

第1節　現代社会組織における「企業連携」…………………………… 3
　1．現代社会キーワードとしての「連携」………………………… 3
　2．情報化の進展と「連携」思考の拡大…………………………… 4
　3．現代企業連携の必要性と必然性………………………………… 6

第2節　わが国企業組織を取り巻く環境変化…………………………… 9
　1．ケイレツ化の崩壊………………………………………………… 10
　2．ボーダレス化の進展……………………………………………… 11
　3．ネットワーク化の進展…………………………………………… 14

第3節　経営資源からみた経営組織……………………………………… 16
　1．経営資源と経営組織……………………………………………… 16
　2．基幹プロセスと補助プロセス…………………………………… 18
　3．経営資源からみた経営組織の種別……………………………… 19

第4節　経営資源からみた組織連携……………………………………… 22
　1．経営資源からみた組織連携の分類視点………………………… 22
　2．組織連携の発展的傾向…………………………………………… 23
　3．経営資源からみた組織連携の類型……………………………… 24

第5節　中小企業を取り巻く企業連携……………………………… 28
　　1．中小企業における企業連携の類型………………………… 28
　　2．中小企業の企業連携としての「中小企業組合」………… 30
　　3．中小企業の連携組織としての「中小企業団体中央会」… 34

第2章　中小企業の連携プロセスと連携支援のあり方 …………… 37

　はじめに……………………………………………………………… 37

　第1節　中小企業を取り巻く環境変化と企業間連携…………… 38
　　1．事業転換・業種転換………………………………………… 39
　　2．異業種連携…………………………………………………… 40

　第2節　事業連携の活動内容と目的……………………………… 42
　　1．事業連携活動内容…………………………………………… 42
　　2．事業連携目的………………………………………………… 45

　第3節　企業連携組織化プロセス………………………………… 47
　　1．第1段階：交流・情報段階………………………………… 48
　　2．第2段階：開発段階………………………………………… 49
　　3．第3段階：事業化段階……………………………………… 51
　　4．第4段階：市場化段階……………………………………… 51

　第4節　中小企業の組織化と連携の手段と目的………………… 52

　第5節　新連携（中小企業新事業活動促進法）による支援の課題と
　　　　　方向性………………………………………………………… 54
　　1．新連携・農商工連携制度の概要…………………………… 55

2．新連携におけるサービス業の状況と課題……………………………… 58

　まとめ……………………………………………………………………………… 62

第3章　日本のオーディオ産業と中小企業の連携
　　　　　—ネットワークと文化の視点から……………………… 69

　第1節　はじめに：グローバル化と中小企業の経営環境の変化………… 69

　第2節　本研究の課題と分析アプローチ…………………………………… 70
　　1．中小企業の連携とソーシャル・ネットワーク……………………… 70
　　2．「構造」と「文化」の視点と課題……………………………………… 71
　　3．理論のフレーム—「創造的な摩擦」の理論………………………… 73

　第3節　諸概念，データ，分析方法と命題………………………………… 76
　　1．日本のオーディオ産業における「創造的な摩擦」：「文化」と
　　　ネットワーク……………………………………………………………… 76
　　2．「文化」の概念とソーシャル・ネットワーク………………………… 77
　　3．ネットワークの同値性と多重性……………………………………… 78
　　4．データと分析方法……………………………………………………… 79

　第4節　日本のオーディオ産業とそのネットワークの分析……………… 80
　　1．ネットワーク構造のパターン………………………………………… 80
　　2．日本のオーディオ産業史とソーシャル・ネットワーク…………… 84
　　3．黎明期—音楽を聴く装置としてのオーディオとその普及………… 84
　　4．発展期からバブル期へ—家庭内の音楽空間とハイエンドの登場… 85
　　5．成熟期—技術と教養からマニアの趣味へ…………………………… 86
　　6．オーディオ文化の多様化と小型軽量化

　　　　　　―手軽な音楽，ビジュアル化，PCとの連動へ……………… 87
　　7．オーディオ産業とソーシャル・ネットワークの構造分析………… 88
　　8．オーディオ産業の現状とイノベーション
　　　　　―埋め込まれた文化のぶつかり合い……………………………… 93
　　9．ネットワークの文化のぶつかり合いのメカニズム
　　　　　―中小の専門企業と商社のネットワーク………………………… 96

　第5節　結論と考察………………………………………………………… 97

第4章　地域商業再生と地域マーケティング……………………… 107

　第1節　まちづくり三法改正の背景と意味……………………………… 107
　　1．大店法からまちづくり三法へ…………………………………………… 107
　　2．まちづくり三法成立の経緯……………………………………………… 111

　第2節　変質した地域商業問題…………………………………………… 113
　　1．価値観の変化とまちづくりの思想……………………………………… 113
　　2．まちづくり三法の改正―公共と共有の論理…………………………… 116

　第3節　まちづくりと地域マーケティングの可能性…………………… 118
　　1．まちづくりに必要な地域視点のマーケティング……………………… 118
　　2．報徳の思想と掛川市のまちづくり……………………………………… 122

第5章　組織フィールド内の人事制度変化の分析
　　　　　―技術・制度環境と企業間関係……………………………… 127

　第1節　理論的背景………………………………………………………… 127
　　1．制度理論と制度化………………………………………………………… 127

2．制度化単位としての組織フィールド……………………………129
　　3．制度理論における変化・差異化の研究……………………………130
　　4．制度環境・技術環境からの組織フィールドの分析………………133

第2節　研究目的……………………………………………………………134

第3節　製薬産業の特色と近年の動向
　　　　―日本の製薬企業を取り巻く技術環境・制度環境……………135

第4節　リサーチデザイン…………………………………………………138

第5節　ケーススタディ結果………………………………………………143
　　1．社員等級………………………………………………………………143
　　2．基本給…………………………………………………………………147
　　3．ケーススタディ結果のまとめ………………………………………150

第6節　制度理論からの分析………………………………………………151
　　1．人事制度収斂化に関する分析
　　　　―技術環境・制度環境が与える影響………………………………152
　　2．人事制度差異化に関する制度起業家からの分析…………………155

第二部　中小企業組合における農商工連携

第6章　中小企業組合における農商工連携の現状と課題……………161

第1節　農商工連携に取り組む中小企業組合事例の概要………………161

第2節　活動目標レベルからみた農商工連携組合事例…………………168

1．活動目標レベルからみた農商工連携……………………………… 168
　　2．「導入・開始段階」の事例組合…………………………………… 172
　　3．「基礎・整備段階」の事例組合…………………………………… 173
　　4．「応用・拡大段階」の事例組合…………………………………… 175
　　5．「創造・発展段階」の事例組合…………………………………… 179

　第3節　市場活動レベルからみた農商工連携組合事例………………………… 181
　　1．市場活動レベルからみた農商工連携……………………………… 181
　　2．「町村連携区域」の事例組合……………………………………… 181
　　3．「市内連携区域」の事例組合……………………………………… 182
　　4．「県内連携区域」の事例組合……………………………………… 183
　　5．「全国連携区域」の事例組合……………………………………… 184
　　6．「グローバル市場」の事例組合…………………………………… 185

　第4節　中小企業組合における農商工連携の展開……………………………… 185
　　1．農商工連携組合の連携ポジション………………………………… 185
　　2．農商工連携組合の業種別連携ポジション………………………… 190
　　3．農商工連携組合の連携業務分野…………………………………… 195

第7章　「農商工連携実施組合実態調査」の単純集計分析結果……… 201

　第1節　農商工連携を取り巻く期待と施策……………………………………… 201
　　1．農商工連携を取り巻く期待………………………………………… 201
　　2．農商工連携を取り巻く施策………………………………………… 203

　第2節　「農商工連携実施組合実態調査」の実施……………………………… 208
　　1．「農商工連携実施組合実態調査」の調査範囲…………………… 208
　　2．「農商工連携実施組合実態調査」の実施概要…………………… 211

第 3 節　中小企業組合における農商工連携の活動状況……………215
　1．農商工連携の共同事業と加入状況……………………………215
　2．農商工連携活動の具体的内容…………………………………217
　3．農商工連携活動を実施している農林漁業者…………………219
　4．農商工連携における連携のきっかけと目的…………………221
　5．農商工連携活動における成果と課題…………………………224
　6．農商工連携活動の継続理由と非継続理由……………………227
　7．農商工連携活動実施の意向と意識……………………………228

第 4 節　中小企業組合における農商工連携の基本的課題……………233
　1．中小企業者・農林漁業者の取組むべき課題…………………233
　2．農商工連携における取組みのレベル…………………………235
　3．農商工連携の方向性……………………………………………237
　4．農商工連携の推進と深化………………………………………238

第 8 章　「農商工連携実施組合実態調査」の相関分析結果……………245

第 1 節　「農商工連携実施組合実態調査」の実施……………………245
　1．「農商工連携実施組合実態調査」の実施概要…………………245
　2．「農商工連携実施組合実態調査」の回答組合概要……………249
　3．「農商工連携実施組合実態調査」の関連性分析………………249

第 2 節　「農商工連携実施組合実態調査」の関連性分析……………252
　1．関連性分析1：設立年数・組合員数・出資規模の相関関係……252
　2．関連性分析2：設立年数・組合員数・出資規模と業種の
　　　　　　　　　相関関係………………………………………255
　3．関連性分析3：業種間の相関関係……………………………256
　4．関連性分析4：設立年数・組合員数・出資規模と連携活動の

相関関係……………………………………………………………258
　5．関連性分析5：業種と連携活動の相関関係………………………261

第3節　「農商工連携実施組合実態調査」の因果性分析………………263
　1．因果性分析1：単回帰による分析結果……………………………263
　2．因果性分析2：重回帰による分析結果……………………………264

第三部　中小企業組合における地域活性化

第9章　地域活性化に貢献する中小企業組合の現状と課題………269

第1節　地域活性化に貢献する中小企業組合事例の概要………………269

第2節　地域活性化と中小企業組合………………………………………275
　1．地域活性化に貢献する中小企業組合………………………………275
　2．地域活性化に向けた中小企業支援策………………………………278
　3．地域活性化への中小企業組合の活用………………………………281

第3節　地域活性化に貢献する中小企業組合の事業活動………………283
　1．地域活性化貢献中小企業組合の事業活動分野……………………283
　2．街づくり活動型・観光誘致活動型…………………………………286
　3．地域資源活用型・農商工連携型……………………………………288
　4．社会的課題対応型・環境問題対応型………………………………290
　5．人材育成型・雇用開発型……………………………………………293

第4節　地域活性化貢献中小企業組合の成功要因………………………294
　1．街づくり活動型・観光誘致活動型の成功要因……………………294
　2．地域資源活用型・農商工連携型の成功要因………………………295

3．社会的課題対応型・環境問題対応型の成功要因………………296
　　4．人材育成型・雇用開発型の成功要因……………………………296

　第5節　地域活性化貢献中小企業組合の活動成果……………………297
　　1．街づくり活動型・観光誘致活動型の活動成果…………………297
　　2．地域資源活用型・農商工連携型の活動成果……………………299
　　3．社会的課題対応型・環境問題対応型の活動成果………………300
　　4．人材育成型・雇用開発型の活動成果……………………………302

　第6節　地域活性化貢献中小企業組合の資本効率性…………………303
　　1．資本利益率（ROI）と自己資本比率……………………………303
　　2．事例組合のグルーピング…………………………………………306

　第7節　中小企業組合による組織的・産業的・地域的連携の方向性……309

第10章　中小企業組合におけるソーシャルビジネスの現状と課題
　　……………………………………………………………………………313

　第1節　中小企業組合におけるソーシャルビジネスへの取組み………313
　　1．ソーシャルビジネスと中小企業組合……………………………313
　　2．経済産業施策によるソーシャルビジネスへのアプローチ……314
　　3．ソーシャルビジネスとコミュニティビジネス…………………317
　　4．ソーシャルビジネスの対象分野…………………………………318
　　5．ソーシャルビジネス推進組織としての「中小企業組合」……319

　第2節　ソーシャルビジネス実施中小企業組合の現状………………320
　　1．ソーシャルビジネス実施組合の概要……………………………320
　　2．ソーシャルビジネス実施組合の活動分野………………………324

3．組合におけるソーシャルビジネスの類型化·····················325

第3節　ソーシャルビジネス実施中小企業組合事例·····················327
　　1．社会福祉・子育て支援型の組合事例·····························331
　　2．自立支援・人材育成型の組合事例·································333
　　3．街づくり・地域づくり型の組合事例·····························337
　　4．産業振興・地域振興型の組合事例·································340
　　5．災害復旧・復興支援型の組合事例·································343
　　6．その他の組合事例··344

第4節　ソーシャルビジネス実施中小企業組合への支援··············344
　　1．組合におけるソーシャルビジネス活動の戦略的領域··········344
　　2．企業組合をはじめとする組合の積極的活用·····················347
　　3．企業組合における事業活動の志向·································349
　　4．組合におけるソーシャルビジネスへの具体的支援策··········351

第11章　中小企業の知的資産経営と中小企業ネットワーク·····355

はじめに···355

第1節　東日本大震災と中小企業経営·····································356

第2節　知的資産とは··357
　　1．知的資産の定義···357
　　2．知的資産の分類···359

第3節　知的資産経営とは··360
　　1．知的資産の把握・分析と知的資産経営に向けた課題抽出······360

2．知的資産経営に向けた経営要因の重点化……………………… 362
　　3．知的資産経営に向けたアクションプランの策定 ………… 363
　　4．知的資産経営の公開………………………………………………………… 363

　第4節　中小企業ネットワークを活用した知的資産経営 ………………… 364
　　1．組合等連携組織活用の意義………………………………………… 364
　　2．組合等連携組織を活用した知的資産経営支援の実際……………… 367

　おわりに……………………………………………………………………………………… 370

第四部　中小企業組合事例：農商工連携と地域活性化

第12章　農商工連携に取り組む中小企業組合事例 ……………… 375

　第1節　北海道・東北地方の事例組合 ……………………………………… 375

　第2節　関東地方の事例組合 ……………………………………………………… 380

　第3節　甲信越地方の事例組合 ………………………………………………… 384

　第4節　中部地方の事例組合 ……………………………………………………… 386

　第5節　近畿地方の事例組合 ……………………………………………………… 389

　第6節　中国地方の事例組合 ……………………………………………………… 393

　第7節　四国地方の事例組合 ……………………………………………………… 397

第 8 節　九州・沖縄地方の事例組合……………………………………… 399

第13章　地域活性化に貢献する中小企業組合事例……………… 405

　　第 1 節　北海道・東北地方の事例組合…………………………………… 405

　　第 2 節　関東地方の事例組合……………………………………………… 409

　　第 3 節　甲信越地方の事例組合…………………………………………… 411

　　第 4 節　中部地方の事例組合……………………………………………… 412

　　第 5 節　近畿地方の事例組合……………………………………………… 416

　　第 6 節　中国地方の事例組合……………………………………………… 418

　　第 7 節　四国地方の事例組合……………………………………………… 420

　　第 8 節　九州・沖縄地方の事例組合……………………………………… 421

索　　引………………………………………………………………………… 427

図表目次一覧表

図表1-1	中央会-組合-組合員企業の相互関係	31
図表1-2	現行中小企業組合制度一覧	32
図表1-3	中小企業団体中央会の概要	35
図表2-1	事業連携活動の成果	43
図表2-2	異業種交流活動の目的と成果	44
図表2-3	企業規模別・業種別事業連携活動内容	45
図表2-4	取組内容別連携目的	47
図表2-5	業務環境の変化と対境関係化	49
図表2-6	中小企業の連携プロセス	50
図表2-7	新連携・農商工連携の計画認定数の推移	57
図表2-8	新連携における認可件数とサービス分野の構成比推移	58
図表2-9	開発責任別事業化による損益	59
図表2-10	新連携サービス業における項目別支援数	60
図表3-1	禁じられた三者間の関係（Forbidden Triad）	81
図表3-2	2009年における日本のハイエンド・オーディオのディーラー・ネットワーク	91
図表3-3	代理店やディーラーシップの数についての日本のトップ18社	92
図表5-1	Scottの3制度化要因に関する分析	130
図表5-2	世界市場での売り上げランキング（2011年）	136
図表5-3	日本の製薬企業を取り巻く近年の主な技術環境・制度環境の変化	138
図表6-1	農商工連携に取り組む中小企業組合事例	162
図表6-2	農商工連携に取り組む中小企業事例組合の概要	166
図表6-3	農商工連携の活動目標レベル	171
図表6-4	活動目標レベルと市場活動レベルからみた事例組合数	187
図表6-5	農商工連携事例組合の連携ポジション	188
図表6-6	活動目標レベルと市場活動レベルからみた業種別事例組合数	192
図表6-7	農商工連携事例組合の業種別連携ポジション	193
図表6-8	農商工連携事例組合の業種別連携ポジションからみた分布圏	194
図表6-9	製品づくりのサイクルと連携可能な業務分野	196
図表7-1	農商工等提携事業計画認定数と農商工連携補助金	206
図表7-2	2012年度に実施された農商工連携・六次産業化支援メニュー	207
図表7-3	「農商工連携実施組合実態調査」回答組合概要	212
図表7-4	重点的実施共同事業	215
図表7-5	組合加入農林漁業者の業種構成と人数	216

図表 7-6	農林漁業者の組合加入人数	217
図表 7-7	農商工連携活動の具体的内容	218
図表 7-8	連携先の農林漁業者	220
図表 7-9	農商工連携のきっかけ	222
図表 7-10	農商工連携活動の目的	223
図表 7-11	農商工連携活動による成果	225
図表 7-12	連結開始時と連携進展後の課題	226
図表 7-13	農商工連携先増加の意向	228
図表 7-14	連携事業実施のための資金調達	229
図表 7-15	運営する組織体の方向	230
図表 7-16	農商工連携の意識	231
図表 7-17	中小企業からみた農商工連携の今後の課題	232
図表 8-1	農商工連携実施組合実態調査調査票	246
図表 8-2	「農商工連携実施組合実態調査」回答組合概要	250
図表 8-3	フェイスシート：単相関係数（ピアソンの相関係数）	253
図表 8-4	フェイスシート：偏相関係数（制御変数＝設立年数）	254
図表 8-5	フェイスシート：偏相関係数（制御変数＝組合員数）	254
図表 8-6	フェイスシート：偏相関係数（制御変数＝出資金額）	254
図表 8-7	フェイスシートと問2：単相関係数（ピアソンの相関係数）	255
図表 8-8	問2内：単相関係数（ピアソンの相関係数）	256
図表 8-9	偏相関係数（制御変数＝設立年数）	257
図表 8-10	偏相関係数（制御変数＝組合員数）	257
図表 8-11	偏相関係数（制御変数＝出資金額）	257
図表 8-12	フェイスシートと問6：単相関係数（ピアソンの相関係数）	259
図表 8-13	偏相関係数（制御変数＝設立年数）	259
図表 8-14	偏相関係数（制御変数＝組合員数）	260
図表 8-15	偏相関係数（制御変数＝出資金額）	260
図表 8-16	問2と問6：単相関係数（ピアソンの相関係数）	261
図表 8-17	偏相関係数（制御変数＝問2の1：農業者数）	262
図表 8-18	偏相関係数（制御変数＝問2の2：林業者数）	262
図表 8-19	偏相関係数（制御変数＝問2の3：漁業者数）	262
図表 8-20	偏相関係数（制御変数＝問2の4：合計数）	262
図表 8-21	単回帰分析結果（原因変数：設立年数，結果変数：問2の合計）	264
図表 8-22	単回帰分析結果（原因変数：組合員数，結果変数：問2の合計）	264
図表 8-23	単回帰分析結果（原因変数：出資金額，結果変数：問2の合計）	264
図表 8-24	重回帰分析結果（原因変数：設立年数＋組合員数＋出資規模，結果変数：問2の合計）	265

図表 9-1	地域活性化に貢献する中小企業組合事例組合一覧	270
図表 9-2	地域活性化に貢献する中小企業組合事例の概要	273
図表 9-3	中小企業組合の地域貢献分野	284
図表 9-4	地域貢献分野からみた地域貢献事例組合（業種別分布）	285
図表 9-5	地域活性化貢献組合の総資本対経常損益金額，自己資本比率一覧	304
図表 9-6	地域活性化貢献組合の業種別総資本対経常損益金額，当期純損益金額，自己資本比率一覧	305
図表 9-7	わが国中小企業の業種別経営・原価指標数値	306
図表 9-8	地域活性化貢献組合の資本収益率（ROI）と自己資本比率からみた分布	307
図表 9-9	組合活動レベルと地域貢献レベル	310
図表10-1	ソーシャルビジネス実施組合の概要	322
図表10-2	ソーシャルビジネスを行う組合の活動分野	325
図表10-3	ソーシャルビジネスの類型化	328
図表10-4	ソーシャルビジネス実施事例組合の概要	330
図表10-5	組合におけるソーシャルビジネス活動の戦略的領域	346
図表10-6	企業組合を選択した理由	348
図表10-7	企業組合における事業活動の志向	350
図表11-1	知的資産の位置づけ	358
図表11-2	知的資産の意味	358
図表11-3	知的資産と知的財産	359
図表11-4	知的資産経営を実践する手順	360
図表11-5	SWOT分析	361
図表11-6	今後の主な重点事業（事業協同組合）	366
図表11-7	事業協同組合におけるインターネットの活用状況	367
図表11-8	（事例）組合間連携による事業継続への取組み	370

第一部　中小企業の企業連携

第1章
企業連携の本質と類型

第1節　現代社会組織における「企業連携」

1．現代社会キーワードとしての「連携」

　最近，新聞紙上その他の情報メディアにおいて，企業組織や産業社会のみならずさまざまな領域・分野・部門において，さらに広く一般社会や国際社会においても「連携」や「提携」という言葉が多用されてきているとの印象がある。実際にそのような傾向が強くなってきているか否かの真偽はともかくとして，先ずは産業・企業分野，政治・行政分野における身近な例を幾つか具体例示的にあげてみよう。

　たとえば，「東急電鉄は国土交通省と連携し，車中マナー向上に努めております」，「丹沢・大山の観光振興，携帯ゲームと小田急が連携」，「カゴメ，アサヒなどと物流連携を拡大」，「事業者間の連携が問題解決の鍵」，「ネットサービスとの連携強化」，「パナソニック，三洋パナ電子と連携」，「労働組合との連携強化」，あるいは「民主，自民，公明３党の政策連携」，「坂井市，県やハローワークと連携し，市民の暮らしを守る」，「水関連ビジネス：自治体と企業の連携」，「江東区，パソナと連携」，「民間事業者との協定で連携を強化」，「事業継続で産学連携」，「大学間の連携を促す」，「スピード感のある国際連携が不可欠」，「米，日・韓と防衛連携拡大」，「安保で連携強化」，「日米の連携で核兵器廃絶を」，「環太平洋経済連携協定（TPP）」などといった具合である。

　こうした「連携」なる用語は，特に近年企業・産業などの民間部門だけでは

なく，医療・福祉・教育・情報・行政・環境などの公的部門にまで順次拡大普及してきている。たとえば，旧来からの生産者と消費者の提携，産業連携，企業連携，組織連携，新連携，国際連携，産学連携，異業種連携，製販連携などから，新たに医療と看護の連携，医療と介護の連携，医療と福祉の連携，情報と通信の連携，通信と放送の連携，放送と情報の連携，官民連携，公民連携，官公民連携，産学官連携，産官学連携，産官学軍連携，地域連携，社会連携，異分野連携，農商工連携，医療連携，病診連携，医工連携，幼保連携，小中連携，中高連携，高大連携などへと広範に多用されてきている。

さらに，連携から一歩進んだ形の「融合」や「一体」といった指向も現実化してきている。たとえば，マーケティング・流通分野においては製販（製造・販売）一体化，製販卸（製造・販売・卸売）一体化，卸小売（卸売・小売）一体化，産直（生産・消費）融合化，情報・通信分野においては情報と通信の融合化，放送と通信の融合化，情報・通信・放送の一体化，輸送・交通分野においては輸送の空陸（航空・陸上）一体化，輸送の水陸（水上・陸上）一体化，交通運輸（交通・運輸）一体化，金融分野においては銀証（銀行・証券）融合化，銀保（銀行・保険）融合化，生損（生命保険・損害保険）融合化，教育分野においては幼保（幼稚園・保育園）一体化，小中（小学校・中学校）一貫化，中高（中学校・高等学校）一貫化，高大（高等学校・大学）連携などがみられる。

2．情報化の進展と「連携」思考の拡大

1980年代以降に始まったこうした異業種交流，異業種連携，異業種融合などを端緒とする試みの大半は，少なくとも21世紀におけるIT化が進展するまでは，個体相互間を交流・連携・融合を促進するための「思考旗印」としてはともかく，シーズとしての情報ツール・コミュニケーションツールが未整備であったために，実質的には大きな成果を上げることができなかったものと理解される。しかし，21世紀における急速なICT化の展開によって，たとえばグローバルとローカルの連携，リアルとバーチャルの連携，オフィスとホームの連携，仕事と休息の連携，物流と情流の連携などが初めて本格化して，飛躍的

な前進を果たすことになった。

　このように捉えてみると，世の中「連携流行」であるようにも見えるが，「連携」とは文字通りそれぞれの自立した個体が，それぞれ自由意思に基づいて相互に「手を携えて連なる」ことを意味している。改めて考えるまでもなく，このように捉えられる「連携」は，社会形成には元来必要不可欠なことである。「人間は一人では生きられない，否一人で生きてはならない」ということは，誰しもその人生においてしばしば実体験することであり，経験的かつ普遍的な真実であろう。

　努めて日本語特有な言葉の妙ではあるが，元来「人間」とは「人と人の間」という意味であり，人間とは「人」と「人」の間に生きる「人」であると言える。このように捉えてみると，個体と個体，とりわけ人間によって構成される組織や社会もまったく同様に，厳密に言えば「組織も社会もそれ単独では一瞬たりとも存続することができない」のである。人間，組織，社会を問わずあらゆる個体は元来，個体と個体との関係，他者との関係性において初めて自己の存在を許され，自己の発展を担保される存在なのである。

　こうした人と人，個人と個人，個体相互間の繋がりに関しては，理念面，ニーズ面における認識の展開だけではなく，情報通信技術面，シーズ面における発展を無視することはできない。私達人間は，ここ半世紀間における情報化の進展によって，とりわけ21世紀におけるICT化のハード・ソフトの両面における発展によって，少なくとも情報通信技術的には，この地球上において「いつでも，どこでも，だれとでも」繋がるための，有力なコミュニケーションツールを確保することになった。すなわち，ハード面においては，たとえばインターネット化，ブロードバンド化，ケータイ化，クラウド化に象徴されるICT化の発展があげられる。一方ソフト面においては，たとえばメール，ホームページ，ブログ，スカイプ，ツイッター，ソーシャルネットワークサービス（SNS）といった多種多様なソーシャルメディアの展開があげられる。

　こうした多種多様なソーシャルメディアの展開によって，近年わが国では，その好き嫌いや良い悪いにかかわらず，たとえば電車中の通勤時間帯はもちろ

んのこと終日，若年者から壮老年者に至るまでケータイに首ったけになっている，「昔ラジカセ，今ケータイ」なる異様な光景を眼にすると，すでに「一億総中流症候群」ならぬ「一億総繋がり症候群」とでも形容すべき異様な状況に陥っている恐れもある。

　しかし，こうした一億総繋がり症候群時代の到来も，一億総中流症候群時代のように本当に深い繋がりを求めているか否かは疑問の余地がある。何よりも現代社会の形成基盤となっている「自由主義・民主主義」とは，本来個人個人が完全に自立・独立し，各個々人の完全な自由意思によって自主的に社会を構成・参画・運営していく，換言すれば「繋がれど，依存せず」という高邁な理想に立脚しているのであろう。

　こうした観点に立てば，たとえあらゆる社会形成において「絆」や「縁」がいかに大切なものであろうとも，もし個人個人の繋がる範囲と度合いに限界があるとすれば，特定の個人同士が過剰に繋がり過ぎることは，ともすればすべての事柄がかえって濃厚な絆や縁に結ばれたきわめて狭い仲間内だけで取り仕切られるという危険も大きくなり，不幸にして絆や縁を築き得なかった個人には，そうした恩恵に浴する機会がかえって少なくなり，自由主義・民主主義の理想郷として多くの人が何となく描いている姿形とは懸け離れる，というパラドックスが生じることになろう。

3．現代企業連携の必要性と必然性

　企業経営の要諦は，当面の直面する経済的合理性の追求と，長期的な視野に立った組織的安定性の確保という，相反する二つの課題の微妙な均衡に対する挑戦であると言える。あらゆる企業組織は，その経営理念と組織使命を達成するために必要な経営資源の入手と，企業組織の経営成果として産出する経営資源の供出について，いずれも組織環境との間で最も経済的な合理性が高く，長期的な安定性が高い形で交換することが重要である。

　バーナード（Chester I. Barnard）によれば[1]，組織の基本構成原理としては，組織の共通目的を達成するために，組織構成員たるそれぞれ貢献意欲をもった

個人が，相互にコミュニケーションをとりながら集合することによって初めて構成されるものと理解される。そして，「ゴーイングコンサーン（Going-Concern）」をめざすためには，その存続・発展のために必要な組織有効性と組織能率を確保することが不可欠な要件となる。こうした捉え方は，複数の個人による単一組織の組織構成の場合はもちろんのこと，複数の組織による複合組織の組織構成の場合にも同様に当てはまることであろう。

ここで，個体と個体の関係について，とりわけ企業と企業の取引（Transaction）を中心として，企業相互間における原材料や資材，製品やサービスなどの経営資源の取引にかかわる「自由度」と「安定度」の如何という二つの観点から捉えてみよう。いま，こうした企業相互間における取引形態という観点から企業間関係を捉えると，実際にはさまざまな前提条件によって異なるが，ここでは最もシンプルな形で大別すると，少なくとも一般的取引，連携的取引，系列的取引，すなわち「一般」「連携」「系列」といった三つの組織間形態を識別することができる。

一般的取引は，すべての取引をその時その時の市場条件に基づいて，市場を通してまったく自由にかつ相互平等的に行うことができるが，安定性という面では最も低い位置に甘んじることになる取引形態である。連携的取引は，すべての取引を事前に定められた特例条件に基づいて，直接組織を通して相互互恵的に行うことができるが，自由度と安定度においてはいずれも中位の位置に甘んじることになる取引形態である。系列的取引は，すべての取引を事前に定められた特定条件に基づいて，直接組織を通して支配従属的な関係の下で，双方ともに最も安定的に行うことができるが，自由度は最も低い位置に甘んじることになる取引形態である。

次に，企業連携の必要性と必然性について考察するが，私達人間社会にとってのその一般的な必要性と必然性についてはすでに述べたので，いま何故「連携なのか」，「一般ではなく連携なのか」，「系列ではなく連携なのか」について明確にしたい。いま何故「一般でも系列でもなく連携なのか」については，いずれも一言で言えば，系列から連携へ転じる時代的背景ということにはなる

が，以下の如き多少似通った三つの点を指摘することができる。

　第一は，わが国の人口構造と海外進出にかかわる時代的背景である。わが国では，かつての高度成長期においてはほとんどの製品やサービスの供給において，国内の人口増加や海外への輸出拡大にともなう旺盛な需要に対応するために，生産は毎年右肩上がりに増加し，とにもかくにも製品やサービスを安定的に供給する体制を整える必要が大きく，そのために「ケイレツ（系列）」という日本独自の産業組織体制を整えることになった。

　バブル崩壊を契機として国内人口の減少傾向，とりわけ少子高齢化と海外勢の追撃による製品やサービスの減産体制に転じる必要があり，そうした新しい状況に対応するためには，従来は日本の活力の源泉であったケイレツが大きな足かせとなってきた。しかし，一般取引では安定性に不安があるために，系列的取引の有する安定性と，一般的取引の有する自由性という二つの長所を相応に併せ持つ連携的取引が，従来以上に注目されるようになったのである。

　第二は，産業企業構造上の変革にかかわる時代的背景である。系列は企業相互間の厳密かつ固定的な結合であるが，わが国の産業社会は，戦後からバブル時までは何はともあれ，明確な目標としての，自由資本主義の盟主たる米国に追いつき追い越せの時代であったために，そうした目標を達成するためには系列のような固定的な，がっちりした関係がより適していたと言える。

　しかし，国防・軍事・航空・衛星・コンピュータ・医療関係はともかくとして，少なくとも繊維・家電・造船・鉄鋼・精密機械・電子部品・自動車にかかわる経済産業面においては，米国にほぼ肩を並べるまでの成長拡大を果たしたことによって，戦後一貫して追い求めてきた米国というお手本としての目指すべき目標を初めて見失う状況となり，今後は日本独自の道を模索し，果敢に未来を切り開いていかなければならなくなってきた。そうした新しい未知の状況に対処するべく，個々の企業の存続・発展のためには，厳密かつ固定した系列的な関係よりもむしろ柔軟かつ緩やかな連携的な関係をより必要とするようになってきたということである。

　第三は，一般性研究と専門性研究にかかわる時代的背景である。学問研究の

場合には，歴史的にも一般性研究と専門性研究の必要性が必ずしも一定間隔ではないが，一般性・一般化研究と専門性・専門化研究が交互に花開く時代が周期的に訪れている。そうした周期においてはもちろん，同じ次元に回帰するわけではなく，螺旋系を描いてもう一段高次な次元に回帰するのである。こうした現象は恐らく，学問研究の具体的な展開先としての産業経済分野においても同様に普遍的にみられることであろう。

同様に，この世におけるあらゆるモノコトはただ単に一直線に進行するものではなく，通常は，必ずどこかに明示的・不明示的なターニングポイントが存在することは明らかであり，産業経済分野における発展の場合にも，決して成長拡大，否衰退縮小一辺倒に進んでいくわけではない。急激に成長拡大を果たしたかと思えば，しばらくは停滞して，そのうちまた少し方向性の異なる形で成長発展していく，専門化と一般化という形での同様な循環サイクルがみられることであろう。

系列関係は，一般化と専門化のどちらに近いかと考えれば，特定の関係を安定的に深化させていくものと捉えれば間違いなく専門化に近い。しかし，系列という専門化はある程度深めていけば，思考構造的にはともすればマンネリズムに陥りやすくなり，一定の壁に遭遇することになり，当面容易にはそれ以上の改善・発展を見込めなってしまう。そのような場合には，別の優れた新しい取引先と新しい関係を自由に築くという一般化を図ることによって，新しい改善・発展が見込まれることも多いのである。

第2節　わが国企業組織を取り巻く環境変化

以上の如きわが国産業・企業を取り巻く人口動向から見た環境変化について考察したが，さらにたとえば情報化・国際化・環境化・学際化といった現代社会変革のキーワードから見た環境変化から，今日の企業組織を取り巻く具体的な環境変化について考察することもきわめて有益である。また，中小企業を取り巻く環境変化については，経済的・産業的・経営的・政治的・社会的・文化

的・技術的・国際的といったさまざまな観点から捉えることができるが，ここでは，とりわけバブル崩壊以降のわが国における企業組織を取り巻く環境変化について，ケイレツの崩壊，ボーダレス化の進展，ネットワーク化の進展といった，具体的かつ顕著な三つを取り上げることにしたい。

1．ケイレツ化の崩壊

　ケイレツの崩壊は，大企業と中小企業の関係における系列的組織関係の崩壊であり，系列的関係から連携的関係への変容である。かつての世界に冠たる「日本的経営」の基盤としては，会社と従業員との間における「年功序列・終身雇用・企業組合」と，企業内部における「稟議制度」と企業相互間における「忠誠恩寵」と「相互互恵」を基盤とする「企業系列（ケイレツ）」を指摘することができる。

　しかし，バブル崩壊後，会社存亡の危機に遭遇して劇的な形で嚆矢を放った，たとえば日産自動車を初めとする自動車会社各社から，電気産業や造船産業，精密産業，繊維産業，建設土木産業に至る広範な産業領域において，長年にわたって培われてきた強固な「ケイレツ」の解消ないしは希薄化が急速に進んできた。企業と従業員，企業相互間におけるこうした関係は，少なくとも形式的にはかなり形骸化されてきたとはいえ，依然として存続されてきてはいるが，実質的には従業員マインド・経営者マインドの双方においてともに崩壊寸前にあると言える。

　わが国は，第二次大戦にともなう産業・企業・個人を対象とする，いわゆる1940年からの「戦時体制」政策の強化を契機として，経済産業構造の二重化が加速されてきたが，それにともなっていわゆる大企業による中小企業の「ケイレツ」化も加速されるに至ったのであろう。ともあれ，系列的組織関係の崩壊は，中小企業の自立的発展に対する自覚と必要性そのものは増大したが，反面において大半の中小企業にとっては必然的に発展か滅亡かの二者択一を迫られることになった。

　それまでの大企業と中小企業の一般的な関係は，ケイレツ子会社は親会社か

らの「無理難題」をすべて粛々と受容し実行する代償として，それ相応の庇護を供与されるという，ある意味では「相互互恵」の精神を具現してきた。しかし，中小企業は，長年にわたってこうしたあまりに堅固で，一方的な「傍若無人」とも言える関係に甘んじてきたが故に，いざケイレツ関係から解放されると多くは直ちに「茫然自失」状態に陥ることになったのである。

　バブル崩壊以降における厳しい経済環境に加えて，主として発展途上国からの原材料・資材の輸入から，自国におけるその加工・生産の過程を経て，自国製品の主として先進諸国への輸出に端を発する国際化から，一足飛びに国内の加工・生産過程の一部または全部を発展途上国に移転するという世界化，グローバル化の急速な展開によって，相当数が成長・発展よりはむしろ淘汰される状況に立ち至ったということである。

　バブル崩壊以降，こうした製造業の領域・分野におけるケイレツ化は相当少なくなったが，反面流通業のケイレツ化はますます加速してきている。たとえば現代ビジネスの代表的な成功事例の一つであるコンビニは，そのコンビニエンスチェーンへの加入・脱退は，中小企業というよりは零細企業である事業者の全くの自由意思によって行われることは間違いないが，それでもなおある意味では，流通業の「現代版企業系列（ケイレツ）」であると言っても過言ではない。実際的にも，大半の個人商店は，昨今は一昔前のスーパーの全国展開に加えて，近年におけるコンビニの急速な全国展開によって，大都市における激減はいうまでもなく，多くの地方都市においても「シャッター通り」の出現とともに，静かに退却を余儀なくされつつある。

2．ボーダレス化の進展

　自由主義社会・資本主義社会であると言っても，あらゆるビジネス活動は，多かれ少なかれその良し悪しはともかくとして明示的・非明示的な形で，規模的・資金的・業種的・業態的・時間的・空間的・地理的，あるいは何らかの法律的・経済的・経営的・社会的・文化的・国際的・技術的な面から，自ずと何らかのボーダーが設けられていた，良く言えば「棲み分け」，悪く言えば「規制」

が設けられていた。

　しかし特に近年，ビジネス活動におけるボーダレス化の進展が著しい。旧来は，たとえばリアルとバーチャル，ライブとネット，ローカルとグローバル，物流と情流，同業種と異業種，製造と販売，通信と放送，医療と診察，保健と看護，美容と理容，スーパーとネットスーパー，電気とガス，私的部門と公的部門，民業と官業，規模の利益と範囲の利益などといった，明示的・非明示的な形で歴然と存在していたさまざまな「境界」や「障壁」は，多種多様な要因によって，とりわけ情報化・国際化・学際化の急速な進展によって，ビジネスの「ボーダレス化」が浸透してきている。

　ここでは，中小企業と大企業相互間におけるビジネス活動のボーダレス化の進展について取り上げたい。時期的には必ずしも明確ではないが総じてバブル崩壊以降，中小企業と大企業相互間におけるさまざまな領域・分野においてボーダレス化が進展してきている。そして，それは製造業・サービス業にかかわらず，中小企業が大企業の事業領域・分野に進出するよりもむしろ，逆に大企業が中小企業の事業領域・分野に進出することが容易になってきている。

　たとえば製造業においては，大企業は旧来規模の利益を享受するために同一品種大量生産を中心とし，中小企業はニッチの利益を得るために各企業においては同一品種少量生産であるが，各中小企業が異なる品種を生産することによって，中小企業全体としては相異品種少量生産を中心とする形になり，大企業と中小企業間においてある程度大まかな「棲み分け」がなされていたと言える。しかし，とりわけ情報技術の進化にともなって，大企業が旧来の少品種大量生産中心からさらに多品種少量生産分野への進出が可能となったことにより，次第に中小企業を馳駆する形でのボーダレス化が進展してきた。

　一方，サービス業においては，旧来は中小企業というよりはむしろ街の小さな商店といった零細企業が多くを占めていた。しかし，スーパーや量販店・専門店の広範な展開によって食料品店・書店・靴屋・果物屋・雑貨店・酒屋，またチェーンストアとしてのコンビニエンスストア（コンビニ）やドラッグストア，各種フランチャイジングの大量出店によって薬屋・文房具店・美容院・ガ

ソリンスタンド，あるいはファーストフード店，ハンバーガー店，うどん屋・そば屋・居酒屋といった大半の零細企業は，完全な廃業・淘汰か各種チェーンストアへの加入かの道を辿ることになった。これらは，「フランチャイジング(Franchising)」という形の新たな「ケイレツ」として捉えることもできよう。

　旧来は，良くも悪くも好むと好まざるとにかかわらず，中小企業と大企業のビジネスは，主として中小企業・大企業の組織的・環境的特性に起因する要因の相違によってそれぞれ大きく異なっており，ビジネスにおける規模の利益・範囲の利益によって，両者の実質的な「棲み分け」がなされてきた。かつてはスーパーや大規模店の進出・開店には，全国各地において恒例ともいえる出店反対運動が展開されてきたことは記憶に新しいところである。しかし，1973年10月に制定された「大規模小売店舗法（大規模小売店舗における小売業の事業活動の調整に関する法律：大店法）」が2000年6月に廃止されたのを契機として，とりわけ近年は，両者間における「共存共栄」「相互互恵」関係という形で，ある意味では静かに新しいボーダレス化が進行しつつあるとも言える。

　旧来大企業と中小企業を明確に隔ててきた壁は，企業の企業規模（資本金・従業員数）という法制的かつ形式的なものがすべてである。たとえば，現行（1999年12月3日公布・施行）の中小企業の定義は，製造業その他においては資本金3億円以下，従業員300人以下，サービス業においては資本金5,000万円以下，従業員100人以下を中小企業と定めている。しかし，中小企業と大企業の相違は，こうした法律上の二つの局面における相違だけではなく，企業組織と企業経営に重要な影響を有する差違がみられることであろう。

　ここでは，経営的かつ実質的な視点から大企業と中小企業を隔てている壁を捉えてみよう。両者を分け隔てている壁は，資本金と従業員数の他に売上高・利益額・資産額・役員数，顧客数・顧客種類数・顧客所在範囲，単品生産と多品種生産といった業務方式，業務分量・業務地域・業務拠点数・活動領域，取扱製品・サービス種類数，競争相手・仕入先・納入先の数や種類，ステークホルダー数，企業設立経過年などから捉えられる。一般的には，大企業はこうした多種多様な視点から捉えた企業規模が大きい企業であると捉えることができ

こうした国内を中心とするボーダレス化に加えて，特に近年経済・産業・企業の国際化・グローバル化の展開によるボーダレス化が進行しつつある。わが国産業経済は1960年代以降たゆみなく国際化の展開を図ってきたが，とりわけ21世紀のグローバル化はわが国が初めて経験する本格的な国際化であると言える。1960年代から1970年代までのわが国における国際化は，主として発展途上国から原材料を輸入し，わが国において製品（消費財・生産財）として加工・生産を行って，製品を国内で消費すると同時に先進国に販売するという形での国際化が中心であった。1980年代から1990年代における国際化は製造業の海外移転，海外生産の増大という形での国際化が進展し，中小企業は親会社の海外進出にともなって，好むと好まざるとにかかわらず海外進出をせざるを得なくなったのである。

　一方，21世紀における国際化は，スーパーやコンビニといった各種サービス業の海外進出のウエイトが高くなり，多くの企業が国内ビジネスから国際ビジネスにシフトし，わが国企業の有するヒト・モノ・カネ・情報資源のすべてを海外に移転する形での国際化，すなわちグローバル化の進展である。国内のあらゆる地域，あらゆる企業活動におけるグローバル化の影響が拡大し，文字通り大競争時代の到来であり，中小企業にとっては現実に文字通り成長か衰退か，生か死かを迫られることになった。

　中小企業においては，製造業は独自で海外進出することは容易ではないために多くの場合には廃業を余儀なくされるか，製造業から市場が比較的国内に限定されるためにサービス業への転換を図るか，あるいは各企業の有する人・物・金・情報の経営資源を最大限活用して新しい業務の創造，新しい業務プロセスの開発を行って生き残りを図ることになる。

3．ネットワーク化の進展

　情報化によってネットワーク化が進展することになり，大企業・中小企業を問わずすべての組織に対して大きな影響を及ぼしてきたが，企業規模に対する

その影響は必ずしも一様ではない。企業規模に優位に働いた面と非優位に働いた面がある。情報化の影響は，産業業界面（たとえば第二次産業分野か第三次産業分野か），業種業務面（たとえば生産業務か販売業務か），活動領域面（たとえば狭域活動か広域活動か），構成規模面（たとえば資本金・従業員数・売上高・資産・顧客数・取引先数・取扱製品サービス種類数）などのさまざまな領域・分野から捉えることができる。

　情報化投資が大規模となり，情報化投資コストがかさむようになってきた。情報化の進展によって，情報化投資費は，これまで研究開発費と同様に企業成長の重要なバロメータとなってきた。調達費や製造費・販売費，あるいは人件費や施設費・広告費などの大半の企業経費とは異なり，研究開発費と情報化投資費の両者は好不況にかかわらず一定の投資を継続しなければならない経費として認識されてきた。情報化投資費は，研究開発費と同様な特徴を有しており，その削減や停滞は技術革新に取り残されて将来の発展の芽を摘んでしまう恐れが大きく，両者は不況の時ほどむしろ増加しなければならないような経費である。否両者は，米国企業では多くの場合に日本企業とは異なり，経費ではなく資産と捉える見方も一般的になってきている。

　情報化の進展によって多品種少量生産，多頻度小口配送，顧客から個客へ，個別配送販売が可能となったことによって，大企業と中小企業の棲み分けがボーダレスになった。すなわち，大企業業務分野から中小企業業務分野への進出は容易になったが，反面中小企業業務分野から大企業業務分野への進出は困難となってきたため，結果として中小企業の生存領域が狭くなってきたとも言える状況が散見される。たとえば，文具等各種オフィス用品の小口ネット販売・小口配送化によって，以前は街のあちこちに見られた文具店が大幅に減少しており，書籍のネット販売や大型書店化によって全国至る所にあった街の本屋さんもすでに同様な傾向にあるが，今後は電子書籍化の進展によってさらに大きく様変わりすることであろう。

　ここ半世紀以上，わが国における情報化の進展は留まるところを知らないかの観がある。わが国における情報化は，1960年代初頭のDP化に端を発し，

1980年代からのOA化,21世紀直前のIT化への移行と,文字通り一瞬の滞り・一瞬の休みもなく進化を遂げてきた。とりわけ,たとえばスマートフォン,タブレット端末,アンドロイド(Android),ワイファイ(Wireless Fidelity：Wi-Fi),またツィッター(Twitter),フェイスブック(Facebook：FB),ソーシャルネットワーキングサービス(Social Networking Service：SNS),ソーシャルネットワーク,そしてシンクライアントコンピュータ,ビックデータ,データセンター,クラウドコンピューティングといった相互に密接な関連を有する多彩なキーワードによって喧伝される,2010年代に至って本格化してきたICT化の進展は,遠くない未来の新しい情報ネットワーク化社会の出現を予告するものでもある。

　一般的に言えば,中小企業が大企業に伍していくためには,ヒト・モノ・カネ・情報といった経営資源のあらゆる局面において,大企業よりも身軽でかつ迅速に対処しなければ,たとえニッチな棲み分け分野における事業活動であったとしても,到底大企業には太刀打ちすることはできない。情報化と情報ネットワーク化を促進するとともに,異業種の広範なヒューマンネットワークを育むことによって,事業の有効性と能率をあげることが何よりも肝要である。中小企業における真の改革は,高次なICT化と豊かなヒューマンネットワークを基盤とする企業連携によって初めて実現することができるのである。

第3節　経営資源からみた経営組織

　組織相互間における組織連携について,本稿では経営資源という観点から捉えてみよう。経営組織はさまざまな視点から捉えることが可能であるが,いまシステム的観点からみれば,あらゆる経営組織は例外なく,その組織環境との間に「経営資源」を相互に交換することによって初めて存在し維持し発展することを許されているものと捉えられる。

1．経営資源と経営組織
　「経営資源」というのは,経営組織において取り扱われる資源のことである。

どのような経営組織も，何らかの経営資源を活用することによって構成・維持・発展している。経営資源としては通常，いわゆる目に見える資源としてのヒト（人），モノ（物），カネ（金）に加えて，目に見えない資源としての情報（知識・技術）の四つを指し，ここではそれぞれ人的資源，物的資源，金的資源，情報資源と呼ばれる。

そして，これは実際には，経営組織の事業目的・事業対象面，業務手段・業務方法面という二つの側面に対して関係している。ここで，事業目的・事業対象面は，経営組織がその組織環境に対して「どのような」，「有効的な」製品やサービスを提供していくかにかかわる側面である。他方業務手段・業務方法面は，経営組織がその組織環境に対して製品やサービスを「どのように」，「効率的に」提供していくかにかかわる側面である。

あらゆる組織は，こうしたシステム的観点からみると，その使用資源別の軽重はともかくとしてもまったくの例外なく，その組織の外部環境から何らかの資材（原材料・部品）やサービスを入手（入力）し，それを組織の内部環境において何らかの処理（変換）を加え，その組織の外部環境へ何らかの製品やサービスとして供出（出力）することによって初めて存在・維持しているのである。

要するに，経営組織は本来的にオープンシステムなのであり，いかなる経営組織も例外なく，その外部環境（スーパーシステム）との間で諸資源を相互に交換しあうことによって初めて存在し維持することができる。システム的な視点から捉えれば，経営組織は巨視的には，さまざまな経営資源を媒体とする，社会環境から社会環境に至る「媒介物」であり「変換機構」に他ならない。ここで，最も興味あることは，外部環境とか社会環境といっても実際には，それらもまた経営組織や家庭や個人なのであり，さまざまなシステムから構成される個体に他ならないということである。

こうしたシステム的観点からみれば，経営組織の基本的課題は，一つは有効的な事業目的と事業対象に対して，もう一つは効率的な業務手段と業務方法に対して，各種の経営資源をどのようにうまく使用・活用・配分していくかということにある。そして，こうした資源のうちのいずれの資源を主要な管理の対

象としているかによって、経営組織はさらに各種のサブシステムに区分されるのである。経営組織は、経営資源の流れから把握すると、以下の如き基幹プロセスと補助プロセスという二つのプロセスから構成されている。しかも、非常に興味あることは、あらゆる組織は全くの例外なく、こうした分析的枠組みにおいて普遍的に把握することができるのである。

2．基幹プロセスと補助プロセス

経営組織は、システム的観点から経営資源との関係において捉えると、以下の如き基幹プロセスと補助プロセスという二つのプロセスを識別することができる。

第一の基幹プロセスは、経営組織を流れる資源のうちで、経営組織の事業目的・事業対象面にかかわる資源プロセスである。すなわち、経営組織の主要な成果の産出に直接的にかかわるプロセスであり、企業組織が外部環境に提供・供給・出力している商品・サービスに直接的にかかわる業務であり、この業務なしには個別組織の設立・存在・存続の意義がなくなる業務である。

要するに、これは個有組織が個有組織として存在している存在要件としての経営資源の流れである。実際の経営組織においては、この基幹プロセスに直接かかわる組織はすべてライン組織ないしはライン部門、現業部門、基幹部門などと呼ばれている。

第二の補助プロセスは、経営組織を流れる資源のうちで、経営組織の業務手段・業務方法面にかかわる資源プロセスである。すなわち、経営組織の主要な成果の産出に間接的にかかわるプロセスであり、企業組織が外部環境に提供・供給・出力している商品・サービスに間接的にかかわる業務であり、この業務なしには個別組織の運営・活動・展開の実施ができなくなる業務である。

要するに、これは個有組織が運営組織として存在している支援要件としての経営資源の流れである。実際の経営組織においては、補助プロセスに直接かかわる組織はすべてスタッフ組織ないしはスタッフ部門、支援部門、補助部門などと呼ばれている。なお、ここで補助プロセスというのは、基幹プロセスを有効

的かつ効率的に支援する役割という意味で使用しており，決して基幹プロセスよりも重要性が低いという意味ではない。

　この基幹プロセスと補助プロセスという二つのプロセスは，相互に密接かつ不可分な形で関連し，補完し合っており，どちらが重要であるというようなものではない。もし仮に，基幹プロセスが「肉体」であるとすれば補助プロセスは「精神」に相当し，あるいは基幹プロセスがコインの表であるとすれば補助プロセスはコインの裏である。ともあれ，補助プロセスにおける経営資源の流れは，基幹プロセスを流れる経営資源に対して実際的に付加価値を付け加えていくという役割を担っており，両者は正に一つになって初めて経営組織が構成されるという，いわば表裏一体的・相互補完的・相乗作用的な関係にある。

3．経営資源からみた経営組織の種別

　現代は「組織の時代」であると呼ばれることも多いが，特に近年，情報・医療・福祉・介護・環境面における社会的ニーズの生起や変化，あるいはいわゆる規制緩和による，従来は公的サービスによって提供されてきた分野への私的サービスの参入等によって，経営組織の事業目的や事業分野は多岐にわたってきている。そして，今後ともこうした組織の多様化傾向にいっそう拍車がかかることが十分に考えられる。しかし，こうした新たな状況においても，経営組織は例外なく，その基幹プロセスと補助プロセスの両方がそれぞれ「入力―処理―出力」という一連の過程において，何らかの経営資源にかかわって存続するという基本構造には，全く変化はないのである。

　まず基幹プロセスを流れる経営資源は，通常はいわゆる人，物，金，情報のうちのいずれか1種類の資源からなっており，複数の資源にわたることはほとんどないが，その資源の種類は多くの場合，組織目的からみた経営組織の種類と一致する。一方補助プロセスを流れる経営資源は，いわゆる人，物，金，情報の4種類の資源からなっているが，その資源の具体的な内容は基幹プロセスを流れる資源の如何によって大きく異なる。

　ともあれ，基幹プロセスを流れる資源は，基本的には経営組織のいわゆる

「業種」からみた種類・産業ごとに大きく異なる。そこでいま，こうした基幹プロセスにおける経営資源の流れという観点からみると，経営組織は大きく，以下の如き四つの類型に区分することができる。

　第一は人流型組織であり，基幹プロセスの経営資源の流れが「人」を中心としているものである。ここでは，入力から出力に至るプロセスにおいて実際に特定の具体的な個々の「人間」に対して，身体上・精神上にかかわる形で具体的なサービスが付与される。ここで「資源の流れ」という意味は，文字通り解釈すると「人間」が移動・移行するということになるが，そういう意味ではなく実際には個々人に対して，たとえば教育的・文化的・宗教的・医療的・介護的・観光的・移動的な種々なサービスが付与されることを意味する。

　このタイプの具体例としては，たとえば①学生の入学から教育，卒業に至る幼稚園から大学・大学院に至る学校や各種専門学校，学習塾，カルチャースクールのような教育機関，②患者の入院から治療，退院に至る病院のような医療機関，③患者の受入から収容・介護，退出に至るまでの老人ホームや老人保健施設のような社会福祉施設，④信者の確保から教育，救済に至る寺院や教会のような宗教団体組織，⑤顧客の宿泊依頼から受入・宿泊，送出に至る旅館やホテル会社のような宿泊施設といった多様な組織が含まれる。

　第二は物流型組織であり，基幹プロセスの経営資源の流れが「物」や「エネルギー」を中心としているものである。ここでは，入力から出力に至るプロセスにおいて実際に特定の製品や商品という，具体的な「物質」や「エネルギー」という形でアウトプットされていく具体的なサービスが付与される。ここで資源の流れという意味は，文字通り解釈して物質やエネルギーが移動・移行することを意味する。

　このタイプの具体例としては，たとえば①原材料・部品から製造（組立・加工・検査），製品・商品に至る自動車会社や電機会社，機械会社，造船会社，繊維会社，鉄鋼会社，製紙会社，化学会社，薬品会社，食品会社，石油精製会社のような生産企業組織，②商品の仕入から陳列・展示，販売に至る百貨店やスーパー，量販店，専門店，コンビニエンスストア，商社，卸売会社，小売店，

ガソリンスタンドのような流通企業組織，③物品の輸送依頼・集荷から輸送，配送に至る運送会社，④郵便物や現金の郵送依頼引受から輸送，配達に至る郵便局会社，⑤土地の購入・調達から造成・開発，引渡に至る不動産会社といった多様な組織が含まれる。

第三は金流型組織であり，基幹プロセスの経営資源の流れが「金」を中心としているものである。ここでは，入力から出力に至るプロセスにおいて実際に特定の金融商品という，具体的な「金銭」や「財務」という形でアウトプットされていく具体的なサービスが付与される。ここで資源の流れという意味は，文字通り解釈して金銭が移動・移行することを意味する。

このタイプの具体例としては，たとえば①預金・貯金から貸付，回収に至る銀行やゆうちょ銀行のような金融機関，②生命や物件に関する保険契約の獲得から認定・算定，保証供与に至る生命・損害保険会社やかんぽ生命保険会社のような保険機関，③株式の売買依頼から売買仲介，代金決済に至る証券会社，④顧客からの信託依頼から信託，回収に至る信託会社，⑤信用の供与から支払の代行に至るカード会社のような信販会社といった多様な組織が含まれる。

第四は情流型組織であり，基幹プロセスの経営資源の流れが「情報」を中心としているものである。ここでは，入力から出力に至るプロセスにおいて実際に特定の情報商品や情報サービスという，具体的な「知識」や「情報」という形でアウトプットされていく具体的なサービスが付与される。ここで資源の流れという意味は，文字通り解釈して情報が移動・移行することを意味する。ただし，情報の場合には人・物・金の場合とは異なり，厳密に言えば移動・移行ではなく複写・転記ということになる。

このタイプの具体例としては，たとえば①ニュースの取材から編集，報道に至る新聞社や放送会社，②雑誌や書籍の原稿の依頼・収集から編集，発行・出版に至る雑誌社や出版社，③映画や番組の制作依頼引受から制作，供給に至る映画製作会社や番組製作会社，④コンピュータソフトやゲームソフトの制作依頼引受から制作，供給に至るソフトウエア会社，⑤ゲームソフトの制作依頼から制作，供給に至るゲームソフト会社といった多様な組織が含まれる。

第4節　経営資源からみた組織連携

1．経営資源からみた組織連携の分類視点

「組織連携」というのは、広義には経営組織と経営組織がどのような組織的な関係によって形成・維持・存続しているかということである。経営組織は、もしそれが継続的に存在し、維持しているものであるならばいかなるものであれ、その経営環境との間で、基幹プロセスと補助プロセスのそれぞれ入力と出力の両側面において、人、物、金、情報という経営資源を媒介として何らかの関係を有している。ここで、経営組織の経営環境もまた多くの場合に、入力と出力の両側面において、少なくとも必ず一つの経営組織を含んでいる。

経営組織は、他の経営組織と何らかの結合関係を有しており、他者と全く無関係に孤立して存続し続けることはできない。産業やビジネスの発展は必然的に、経営組織と組織環境間、とりわけ経営組織の相互関係をいつそう緊密化・多様化・複雑化する。ともあれ、経営組織は他の経営組織との間で、経営資源を媒介とする何らかの結合関係の中で存続し、発展しているのである。ここでは、研究の対象としているある組織を「対象経営組織」と呼び、それに関係している他の組織を「関係経営組織」と呼ぶことにしたい。

こうした経営組織相互間、すなわち対象経営組織と関係経営組織間の結合関係は、以下のような四つの視点から類型化することができる。

第一は結合主体の種類によるものであり、結合主体の種類が同種類のものであるか異種類のものであるかによって、たとえば同業種的結合と異業種的結合の二つに大別することができる。ここで同業種的結合は、結合主体の基幹プロセスを流れる経営資源の種類が全く同じで、内容の関連性がみられるものである。一方異業種的結合は、結合主体の基幹プロセスを流れる経営資源の種類と内容が両方とも異なるか、または種類は同じでその内容の関連性がみられないもののどちらかである。

第二は結合資源の種類によるものであり、経営組織相互間を結合している経

営資源の流れがそれぞれ人，物，金，情報のいずれであるかによってそれぞれ，人流型結合，物流型結合，金流型結合，情流型結合の四つに区別することができる。

第三は結合度合の程度によるものであり，たとえば結合度合の強いものから順に系列的結合，連携的結合，一般的結合の三つに大別することができる。ここで，系列的結合は組織相互間の結合が一方向的・従属的な関係の強いものであり，連携的結合は双方向的・対等的な関係の強いものであり，一般的結合は通常の市場的・相対的な関係の強いものである。

第四は結合プロセスの種別によるものであり，経営組織相互間を結合している経営資源の流れが，基幹プロセスと補助プロセスのいずれのプロセスを通してなされるのかということであり，基幹結合型，補助結合型，混合結合型の三つに大別することができるが，後で詳述することにしたい。

2．組織連携の発展的傾向

経営組織相互間における組織連携は，結合主体，結合資源，結合度合，結合プロセスの四つ，すなわちどのような結合主体が，どのような結合資源によって，どのような結合度合において，どのような結合プロセスを通して相互に関係しているかという四つの観点から把えることができる。

そしていま，近年における組織連携の著しい特徴としては，(1)結合主体からみると同業種的結合から異業種的結合へ，(2)結合資源からみると人・物・金のハード的結合から情報・知識・技術のソフト的結合へ，(3)結合度合からみると一方向的な結合である従属的結合から双方向的な結合である対等的結合へ，といった三つの傾向を指摘することができる。

そしてさらに，こうした視点から捉えると，今後の組織連携は，「物的価値」指向のハード的結合から「情報的価値」指向のソフト的結合へ，また「規模の経済」指向の同業種的結合から「連結の経済」指向の異業種的結合へ，さらに「タイトな」指向の系列的結合から「ルースな」指向の提携的結合へと変容していくことであろう。

換言すれば，同業種間の従属的なハード的結合から異業種間の対等的なソフト的結合へと，いわゆる異業種情報ネットワーク化の方向へと次第にその重心を移動していくことになる。そして，情報の一元化と同時化を促進する高度情報化の進展にともなって，経営組織はその業種・規模・地域の如何を問わず，異業種融合的（異業種交流・異業種連携・異業種融合）でグローバルな情報ネットワーク化へと，いわゆる情報化と業際化，国際化が密接かつ同時並行的に結合した形で，新しい発展を遂げていかざるを得ない。

以下では，経営組織における三つの結合関係のうちのまず第2番目の結合資源の側面を中心としつつ，それに第3番目の結合度合の側面を加えながらさらに詳述していくことにする。結合資源を中心に把握したのは，一つは経営組織と経営資源という分析視点との整合性を図るという意味において，もう一つはその分析フレームワークの中に情報概念が直接的に関係しているという理由によるものである。また結合度合を付け加えたのは，実際の事例に対応して理解することが容易であることによる。

すでに示した，経営資源の流れから捉えた経営組織という観点から二つの組織と組織の関係を捉えると，経営組織間の関係は，対象とする経営組織のインプット側かアウトプット側のいずれかに位置し，基幹プロセスか補助プロセスのいずれかのプロセスと，何らかの経営資源を媒介として密接な関連を有するものとして捉えられる。

換言すれば，システム的観点からみると，組織連携は，その基幹プロセス相互間，補助プロセス相互間，あるいは基幹プロセスと補助プロセス間において，人，物，金，情報の四つの経営資源のうちの一つないし複数の資源を媒介物として，結合・連結しているものとして把握することができる。そして，経営組織は，その事業対象・事業領域・事業規模の拡大にともなって必然的に，結合の対象・範囲・内容を拡大化・多様化・複雑化することになるのである。

3．経営資源からみた組織連携の類型

ここでは，すでに述べた結合プロセスの種別によって，経営組織相互間の組

織連携の類型化をすることにしたい。こうした結合プロセスの種別によって捉えると，組織連携は，経営組織相互間を結合している経営資源の流れが，基幹プロセスと補助プロセスのいずれのプロセスを通してなされるのかによって，すでに述べた通り基幹結合型，補助結合型，混合結合型の三つに大別される。

そしてさらに，混合結合型，すなわち基幹プロセスと補助プロセスの間における結合は，対象経営組織が基幹プロセスで関係経営組織が補助プロセスである「混合基幹結合型」と，逆に対象経営組織が補助プロセスで関係経営組織が基幹プロセスである「混合補助結合型」の二つに区分することができる。

そこでいまこれをまとめると，経営組織相互間の組織連携は，以下の如き四つの基本的な結合形態に大別することができる。しかし実際には，系列的関係とか連携の関係と呼ばれる場合には，経営組織相互間は単一の結合形態や単一の経営資源によって結合されていない場合も多い。結合関係が密接不可分な形になればなるほど必然的に，複数の結合形態や複数の経営資源によって結合されるようになる。なお，以下の各結合形態の具体例の提示に際しては，その結合形態の特徴が最も明白になっている従属的な結合形態，すなわち「系列型」だけを取り上げる。

第一は基幹結合型であり，対象経営組織と関係経営組織の二つの経営システムの基幹プロセス相互間が，何らかの経営資源によって結合されている場合である。その結合資源が人，物，金，情報のいずれであるかによって，それぞれ基幹人流型，基幹物流型，基幹金流型，基幹情流型の四つに区分される。さらに，従属的関係の強いものはそれぞれ，基幹人流系列型，基幹物流系列型，基幹金流系列型，基幹情流系列型と呼ばれる。

基幹人流系列型の具体例としては，たとえば小学校のほとんど全員の卒業生が中学校への進学が保証されている付属小学校や，中学校のほとんど全員の卒業生が高等学校への進学が保証されている中高一貫校とか，高等学校と大学がほとんど同様な関係を有する大学付属校などがあげられる。

基幹物流系列型の具体例としては，たとえば大手メジャーからガソリンを一手に供給されているガソリンスタンド，本部から商品の供給を一手に受けてい

るコンビニエンスストア，同一事業所内で原料の供給―受入システムが整備されている化学コンビナート，食材やパック等の必要な資材の供給を受けているファーストフードチェーン，クリーニングや写真等の注文を受けた品物を集中的に処理するクリーニングチェーン店や写真現像取次店，宅急便会社との間で契約をして宅急便の集配を担当している会社などがあげられる。

基幹金流系列型の具体例としては，たとえば必要な資金を供給している大手銀行系列のノンバンク，保険会社の契約した保険を再保険している再保険引受会社，大手クレジットカード会社が提携クレジットカードの発行を許可している中小のクレジットカード会社などがあげられる。

基幹情流系列型の具体例としては，たとえばテレビ局相互においてテレビ番組の配給・供給契約を結んでいるテレビ会社，映画製作会社と映画のフィルムの配給契約を結んでいる映画館，書籍やビデオの取次・配給・供給契約を結んでいる出版取次チェーンやビデオレンタルチェーンなどがある。

第二は補助結合型であり，対象経営組織と関係経営組織の二つの経営組織の補助プロセス相互間が，何らかの経営資源によって結合されている場合である。その結合資源が人，物，金，情報のいずれであるかによって，それぞれ補助人流型，補助物流型，補助金流型，補助情流型の四つに区分される。さらに，従属的関係の強いものはそれぞれ，補助人流系列型，補助物流系列型，補助金流系列型，補助情流系列型と呼ばれる。

補助人流系列型の具体例としては，たとえば経営幹部役員を派遣している会社，自社の教育・研修施設において関係会社からの研修要員を受け入れている会社，納品業者として定期的・継続的にデパートへ販売促進要員を派遣している会社，政府官庁から継続的に天下りを受け入れている特殊法人や企業組織などがある。

補助物流系列型の具体例としては，たとえば大手新聞社との間で自社の余剰印刷設備の活用のために長期間の新聞印刷を契約している地方新聞社や，印刷会社との間で長期間の発行雑誌の印刷業務を契約している雑誌出版社などがある。

補助金流系列型の具体例としては，たとえば過半数の株式を所有している会社，相互に株式を持ち合っている株式持合会社，親会社や取引会社から多大な資金の融資を受けている製造会社や販売会社などがある。

補助情流系列型の具体例としては，たとえば航空券の発券システムを共有化している航空会社，マイル交換システムやポイント交換システムに加入している各種のカード発行会社，鉄道会社や航空会社との間で乗車券の発券システムを契約・導入している代理店，ホテルや旅館との間で宿泊券の発券システムを契約・導入している観光会社や旅行会社，大手予備校から使用テキストや衛星通信による授業の提供を受けている系列予備校，本山や本部組織から教義の布教活動許可を得ている寺院や教会等の宗教団体組織などがある。

第三は混合基幹結合型であり，ある対象経営組織の基幹プロセスと別の関係経営組織の補助プロセスが，何らかの経営資源によって結合されている場合である。その結合資源が人，物，金，情報のいずれであるかによって，それぞれ混合基幹人流型，混合基幹物流型，混合基幹金流型，混合基幹情流型の四つに区分される。さらに，従属的関係の強いものはそれぞれ，混合基幹人流系列型，混合基幹物流系列型，混合基幹金流系列型，混合基幹情流系列型と呼ばれる。

混合基幹人流系列型の具体例としては，たとえば特定の企業から社員を大学院生として派遣されている大学，中小企業から研修のために学生を受け入れて教育・訓練をしている中小企業大学校，各企業からの研修生を受け入れて訓練をしている各種業界の職業訓練学校などがある。

混合基幹物流系列型の具体例としては，たとえば企業から耐用年数を経過した機械を産業廃棄物として引き取って処理する会社，自動車メーカーの生産した自動車をレンタカーやタクシー用車両として調達するメーカー系列のレンタカー会社やタクシー会社などがある。

混合基幹金流系列型の具体例としては，たとえば預金の獲得を特定の大企業の膨大な余剰資金に大きく依存している銀行，大手銀行との間で資金供与を受けている消費者金融会社などがある。

混合基幹情流系列型の具体例としては，たとえば研究調査の依頼を特定企業

に大きく依存している特定企業によって設立された総合研究所や調査機関，政府予算に大きく依存しているいわゆる政府系の調査研究機関などがある。

　第四は混合補助結合型であり，ある対象経営組織の補助プロセスと別の関係経営組織の基幹プロセスが，何らかの経営資源によって結合されている場合である。その結合資源が人，物，金，情報のいずれであるかによって，それぞれ混合補助人流型，混合補助物流型，混合補助金流型，混合補助情流型の四つに区分される。さらに，従属的関係の強いものはそれぞれ，混合補助人流系列型，混合補助物流系列型，混合補助金流系列型，混合補助情流系列型と呼ばれる。

　混合補助人流系列型の具体例としては，たとえば人材の確保を人材派遣会社からの派遣に大きく依存している会社，卒業生を全員受け入れる航空大学校，業界によって設立されている研修訓練学校，特定大学の医学部や医療看護学部から継続的に卒業生の医師や看護婦を受け入れている大学付属病院や大学系列病院などがある。

　混合補助物流系列型の具体例としては，たとえばリース会社との間でコンピュータやクレーン車，車，産業用設備・機器のレンタルやリースの契約を結んでいる会社などがある。

　混合補助金流系列型の具体例としては，たとえば銀行から大口の融資を受けている会社，クレジット会社と契約を結んで売上金の回収をしているクレジット加盟店などがある。

　混合補助情流系列型の具体例としては，たとえば信用情報機関との間で定期的・継続的に信用情報の提供を受ける契約を結んでいる会社，地域気象情報会社との間で定期的・継続的にお天気情報の提供を受ける契約を結んでいる，毎日の天候の状況によって業務が大きく左右されるような会社などがある。

第5節　中小企業を取り巻く企業連携

1．中小企業における企業連携の類型

　ここでは，本書のタイトルである「中小企業の企業連携」，特に中小企業にお

ける企業連携の類型について考察する。中小企業は一般組織とまったく同様に，顧客，調達先，仕入先，販売先，納品先，取引先，金融機関，研究機関，教育機関，行政機関などさまざまな組織や個人との間に，何らかの経営資源を媒介として相互に密接な関連を有している。そして，そうした関係は一般的には，旧来の主従的，ケイレツ的な関係から連携的，ネットワーク的な関係へと移行しつつある。ここでは，中小企業を取り巻く企業連携として，以下の七つを指摘しておきたい。

第一は業務的連携である。これは，調達・生産・販売・人事・施設・財務といったさまざまな遂行業務のうちの一つあるいは複数の業務面における外部企業との連携である。たとえば，同一業種内における業務提携，サプライチェーンによる業務連携，OEM（Original Equipment Manufacutuerd，相手先ブランドによる製造）などはここに含まれる。

第二は組織的連携である。これは，一つの事業・業務というよりはむしろ企業全体としての外部企業との連携である。たとえば，中小企業や大企業との連携，中小企業組合への加入，コンビニエンスストアやボランタリーチェーン，フランチャイジングへの加入，サプライチェーンによる企業連携，ファブレス企業などはここに含まれる。

第三は産業的連携である。これは，一つの事業・業務，否企業全体というよりはむしろ産業の枠を越えた外部企業との連携である。たとえば，異業種交流，農家とスーパーと加工工場による農商工連携，コアコンピタンスとアウトソーシングの選択と集中による異業種連携などはここに含まれる。

第四は地域的連携である。これは，企業全体，産業の枠を越えたというよりはむしろ一つの地域としての外部企業との連携である。たとえば，地域活性化への活動参加，都道府県中小企業団体中央会への加入，ソーシャルビジネスの遂行，地域的な産官学連携などはここに含まれる。

第五は社会的連携である。これは，産業の枠を越えた，一つの地域としてというよりはむしろ社会的な領域としての外部企業との連携である。たとえば，都道府県中小企業団体中央会や全国中小企業組合を通した全国中小企業団体中

央会への加入，全国的な産官学連携などはここに含まれる。

　第六は国際的連携である。これは，一つの地域として，社会的な領域においてというよりはむしろ国際的な領域において外部企業と連携する形である。たとえば，開発・調達・製造・販売・金融面における国際的取引や海外業務進出，海外工場進出，多国籍企業化などはここに含まれる。

　第七は地球的連携である。これは，社会的な領域，国際的な領域においてというよりはむしろ世界的，全地球的な視野における外部機関との連携である。たとえば，地球資源の枯渇対策，地球温暖化対策，CO_2削減対策，核廃棄物の永久保存，水資源の確保，海洋漁業資源の保全，地球環境の保全などはここに含まれる。

2．中小企業の企業連携としての「中小企業組合」

　ここでは，中小企業の企業連携としての「中小企業組合（中小企業協同組合）」について簡潔にまとめておきたい。図表1-1「中央会-組合-組合員企業の相互関係」において示されている通り，中小企業を取り巻く代表的な組織形成としては，中小企業が集まって中小企業組合（組合）を形成し，さらに組合が集まって中小企業団体中央会を形成している。現代の情報ネットワーク化時代における「ネットワークとしての」企業組織のあり方を考える場合には，「組織の組織としての」組合組織である「中小企業組合」は，未来志向的なきわめて有用かつ貴重な存在なのである。

　現代社会においては，個人も組織も社会もそれぞれ，① 自主発性（自主性と自発性），② 緩慢性，③ 双方向性という特徴を有する現代型ネットワークを共通理念として進展していくことになる。換言すれば，現代社会における個人・組織・社会は，① 強僚性（強制性と官僚性），② 厳密性，③ 一方向性という特徴を有する旧来型ネットワークとは対極的な位置にある。現代型ネットワークへの移行は不可逆的な道である。そして，組合組織の多くは，元来その設立・構成過程からみて，旧来の大半の企業組織とは異なり，こうした現代型ネットワーク的特性を色濃く有しているのである。

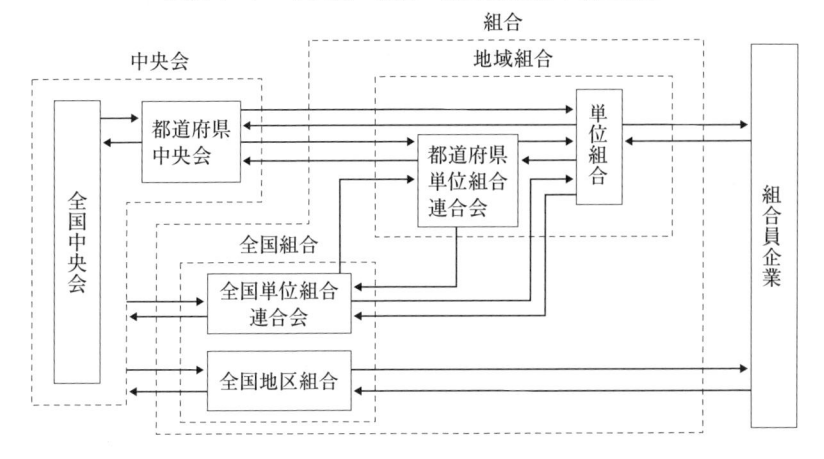

図表1-1 中央会－組合－組合員企業の相互関係

（図：全国中央会・都道府県中央会からなる「中央会」、単位組合・都道府県単位組合連合会からなる「地域組合」、全国単位組合連合会・全国地区組合からなる「全国組合」、および組合員企業の相互関係図）

　中小企業組合には，一つの都道府県エリアを単位として組織された「地域組合」と，全国エリアないしは複数の都道府県エリアを単位として組織された「全国組合」の二つがある。地域組合は，組合員企業から構成される「単位組合」と，単位組合から構成される「都道府県単位組合連合会」の二つに区分される。一方全国組合は，組合員企業から構成される「全国地区組合」と，単位組合や都道府県単位組合連合会から構成される「全国単位組合連合会」の二つに区分される。

　図表1-2「現行中小企業組合制度一覧」に示されている通り，現行の組合制度では，組合の種類は事業協同組合（事業協同小組合），火災共済協同組合，信用協同組合，企業組合，商工組合，協業組合，商店街振興組合，生活衛生同業組合，有限責任事業組合の九つに区分されている。しかし，組合はきわめて多種多様な業種や形態において組織化されているために，九つの制度的な区分だけでは組合の事業や組織化内容を把握することができないので，さらに組織形態による分類がなされている。組織形態別の分類法は必ずしも一定ではなく，環境変化にともなって，あるいは調査研究の目的によって異なっている。

　ここで，組合事業についてみると，中小企業の組織化，共同化のすぐれた一

図表1-2　現行中小企業組合制度一覧[2]

組合の内容 \ 組合の種類	事業協同組合（事業協同小組合）	火災共済協同組合	信用協同組合	企業組合
目的	組合員の経営の近代化・合理化・経済活動の機会の確保	火災等により組合員の財産に生ずることのある損害の補てん	資金の貸付、預金の受入れ	組合員の働く場の確保、経営の合理化
性格	人的結合体	人的結合体	人的結合体	人的結合体
事業	組合員の事業を支援する共同事業	組合員の火災等による損害補てんのための共済	組合員に対する資金の貸付、預金・定期積金の受入れ、その他	商業、工業、鉱業、運送業、サービス業等の事業経営
設立要件	4人以上の事業者が参加すること	1,000人以上が加入すること。出資額1,000万円以上であること	300人以上が加入すること、出資金1,000万円以上（東京都ほか金融庁長官の指定する人口50万以上の市は2,000万円以上）であること	4人以上の個人が参加すること
組合員資格	地区内の小規模事業者（概ね中小企業者）	地区内の小規模事業者（概ね中小企業者）	地区内の小規模事業者（概ね中小企業者）又は地区内に居住所を有する者、勤労者	個人及び法人など
責任	有限責任	有限責任	有限責任	有限責任
発起人数	4人以上	4人以上	4人以上	4人以上（個人に限る）
加入	自由	自由	自由	自由
任意脱退	自由	自由	自由	自由
組合員比率	ない	ない	ない	全従業員の3分の1以上が組合員
従事比率	ない	ない	ない	全組合員の2分の1以上が組合事業に従事
1組合員の出資限度	100分の25（合併・脱退の場合100分の35）	100分の25（合併・脱退の場合100分の35）	100分の10	100分の25（合併・脱退の場合100分の35）
議決権	平等（1人1票）	平等（1人1票）	平等（1人1票）	平等（1人1票）
員外利用限度	原則として組合員の利用分量の100分の20まで（特例あり）	組合員等（親族等を含む）の利用分量の100分の20まで	資金の貸付・預金の受入れは、貸出総額・預金総額の100分の20まで	
配当	利用分量配当及び1割までの出資配当	利用分量配当及び1割までの出資配当	利用分量配当及び1割までの出資配当	従事分量配当及び2割までの出資配当
根拠法	中小企業等協同組合法（昭和24年6月1日法律第181号）			

第1章 企業連携の本質と類型

商工組合	協業組合	商店街振興組合	生活衛生同業組合	有限責任事業組合 (LLP)	株式会社
組合員の事業の改善発達	組合員の事業を統合、規模を適正化し、生産性向上、共同利益の増進	商店街地域の環境整備	組合員の事業の生活衛生の水準向上、資格事業の改善	利益追求。企業の連帯や専門的な能力を持った人材による共同事業の振興	利益追求
人的結合体	人的・物的結合体	人的結合体	人的結合体	人的結合体	物的結合体
指導教育、調査研究、共同経済事業（出資組合のみ）	組合員の事業の統合、関連事業、付帯事業	商店街の環境整備、共同経済事業	生活衛生の適正化事業、指導、検査事業、その他	企業同士のジョイント・ベンチャーや専門的な能力を持つ人材による共同事業	定款に掲げる事業
1都道府県以上の区域を地区として地区内で資格事業を行う者の2分の1以上が加入すること	4人以上の事業者が参加すること	1都道府県以内の区域を地区として小売商業又はサービス業を営む者の30人以上が近接してその事業を営むこと	都道府県毎に一個の組合。資格事業者の3分の2以上が加入すること	2人以上の個人又は法人が参加すること。組合契約書を作成し、これを登記すること	資本金1円以上
地区内において資格事業を営む中小企業者及び定款に定めたときは3分の1未満の中小企業者以外の者	中小企業者（組合員の推定相続人を含む）及び定款で定めたときは4分の1以内の中小企業者以外の者	地区内で小売商業又はサービス業を営む者及び定款で定めたときはこれ以外の者	地区内において資格事業を営む者	特に限定なし（ただし、法人が組合員となる場合は、自然人の職務執行者を定めること）組合員には業務執行への参加義務あり	無制限
有限責任	有限責任	有限責任	有限責任	有限責任	有限責任
4人以上	4人以上	7人以上	20人以上	2人以上	1人以上
自由	総会の承諾が必要	自由	自由	組合員全員の一致で決定	株式の譲受・増資割当による
自由	持分譲渡による	自由	自由	やむを得ない理由がある場合のみ可能	株式の譲渡による
ない	ない	ない	ない	ない	ない
ない	ない	ない	ない	ない	ない
100分の25（合併・脱退の場合100分の35）	100分の50未満（中小企業者でないもの全員の出資総額は100分の50未満）	100分の25	100分の25	ない	ない
平等（1人1票）	平等（ただし定款で定めたときは出資比例の議決権も可）	平等（1人1票）	平等（1人1票）	組合員全員の一致で決定	出資別（1株1票）
共同経済事業のみ適用、原則として組合員の利用分量の100分の20まで（特例あり）		組合員の利用分量の100分の20まで	組合員の利用分量の100分の20まで		
利用分量配当及び1割までの出資配当	定款に定めた場合を除き出資配当	利用分量配当及び1割までの出資配当	利用分量配当及び1割までの出資配当		出資配当
中小企業団体の組織に関する法律（昭和32年11月25日法律第185号）		商店街振興組合法（昭和37年5月17日法律第141号）	生活衛生関係営業の運営の適正化及び振興に関する法律（昭和32年6月3日法律第164号）	有限責任事業組合契約に関する法律（平成17年5月6日法律第40号）	会社法（平成17年7月26日法律第86号）

形態である中小企業組合においては，旧来からの共同購買事業，共同販売事業，共同受注事業，共同生産・加工事業，共同金融事業といったハード的共同事業に加えて，情報提供事業，調査研究事業，指導事業，人材養成事業，共同研究開発事業といったソフト的共同事業の積極的な展開を図ってきた。

3．中小企業の連携組織としての「中小企業団体中央会」

ここでは，中小企業の連携組織としての「中小企業団体中央会」について簡潔にまとめておきたい。図表1-3「中小企業団体中央会の概要」は，現在の中小企業，中小企業組合，中小企業団体中央会の三者を取り巻く連携の概要を示したものである。

中小企業団体中央会は，1955年7月の「中小企業等協同組合法」の改正により「中小企業等協同組合中央会」として誕生し，1958年4月の「中小企業団体の組織に関する法律」の施行にともない，名称を変更して現在に至っているが，中小企業の振興を目途として，中小企業の組織化と組織強化のための指導ならびに運動を行っている。

中央会には，都道府県毎に一つ設立されている「都道府県中小企業団体中央会（以下都道府県中央会という）」と，その全国的組織としての「全国中小企業団体中央会（以下全国中央会という）」の二つがある。

都道府県中央会は，都道府県内の事業協同組合，事業協同小組合，火災共済協同組合，信用協同組合，協同組合連合会，企業組合，協業組合，商工組合および同連合会，商店街振興組合および同連合会，その他で組織されている。一方全国中央会は，都道府県中央会と全国を地区とする協同組合，商工組合と上記連合会ならびに商店街振興組合連合会，および定款に規定するこれらに準ずる商工団体をもって組織されている。

ここで，中央会の事業についてみると，中央会は，中小企業者を業種，業態に即した組合制度により組織化し，その組織を通じて中小企業の設備の近代化，技術の向上開発，経営の合理化，その他中小企業構造の高度化の指導と金融，税制，労働その他業界の安定と中小企業を取り巻く環境を是正するための

第1章　企業連携の本質と類型　35

図表1-3　中小企業団体中央会の概要[3]

根拠法　中小企業等協同組合法（昭和24年法律第181号）
　　　　中小企業団体の組織に関する法律（昭和32年法律第185号）
設　立　昭和31年4月10日
組織・会員（平成24年4月1日現在）

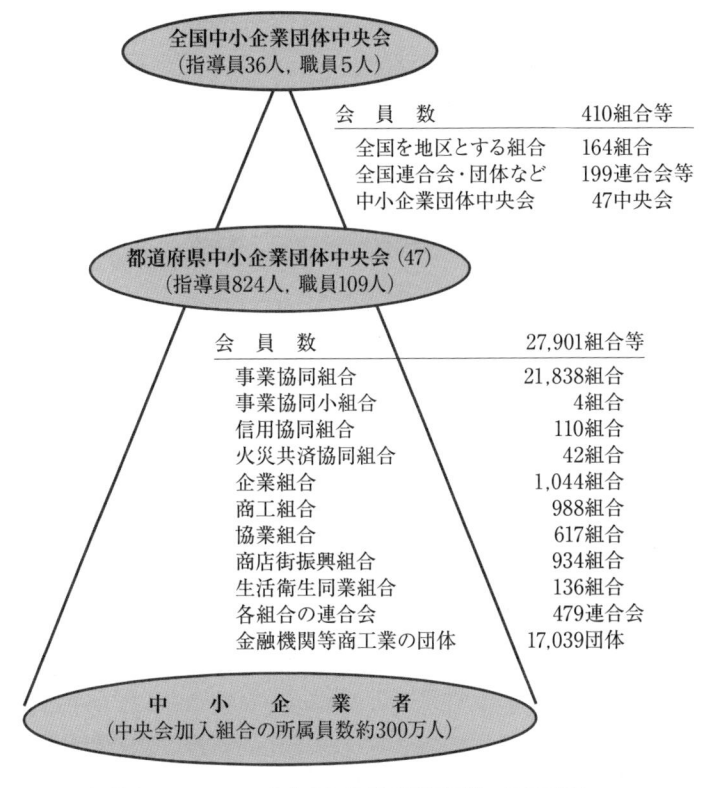

全国中小企業団体中央会
（指導員36人，職員5人）

会員数	410組合等
全国を地区とする組合	164組合
全国連合会・団体など	199連合会等
中小企業団体中央会	47中央会

都道府県中小企業団体中央会（47）
（指導員824人，職員109人）

会員数	27,901組合等
事業協同組合	21,838組合
事業協同小組合	4組合
信用協同組合	110組合
火災共済協同組合	42組合
企業組合	1,044組合
商工組合	988組合
協業組合	617組合
商店街振興組合	934組合
生活衛生同業組合	136組合
各組合の連合会	479連合会
金融機関等商工業の団体	17,039団体

中小企業者
（中央会加入組合の所属員数約300万人）

組織率　71.4%　[中央会加入組合所属員数　約300万人 / 全国の中小企業者数　約420万人]

方策確立に全力を傾注している。中央会の遂行する事業は，予算編成別にみると一般的には，政府よりの指定事業・特定指導事業，都道府県よりの補助事業・委託事業，および一般事業といった区分がなされている。

（森川信男）

■注
1) Barnard, Chester I., *The Functions of The Exective,* Harvard University, 1938. (山本安二郎・田杉競・飯野春樹訳『新訳経営者の役割』ダイヤモンド社, 1968年, 67, 85頁。)
2)『中小企業組合白書（平成24年版）』全国中小企業団体中央会, 2012年10月, 62-64頁。
3) 同上。

第2章
中小企業の連携プロセスと連携支援のあり方

はじめに

　中小企業の企業間組織はきわめて多岐にわたっている。企業間組織には法的な裏付けを持って組織化された事業協同組合（根拠法：中小企業等協同組合法），商工会（根拠法：商工会法）商店街振興組合（根拠法：商店街振興組合法）などから，契約によって組織化されるフランチャイズチェーン，大手製造業者などによって事実上組織化された下請系列，地域の中小企業が技術などを持ち寄る異業種交流会，企業が経営資源を補完するために組織化する連携などさまざまな組織（共同体）がある[1]。そしてそれらに向けて新連携，農商工連携，経営革新事業，高度化，共同施設事業，集団化事業，集積区域整備事業，施設集約化事業，伝統工芸品産業振興事業，ジャパンブランド育成支援事業など多数の施策・事業が実施されている。この中でも現在，行政が力をいれている事業が新連携，農商工連携などの異業種連携である。

　異業種交流グループの数は1998年の約3,100をピークに減少を続け，2008年には2,500台まで減少している。しかし参加企業数をみると，逆に着実に増加し，その数は145,000社を超えている。これはグループ単位では淘汰や入れ替わりが進む一方，経営を改善するため，閉塞感を打破し新しい方向性を見いだすために連携を模索する中小企業経営者の増加を表している（中小企業基盤整

備機構『異業種交流グループ情報調査報告書』［各年版］)。

 本稿はまず，中小企業の環境変化への対応として，中小企業が企業間組織や連携に取り組む状況とそれに対する施策を確認したのち，異業種交流活動の目的と成果について概観する。そして企業が連携を手段として認識し，目的を共通化し，目標を共有化して正式な組織となる連携（組織化）プロセスについて考察する。

 その上で新連携の事業計画認可と組織化プロセスについて，サービス分野での新連携への取り組みを通じて検証し，連携が社会的な役割を果たすためには，組織の手段―目的の形成のプロセスにおいてステージごとの支援が必要であること，そして連携を有効に機能させるためには専門家として支援を行う人材・組織の育成が急務であることを示す。

第1節　中小企業を取り巻く環境変化と企業間連携

 中小企業が量的基準で規定され，認識されている以上，経営資源の量的限定は中小企業経営を考察する上での前提である。しかしながら各企業が独自の市場を独自の技術などによって開拓し，育成し，維持している限りにおいては，また市場に対し「適正規模」である限りは，その経営資源の量的な「限定」は「制約」ではなく企業の発展を妨げることはない[2]。

 しかしながら経営資源の量的制約を前提とする以上，その適正である市場は通常は狭いものであり，生活様式の変化，消費者のニーズの変化，代替品の登場などによる市場の変化・縮小，そして生産技術革新や外国製品の輸入拡大などによる競争状況の変化は，そのまま存立市場を変化させ，企業にとって本来避けなければならない大きなリスクをともなう事業転換・業種転換までを選択肢に入れなければならない状況を引き起す。それゆえ中小企業は環境変化に柔軟性と機動性を持って，的確な対応をすることによって存続・発展してきたのである（小嶌[2012]）。

 まず最初に経営環境の激変と対抗策としての事業転換，業種転換，そして企

業間連携の状況を検証する。ここでいう環境激変期とは ① 生活様式の急速な変化によって消費者ニーズが変化し，さらに GATT，IMF の加盟による輸出入環境が激変した1950年代後半から1963年の高度経済成長への離陸期，② ニクソンショック（1971年），変動相場制（1973年）から第一次オイルショック（1974年）までの世界経済の停滞期，③ プラザ合意によって円高が起った1985年からバブル崩壊（1990）年までの3つの期間である。

1．事業転換・業種転換

　第1の環境変化は，1950年代の後半「もはや戦後でない」（『経済白書』1956年）とされた時期に起った。「もはや戦後ではない」とは，中小企業にとっては成長を支えてきた戦後復興需要が消滅するのと同時に，技術革新，生活様式の変化などによって需要の質と量が大きく変化することへの対応を迫られることを意味していた。その範囲と規模は極めて大きく，需要の変化と原材料の変化によって，1958年から1962年の5年間で産地全体の過半数（56％）が事業転換・業種転換に追い込まれた。特に繊維工業では全産地の70％，機械器具金属製品でも60％が転換を余儀なくされた（『中小企業白書』1963年，第2部第6章　第2節産地企業）。

　1963（昭和38）年の中小企業白書は，① 需要減退，② 市場拡大にともなう他産地の製品との競合，技術革新にともなう代替品の出現，手作業から機械化への移行，内外市場における外国製品との競争，労働力の確保難，賃金水準の上昇等を環境変化要因とし，「近年の需給構造の変化によって，産業構成や輸出品構成に大きな変化が進行し，大企業の進出もみられるので，企業の自主的努力を助長する方向で，国内および海外市場における需要の増大と事業機会の適正な確保を支援するとともに，需要が明らかに停滞または縮小する分野については，発展性の高い分野への転換を指導促進することが要請される」（『中小企業白書』1963年，第2章，第1節　発展と停滞の分化）と業種転換の必要性を示した。

　市場の限定，生産量の限定の中で成立してきた中小企業の存立基盤であった市場は，市場の拡大により競争が激化し，さらに輸出入の環境変化によって

「適正」の状況が大きく変化した。そのため指定業種に対する産業構造の高度化，国際競争力の強化[3]などの支援策が近促法（中小企業近代化促進法：法律第64号，昭38・3・31）によって行われた。

当時の主力輸出品であり，日米摩擦の原因でもあった繊維産業への対策としては，67（昭和42）年に「特繊法（特定繊維工業構造改善臨時措置法）」によって，縫製機械の買い上げ廃棄等の過剰設備対策が行われ，事業転換・業種転換が「業種単位の構造改革」として強力に推し進められた[4]。また生活様式の変化への対応では，「げた」「たび」「竹すだれ」「漆器」などの伝統製品に対する産地（地域）単位での構造改善振興策として伝産法（伝統的工芸品産業の振興に関する法律，1974年）が制定された。

さらにこの期間は，協同化，協業化，団地化など企業間連携（組織化）が進められた期間でもあった。設備の近代化，経営管理の合理化，企業規模の適正化の推進策として，事業協同組合や企業組合形態による組織化，工業団地による集団化が進められた。事業協同組合の主体となったのは中規模企業で，共同購入，資金貸し付け，教育情報提供，共同販売などの事業が行われた。集団化は機械・金属工業，木材工業，繊維工業，雑貨工業等で進められ，同様に卸売店舗の集団化のための商業団地が始まった。また既製服製造業者，みそ醸造業者等で共同出資会社が共同化の新形態として生まれた。

2．異業種連携

次の大きな環境変化はニクソンショックとオイルショックという2つのショックによってもたらされた。1971年にはニクソンショックにより大幅な円高が起り固定相場制度（ブレトンウッズ体制）を維持するスミソニアン体制（1ドル360円から308円）に移行し，1973年には変動相場制，さらに1976年からキングストン体制となった[5]。しかも1974年にオイルショックが起り，景気が急速に悪化する中で，76年に「最近における貿易構造その他の経済的事情の著しい変化にかんがみ，中小企業者が行う事業の転換を円滑にするための措置等を講ずる」と事業転換法（中小企業事業転換対策臨時措置法）[6]が制定された。さらに78

年には旧城下町法（特定不況地域中小企業対策臨時措置法），80年に新城下町法（特定業種関連地域中小企業対策臨時措置法），業種別を基本としつつ産地振興を図る産地法（産地中小企業対策臨時措置法）が制定され，これら3法を中心に地域振興の視点に立った中小企業の構造転換政策が進められた。

しかし適応すべき環境変化は「成熟化，個性化，地方化，業際化，情報化，ソフト化」，そして技術に関しても「複合化，先端化，システム化，メガトロ化」など幅広く，「市場と技術の双方からの変革が同時進行する状況（坂本他[1986] 10-11頁）」となった。そして企業間関係においても垂直的関係だけでは無く，水平的でかつ知的な経営活動[7]までの広がりが必要となり，ここから従来の取引関係や技術の枠組みを超える新しい組織，異業種交流が自主的に生まれていった[8]。

異業種交流の起点は1964年に㈶大阪科学技術センター（OSTEC）がはじめた技術相談所である。技術相談所は1965年には「産学実地研究会」となり，1970年に異業種交流を正式な目的とした「新製品開発研究会」「省力化技術研究会」に発展した。この両研究会は1982年に「技術と市場開発研究会（MATE）」（現在のマーケット＆テクノロジー研究会）となった（『異業種交流20年―知りあい・使いあい・創りあう』）[9]。

異業種交流活動は，このように1970年代から自主的に開始され，1978年には異業種交流会の年間発足数が10を超え，さらに1981年までは毎年10～20件の交流会が各地に発足したが，これらは早い段階から一定の成果を上げていた。

しかし1981年に中小企業庁が，活発化していた異業種交流を支援する「技術交流プラザ事業」を開始すると，1981年からは年間発足数が20件を越え，1985年には40件を越える状況となった。政策的に支援することは異業種交流の垣根を一挙に下げたが，支援は同時に補助金活用のための異業種交流を生み出した。

1985年のプラザ合意から円高，国際市場での価格上昇，円高不況，製造業の海外シフト，内需主導経済への転換が起り，ここからは事業転換・業種転換に加え，新規事業開発が大きな主題となった。先の事業転換法は，「特定中小企業

者事業転換対策臨時措置法」(新事業転換法)へと改正され,事業縮小の比率を3分の1まで下げたことから,完全な事業転換だけでなく,多角化がその施策範疇に入ったが,認定された事業数を見ると決して利用度が高かったわけではない。事業縮小には何よりも転換先が必要であること,施設廃棄などが前提となることを考えれば当然の結果であった。

一方,異業種交流会発足数[10]は1984年をピークに1987年まで減少していったが,1988年に融合化法(異分野中小企業者の知識の融合による新分野の開拓促進に関する臨時措置法,法律第十七号)が施行されると,再び年間50件以上の交流会が発足する状況となった[11]。しかしながら補助金などの支援を前提とした交流会は補助金の終了とともにほとんどが姿を消した(池田[2006]5頁)。

第2節　事業連携の活動内容と目的

1．事業連携活動内容

異業種交流活動が急速に拡大しつつあった1980年の活動成果をみると,大きく,情報成果と技術的・商業的成果に分かれる。情報成果には生産技術,新製品開発から経営管理,新市場の把握までが含まれ,「生産技術に関する情報」と「新製品開発・製品改良のヒント」の成果は50％を越えていた。一方,技術的・商業的成果は「新商品の開発・技術の共同開発が実現した」の16.0％以外は10％未満で,情報成果に比べると成果は限定的であった(図表2-1)。

1981年の『中小企業白書』は,企業交流の活動基盤を情報交換会におき,情報交換会を通じて①情報交換の円滑化や外部技術の導入,②新製品の開発,製品の改良のためのヒント,生産技術に関する情報,あるいは販売情報の入手効果,③新製品や新技術の開発などのための具体的な業務提携の実現,という進展プロセスを示し,技術的・商業的成果を導く情報の意義を評価していた。しかしながらこの情報はあくまで「技術開発の制約要因としての情報収集源の狭隘性の除去」を目的としたものであり,現場との間に意識的な乖離があった。「技術交流プラザ事業」や「融合化法」を経て3,000以上の交流グループが活動

図表2-1　事業連携活動の成果

(単位：%)

情報成果	生産技術に関する情報を得ることができた	53.4
	新製品開発・製品改良のヒントを得ることができた	51.7
	経営管理に関するノウハウを得ることができた	39.1
	新市場の把握又は販売情報を得ることができた	30.3
技術的・商業的成果	新製品の開発・技術の共同開発が実現した	16.0
	市場開拓が実現した	9.5
	仕入ルートの相互利用・共同仕入れが実現した	8.8
	生産設備の相互利用・共同生産が実現した	7.5
	販売ルートの相互利用・共同販売が実現した	7.5
	その他	4.8

資料：『中小企業白書 1981（昭和56）年』第1-3-15図より作成

していた2002年時点で異業種交流活動の活動目的をみると、「人的交流・情報交流」が活動の主目的であり67.0％を占めていた。続いて新製品・新サービス開発が23.8％であり、この両者をあわせると90％を越え、異業種交流活動の2大目的となっていた（図表2-2）。この目的にしたがって交流活動の成果をみると、「人的交流・情報交換」に対する成果である「人脈や情報ソースの拡大」は90％以上の成果をあげていた。また「新製品・新サービス開発」の目的に対する成果には「新製品・新サービスの開発」が58.1％、「商品開発力のアップ」が53.8％、「商品開発件数の増大」が40.9％とここでも着実に成果があがっていたことがわかる。

「経営手法の改善」、「経営人材の育成」、「現場改善」の目的はいずれも3％未満にもかかわらず、「経営手法の改善」は66.0％、「経営人材の育成」は61.1％、「現場改善」は51.9％と成果が認められていた。

一方、異業種交流、事業連携活動において補助金等の支援対象は「企業が自社の独自性を確保しながら（資本提携や合併等によらず）、共有可能な経営資源を共有する目的で、他の企業と共同して行う具体的な事業を指すものとする。そのため情報交換や人的交流等を目的とし事業そのものを共同で行わない会合等

図表2-2　異業種交流活動の目的と成果

(単位：%)

主たる目的		活動成果	効果大	効果有り	合計
人的交流・情報交換	67.0	人脈や情報ソースの拡大	44.3	48.9	93.2
経営手法の改善	1.8	経営手法の改善	11.7	54.3	66.0
経営人材の育成	2.1	経営人材の育成	9.6	51.5	61.1
新製品・新サービス開発	23.8	新製品・新サービスの開発	15.4	42.7	58.1
		商品開発力アップ	12.8	41.0	53.8
		商品開発件数の増大	7.1	33.8	40.9
現場改善	0.5	現場(工場)の改善	7.2	44.7	51.9
その他	4.8	社内の活性化	7.8	49.6	57.4
		販路拡大	10.3	46.1	56.4
		付加価値の上昇	8.3	47.8	56.1
		売上の増大	5.6	40.4	46.0

資料：日本アプライドリサーチ研究所「異業種交流グループの活動実態と今後の支援の方向性に関する調査研究」(2002年7月経済産業省経済産業研究所委託調査)より小嶌作成

への参加は事業連携活動に含まない」(中小企業庁[2003]193頁，脚注19)と限定されていたが，実際には「技術開発成果のみを追い求める異業種交流会はあくまで一つの類型に過ぎず，異業種交流は中小企業経営のほぼ全般にわたってさまざまな形での活用」(日本アプライドリサーチ[2002])が行われていたことがわかる。

　次に異業種交流グループの具体的な連携活動の内容を企業規模と業種別分類で見ると，規模に関りなくもっとも多く取り組まれていたのが「共同開発」(43.4%)である(図表2-3)。共同開発は，規模が大きいほど取り組み割合が大きく，業種別では製造業で50%を越えていた。

　二番目に取り組まれていた共同販売(22.6%)と三番目の共同仕入(19.0%)は逆に規模が小さいほど多く取り組まれていた。その中心は卸売業と小売業であり，卸売業では共同仕入・共同販売が中心となっており，小売業においても共同広告宣伝に次いで多い活動となっていた。また共同仕入，共同生産，共同

図表 2-3　企業規模別・業種別事業連携活動内容

(単位：％)

連携内容と規模・業態	小規模	中小	中堅	全規模	製造業	卸売業	小売業
共同開発	29.5	45.0	54.6	43.4	54.5	22.8	14.3
共同仕入	21.8	18.9	16.2	19.0	13.5	29.1	33.3
共同販売	24.9	22.9	19.6	22.6	19.9	28.2	28.6
共同生産	22.6	13.8	15.0	16.5	21.1	8.7	2.9
共同物流	9.2	14.0	13.1	12.5	9.4	22.8	11.4
共同受注	16.9	13.1	10.0	13.3	15.2	9.7	8.6
共同広告宣伝	18.4	15.4	9.2	14.5	10.2	16.0	39.0
共同情報化	17.6	16.7	12.7	15.9	12.9	23.3	20.0
その他	2.7	3.1	1.9	2.7	2.6	2.9	2.9

資料：『中小企業白書（2003）』195頁，第 2-4-15図より作成

受注，共同広告宣伝，共同情報化への取り組みは小規模ほど高く，中小規模が最も多いのは共同物流のみであった。

　一方，業種別では製造業では共同開発（54.5％）を中心に共同生産（21.1％），共同販売（19.9％），卸売業・小売業では共同仕入，共同販売が主な活動となっていたが，卸売業ではこれに加え共同物流，共同情報化が，小売業では共同広告宣伝が主な活動に入るなど，いずれも各業種の中核機能を含めて事業連携活動が行われていたことがわかる。

2．事業連携目的

　共同体の組織化の目的としては，23,000件を越える会員数を持つ事業協同組合で示された事業が目的の分類としても使用することができる（会員数は中小企業団体中央会の会員数，平成22年3月31日現在)[12]。すなわち経営資源の制約を克服するための方法としての共同生産・加工事業，共同購買事業，共同販売事業，共同受注事業，共同検査事業，市場開拓・販売促進事業，研究開発事業，情報提供事業，人材養成事業，金融事業，債務保証事業，共同労務管理事業，

福利厚生事業，そして「経営環境の変化に対応する新たな事業」である。「経営環境の変化に対応する新たな事業」とは，「地球温暖化，廃棄物，フロン等の地球環境問題への対応事業，都市の過密化に対応するための集団化事業，デザイン・商品の研究開発，情報化社会への対応としてインターネットによる共同販売やITを利用した管理システムの開発，地域ブランドづくり等の共同事業」（全国中小企業団体中央会）などがある。

そして企業間の事業連携活動の組織化目的は基本的にこの範囲内で捉えることができる。具体的な連携目的をみると，「自社で不足する知識やノウハウ等の補完（知識ノウハウ）」と「コスト削減」が2大目的となっており，「各社の経営資源の結びつきによる相乗効果（経営資源）」，「競争相手や取引先に対する地位の強化（地位の強化）」を大きく上回っている。

取り組み内容の8項目のうち，共同仕入，共同物流においてのみ「コスト削減」が中心目的になっているのに対し，共同開発，共同情報化，共同受注，共同生産，共同販売，共同広告宣伝においては「知識ノウハウ」が中心となっている。明確に連携の目的が示されているものは共同開発における「知識ノウハウ」と共同物流，共同仕入における「コスト削減」である。1965年に共同事業が開始された当時は，コスト削減が目的とされ，共同仕入などが中心で共同生産，共同開発が少なかったのに対し，共同開発など知識やノウハウの共同化が求められ「規模の経済」よりも「範囲の経済」が連携目的になるなどその内容は変化している。一方，共同販売，共同受注では，コスト削減とそれをもたらす地位の強化，経営資源など規模の経済が求められている（『中小企業白書（2003）』195頁，第2-4-16図）。これは規模が比較的大きな中堅企業では単独で規模の経済性が実現されるのに対し，小規模では規模の経済性が求められるなど規模の違いが関係している（図表2-4）。そして現在では，「経営環境の変化に対応する新たな事業」としてまとめられている環境対応，デザイン・商品の研究開発，情報化対応などが前面に出ている。

図表 2-4　取組内容別連携目的

(単位:％)

取組内容・連携目的	コスト削減	リスク削減	時間の節約	知識ノウハウ	経営資源	地位の強化
共同開発	24.1	14.7	10.6	61.5	27.6	26.5
共同仕入	55.3	21.4	7.8	36.9	11.7	32.0
共同販売	24.3	17.4	12.2	37.4	33.9	33.0
共同生産	39.3	25.0	15.5	41.7	19.0	21.4
共同物流	69.1	12.7	27.3	20.0	27.3	21.8
共同受注	25.9	25.9	15.5	43.1	29.3	32.8
共同広告宣伝	30.9	3.6	3.6	32.7	21.8	18.2
共同情報化	42.4	18.2	15.2	60.6	33.3	37.9

資料:『中小企業白書 (2003)』195頁, 第2-4-16図より作成

第3節　企業連携組織化プロセス

　企業連携の組織化プロセスは，技術と市場開発研究会 (MATE) の理念「知りあい・使いあい・創りあう」に適切に表現されている。すなわち「人的な交流を通して知りあい，情報を交換・交流して信頼の輪を拡げる段階（知り合い段階）」，「その信頼関係を基盤にした技術の相互利用（使い合う段階）」，そして「新製品共同開発（創り合う），新しい発想，新しい戦略を創り合うという成果に繋がる」の3段階プロセスである（同上20年史）。

　融合化法は組織化プロセスについて第1段階「交流段階」―第2段階「開発段階」―第3段階「事業化段階」―第4段階「市場展開段階」という4段階（当初は3段階）のプロセスを想定していた。交流段階とは，異業種交流会などに参加し，新規事業の共通開発テーマを抽出する段階であり，開発段階とはその共同開発テーマを具体化していく段階，事業化段階は具体的な事業として組織化する段階であり，市場展開段階は新製品などを販売していく段階である。融合化法の開発・事業化段階に対しては知識融合開発事業資金が提供された他，

租税特別処置法によって特別償却などができた。

　企業はゴーイングコンサーン（going concern）を前提に，業容の成長・発展を目指して組織を取り巻くさまざまな環境とコミュニケーションを行っている。このコミュニケーションの対応先は同業者，異業種，地域内，広域，国内，国外，大学，国，県や市などまさしく自社を取り巻く環境そのものであるが，コミュニケーションの対応先は，状況や場所などによって異なり，そして多重に重なり合っている。異業種交流や新連携にしても，同業者との活動や連携とまったく別に存在しているのでは無く，あくまで組織の対境の一つとして存在している[13]（山城［1977］121頁）。

　それゆえ融合化法や連携の中で示されたプロセス連携の視点だけでなく，企業経営の視点から連携プロセスを見直すことによって，組織化，連携のあり方が明確になる。ここでは連携のプロセスの各段階を企業経営の視点からみる。

1．第1段階：交流・情報段階

　企業は，自社の存在する市場環境を特定して適応するのと同時に，環境に働きかけて，環境自体を自己に適応させようとする主体性を持つ。ここでいう主体性は自らが進むべき目標と方向性を明確に示すこと（目的論的性格）に支えられている（加藤［1997］42-45頁）。

　すなわち企業がゴーイングコンサーンであるためには適応すべき市場環境の情報を得るのと同時に，企業の目的を追い続けるための漸進的な上向運動のための情報を同時に獲得していくことが不可欠である。

　このことから交流・情報段階は，自社を取り巻くステークホルダー（stakeholder）のすべてを対象とするだけでなく，自社を中心に環境を対境化する必要がある（山城［1977］121頁）。確固たる業際が存在する場合には同業者の交流，場合によっては業務環境内での交流，系列内での交流で充分であったが，業際が破壊，融解される業際化の状況では，商品開発から販売までの競争環境において変化が求められ，状況によっては業種・業態転換，多角化までを意識せざるを得ない状況が現出する。このように交流・情報段階においては，自社の業

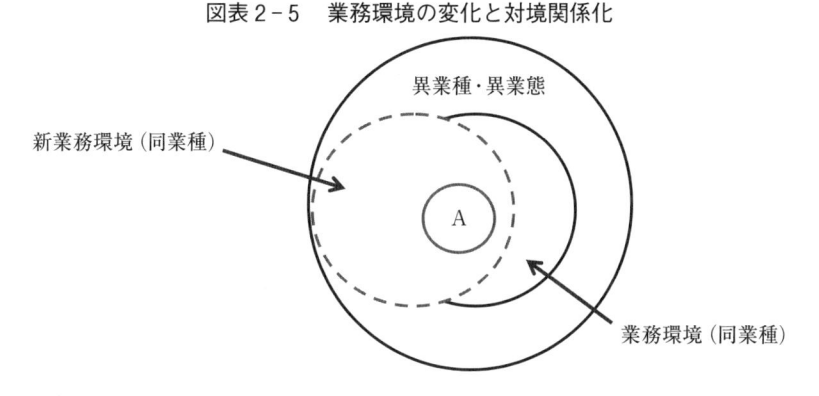

図表2-5　業務環境の変化と対境関係化

　新業務環境（同業種）　　　　　異業種・異業態
　　　　　　　　　　　　　　　　　　　業務環境（同業種）
　　　　　　　　　　　A

務環境からその対象を外に拡大していく対境関係の拡大が交流・情報段階である。図表2-5で示した通り異業種は業務環境から同心円的に周辺部に存在するだけでなく，一部は業際をまたがって存在する（点線）。そして業際が不明確になると，そこに新たな業務環境が現出し，新たな対境関係が形成される。しかも企業は市場環境に適応しなければ生存できないという環境依存性を持っている以上，交流・情報はすべての基盤として存在する。さらにこの交流・情報の基盤が業種ではなく地域である場合には，「一般的あるいは直接経営に役立つような情報交換が行われるほか，勉強会や研究会を通じてそれぞれ地域における危機意識や問題意識が醸成される」（池田[2006]9頁）こととなる。

　この交流・情報の基盤の上に，ひとたび経営計画と実績との乖離（実績の悪化），将来の業務環境の変化が意識されると，企業は製品開発や新事業機会の模索を開始する（図表2-6）。ここで交流・情報活動は新製品開発，新技術，新事業情報の必要性など具体的な目的・目標を与えられる。自社の経営資源で事業機会の開発が可能な場合は，単独開発が選択され，その経過が良好な場合には交流・情報の段階は特定の情報の探索に限定される。

2．第2段階：開発段階

　しかし製品開発や事業開発において資金不足，情報・ノウハウ不足，開発時

図表2-6　中小企業の連携プロセス

第1段階　交流・情報段階

(日常的)交流段階 ──→ 目的=交流・情報
経営計画と実績の乖離，業務環境変化の認識
製品開発の開始 ──→ 開発に関する情報
　　↓
開発良好　- - - - →　経営資源の不足(障害)
　　交流／情報により克服
　　↓　　　　　(情報ノウハウ，開発時間制約，リスク制約)
単独開発
目標に対する手段の有効化の完成

第2段階　開発連携段階

経営資源の不足 - - - →　連携先の探索(交流・情報の目的が出現)

　　　　　　　　　　　　　　　　手段の模索
　　　　　　　　　　　　連携先
　　　　　連携スタート ←── 目標に対する手段を認識

　　　　　　製品開発連携(再開)

第3段階　事業化段階

単独事業化 ←- - - -
　↓
　　経営資源の不足　　　事業化(相互関係のスタート)　　事業化連携
第4段階　市場化段階
　　　　　　- - - →　市場化連携
　　　　　　　　　　(相互関係の出現)
　連携先企業　　　　　　　　　　　　コア企業
　手段として有用　　　　　　　　　　手段として有効
　　　　　　　　　　↓
　　　　　　　良好な相互関係
　　　　　　　↓
単独事業として遂行　　**相互関係の目標化**

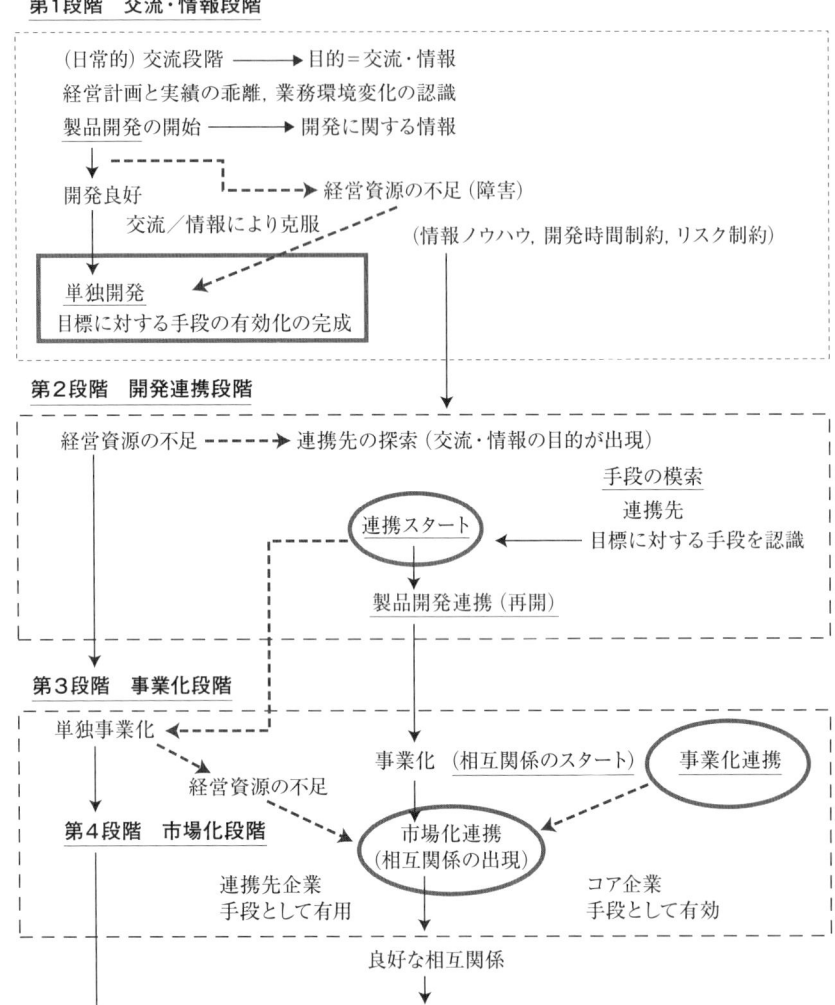

間制約，リスク制約など何らかの障害が発生すると，その障害を除去するための方法が模索され，交流・情報機能は「連携先の探索」を含めた経営資源を補完する外部資源の探索をはじめ，新たな段階に入る。

すなわちそのタスク（製品開発，事業開発）が新たな「資源」を必要とし，それを獲得する手段の一つが企業間連携の場合に「連携」が模索され交流は第2段階となる。連携先も同様に独自の目標を持ち，連携先がその目標を達成するためにその連携が有効である場合，連携を企業の目的・目標の達成「手段」として認識する。ここに連携がスタートして製品開発・事業開発は開発連携段階に入る。この開発段階では，単独開発が困難であった場合にも，この第二段階へ進む。

3．第3段階：事業化段階

開発連携が成功した場合には，企業はまず単独事業化を試みるが，さらに単独事業化に対して経営資源の不足や障害が発生した場合，事業化においても連携を継続した方が，単独よりも有効と判断された場合には，事業化連携へと進み，相互関係がスタートする。ここでいう相互関係とは，企業間の相互依存関係であり「企業はそれぞれ独自に企業の目的の達成に向かって決定し，行動しているが，企業Aの意識的な行動が企業Bの目的達成を，Aの行動がない場合よりも，より望ましいものにし，同時にBの意識的行動がAの目的達成をより望ましいものにする場合に，企業Aと企業Bが相互依存関係にあるとする。相互依存関係を意識することによって当該企業間に協調関係の基盤があることが自覚される。そして相互依存関係を定着させ，継続させるために企業間組織が生じる（鈴木[1990]p.403)」。

4．第4段階：市場化段階

単独市場化に経営資源の不足などの障害が発生した場合，もしくは連携の枠組みの中で市場化する有効性が存在すると判断された場合には市場化段階で連携が行われ，相互関係が現実化すると，先の述べた相互関係の目標が成立する。

そして市場化段階の相互関係の単位としては，個別企業を中心とするのでは無く，連携企業内でグループを形成し，受注の内容によってその都度相互関係を形成するネットワークを組織化することがある[14]。この場合にはネットワークを媒介として個別企業 A がネットワークに参加した場合に，ネットワークに参加しない場合よりもより好ましい状況を形成する場合にネットワークが連携組織として認識され，相互依存関係はネットワーク化された構成員にまで拡大する。この相互依存関係が継続されると，課題解決のために組みこまれた仕組みがビジネスモデルとして洗練化されていく（池田[2006]10頁）。

第4節　中小企業の組織化と連携の手段と目的

　組織とは「2人以上の人びとの，意識的に調整された諸活動，諸力の体系（Barnard[1938]邦訳75頁）」である。そしてここでいう（協働）体系とは「少なくとも一つの明確な目的のために，2人以上の人々が協働することによって，特殊な体系関係にある物的，生物的，個人的，社会的構成要素の複合体」とされる。すなわち組織の前提には目的，もしくは組織が達成すべき目標が存在する。
　一方，ウェイク（Weick）は「人びとは合意に達したある目的を達成せんがために組織するというありきたりの主張は，共同一致の行動一致のなかにみられる秩序正しさを説明するのに本質的なものではないし，また組織における明白な目標支配的行動もその説明にならない（Weick[1969]邦訳72頁）」とした上で「いかなる集団にも多様な目標が常に存在すること，及び，これらの目標が基本的には相容れないものであることを示唆している（Weick[1969]邦訳73頁）」。すなわち「組織（集団）は共通目標のもとに形成されるという従来の説の代わりに，集団は共通手段をもとに形成される（Weick[1979]邦訳118頁）」，すなわち集団は組織化の過程において，「共通目標ではなく，共通手段について収斂する（Weick[1979]邦訳118頁）」のであり，「集合的に構造化された行動という共通の手段を通して，多様な目標を追求する（Weick[1979]邦訳119頁）」。その上で「メ

ンバーが多様な目的を達成するための手段として相互連結行動に収斂すると，多様な目的から共通の目的への微妙なシフトが生じる。つまり，メンバーの目的はそれぞれ依然として違うが，共有された目的が次第に支配的になる（Weick［1979］邦訳119-120頁）」としている。

　中小企業の企業間組織については明確な目的をもって形成される組織と組織を手段として認識し，その手段が有効に機能した場合にはじめて共通目的が形成されるものとがある。

　製造工程によって分業開発する分業連携，特定の製品開発のための研究開発連携，モジュール発注に対抗する生産連携などのプロジェクト組織の多くは明確な目的のもと形成される[15]。一方，異業種交流などの組織はその多くが構成員のそれぞれの目的に向けた「手段」として活用され，相互関係，相互目的が認識された場合にだけ連携（組織化）が成功し，そうでない場合には，補助金などの支給期間が終るとともに解消に向かうなど，組織化プロセスの段階に留まるものがある。このことから行政による補助制度は，先に示したプロセスの第4段階「事業化」を支える相互関係の目標化にたどり着くかどうかに組織化の有効性がかかっている。このことから，異業種交流グループでの問題点として，「活動がマンネリ化する」「各社の業況に格差がある」などの指摘や（『中小企業白書　平成10年』354頁），行政の支援を受けた異業種グループの自立問題，行政によるコーディネーター問題などは異業種交流グループの存在そのものを目的とする政策的視点であり，異業種交流の本質とは無縁である。まして「異業種」とは何かを定義するのは補助金のための要件発想で有り，このような視点はもとより不要である。既に述べたように相互依存関係が有用なもので，意識的・積極的に強化しようとするところに事実上の組織化が成立するのであり，異業種交流のマネジメントは，組織化の段階と組織として成立したものとを区別して考える必要がある。

　また寺本（1985，38頁）は異業種交流をネットワーク組織として認識し，相互交換型と共同活動型という2つのネットワーク・タイプの特性を示している。この類型において，組織の公式性（目標意識と手続き，規則）とプロセス次元に

おける相互作用の強度，互換性から共同活動型を相互交換型の発展形態と位置づけ，このプロセスにおいて多様性が失われる懸念を示している。しかしこの多様性を追求することと目的を達成することは，方法・目的プロセスの論理で見る場合には結果的に組織的連結を困難にする。すなわち「目的ではなく手段が一致すれば組織は形成される。組織は多様な目的を追求する人々の間で形成され，人々はそれぞれの目的を追求する手段として協調的に相互に依存しあい，行為を連結する（寺澤[2011]188頁）」ことにある。

それゆえ先の第4段階の市場化段階において良好な相互関係が継続されると相互関係そのものが目的化することを許され，連携体の新たな目的が現出する。そして組織において連携活動の占める割合（組織活動依存度）が高ければ高いほど組織の関与は高まり，連携への関与の強さの高低の一致度合いが，企業間組織が一つの単位として行動する主体になるかどうかを決定することになる（岡室[2003]）。

しかしながら，この方法-目標のプロセスの中に「補助金の活用」という目的が加わると，連携は補助金獲得の手段となり，連携ははじめから相互関係の目標に向かう組織間組織の単位としての性格は失われる。それゆえ補助金支給が終了した段階で企業間組織の手段としての意味は消失する[16]。この意味では，新連携の補助金が事業化・市場化補助金として位置づけられたことは極めて適切なものであった。

第5節　新連携（中小企業新事業活動促進法）による支援の課題と方向性

ここでは組織間関係に関する支援施策の有効性の検証として新連携（小企業新事業活動促進法による異分野連携新事業分野開拓）を取り上げる。新連携は企業間組織政策としての側面と業種・業態転換，新分野進出，新業態開発という経営革新の側面を持つ複合的な施策であり，中小企業経営と政策の両面から企業間組織のあり方を考察する対象として適切な施策である。また特にサービス業

を取り上げたのは,「少子高齢化などの社会構造の変化や健康志向の高まりなどの消費者意識の多様化を背景として経済のソフト化が進展し,サービス分野への社会的ニーズが高まる中,サービス分野における活用が促進されることは,新連携支援制度が今後より大きな成果を収める上での課題」(中小企業基盤整備機構[2009])として,サービス分野での連携が促進される一方,組織化の課題が凝縮されていると考えたからである。

1. 新連携・農商工連携制度の概要

中小企業基本法の理念が1999(平成11)年12月に「企業間における生産性等の諸格差の是正」から「独立した中小企業の多様で活力ある成長発展」に転換し,中小企業に対する認識も問題型から「中小企業の柔軟性や創造性,機動性に着目し,中小企業こそが我が国経済の発展と活力の源泉」と貢献型・苗床型に変更され,支援策も前向きな事業活動への支援としての経営革新,創業,創業的事業活動に変更された。これらは具体的には中小企業支援三法と呼ばれた経営革新法(中小企業経営革新法,1999年7月),創造法(中小企業の創造的事業活動の促進に関する臨時措置法,1995年4月),中小企業新事業創出促進法(1999年2月)によって進められてきた。経営革新法は1963年の近促法(中小企業近代化促進法)[17]から,創造法は1985年の中小企業技術開発促進臨時措置法と1988年の融合化法からの改訂である。

経営革新法は経営革新計画を作成し,計画が認定されると補助金や低利融資等の支援が受けられるものであり,創造法は新規性を有する技術に関する研究開発型企業(いわゆるベンチャー企業)などの研究開発支援,創業支援,そして新事業促進法は創業企業の人材確保,金融支援に重点を置き,創業支援,新事業開拓,環境整備の3点から支援するものであった。創業支援の側面からは新事業創出促進法と創造法が,経営革新支援では3法ともが取り組む課題とするなど重複がみられたことから,これに新連携支援を加えて中小企業新事業活動促進法(中小企業の新たな事業活動の促進に関する法律,平成11年法律第18号)へ整理統合した。この新たな事業活動の促進支援は,①創業支援(創業及び新たに

設立された企業の事業活動の促進），②経営革新支援，③新連携支援（異分野・連携新事業分野開拓の促進）と④中小企業の新たな事業活動を促進するための苗床としての基盤整備（経営基盤強化の支援，新技術を利用した事業活動の支援及び地域産業資源を活用して行う事業環境の整備）から構成されている（中小企業新促進法逐次解説）。

　新連携（異分野連携・新事業分野開拓）とは，「事業の分野を異にする事業者が有機的に連携し，その経営資源（設備，技術，個人の有する知識及び技能その他の事業活動に活用される資源）を有効に組み合わせて，新事業活動を行うことにより，新たな事業分野の開拓を図ること（同法第3条第7項）」への支援策である。しかも新事業開拓とは「新事業活動によって，市場において事業を成立させることを指す『需要が相当程度開拓されること』が必要であり，具体的な販売活動が計画されているなど事業として成り立つ蓋然性が高く，その後も継続的に事業として成立することが求められる」と，経営革新法と同様に事業性が計画認定の前提となった。

　新連携の組織は，①連携事業に参画する事業者等（半数以上は中小企業である必要がある）が一体的に活動するため，連携内でリーダーシップを発揮する事業連携の核となる中小企業（コア企業）を中心に，参加事業者間で規約を作成して役割分担をした上で責任体制を明確化し，3年から5年の新連携計画を作成して，経済産業局に申請，認定を受け事業を実施するものである。

　具体的な支援としては①政府系金融機関による優遇金利による融資，②高度化融資，③債務保証の別枠設定，限度額拡大などの信用保証の優遇制度，④新製品開発，マーケティング等についての事業化・市場化支援，⑤中小企業投資育成株式会社による資金調達支援，⑥特許審査料，特許料に関する優遇措置を受けることができる。

　また同様の施策である農商工連携は，平成20年7月農林漁業者と商工業者が通常の商取引関係を越えて協力し，お互いの強みを活かして新商品・新サービスを開発し，生産等を行う，需要を開拓することを支援する農商工連携促進法によるものである。認定基準は新連携とほぼ同様であり，自社の強みとする経

営資源を活用して，新商品・新サービスを開発することを目的に連携する計画を提出し，認定を受けることで，補助金（事業化・市場化支援事業）等の優遇措置が受けられる制度である。

通常補助金事業は，その対象範囲が限定されることから，事業開始から1から3年間でピークを迎え，その後順次減少するものが多い。一方新連携の場合は，農商工連携が加わったにもかかわらず堅調に推移してきたが，平成21年に

図表2-7 新連携・農商工連携の計画認定数の推移

		平成17年(2005)	平成18年(2006)	平成19年(2007)	平成20年(2008)	平成21年(2009)	平成22年(2010)	平成23年(2011)	合計
新連携	北海道	11	11	10	10	7	3	4	56
	東北	11	16	10	8	8	1	1	55
	関東	37	33	38	38	19	14	12	191
	中部・北陸	21	25	29	29	25	9	10	148
	近畿	34	26	23	30	26	9	8	156
	中国	10	15	6	7	6	6	8	58
	四国	6	9	3	3	1	0	2	24
	九州	19	8	12	13	19	4	7	82
	沖縄	5	4	4	1	3	0	1	18
	合計	154	147	135	139	114	46	53	788
農商工連携	北海道				15	14	4	2	35
	東北				16	20	7	5	48
	関東				43	46	14	13	116
	中部・北陸				27	27	20	16	90
	近畿				21	29	10	9	69
	中国				14	16	4	0	34
	四国				12	10	1	8	31
	九州				19	20	7	6	52
	沖縄				10	4	1	1	16
	合計	0	0	0	177	186	68	60	491
合計	総合計	154	147	135	316	300	114	113	1279

資料：J-Net21の認定事業計画検索のデータベースより小嶌が作成

行政刷新会議の事業仕分けによって予算が大幅に減少したことを受けて補助事業数は一挙に半減した[18]（図表2-7）。一方，中小企業庁は新連携がサービス業分野でも可能性が広がるとして厳選事例集を作成するなど，日本経済のサービス経済化の中で新たな産業を構築するという視点からサービス業に新連携を加える重要性を強調した。

2．新連携におけるサービス業の状況と課題

新連携におけるサービス業の比率は2005年から2007年までは増加傾向にあったが，2008年に半減した。先のサービス業への新連携導入が強調されたことから2009年以降は急回復し，2010年には新連携の全体数が減少した結果，新連携の中でサービス業の比率が上昇した（図表2-8）。

それぞれの会社の強み（優位性）を活かして連携する「ものづくりの連携」では，他社にはない強みの存在が明らかである場合が多いのに対し，サービス業の連携の場合には，連携先の専門業者は当然専門業者ゆえ強みを持っているが，それが連携組織としての行動なのか，通常の取引として行われているのかを判断しなければならない難しさがある。たしかに新連携の認定要件の中には，参加事業者間での規約により，役割分担，責任体制等が明確化していることとされているが，中核となる中小企業（コア企業）が明確になっているため，

図表2-8　新連携における認可件数とサービス分野の構成比推移

年度(平成)	全体	サービス	サービス比率(％)
2005(17)	154	18	11.7
2006(18)	147	21	14.3
2007(19)	135	20	14.8
2008(20)	139	11	7.9
2009(21)	114	10	8.8
2010(22)	46	8	17.4
2011(23)	53	6	11.3
合計	788	94	11.9

図表2-9 開発責任別事業化による損益

(単位：%)

		開発責任	事業化収益				その他
			ある程度成果が得られた段階でその都度決める	開発責任の負担に応じて配分	参加企業で均一に配分	開発の中核企業1社が得る	
開発責任	コア企業が全責任，他メンバーが必要に応じて支援	28.9	26.5	26.5	9.5	35.0	2.5
	各企業か果たす役割に応じて負担	25.8	23.4	63.6	6.5	1.9	4.6
	参加企業が均一に負担	23.2	21.1	7.4	67.4	0.0	4.1
	開発がある程度進んだ段階でその都度決める	16.7	77.1	8.6	7.1	7.2	0.0

資料：日本アプライドリサーチ[2002]図12より作成

役割分担，責任体制そしてリスク負担において，コア企業以外が大きな役割を負担することは考えられないため，取引か連携かという問題が残るのである。実際に製品の共同開発時における責任分担・損益分配の状況を，「異業種交流グループの活動実態と今後の支援の方向性に関する調査研究」（日本アプライドリサーチ[2002]）でみると，コア企業一社が負担する，もしくは果す役割に応じて負担の両者では54％程度となり，コア企業を明確にすることは同時に他の連携先の責任とリスクを希薄にし，関与を下げている[19]（図表2-9）。

ここではサービス経済化の進展の中での連携支援の課題を明らかにするために，2005年から2011年までに認定を受けたサービス業に分類される事業内容，テーマをもった94の計画のすべてを検証した[20]。

制度開始の2005年度から2011年度までの7年間でサービスに分類できる事業のコア企業94社に対して連携先企業数は221社であった。認定計画単位で，連携先が2社のものがもっとも多く35件，次いで1社の26件，3社の17件であった。1社から3社で全体の83％を占めており，一計画平均では全体で2.35社で

図表2-10　新連携サービス業における項目別支援数

補助金	低利融資	設投減税	信用保証	投育	特許
93	57	16	32	8	22

あり，コア企業を含めて3～4社という連携組織であった。この連携体の構成者数はサービス業がものづくり連携体よりもやや少なくなっている。

また認定計画による支援予定メニューとしては，補助金は全ての計画（93件），次いで低利融資（57件），信用保証32件，特許料の減免22件であった（図表2-10）。

連携先の異分野の連携意識を確認するため，認定された計画のすべてを連携先まで個別に「ホームページの会社案内などに新連携に参加している記述の有無」等を調査した。コア企業の場合には92社中，自己破産，倒産，所在不明の8社を除く84社中60社，71％がトップページ，会社案内，沿革などに連携が認定された事業を行っていることを掲載していた。しかし残りの30社は新連携そのものに触れておらず，コア企業にも関与の状況が極めて薄いと思われるコア企業もあった。

一方連携先企業では，221社のうち，連携について何らかの形式で記載しているのはわずか12社，5.4％であり，連携先異業種の関与は明らかにコア企業とは異なっていた。また連携企業としてリンクを貼っていた会社は更に少なくわずか10社のみであった。

このことからコア企業が自社の事業を中心に連携組織を構築する一方で，多くの連携において連携先企業の意識は低く留まっていると考えられる。さらに連携先を詳細に検討すると，サービス業の新連携では計画に示された特定された強みが業務内容から確認できない場合も多く，中には最適な連携先とは思えない組み合わせも少なからずあった。例えば事業の連携先として，コア企業のサプライの供給業者とマーケティング販促会社と連携を組んでいる場合，販促会社にとってみれば取引先の一つに留まると危惧される状況もあった。

また連携を記載していた会社の中には，経営者が同一で事実上別会社と思わ

れる会社，グループ会社なども含まれていた。また異分野ではあるが同一グループ会社などが連携の組織を作っていたり[21]，各地の中央会が連携先に入っているケース[22]，自治体の事業として地域内企業で連携するなど連携組織そのものが政策的に想定された組織とは違う形態が含まれていた。連携の規程上は問題ないが，コア企業として認定されながら，他の計画でも連携先となっていたり，もしくは複数の連携先になっているなどの事例もあり，エフォートの確認が必要な計画もあった。

そして新連携の新事業活動は，① 新商品の開発または生産，② 新役務の開発または提供，③ 商品の新たな生産または販売方式の導入，④ 役務の新たな提供の方式の導入，その他の新たな事業活動を「新」と定めているが，その新しさ，「新規性」は３つの面で実現されていないと思われる計画が少なからずあった[23]。第1は既に開発され，有用性を認められて賞などを受賞した，業容を拡大中の既存事業を認証するケース，２つめは明らかに「新」ではないもの，すなわち他の経産局で認定された類似の計画があり新規性を持っているとは考えられない商品及び役務の認定，そして３つ目が，繰り返し同様の事業や製品で補助金を獲得している企業の存在である。中小企業基盤機構（2009, 9-10頁）は「新規性をどう捉えるか。サービス業分野に関しては大きな課題である」，「オールドタイプのサービス業の取り組みを，従来からの改善とみるか，あるいは新たな改革と捉えるかによって新規性は変わっている」とした上で，「市場が求めるサービスであれば，できるだけ柔軟に取り上げていきたい」としており，新事業活動とは何かという認定要件そのものがあいまいという課題を抱えている。しかも柔軟に取り上げることによって，新連携として同じような事業がわずかな違いを持って複数現れているケースもある。成功したがゆえに群生的に出現したともいえるが，認定基準の「新しさ」はサービス業ゆえにビジネスの方法の特許（ビジネスモデル特許）と同様に極めてあいまいな部分が存在している。３番目のケースとしては，繰り返しさまざまな事業で補助金を獲得している会社群への認定である。A社は1996年に中小企業創造的活動促進法の認定によって新事業貸付制度融資を受け，同年に通産省からその技術で奨励賞を受

賞，次いで99年にはオンリーワン企業の認定，2001年から相次いで開発受託や経営革新モデル事業を獲得，2004年には成長新事業育成特別融資，そして2005年には「新連携の認定」を受けている。極めて優秀な会社であることはたしかで2012年までに中小企業IT経営力大賞などの表彰を複数受けている。新連携という制度が新ビジネスモデルを意識したものであるとすると，政策目的と合致しているか疑問である。またB社の連携紹介記事には「中小商業ビジネスモデル支援事業の実現可能性調査事業，そして実証実験事業を経て，満を持して新連携事業に取り組んだ」と説明されている。このように「新連携」の計画認定前に何らかの補助金等の支援を受けている企業が93社中32社と1/3を越えていた。これらの会社は補助金の扱いにもなれ，成果が期待できる企業ゆえに認定しているとしても，この結果は違和感を持つものとなっている。成功のための蓋然性と新製品という相矛盾した要件，連携のプロセスに対する意識的取り組みの欠如などが，結果的にこのような状況を生み出しているのである。

まとめ

　中小企業にとって企業間連携は極めて重要な組織形態である。それゆえに多くの企業が活路を見いだすために積極的に取り組み，政策支援も積極的に行われてきた。

　本稿で検討してきたように，連携はそのプロセスの各ステージにおいて態様がことなり，一般的な目的志向的組織として形成されるのは，連携組織が相互依存関係を持ち，継続可能になってからである。通常，組織化は明確な目的を達成するために行われるが，中小企業の企業連携は，目的を所与とせず，それぞれの企業が手段として認識し，手段が相互依存関係，相互利益を生み出した後に，はじめて目的として機能すると考えられる。このことから連携は組織構築のための組織プロセス上の組織と考えるべきであり，中小企業の連携支援は手段を目的に変えていく過程への支援である。

　この連携の支援については，このプロセスをまたがった支援は支援をあいま

いにするため，連携の各段階に必要とされる支援が必要である。すなわち交流・情報段階を維持するための支援，交流・情報段階から開発段階へ進む支援，事業化支援，市場化支援である。連携政策の支援への評価は，いかに新しい事業を生み出す苗床を作ったのか，その中からどれだけの事業が開発に進んだのかなど明確に評価が可能で，その後の改善に繋がるものにしなくてはならない。逆に現在の新連携，特にサービス業に対する支援は，「ゆるやかな」という表現のもの，どの部分がその「ゆるやかな」対象となっているか，曖昧で評価が難しい。公正で透明な仕組みのもと施策を実施するためには，ステージごとに支援目的を明確にし，その成果を検証すべきである。

そして企業間組織，連携政策の重要性を考慮するならば，中小企業を支援する組織，産業，人材を育てなくてはならない。そのための支援人材の育成は，国の機関やそれに準ずる機関ではなく，支援産業を育てることを意識して進むべきである。認可案件の審査の評価者が，計画から支援成果を評価するプロセスまで一貫して関ることは公正な評価と相いれない。支援が事業として成り立つ状況を作ることは結果として支援者の能力・スキルをあげることにも繋がる。サービス業の新連携の検証から見えてきたものは，リスクを負うことのない国・地方公共団体がその大半を行うことで，中小企業支援ビジネスはクラウディングアウト（crowding out）を起こしていることである。支援者の目が支援を受ける側に全面的に向けられる状況を作ること，中小企業支援者のプロフェッショナルの育成が急務である。

（小嶌正稔）

■注
1）企業間組織（共同体）の数は中小企業団体中央会に所属する団体数だけでも35,000を越えている（全国中小企業中央会 会員数[平成22年3月31日現在]）。さらに異業種グループは約2,500，参加企業数約144,000社（みずほ情報総研[2010]）あり，さらにフランチャイズチェーンは1,233チェーン，23万4,146店舗（2010年度JFAフランチャイズチェーン統計調査報告），商店街も13,000以上などとなっている。

2）適正規模についての諸学説については佐竹[2008]の第3章を参照のこと。
3）特に1963年にはGATTの11条国，64年のIMFの8条国への加盟が輸出入に関する環境変化を引き起こした。
4）当時の繊維業界の状況については，長山宗広（2001）に適切にまとめられている。
5）キングストン合意（Kingston Agreement）は，1976年にジャマイカのキングストンで開催され，変動相場制の正式な承認，金の廃貨を決めたIMF暫定委員会の合意。
6）事業転換法は，事業の半分を縮小し，転換先の事業が半分以上を占めるという極めて強い制約を課し，既存事業の縮小をともなわない多角化は認定除外とした。
7）昭和48年中小企業白書（第2部第4章第1節）は，「高度に専門化した技術の組み合わされた商品やサービスへの需要がたかまる傾向に即応して,実質下請関係としてではなく,各自の得意な製品や技術が相互に尊重される効率的な連携関係をめざすとともに，連携内容の面においても,知的経営活動にまでひろげていくことが期待されよう」としている。
8）異業種交流の他，地域視点を重視した「産学官交流」，製品開発を中心とした「技術交流」，交流する主体である人を中心に考えた「異人交流」などさまざまな視点がある（坂本他[1986]3頁）。
9）大阪科学技術センターは中堅・中小企業の技術振興対策として1964年に技術相談所を開設して新製品開発をはじめとして幅広い相談・指導業務を行っていた。その後1965年に「産学実地研究会」制度を発足させた。1969年に大阪府と大阪市から「中小企業における技術開発力強化」というテーマで委託調査を受け，その結果「中堅・中小企業がこれからの厳しい環境変化に対応して成長・発展していくためには，異種技術の導入・組み合わせが不可欠である。そのためには，異業種企業が一堂に会し，相互に環境の変化を予測し，経営ノウハウや技術交流を行う"場"をつくり，いわば経営資源の補完が行える仕組みをつくる必要がある」として異業種交流活動のきっかけを作った。昭和45年10月，全国で最初の「初めから異業種交流を意図し結成されたグループ」として「技術と市場開発（MATE）研究会」の前身である2つの研究会が発足した（『異業種交流20年―知りあい・使いあい・創り合う』）。
10）異業種交流グループ（1985年）は，合計で978グループあり，指導機関別の種別で見ると，技術交流プラザグループ113（11.6％），共同受注グループ185（59年まで）18.9％，商工会議所グループ10.2％，異業種連携組合400（60年度推定）40.9％，民間任意グループ180（日商調査）18.4％となっていた（坂本他[1986]3頁）表1-1　異業種交流グループの構成）。
11）ここでいう「異分野中小企業者の知識の融合による新分野の開拓」とは「異分

野中小企業者が，協同してその生産，販売若しくは役務の提供の技術又は経営管理に関する知識その他の事業の分野に関する知識を組み合わせ，一体的に活用して，新たな製品若しくは役務の開発のための試験研究その他の研究開発，その成果の利用又は当該成果の利用のために必要な需要の開拓を行うことにより，新たな事業の分野を開拓すること（第二条第3項）」とされた。

12) 事業組合の事業目的は同時に各事業に関する補助金等の受け入れのためなど政策対応的な目的の分類としても有効である。
13) ここでいう対境化とは，環境を無条件に受け入れるのでは無く，環境を自らの経営主体としての立場を主張し，自社と関る対象とすること。
14) 代表的なネットワークとしては「京都試作ネット」「ガマダス」「アドック神戸」などがある。
15) 石油商業組合の設立当時の石油流通は，「独禁法の適用除外となる調整規定」の活用のために全国に商業組合が作られていった。その後，目的・目標は変化していくが，一貫して業界の共通利益が目的・目標として掲げられ組織は存続している（小嶌[2003]100-101頁）。
16) 池田（2006，5頁）は，融合化法とともに作られたグループのほとんどが現在活動を休止しているか，解散していることについて「融合化法にもとづいて設立された組合が行う開発案件に対しては，全額補助の補助金が支給されたが，補助金の支給が終了したり，融合化法が期限切れになるとともに，グループの活動も低迷したものと考えられる」としている。
17) 中小企業近代化促進法（法律第64号，近促法）は適正規模化の中心施策。この法律によって指定業種に対する産業構造の高度化，国際競争力の強化などの支援策が行われた。具体的施策としては，資金面での支援として1963年から「中小企業近代化資金等助成法（昭31年法律第115号）」及び「中小企業高度化資金融通特別会計法（昭38年法律第72号）」に基づき，国の特別会計から都道府県を経由して，都道府県から組合に限定せず中小企業者に対して融資を行う方法で高度化（合理化と設備の近代化）が進められた。
18) 事業仕分けは「公開の場において，外部の視点も入れながら，それぞれの事業ごとに要否等を議論し判定するものであり，透明性を確保しながら，予算を見直すことができる有効な方法」として実施された。行政刷新会議「事業仕分け」（事業番号2-58　中小企業経営支援（1）新事業活動促進支援補助金・市場志向型ハンズオン支援事業の中で「新事業活動促進支援のうち，「新連携」は廃止可能，それ以外の2事業は効率化可能，ハンズオン支援事業は誰を実際に支援しているのか，中小機構を支援しているのか」という意見があり，ワーキンググループの評価結果として，廃止　1名　自治体・民間　0名　予算計上見送り　1名，予算要求縮減11名：a.半額　3名　b.1/3縮減　7名　c.その他　1名）となり，予算要求の縮減（1/3）の結果となった。

19) この取引化との区別の問題や実際のリスク分担状況は『企業間連携を成功に導くマネジメント』（中小企業金融公庫総合研究所）でも指摘されている。
20) ここでいうサービス業とは，連携のコア事業や連携先の会社の分類では無く，事業内容からサービス業と思われるものを抽出した。
21) ある認定連携体はコア企業以外の5社のうち2社は関連する会社，団体から構成されていた。またコア企業以外3社の連携で，関係のあるコンサル会社，製品の納入先との連携や，同じ経営者がコア企業と連携体に入っている事例があった。また革新的な技術として別地域の同一の経営者の会社が開発したITを活用した技術を6年後に別の経産局の企業が新連携事業に活用する技術として認定されているものがあった。また名称は異なるもののほぼ同じ特徴的機能を持つ商品で新しさに対して意見が分かれる案件もある。
22) 第10期の新連携計画認定事例集（第10期）だけでも，連携体の構成の中に経営支援として，5件の認定計画に中央会の記載があった。
23) 第11条は「当該異分野連携新事業分野開拓に係る新商品若しくは新役務に対する需要が相当程度開拓され，又は当該異分野連携新事業分野開拓に係る商品の新たな生産若しくは販売の方式若しくは役務の新たな提供の方式の導入により当該商品若しくは役務に対する新たな需要が相当程度開拓されるものであること」としている。

【参考文献】

Barnard, C.I., *The Function of the Executive,* Harvard University Press, 1938.（山本安次郎・田杉競・飯野春樹『新訳　経営者の役割』ダイヤモンド社，1968年。）

Weick, Karl E., *The Social Psychology of Organizing,* Addison-Wesley Publishing Co, 1969.（金児暁嗣訳『組織化の心理学』誠信書房，1980年。）

Weick, Karl E., *The Social Psychology of Organizing,* Second edition, McGraw-Hill Company, Inc, 1979.（遠田雄志訳『組織化の社会心理学』文眞堂，1997年。）

池田潔「中小企業ネットワークの進化と課題」『新連携時代の中小企業』同友館，2006年。

岡室博之「中小企業の共同事業の成功要因：組織・契約構造の影響に関する分析」『商工金融』53(1)，2003年，21-31頁。

加藤勝康「経営発展の意義とその基礎過程」山本安次郎・加藤勝康編『経営発展論』文眞堂，1997年。

小嶌正稔『石油流通システム』文眞堂，2002年。

小嶌正稔「中小企業の経営力の創成」『経営力創成研究』第8号，東洋大学経営力創成研究センター，2012年，59-70頁。

坂本光司，芝忠，塗師哲夫『異業種ネットワーク戦略』日刊工業新聞社，1986年。

佐竹隆幸『中小企業存立論』ミネルヴァ書房，2008年。
鈴木安昭「企業間関係に関する覚え書き」『青山経営論集』第25巻第1号，1990年。
寺澤朝子「組織の硬直化を打破する個人─中小企業で豊かな意味充実人を育てる─」日本政策金融公庫総合研究所編『個性きらめく小企業』同友館，2011年。
寺本義也「ネットワーク組織による技術革新─異業種交流の組織論的研究─」組織学会編『組織科学』第19巻 No.1，丸善，1985年。
大阪科学技術センター，技術と市場開発研究会編『異業種交流20年：知りあい・使いあい・創りあう』1990年。
中小企業基盤整備機構『新連携　厳選事例集　サービス業分野版』(中小企業庁委託事業)，2009年。
中小企業基盤整備機構『異業種交流グループ情報調査報告書』各年版
中小企業庁『中小企業白書』ぎょうせい他(年度により変更有り)，各年，各年度版
中小企業金融公庫総合研究所『企業間連携を成功に導くマネジメント』中小公庫レポート No.2007-2，2007年。
長山宗広「中小企業経営革新支援のあり方─ニット企業の実態から見る─」三井逸友編著『現代中小企業の創業と革新』第6章，同友館，2001年。
㈱日本アプライドリサーチ研究所「異業種交流グループ活動実態と今後の支援の方向性に関する調査研究」(経済産業省経済産業研究所(現在の独立行政法人経済産業研究所)の委託調査) 2002年7月。
みずほ情報総研「異業種交流グループ情報調査」中小企業基盤整備機構委託調査，2010年。
山城章『経営学』増補版，白桃書房，1977年。

第3章
日本のオーディオ産業と中小企業の連携
―ネットワークと文化の視点から

第1節　はじめに：グローバル化と中小企業の経営環境の変化

　経済・社会のグローバル化が急速に進む中で，日本の中小企業のマネジメントは大波に巻き込まれている。21世紀の最初の10年には，企業間のグローバル競争が本格化した。背景には1990年代以降のIT技術を使った社会の情報化の流れがある。製造業の生産性と品質管理の技術が飛躍的に向上し，サプライチェーンが効率的に運用される現代の生産現場とそれらの製品市場において，インターネットなどの普及により消費者が入手できる情報量が飛躍的に増えた結果，市場の変化のスピードは格段に速くなり，スタイル・品質・価格面での競争は激化した。

　この競争のグローバル化には，企業のマネジメントが色々なパートナーと如何にして協力関係を築いて行くのかが益々重要になったという側面がある。競争（competition）と協力（cooperation）とは一見すると対立する概念のように思えるが，現在のグローバル化した経済の中では，企業が単独でできることには多くの限界があり，さまざまなステーク・ホルダーとの戦略的提携（strategic alliance），すなわちアライアンス・パートナーとの互恵的な協働（collaboration）なしには，製品の設計・生産から販売，配送，アフター・サービスの提供まで，一社単独では消費者に提供できない。

このような背景の中で浮かび上がってくるのが，ソーシャル・ネットワーク（社会ネットワーク；social network）の大切さである。社内及び社外に色々な関係をマネジメントがどのように築こうとするかによって，組織内や組織間のダイナミクスは大きく変わり，このことは企業の競争力に決定的な影響を与える。たとえば，中国やインドを含めて30億人の市場であるアジア経済圏は，日本企業が今後発展するために大きなポテンシャルを持つ市場であり，2010年頃からは日本の大企業も現地化を一挙に進めようと動き始め，地元の文化や諸制度を理解し，ローカルな人脈を持つアジアの他の国の人々の本格採用に踏み切った。今後人材の多様化が進む中で，岐路に立つ多くの日本企業が如何に外国人を受け入れ，互恵的な協力関係を築いていくのかは，ダイバーシティ・マネジメントとしての大きな課題となっている。

このような競争のグローバル化は，大企業ばかりでなく，中小零細企業を含め，あらゆる人の生活に直接・間接に影響を与える。たとえば，1990年代以降多くの先進国の製造業企業がコスト競争から安い労働力を求め，生産工場を海外に移転する動きが広がった。このことは，単純に考えれば，先進国では国内の生産現場での仕事が減り，産業の空洞化が起きる可能性があることを意味する。また，素早く流行を捉え，安い価格で質の高い衣料品を提供するファスト・ファッション（fast fashion）のように，巨大コングロマリットとしての多国籍企業が，優れた技術とデザイン性を武器に，下請けのアライアンス・パートナーを通じて，途上国の安い労働力により海外で生産した商品を，効率的な物流システムに乗せて大規模に先進国で販売すれば，先進国で小売りに従事する町の小店舗が，このような巨大でグローバルな生産・物流・販売のシステムを使う大企業と競争するのは簡単なことではない。

第2節　本研究の課題と分析アプローチ

1．中小企業の連携とソーシャル・ネットワーク

このような経営環境の激変は，中小企業の経営環境に大きな影響を与え，そ

の連携への模索のプレッシャーを高める中で，改めてソーシャル・ネットワークの意味を検証する機会を提供する。それは中小企業が集まって何らかのネットワークを作れば良いという程単純なものではない。本稿では，中小企業の連携について，企業間の戦略的提携（strategic alliance）を「組織的なネットワーク（organizational network）」と捉えた場合に，ソーシャル・ネットワークまたは社会ネットワークの視点からその意味を考えるものである。

2．「構造」と「文化」の視点と課題

本稿ではネットワークにおける「文化（culture）」の役割に焦点を当て，その意味をノード（node）の関係性の構造との関連で考察する。その際，ソーシャル・ネットワークとしての集団（group）あるいは組織（organization）と，それらの社会的な関係の構造が作り出す文化，そして，その個々のノードの社会的な行為（social action）への文化の影響を論ずる。このように社会学理論の根源的な課題のひとつである「構造と文化（structure and culture）」の相互作用について研究することは極めて重要であり，中小企業の連携のコンテクストから新たな知見を加えることで，社会学理論はもとより，ソーシャル・ネットワークと組織研究，中小企業論などに新たな学術的な貢献を試みるものである。

社会学（sociology）や文化人類学（cultural anthropology）から社会を捉える場合に，言語構造やコミュニケーションのパターン，世界の社会システム，宗教，政治，法律や教育などの色々な制度，市場経済のメカニズム，さまざまな権力構造など，社会の構造（social structure）に重きを置く立場（Durkheim 1933; Parsons 1951）がある。その一方で，その構造の内容（content）である「文化」として，エージェント間のインタラクションが生み出す文化が及ぼす個や集団への影響について深く踏み込もうとする研究の流れがある（Blumer 1986; Goffman 1967; Simmel 1971; Weber 1968）。これらは「構造と内容（structure and content）」の問題として，対立的に論じられる場合もあるが，前者のアプローチは，社会の伝統・制度や集団の規範や「掟」，儀礼，習慣などを，社会構造としてマクロ的なものと捉えようとするのに対し，後者は文化をよりミクロなレベ

ルでのインタラクションの視点から，個人の社会的な行為の動機，主観的な認知，それらの相互作用と社会的な意味，そしてその解釈について論じるなど，「意味社会学」，「知識社会学」，「組織認識論」分野に通じるものである。このようなマクロの社会構造とミクロのインタラクションは，現実の社会では相互に影響し合い（recursive），常にダイナミックに変化しながら社会を形成しているのであり，多くの古典研究が構造と文化の統合による社会現象の説明を試みてきた（Blau 1955; Latour 1988; Simmel 1955; White 2008）。

　ノードの関係の構造が如何に文化を創り出し，また，社会に空気のように根付いた伝統や習慣が如何に構造に影響を与えるのか。本稿では，ビジネス世界を，価値観を共有する社会的な集団（social group）としての組織的なネットワークとそのグループ間の異なる文化のせめぎ合いと捉え，ソーシャル・ネットワークの立場から，社会的な意味や正当性（justification）をめぐるダイナミックなインタラクションから生まれる「生活世界（lifeworld）」（Husserl 1970 (trans. 1936); Schütz 1967; 新田 1992）としての側面に焦点を当てる。

　産業を研究する際に，経営学や経済学などでは，生産や組織のスピードと柔軟性，品質管理方法，金融面での戦略，プラットフォームやイノベーション，テクノロジーや技術論からの議論は盛んに行われる。しかしながら，グローバルな競争環境にさらされる製造業においては，生産システムや輸送の効率性だけでは十分な分析ができない文化に関る分析を，情報化とグローバル化の時代において認知（cognition）や文化的な諸制度（institution）などとの関りから，現象学的なアプローチを含め，ネットワークとして分析する重要性は増している。

　具体的には，組織認識論（organizational cognition）からは，ビジネス実務を，個々のノードの主観的な「意味」の世界において「社会的に構成される現実（social construction of reality）」（Berger and Luckmann 1966）として，ある種の客観性をもった知識が共有されるものと捉えることが可能である。たとえば，今日のグローバル化及び情報化された世界では，多くの企業は，常に変化する顧客のニーズに素早く対応し，品質が高くデザインの優れた製品を提供しなが

ら，SNS（social networking sites）など色々な販売チャネルを使い，積極的に顧客を巻き込みながら社会的責任（corporate social responsibility or CSR）やIR（investor relations）を考慮しつつ企業戦略を展開する。ここでキーとなる概念は，このように企業が提供するブランド，製品やサービスに対して，顧客が主観的な意味づけを行う中で，製品やサービスを提供する企業に対して，そうした顧客から如何にして社会的な「共感（empathy）」を共有し得るかである。

3．理論のフレーム—「創造的な摩擦」の理論

ネットワークから文化と構造を捉え，そこに存在する「文化」を意味の世界から研究することは極めて重要であるにも関わらず，マネジメントや組織研究としては，このような実証研究はほとんど行われていない。本稿では，David Stark が提唱した『多様性とイノベーション』（スターク 2011）の研究に関する「創造的な摩擦（creative friction）」の概念を理論的なフレームとして応用する。そこには理論の応用としての実証研究が含まれており，1990年代のニューヨークのITソフトウェア産業のベンチャー企業の盛衰とITコンサルティングへの発展，1990年代のハンガリーの工場における社会主義と資本主義が並列する状況におけるマネジメントと労働者のグループ間の対立，9.11のテロと前後したウォールストリートの投資銀行における組織内のグループ間の対立とその調整という3つの現象が，フィールドワークから詳細に記述されている。

その理論的な枠組みは，組織のマネジメントとイノベーションについて以下のような3つの視点を統合的に提供する。第1に，ネットワークの構造と文化についてはダイナミックな制度論的な視点（institutionalism）から論じられる。制度論的な立場に立つと，このような関係性の構造は，個々のノードの社会的な行為に制約や影響を与えながら，さまざまなインタラクションのダイナミックな相互作用の中で，文化が制度化され（institutionalize），また，それは時間とともに変化して行く。組織の制度化は，「合理性の神話（rationalized myth）」のもとに，メンバーによるパターン化された認知（unreflective cognition），仕事のルーティン（routine），決められた物のやり方（taken-for-granteds）としての定

形化されたスクリプト (script), 仲間内にしか分からない「掟」としてのコード (code) などをともないながら, 組織に社会的な正統性 (legitimacy) を与える。一旦作られた制度を変更したり, 破壊するのはその自己組織化 (self-reinforcing), 経路依存性 (path dependence) から多くの困難をともなう。その結果組織は安定化・保守化し, メンバーの社会的な行為に同質化 (isomorphic pressures) 等, 色々な制約を与える (DiMaggio and Powell 1983; Meyer and Rowan 1977)。個々のノードのインタラクションによりネットワーク構造が作られている以上, ネットワーク分析からは, 集団のダイナミクスとしてその関係性の構造 (relational structure) を問いながら, いかにして独特の文化が制度化されるのかを研究するものでもある。

第2に, このような制度論的な視点に加え, スタークは, 現象学 (phenomenology) 的な視点を含むソーシャル・ネットワークからのアプローチの必要性を示唆している。R&D, 生産, 販売, アフター・サービスまで, ビジネス取引のヴァリュー・チェーンの中で, 組織的なネットワークに絡む個々のさまざまな関係者が, ノードとして顧客のニーズを主観的 (subjective) に認識・解釈し, いかに製品やサービスの価値についての判断し, 製品やサービスをどうビジネスとして作りあげて行くのか。スタークは, 組織的なネットワークのプレイヤーとして, これらの参加者はどのようにビジネスを捉え, 経験から「段取り」を理解し, 知識を現場に応用し, 仕事のやりかたとその評価を行うのかを実証研究に応用しながら説明している。このようなアプローチからは, 一見すると個人の「効用の最大化」という単に経済的に目的合理性 (instrumental rationality) を追求するように見えるビジネス取引は, 実は「社会的に構成される現実」(social construction of reality) (Berger and Luckmann 1966) として成立していることが理解できる。ビジネスは, ノードによる認知と解釈を通して, さまざまな文化的な儀礼・儀式・慣習として, 異なる評価原理や価値観が交錯する彩り豊かな世界として成り立っているのである。

最後に, 組織の生態学 (organizational ecology) の視点は, マネジメントにおける認知 (cognition) の多様性の問題を含む。スタークは, 組織内における仕事

や製品・サービスの評価基準をめぐる対立として，自らの正当性を求めたネットワークのグループ間の価値判断のぶつかり合いを「創造的な摩擦」と呼ぶ。その前提にあるのは，結びつきの強い凝集性の高いネットワーク（cohesive strong ties）の存在であり，メンバーの強い結びつきがなく，弱く結びついたネットワーク（weak ties）では集団の強い文化は生まれないという考え方である。このような強い結びつきによる組織的なネットワークでは，組織のルーティンや環境を認知する捉え方などに関して，メンバーの同質化（homomorphism）として，制度化へのプレッシャーを生み出す結果，ノードは深い知の探求（inquiry）への再帰的な思考（reflective cognition）を行わず，既存の組織の認知のパターンや仕事のやり方を，「合理的なもの」として深い思考を巡らせることなく習慣的に受け入れることとなる。このような組織の「合理性の神話（rationalized myth）」によるマネジメント・プロセスの正当化は，その経路依存性を高めながら，組織を保守化・硬直化させる傾向を内在する（Meyer and Rowan 1977）。

　認知のパターン，仕事のルーティンとその評価原理などが，指揮命令系統としての組織のヒエラルキー（hierarchy）を基本として，中央集権的なマネジメントにより統一され，同質化と制度化が進んだ組織は，認知・解釈の多様性が乏しい。そのことは組織環境に大きな変化が起きた時に，その認知，理解と解釈を含め，組織の環境対応への柔軟性が乏しいものとなることを意味する。これに対して，異なるいくつものルーティンや仕事の評価基準，さまざまな認知のパターン，異なるいくつもの視点からの色々な情報，知識，解釈が多極的に組織化される「ヘテラルキー型（heterarchy）」の組織では，異なる評価原理や価値観がぶつかり合うことで，組織の一方向への経路依存を避けることが可能となる。このような場合には，強いつながりを持ち，異なる文化を持つネットワークが組織内でぶつかり合うことで，環境変化への柔軟な対応が可能となる。スタークは，このような組織の文化的な多様性こそがイノベーションを生み出す源泉であり，メンバーの強い結びつきにより作られ，個性的な文化を持つ異なるネットワークのぶつかり合いこそが，創発的なイノベーションを持続

的に可能にすると主張する。

第3節　諸概念, データ, 分析方法と命題

1. 日本のオーディオ産業における「創造的な摩擦」:「文化」とネットワーク

　本稿では,「創造的な摩擦」の理論的なフレームを応用する実証領域として,日本のオーディオ産業の歴史的な盛衰の流れを追いながら,制度論,現象学,認知の生態学の視点を統合的に応用し,ソーシャル・ネットワークの構造とその文化の意味について問う。

　スタークの研究では,単一組織内のレベルに焦点を当て,ネットワークの制度化による文化の多様性とイノベーションに関して論じるが,本稿ではこの理論フレームを,日本のオーディオ産業のイノベーションに関する産業レベルの実証分析に応用する。そこにはさまざまな企業が組織として存在しているが,個々の組織を超えた産業レベルでの「組織的なネットワーク」の文化のぶつかり合いの意味を問うものである。それは産業の分析に新たに関係性の視点を導入するものである。以下では,ソーシャル・ネットワークの視点から,製品,サービス,仕事,顧客,取引先などに関して,どのようなプレイヤーがさまざまな価値観と異なる解釈や評価基準から産業構造を作り上げ,そのぶつかり合いがいかにイノベーションを生み出し,産業としての歴史的な盛衰に意味を持つものであるのかを検証する。

　産業 (industry) とは何か。ネットワークと文化の制度化の視点から解釈すると,「産業」あるいは「業界」とは,さまざまなプレイヤーの製品,サービス,顧客などに関する参加者の主観的な意味 (subjective meaning) や価値観 (values) が,色々な組織的なネットワークを通じて,さまざまな集団の強い文化として形成されたフィールドである。それは,自らの集団の正当性 (justification) を求めて,異なる価値観や評価基準 (evaluating principles) がぶつかり合うフィールドであると捉えることができる。そして,産業とは,このような文化のぶつかり合いにより,個々のノードの主観的な価値観や評価基準が,集

団的な認識として共有され，そして制度化されることで，正当性を持つ知識（knowledge）として成立している「組織フィールド（organizational field）」である。このような業界の文化は，ネットワークの組換え（recombination）をともないながら，多様性を維持しつつ，こうしたグループ間の「創造的な摩擦（creative friction）」を繰り返すことで，その調整により創発的なイノベーションを可能にするものと考えられる。

　「創造的な摩擦」の理論では，このような強いノードの結びつきにより作られた異なる文化や価値観を持つ多様なネットワークが存在する場合にこそ，その産業は革新的な製品を創出することができると考える。そして，組織フィールドに異なるネットワークが生み出す多様な文化が存在することで，それらが自らの正当性を求めてぶつかり合い続けながら，制度化による経路依存を避け，環境変化に対し長期的に柔軟にイノベーションを生み出し続けることが可能となる。

命題. 産業内に異なる評価原理を持つさまざまな組織的なネットワークが制度化されている場合に，外部環境の大きな変化は，文化の衝突を生み出すことで「創造的な摩擦」としてイノベーションを喚起する

2．「文化」の概念とソーシャル・ネットワーク

　ビジネスにおける「文化」とはどのようなものであるか。国際経営の分野におけるマネジメントと組織研究（global management）の一般的な定義では，文化の概念をカテゴリーとして分ける。一般的に4つのレベルの文化が分類可能である。国（country）や地域により異なる文化，業界（industry or business）独特の商習慣，しきたり，伝統的な価値観，ものの見方，認知の仕方などが存在し，業界の中でも組織（organization）ごとに固有の文化が存在する。そして，職業（occupation）としての仕事の専門性と機能に根差した文化も存在する。R&D担当者や技術者，営業やマーケティング，会計やリスク管理などに従事する専門家の間では，一般的にその考え方や文化が大きく異なるのは当然であ

る (Cullen and Parboteeah 2010)。

職業に関する文化の既存の実証研究として、ハイテク企業において、マネジメントがどのように従業員に文化を植え付けるかについての詳細な実証研究 (Kunda 1992) がある。また、組織内のコンフリクトの解消の実証研究 (Morrill 1995) では、業界によって解決方法が異なり、それらはビジネス文化 (business culture) の違いによるものであると説明されている。また、専門的なプロフェッショナルの考え方やものの見方を含めた実証研究 (Abbott 1988) もある (professional culture or occupational culture)。

3．ネットワークの同値性と多重性

本稿の焦点は、個々の組織から産業レベルのソーシャル・ネットワークに広がる文化について研究するものであり、上記の4つの文化のカテゴリーを跨ぐものである。その場合に、ノードの位置 (position) や役割 (role) など、ネットワーク「同値性」(equivalence) (White, Boorman, and Breiger 1973) から、職種や専門性が同じノードを「社会的な集団」(social group) と捉え、そうしたグループに内在する文化を組織の枠を越えて考えることが可能である。たとえば、業界内での専門的な職業として、技術者や営業担当者などは、同じような社内の競争相手、顧客、同業者の友人、他者のライバルとのリンクを持つノードの集団として、個々のメンバーが持つエゴ・ネットワーク (egocentric network) のパターンの同値性から、社会的な集団 (social group) と捉えることができる。

同時に、それらの専門性を基本とした同値性に基づく組織を超えたネットワークは、「多重性 (multiplicity)」(Simmel 1955) の概念から、個々のメンバーが属する組織の指揮命令系統としてのフォーマルなネットワークに加え、組織内の友人関係、仕事上のアドバイスを求める関係、メンターとしての相談相手との関係などを含め、さまざまなインフォーマルなネットワークを経由して、業界としての産業のヴァリュー・チェーン (industry value-chain) を形成している。このようにさまざまなネットワークが重層的に重なり、交わる中で、これ

らのネットワークはお互いに影響し合いながら,異なる価値観,仕事のやり方や評価原理,製品やサービスへの認知,顧客との文化的な交流のぶつかり合いのフィールドとして,業界の文化を醸成していると概念化することが可能である (transivity)。

そして,ソーシャル・ネットワーク分析の特徴として,ノードの関係性の視点からネットワーク構造を分析するものである以上,その対象を職業など異なる組織ネットワークのカテゴリーから捉えて分析するのと同時に,渾然一体としたネットワークのダイナミズムを全体 (global or whole network) の視点から捉えながら,同時にそこに埋め込まれ,独特な文化を生み出すローカルなサブ・ネットワーク (local network) を分析するものである。

4.データと分析方法

実証研究の対象としたのは日本のオーディオ産業である。本稿では,こうしたネットワークを,企業間関係のネットワーク・データを用いて計量的に分析しながら,同時にメーカー,オーディオ関係のプロショップ,輸入代理店や量販店関係者へのインタビューを行い,ピュア・オーディオ及びその関連業界のエキスポや展示会などのイベントでのフィールドワークやブログ記事を含めて,その関係性の構造の内容を調査する方法を採用した。計量分析からは構造面の特徴を把握し,その文化の内容について,フィールドワークでのインタビューや記述資料の調査により深く切り込み,それらを統合的に検証することで,多角的にネットワークとその文化について全体像を浮かび上がらせることを目的とする。

こうしたアプローチは,演繹的及び帰納的な論理思考のアプローチを組み合わせるものである。オーディオ産業に従事する中小企業を含めたコンテクストでの特殊的な状況を演繹的に考察しながら,嗜好,ライフ・スタイルや趣味などを扱う,「文化的資本 (cultural capital)」(Bourdieu 1986) に関連する産業全般のネットワークの特徴について,帰納法的な論理展開から,その理論的な精緻化を試みるものである。

第4節　日本のオーディオ産業とそのネットワークの分析

1．ネットワーク構造のパターン

　制度化されたネットワークは進化を続けるが，そこにはさまざまなパターンのネットワーク構造が出現する可能性がある。以下には既存の研究から考えられるいくつかのものを概念的に抽出した。これらは理論研究と実証研究から導かれたもので，いわゆる「理念型（ideal type）」であり，包括的なパターンのリストではないが，オーディオ産業のネットワーク構造とその意味を理論的に考える上で指標として役立つものである。

　第1のパターンは，組織的なネットワークでは権力構造が階層的なヒエラルキーを生成する可能性を持つ。信頼関係の構築という視点からは，企業間関係としてのアライアンスの実証研究において，ノードとしての企業は，以前に提携関係を組んだ相手と繰り返し関係を構築する傾向が強く，その結果ネットワークは閉鎖的（network closure）なものとなり，大きな権力を持つグループを生成する（Gulati 1995）。このような研究が示唆するのは，組織的なネットワークはヒエラルキー的な権力構造を作り出す傾向を持つものであることである。

　たとえば，ネットワークが巨大になり，複雑システム（complex systems）として存在している場合には，このような生成過程を説明する理論のひとつは，「パワーの法則」（power law）であり，新規のノードはネットワークに参加する場合に，人気のあるノードとコンタクトを持とうとする傾向があるので，ごく少数の人気のあるノードはつながるノードの数が益々増え，多くのノードはごく少数のつながりしか持たないことになる（Barabási and Albert 1999）。

　第2に，上記のパターンから派生するものとして，ネットワークにおいて個々のノードの中心性が特に高いのではなく，全体が緩やかにつながったネットワークにおいて，比較的中心性の高いノードが直接または間接的につながり大きな集団を形成すると，複雑なネットワークの中に，強力なエリート・グループが生み出されることがある（structural cohesion）（Moody and White 2003）。

図表3-1　禁じられた三者間の関係（Forbidden Triad）

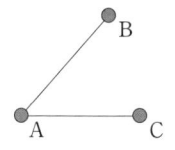

この結果，巨大なネットワークは中心部分と周辺部分のノードに分かれた状態になる。たとえば，東京都大田区の金属加工の中小企業を中心とした産業集積では，巨大な下請けの企業間ネットワークの中に，そのエンジンとも呼ぶべきエリート・グループの存在を確認している（Nakano and White 2006）。

第3の可能性は，「強いつながりの弱点」（strength of weak ties）の理論（Granovetter 1973）から導かれる。共感や友情などの社会的な行為に基づくネットワークでは，仲間内のつながりを強めるがあまり，やがてネットワーク全体が小さないくつもの凝集性の高いクリークに分断された状態になる可能性がある。

図表3-1は，現実社会においては，AとB，AとCの間にそれぞれ強い友人関係がある時に，BとCの間にもある程度の友好的な関係が存在することが，三人の人間関係が安定する普通のパターンであろう考えられる。AとB，AとCの間にそれぞれ強い友人関係がある時に，BとCの間に友好的な関係がまったく生じないということは非常に考えにくい。なぜなら，AがBとCそれぞれと会ったり，話し合ったりしているうちに，やがてBとCがAを通じて何らかの形で知り合い，それが友好的な関係に発展する可能性が高いからである。

また，A，B，Cそれぞれには他の友人関係などもあり，別のノードも周囲に存在し，この三人の関係は当人達には極めて重要なものであるとの前提に立つと，AとB，AとCの間にそれぞれ強い友人関係がある時に，BとCの間で敵対的な関係があれば，このような三者間の関係は基本的に長続きしないと考えられる。たとえば，AとBが仲良しで，AはCとも仲が良い場合に，三人で食事に行ったとして，BとCの関係がぎくしゃくしていれば，話は盛り上がらず食事会はつまらないので，何度もこのメンバーで食事会をやろうと言うこと

にならないのである。この関係によりAには精神的なストレスが掛かるので、BとCとそれぞれと気を遣いながら付き合うよりも、たとえばBと仲の良いDを含めたABDという三者の仲良しグループに三者関係は移っていくかもしれない。

このようにノード間の関係を人間関係の心理的なバランスから論理的に考察する理論を、「バランス理論 (Balance Theory)」(Heider 1958) と呼ぶ。ABC三人の関係を考えると、AとB、AとCの間に強い友人関係など良好な関係(プラスの記号で表されることもある) がある時に、BとCの間に友好的な関係が全く存在しなかったり、逆にBとCが敵対的な関係 (マイナスの記号で表現されることもある) であれば、このような三者間の関係 (triad) は全体のバランスが非常に悪い。このような意味から、このようなバランスの悪い三者間の関係を、グラノヴェターは「禁じられた三者間の関係 (Forbidden Triad)」と呼んだ。

この概念を発展させ、グラノヴェターは、比較的大きな集団の中に、いくつもの強いノードのペアーの結びつき (dyads) が存在すると、それらは隣接するノード同士の関係をどんどん強め、やがては少人数の密接な関係 (triads or more) として、小さないくつものクリークとしてまとまってしまうと考えた。その結果、ネットワーク全体 (whole network) がいくつかの凝集性の高いクリーク (cohesive cliques) に分断され、ネットワークはいくつかの分裂したサブ・グループの塊の集まりになる (fragmentation) と結論づけた。

このことから導かれる論理的な帰結はわれわれの直感的な感覚に反する。ノードの結びつきが強い関係 (strong ties) である信頼関係で結ばれた人間関係は、人々に深い友情、安らぎ、共感、精神的なサポートなどを与える一般社会の美徳としてとても価値が高く、われわれが人生を送っていくために不可欠のものであり、社会生活において深い意味のあるものと考えられている。しかしながら、ソーシャル・ネットワークの視点から見ると、このような関係は、個人がノードとしてネットワークを使い広く情報を集める場合には大きな妨げになり、ネットワーク全体の情報伝達や共有の効率を悪くするという大きな問題をはらんでいるのである (Granovetter 1973)。これは「強く結びついたネット

ワークの弱み（weakness of strong ties）」と呼ばれるものである。

　グラノヴェターの研究が示唆するのは，組織のマネジメントにおいては，結びつきの強いノードのペアーの関係は，情報の共有などのコミュニケーションの大きな妨げになる場合がありえるということであり，むしろ，ノード間のペアーの関係の薄い「弱い紐帯（weak ties）」を多くのノードが広く持つ全体構造を作ることこそ，組織の情報の流れを活性化するには重要である。これは「弱く繋がったネットワークの強み（strength of weak ties）」である。

　第4の可能性は，ネットワーク全体が，異なる文化を持つローカルなネットワークがいくつも並列的に存在した分散的な構造を持つことがあり，コアが周辺にいくつも存在する分権的な状態を作り出す。このようなネットワークは，「ヘテラルキー（heterarchy）」の特徴を持ち，「創造的な摩擦」の理論は，このような分散的なネットワークが存在する時に，強い結びつきを持つ異なる文化を持った多様なネットワークがぶつかり合うことで，価値観や評価原理のぶつかり合いから，イノベーションが起ると考える。また，似たような考え方から，文化の多様性の意味を論じるイノベーションの伝播のモデルとして，中心にいるノードは集団の規範や習慣に縛られ身動きが取れないので，イノベーションはあちこちに存在する周辺のハブから起り，やがてそれらは中心に向かって雪崩現象のように動き出すと考えるものもある（Boorman and Leavitt 1980）。

　さらに，「スモールワールド」の数理モデル（Watts 1999）は，ネットワーク上で，住人が仲間と強い関係を持ちながら暮らしている「洞窟」がいくつもある時に（caveman），ある日ひとりのノードがそこから這い出して来て，違う洞窟を尋ね，別の洞窟の集団と関係を持つ。このようなプロセスがごく限られたところで始まり，強いつながりで結ばれた凝集性の高いいくつもの洞窟の集団としてのローカルなクラスター（cluster）がつながる。ネットワーク全体のリンクの中で，数パーセントのこのようなリンクの組み換え（rewiring）が起るだけで，クラスター間を弱いリンクで直接あるいは間接に繋ぐ巨大はコンポーネントが生まれ，「スモールワールド」が出現する。このような考え方は，強い結びつきを持つローカルなクラスター間を結びつける弱いリンクによるブリッジ

(bridge) の機能に注目するものである。

これらの理論の前提にあるのは，強いつながりこそが文化を作り出すものであり，弱いつながりだけではイノベーションは生まれず，ネットワークの中での強いつながりを持つ凝集性の高い部分が作り出す文化の研究に焦点を当てるべきであるという考え方である。

2．日本のオーディオ産業史とソーシャル・ネットワーク

以下では，上記の4つのネットワーク構造のパターンを「理念型（ideal type）」として参照しながら，日本のオーディオ産業におけるソーシャル・ネットワークの意味を，中小企業の連携との兼ね合いから考察する。半世紀にわたり日本のオーディオ産業は，黎明期，成長期，成熟期，衰退期または多角化の時代へと移り変わってきた。テクノロジーの進歩，デジタル化とIT化，顧客ニーズの変化など，「ピュア・オーディオ（pure audio）」と呼ばれる高級な音楽再生のための家庭用の大型のセットから，映像機器と結びついたAVのホームシアター用のセット（audio & visual equipment），携帯音楽プレイヤーやPCオーディオと呼ばれるパソコンや音楽配信ダウンロードとリンクしたものなど，音楽の聴き方が多様化した。現在ピュア・オーディオ市場が縮小する中で，このような広義のオーディオ業界は多様な広がりを見せている。その間製造，販売，流通には大きな変化があったことは明らかであり，中小企業の連携を含めてネットワークの視点から分析した。

3．黎明期―音楽を聴く装置としてのオーディオとその普及

オーディオにどのような機器あるいは装置が必要であるかという視点から，技術の進歩と産業の変遷を簡単に追ってみた[1]。20世紀の初めにエジソンが蓄音機を発明したことから，やがて78回転のSPレコードが商品化されるが5分程度の再生能力しかなかった。後に45回転と33回転のLPレコードが普及するが，その基本的な仕組みは変わらない。ビニールなどのレコード盤に記録された波形を，レコードを針がトレースすることで，針の振動を微弱な電気信号に

変える。そのアナログ信号をアンプで電気的に増幅した上で，スピーカーに送り，電気信号によりマグネットを動かし，スピーカーのユニットと箱（エンクロージャー）で空気を振動させることで，波形として空間に再現した音を人間の耳（脳）が音楽として認識する。

　20世紀の前半，初期には一本のスピーカーを使い，一点から音を空間に広げる音場型のモノラル・システムであり，家庭用のラジオや簡単な一体型システム，あるいはレストランなどのジューク・ボックスのようなものが存在した。その後1950年代の後半に，左右２つのスピーカーから，マイクを使い空間に異なる地点で録音された音を，空間的に二方向から定位させて再生するステレオの技術が製品化され，徐々に普及し始めた。

　ステレオが誕生すると，欧米や日本を中心に家庭の居間で音楽を鑑賞する文化が生まれた[2]。録音技術としてもモノラルからステレオでの録音が急速に広がる。定点の３点マイクの録音で，一般家庭でコンサートホールにいるような音の再現が可能となった[3]。

4．発展期からバブル期へ——家庭内の音楽空間とハイエンドの登場

　その後，1980年代にはCDすなわちコンパクト・ディスク（compact disk）が普及する。それまでアナログ信号として電機の流れを制御する技術で成り立っていたオーディオ業界に，録音時点から波形としての音楽信号をデジタル化し，CDプレイヤーのピック・アップによりデジタル信号として読み込んだものを，コンバーターを使いアナログ信号に変換して，アンプに送り出す技術が確立された[4]。

　オーディオ産業においては，今日でも海外製品や国内製品に，ブランドについての強い愛着を持つ愛好家のコミュニティが存在する。このような状況は1970年代以降顕著になる。そこにはエンジニアの良い音を追求する情熱と，その使い手としての購買層に，ブランドを基本に強烈なファンが存在した[5]。このようなネットワークは，メーカーの技術者や営業マン，商社や小売りの販売員，消費者を巻き込みながら，家庭で音楽を鑑賞する音楽鑑賞としての「レ

コード芸術」とも呼ぶべきオーディオの産業を形成していた。

　産業のライフ・サイクルとして考えると，1980年代から90年代初頭に掛けて，「ピュア・オーディオ」と呼ばれるいわゆる「ハイエンド」の高級オーディオ市場の成熟期を迎えた。当時は，日本国内では，大手家電メーカーが大きな投資を行いながら，オーディオ専業メーカーを含めて，市場には国内外のブランドがひしめき合い，しのぎを削ることとなった。海外の高級ブランドであるマッキントッシュ（Macintosh）やマーク・レビンソン（Mark Levinson），JBL，タンノイ（Tannoy），トーレンス（Thorens），ハーベス（Harbeth），EMTなどに対抗し，日本のソニー（Sony），松下（Technics），東芝（Aurex），日立（Lo-D），日本電気（NEC），トリオ（Kenwood）などの大手各家電メーカーをはじめ，サンスイ（Sansui），日本ビクター（Victor），ヤマハ（Yamaha），日本コロンビア（Denon），パイオニア（Pioneer），ナカミチ（Nakamichi），アカイ（Akai），ラックスマン（Luxman），アキュフェーズ（Accuphase）などの専業メーカーが乱立し，レコード・プレイヤー，CDプレイヤー，プリ・メインアンプ，セパレート型のアンプ，フロア型の大型スピーカー等，質の高い製品を量産化していた。テレビ，週刊誌や月刊誌ではオーディオ機器の宣伝に力を入れ，これらの製品はまさに飛ぶように売れた[6]。

　当時，オーディオ・マニアの間では，秋葉原が電気街としてメッカであり，給料やボーナスをつぎ込んで高級機材を購入する若者も多かった。たとえば，「エア・チェック」呼ばれたFMからの録音の楽しみがあり，カセット・テープや8トラックと呼ばれるオープン・リールの磁気テープでの優れたアナログ録音機器により，テープに良い音で録音することもはやっていた。

5．成熟期─技術と教養からマニアの趣味へ

　このようなブームは，根強い愛好家の世界を作りだし，伝統的な真空管アンプの自作，ハイエンドから「トップ・エンド」とよばれる超高級オーディオ機器の市場へ広がり，バブル期から1990年代には，素材産業の発達で稀少金属を使った機器の接続ケーブルや電源ケーブルの交換で音の微妙な変化を楽しむ文

化が登場した[7]。一部のオーディオは技術による音質から，ブランド信仰による音の「神格化」の領域に突入する[8]。

　その後も世界的にはトップエンドの市場は広がるが，日本ではバブルの崩壊以降縮小する。主観的な音の世界を客観的に説明するのがオーディオ関係の雑誌や評論家の世界であるが，このような主観的な「意味世界」の出現により，ブランドとして「神格化」されるオーディオ産業は，機器の価格の高騰，専門雑誌の高級路線化と一般読者離れ，技術的なエンジニア魂からの乖離などがあるが，オーディオ産業は「社会的に構成される現実」として独特の趣味の文化として存続している。

　今日でもこのようなハイエンドと呼ばれるレコード・プレイヤー，アンプ，CDプレイヤーの組み合わせで100万円を超えるような市場は，愛好家の間で残っているが，その市場規模は全盛期からは大幅に縮小している。CDなどデジタルの音に満足できず，レコードを聴くアナログ派も多い。こうした中で，1990年代末にはアンプの分野で，国内ではラックスマン，ヤマハなどと並び人気のあったサンスイ・ブランドを確立した山水電気が実質的に倒産した。エンジニア魂で良い物を安く作りすぎたとも言われている。21世紀に入ると，秋葉原のトップ・エンドと呼ばれ高級オーディオ専門店の老舗「ダイナミック・オーディオ」が，セットを組めば1,000万円を超えるような海外ブランドを中心としたオーディオ機器の販売から撤退し，ひとつの時代が終わりを告げた[9]。

6．オーディオ文化の多様化と小型軽量化
―手軽な音楽，ビジュアル化，PCとの連動へ

　ピュア・オーディオの市場は，1980年代以降のCDなどによるデジタル化と，「ウォークマン」と呼ばれた携帯用のカセット・プレイヤーの誕生に始まる軽薄短小の時代の流れの中で，縮小期を迎える。2000年代以降はデジタル携帯音楽プレイヤーの普及とヘッドフォン文化，ネット配信からのファイル・ダウンロードやYouTube，映画鑑賞やゲームから5.1chオーディオまで統合したホームシアターなどが広まり，2010年頃からはPCと連動するデジタル・オー

ディオ文化が花開きつつある[10]。

1990年台にはラップなどクラブでのDJによる「スクラッチ」の流行で，レコードとアナログ・プレイヤーが一部の若者の間で復活したが，その後CDでスクラッチができるようになりブームは終わった。中古レコードショップなどが存続しているが，携帯音楽プレイヤーやPCオーディオに，アナログを一部取り入れるのが近年の若者のスタイルであり，近年アナログ・プレイヤーと呼ばれるレコード・プレイヤーを作るベンチャー企業も世界的に増え，かつて1970年代から90年代に作られたレコード・プレイヤーの中古品が人気を博する中で，海外物の100万円以上する高級プレイヤーの新作が増えるなど，ニッチ市場として，レコード・プレイヤーの美しさと音の良さに惹かれるファンは増えている。

近年，エソテリック（Esoteric），クリプトン（Kripton），ソウルノート（Soulnote），トライオード（Triode）など大手メーカーの技術者が始めたオーディオ・メーカーが，日本のベンチャー企業として，ハイエンド・オーディオ市場に参入する一方で，ラックスマン，アキュフェーズ，マランツ（Marantz），デノンなどの日本の伝統的な専業メーカーも，ハイエンド・オーディオ市場で世界的な評価を得ている。また，デノン，オンキョー，ケンウッド，ヤマハ，ビクターなどは，小型のコンポ・システムをipodやPCオーディオに繋げたビジネスを試行し始めている。

日本の多くの大手家電メーカーがピュア・オーディオ市場から撤退する中，携帯音楽プレイヤーやPCオーディオが普及しつつある。欧米ではトップ・エンド市場の広がりが続いてきた。近年，日本では，ピュア・オーディオ市場が縮小する中で，コンポ，携帯，PCオーディオなど異なるニーズに対応する多様な関連市場が広がりを見せている[11]。

7．オーディオ産業とソーシャル・ネットワークの構造分析

産業としてのネットワークを分析するのは，定義と境界の問題を含めて極めて複雑な作業であり，その全体像（グローバル・ネットワークまたはホール・ネッ

トワーク）を描き出すことは不可能に近い。同時に個人間の関係から企業間の関係まで，複雑に重層的に絡み合うネットワークを描くためには，リンクの種類によりネットワークを特定した上で，その重要な部分を描き出すことで，かなり細部まで全体像の把握が可能になる。このようなトライアンギュレーションとしてのアプローチに立ち，いくつかの異なるレベルのネットワークを多角的な視点から計量・可視化することで，その構造的な特徴の現状を捉えることを試みた。

　ネットワークの構造分析では，中でも以下の３つのネットワークに着目した。第１に，オーディオ関連雑誌の広告掲載の企業間ネットワークについては，メディアとメーカーの結びつきを表現するものであるが，それぞれの雑誌が異なるターゲットとして読者層をもっているので，広告企業もビジュアル系とホームシアター，ピュア・オーディオ，アナログ・オーディオ，PCオーディオなどに加え，真空管アンプ，CDやLPの新譜やリマスターの評論，スタジオやホール関連の機器など異なるジャンルでさまざまなプレイヤーが交錯しながら，メーカーの顔ぶれはかなり異なる。このことからオーディオ産業は，巨大な裾野を持つ一連の関連産業とのネットワークを形成しており，「範囲の経済」が重要である側面を持つことが分かる。雑誌などのメディアの持つ宣伝効果は分野により異なるので，宣伝を打つ企業のコスト対効果の目算も当然さまざまであると思われるが，雑誌自体の価格の高低を含め，メーカーのブランド戦略とターゲットとする読者層が浮かび上がってくるとも言える。

　第２に，メーカー，商社，海外ブランドの代理店などのイベント参加のネットワークである。データは2011年に東京で開催された５つの大きなオーディオ関連の展示会の参加企業のプロフィールである。具体的には，2011年11月３－５日に幕張メッセで行われた2011「インターナショナル・オーデイオ・ショウ東京」，2011年10月７－９日に東京交通会館イベント・ホールで行われた第15回「ハイエンドショウ・東京」があり，これらはピュア・オーディオの趣味の世界に特化した伝統ある展示会である。また，11月16-18日に幕張メッセで行われた「InterBEE」は出展者数800社，来場者数30,752名という大きな展示会であ

り，ビジネス分野としては，プロオーディオ部門，プロライティング部門，映像・放送関連機材部門，クロスメディア部門の4つからなる複合的な展示会であり，基本的には映像及び放送関連に従事する専門家を対象としている[12]。

加えて，10月21 – 23日秋葉原で開催された「オーディオ&ホームシアター展東京」はピュア・オーディオとビジュアル系のホームシアターという両方の分野が混ざり合う展示会である。

そして，「真空管オーディオ・フェア」は，真空管アンプという極めてニッチなオーディオ市場に特化した展示会である。2012年の第18回「真空管オーディオ・フェア」では，出展社34社，来場者3,720名（2日間）であったが，2011年10月9 – 10日に行われた第17回の出典企業の一覧からは，このイベントと企業のネットワークが見えるが，その顔ぶれはやはりかなり特化した専門業者が多いことがわかる。

これらのデータからは，メーカーの顧客への立場やブランド力など，オーディオ産業がどのように分けられているのかを理解することができるのと同時に，「範囲の経済」としての関連ビジネス分野の広さと，メーカーそれぞれのポジショニングや戦略が確認できる。

中でも，同じピュア・オーディオに特化した展示会であっても，「インターナショナル・オーディオ・ショウ」と「ハイエンド・ショウ」の展示会とでは，それぞれのブースの出展規模は大きく異なり，前者のほうがはるかに大きい。出展企業は，前者が海外メーカーを含めた大手メーカー中心であるのに対し，後者は国内ベンチャー企業やプロショップが中心となる。どちらの参加者もピュア・オーディオに特化した企業郡であるが，両者の間には「戦略グループ (strategic group)」として壁があり，資本力やブランド力などから業界が二極化されていることがノードの関係性の視点から明らかになる。

特に「ハイエンド・ショウ」参加のベンチャー企業の場合には，ブースの出店スペースを専門商社であるK社が確保した上で，さまざまなベンチャー企業やプロショップの出店を組織するなど，後述するピュア・オーディオの世界における商社と中小企業とのネットワークの重要性の一端が理解できる。

図表3-2　2009年における日本のハイエンド・オーディオの
ディーラー・ネットワーク

　最後に，図表3-2は，海外や日本の主要なハイエンド・オーディオ製品の輸入代理店及び国内のディーラーのネットワークである。ハイエンド・オーディオ専門雑誌（ステレオサウンド 2009）からのデータであり，製品に関してはアンプ，スピーカー，CDプレイヤー，アナログ・プレイヤー，ケーブルや電源などの周辺機器まで多岐にわたる。リストされた日本のブランド45社，海外ブランド61社の合計106の主要ブランドを大手のオーディオ機器メーカーに加え，多くの中小企業が代理店やディーラーとして取り扱う141社のネットワーク・データである。これらの代理店やディーラーの多くは規模の小さい中小企業である。

　図表3-2のネットワークのグラフから分かることは，海外のブランドを含め国内の代理店やディーラーとの関係は全体的に分散的である。色々なブランドを独占する代理店はなく，図表3-3が示すように，最も多くても5ブランドを扱う企業が2社存在するだけであり，4ブランドを扱うのが4社，3ブランドを扱うのが5社，2ブランドを扱うのが7社であり，1ブランドを扱うのが52社である。また，自社ブランドのみ扱うのが71社存在する。直営の日本法人を持つところもあるが数は多くない。

　製品の性格上アンプ，スピーカー，CDプレイヤー，ケーブルなど同じ分野の

図表3-3　代理店やディーラーシップの数についての日本のトップ18社

Rank	ID	Out-degree	Name
1	121	5	Noah
1	118	5	Stellavox Japan
3	114	4	Toshi
3	12	4	Esoteric
3	35	4	SAEC
3	139	4	YST
7	127	3	Harman Inter
7	15	3	Fuhlen Coord
7	123	3	Pacific Audio
7	120	3	Hifi Japan
7	131	3	Audio Ref Inc
12	125	2	Obashoji
12	112	2	Scantech
12	5	2	Andante Largo
12	135	2	Network Japan
12	130	2	Naspec
12	129	2	Timeroad
12	128	2	Axis

製品を持つライバル関係にあるメーカーの製品を，ひとつの代理店が引き受けることは難しい側面があることもあり，競争的なネットワークが存在していることを示している。同時に複数の海外ブランドを引受ける代理店の存在も興味深い。これらの中には異なる分野の製品を扱う場合もあるが，このような次数の高い代理店はネットワーク分析からは次数による点中心性（degree centrality）が高く，企業間関係で権力あるいは影響力を持つと見なすことができるが，基本的にマーケティング力や販売力のある代理店である。別途のインタビューから分かったことであるが，これらの代理店が変更になることはそれほ

どまれなことではない。売る力のない代理店に対しては，海外メーカーは業績を求め，ディーラーシップに関しては，大手の日本のオーディオ機器メーカーに加え，中小企業を中心とした代理店が乱立する競争原理が働いている。

　これら3つのネットワークの分析から，日本のオーディオ産業の現状は，裾野の広い産業であり，ピュア・オーディオに限らず，日本と海外から多くのメーカーが参入し，さまざまな機能を持つ製品をさまざまな関連分野に提供している構造を持つ。そのネットワークの構造はブランド力によるヒエラルキーがあるのと同時に，国内ピュア・オーディオ市場に関しては二極化が進み，大手メーカーとベンチャーやプロショップの間には戦略グループとしての境界があり，エリート・グループが存在する。そして，その周辺部のベンチャーや独自のブランドを持つプロショップを支えるのは商社の存在である。

　ピュア・オーディオ業界のヒエラルキーには，前述の「理念型」の構造パターンでみた場合には，全体が分散型で繋がりながら，二極化にみられるように，中小ベンチャー，代理店，プロショップなどを繋げる凝集性の高い商社のネットワークが重要な役割を演じている。同時に，国内外の大手メーカー，海外ブランドの大手代理店などの集団として力を持つエリート・グループが存在する。これに加え，関連分野で製品を扱うさまざまな企業が乱立しており，これらの製品へのアプローチには，音質，画質，価格，品質，デザインなど，異なる評価基準から多様な市場を形成しており，関連分野の異なる文化がぶつかり合う「ヘテラルキー」としての側面も持つ。

8．オーディオ産業の現状とイノベーション
―埋め込まれた文化のぶつかり合い

　現在の日本のオーディオ産業をソーシャル・ネットワークの視点から分析した場合に，展示会や専門誌の広告・宣伝のネットワークに見られた様に，ピュア・オーディオに加え，参加企業としてのメンバーシップが重層的に重なる関連分野の複雑なネットワークが存在する。

　このようなネットワークを，社会関係的な資本（social capital）と考えると，

そこにはこれらのネットワークにより形成されている文化的な資本（cultural capital）が埋め込まれている。これらの関連する産業まで含めた文化として，ピュア・オーディオの業界では4つの大きな評価原理がぶつかり合っていると思われる。

第1に，伝統的なピュア・オーディオを愛する生産者，流通業者と消費者のネットワークが存在する。技術者，販売やセールス担当者，そしてマニアを含めた顧客との共感で結ばれた強いネットワークである。典型的には，圧倒的に男性の世界であり，年齢的には中高年が多い。彼らは大型の本格的なシステムを自分でアンプ，スピーカー，CDプレイヤー，アナログ・プレイヤーを選び，接続ケーブルや電源ケーブルなどを研究しながら組み合わせる。教養としてのクラシック，若いときに大きな刺激を受けたロックやジャズなどの愛好家が多く，アナログ文化へのノスタルジーや音質へのこだわり，機器を自作する文化などを共有する。

第2に，忙しい時間の中で，オーディオへの入門として，小型のミニ・コンポを使う購買層がいる。また，これに加え，特に若い世代では，携帯音楽プレイヤーへの依存が強く，その関連からヘッドフォンに大きな金額を投資する場合もあり，シュア（Shure），ゼンハイザー（Sennheiser），オーディオ・テクニカ（Audio Technica），ソニー（SONY）などの人気ブランドが確立されている。ipodと音楽ダウンロードから始まった文化としてPCオーディオが普及しつつある現在，彼らの一部は本格的なオーディオ機器への関心もある。また，90年代にクラブ・ミュージックでのラップ音楽のDJの機器として，アナログ・プレイヤーとレコードによるスクラッチを経験したことで，デジタルからアナログの世界の面白さを知った世代でもある。ひとことで言うなら，彼らはファッション，ライフ・スタイルとしての音楽への共感を共有する。また，ホーム・エンタテイメントなど，手軽な家での娯楽の一部として，映画やゲームなど映像系とも連動させ，AVホームシアターの一部としてオーディオに投資する場合もある。

第3に，オーディオ機器メーカーとしての大企業の文化と投資の原理は，90

年代までのピュア・オーディオから，PCと映像配信，AVとシアター，携帯音楽プレイヤー，劇場やスタジオ設備などに投資をシフトさせ，日本のメーカーで消費者向けに本格的にハイエンドのピュア・オーディオを手掛けるメーカーはデノン，マランツ，ヤマハなどに限られる。ソニー，ビクター，テクニクス，ローディー（Lo-D；日立），ダイヤトーン（Diatone；三菱電機），オーレックス（東芝），NEC，パイオニア，TDKなど多くの大手メーカーは，1990年代にこの市場から撤退し，小型のコンポやブック・シェルフの小型スピーカー，ネットワーク・オーディオ機器，放送局・スタジオ・ホールなどの音響機器の製造に限られる。彼らのネットワークの原理は企業戦略の中での量産化による価格と品質競争であり，デジタル家電との融合を志向するコスト管理と高品質の利便性の高い製品量産化の技術の応用である。

　最後に，投資家として，ファンドの存在がある。デノンやマランツはファンドの影響下にあり，そこにはメーカーに投資効率と徹底した在庫管理が求められるので，新製品の発売や納期に厳しく，売れ残りを持たない。時価総額などの株主価値の最大化などが大きな目標であり，ブランド価値の向上を考えながら，部品の質へのこだわりなどは，80年代のように機器が飛ぶように売れた時代とは大きく異なり，ピュア・オーディオのメーカーに市場の厳しさを突きつけている。音楽やオーディオ機器を愛する文化の醸成よりは，短期的な効率重視のマネジメントの文化であり，2011年の大震災の際には，デノンの国内工場が被災しアンプが作れなくなるなど，このような生産体制の問題も露呈した。

　これら4つの評価原理以外にも，文化の多様性は豊かなものになっているが，このような文化のせめぎ合いが生み出したものは何か。4つの評価原理や認識のパターンがぶつかり合うことで，携帯音楽プレイヤーとヘッドフォンの文化，配信ダウンロードとipodなどの携帯音楽プレイヤー，PCオーディオ，ホームシアターなど，色々な新たなイノベーションが展開してきたとも言える。近年の新たな展開として，専門誌雑誌とメーカーのタイ・アップによるオーディオ機器の付録の充実，「タワー・レコード」などCDの大手販売店と海外オーディオ・メーカーとのタイ・アップによる宣伝・販売イベントなども行

われ，ネットワークの「組み換え (rewiring)」による組み合わせのイノベーションは続いている。

9. ネットワークの文化のぶつかり合いのメカニズム
—中小の専門企業と商社のネットワーク

ピュア・オーディオの世界は，長い時間をかけて，生産者であるメーカー，流通販売業者，消費者の間で，技術者，メディアや評論家を巻き込みながら，音と技術への共感に基づくコミュニティを醸成してきたものである。そこにはもともと愛好家のネットワークとして，1世紀に近い時の流れの中で，強烈な文化的資本（cultural capital）が醸成されている。こうした中で，高級化とブランド，ファッション性，携帯性，利便性，娯楽性などのさまざまな文化の概念を取り込みながら，広義のオーディオ産業は多様化し，関連産業に派生しながら発展してきた。

現在の広義のオーディオ産業には，ピュア・オーディオの文化とは異なる多様な文化が関連産業を含めて埋め込まれている。アナログを中心としたハイエンドの市場の存在がある中で，製品としてのipod，配信ダウンロードとYouTubeによる音楽のコモディティ化，家庭のエンタテインメントとしてのAVホームシアターは，このような文化のぶつかり合いから生まれてきた。

これに対して，近年の競争のグローバル化により，大企業は市場から短期的な投資の効率を求められるようになり，また一部ではファンドによる在庫管理など，マネジメントの効率性を重視する経営手法がオーディオ関連産業にも広く持ち込まれた。

本研究から明らかになるのは，現状これらの多様な文化の中で，ピュア・オーディオを産業として維持する原動力は，プロショップや中小のベンチャーなどをまとめる専門商社の役割である。商社の戦略の基本は，プロショップが抱えるピュア・オーディオを愛する顧客のニーズに合った製品を流通させることである。商社の営業マンは，どこの店がどのような顧客を持っているのかを把握しており，具体的な顧客像を描きながら，かれらの趣味やニーズに合うか

なり具体的な製品情報をプロショップに提供する。正にリレーションシップ・マーケティングであり，メーカーやディーラーはあまり在庫を持ちたがらないので，プロショップにとっては，海外ブランドを含め色々な製品の情報をワンストップでターゲットとする顧客に結びつけてくれるパートナーである。

卸商社と小売りに従事するオーディオ・プロショップとの関係では，プロショップが顧客をつかんでおり，顧客を招き新製品の発表会を行ったり，個々の顧客のニーズを把握しているので，新製品が出る場合には，メーカーは過去の実績に加え，このネットワークを通じて，ある程度の販売予測を立てて商品を生産することができる。また，日頃顧客と仲良くしているプロショップの店員は，中古品の情報などレアな商品の入荷があった場合には，その客の音の好みなどを熟知しており，早い段階から顔を思い浮かべながら商品を仕入れたり，セールスを展開することもある。

たとえば，「ハイエンド・ショウ・トウキョウ」での，中小企業の出店誘致にみられたように，専門商社がスペースを部屋毎に借りて，色々な分野の中小ベンチャーを揃えることでかれらの交流の場を作ることもある。その場で，これらの専業メーカーとしてのベンチャー企業などが，お互いに新たな商談の可能性を模索することもあり，実際に新たなビジネスが生まれることもある。市場規模の縮小から大企業がピュア・オーディオの文化を守り切れない状況になり，主戦場がより多角化した関連産業にシフトする中で，ピュア・オーディオの文化を守っているのは，実は専門商社を核とするこのような中小企業の連携としての企業間ネットワークである[13]。

第5節 結論と考察

本研究では，色々な集団がソーシャル・ネットワークとして存在する「趣味の世界」に関する文化的な産業として，日本のオーディオ産業の実証研究を行った。このような産業の特色として，参加者あるいは行為者（actor or player）の間に，嗜好に関する独特な強い文化が生まれ，共有され，また，時間とと

もに制度化されていく傾向が強い。このような強い文化はテクノロジーについての知識，オーディオの機器に関する知識などと同時に，産業自体のライフ・サイクルの中で，黎明期，成長期，成熟期，衰退期を経験した。半世紀にわたり，その外部環境が変わっていく中で，ピュア・オーディオのハイエンド機器の世界だけでなく，新たな関連分野が広がり，色々なヒット商品が生まれさまざまな文化を持つサブ・グループとして，色々な関連産業や派生ビジネスを含めた産業構造がダイナミックに変化した。音質にこだわるピュア・オーディオは音楽鑑賞の文化を創り出したが，その後利便性，ファッション性，携帯性，コストの追求など，色々な同値性の高いノードのグループが多様なオーディオ文化を生み出してきた。広義のオーディオ産業では，これらのソーシャル・ネットワークがヘテラルキーとして繋がることで「創造的な摩擦」が生まれ，さらなる進化とイノベーションが起ると期待される。

　同時に，文化は，制度化により，ネットワークを閉鎖的なものにする傾向がある。実際にレコードの文化としてのアナログのハイエンド・オーディオはその一例であり，メディアによる評論などにより「神話化」された。その間市場の変化のスピードが速くなり，デジタル化により音楽の携帯とコピーが手軽に可能となった時代において，高品質で価格の高い製品のみを扱い，文化を作り出す製造業の難しさである。これを支えていたのは商社を中心とした専門業者やプロショップをまとめる中小企業のネットワークであった。

　本研究の結論としては，狭義のオーディオ産業としての日本のピュア・オーディオ産業が衰退した理由を「創造的な摩擦」の欠如ととらえた。クリステンセンによる破壊的なイノベーターの概念（Christensen 1997）が，大企業のハード面の投資のリスクを産業の環境変化から説明し，ベンチャーによる新たな市場の開拓の重要性を説いた。これに対し，ネットワークと文化の視点からは，「強いむすびつきの弱点」として，文化を作り出す製造業にはらむ脆弱性が見えてくる。特に文化を扱う産業においては生産者，流通業者，消費者の間に愛好家の強い共感による結び付きがあり，凝集性の高いピュア・オーディオの市場を制度化した結果，このようなローカルなネットワークが，仲間内の結束を強

める中で，排他的なネットワークとして関連産業まで含めたグローバルなネットワークの中で，他の関連分野から分断されたことで，比較的孤立した状態に至ったことが，その産業の縮小に影響したと考えられる。

　ピュア・オーディオの生産者，流通業者，消費者の間の共感による強いネットワークは，その独特の文化を作り，かつては技術による音質の改善であったものが，仲間内にしか分からないメーカーの特徴，生産された時代の音質の特徴，名機と呼ばれるモデルの型番に始まり，やがて素材産業の進歩により，電源や接続ケーブルによる機器の組み合わせとその音質の微妙なコントロールなどが追求された結果，製品価格は高騰し，もはや機械工学や電気工学で説明できない電気制御の技術の「神話化」の領域に至った。その結果，このようなネットワークは，排他的なものとなり，その顧客の高齢化とともに，市場規模は縮小していった。そこには，「創造的な摩擦」(creative friction) としてのネットワークのぶつかり合いや組み換えによるイノベーションはあまり起らなかったように見える。

　携帯機器とヘッドフォンの文化，音楽ダウンロード，小型コンポーネントとインターネット・ラジオ，YouTube，PC オーディオとの連携など，IT 技術とAV の広がりとともにさまざまな新たなメディアが登場したが，これらの新たなテクノロジーや文化のピュア・オーディオ分野との融合のスピードは遅い。近年多くのベンチャー企業が新たな市場の掘り起しに参戦しつつあり，雑誌メディアは統廃合の中から，PC オーディオ，ネット・オーディオ，アナログ・オーディオなど分野の雑誌の創刊を行っている。今後ピュア・オーディオの世界にも「創造的な摩擦」が徐々に広がって行くものと考えられる。

　多様性に乏しいものの見方は経路従属的な制度の硬直化により，参加者の認識を固定化させ，環境変化に脆弱な組織をつくる。そこには，ネットワークとして独自の業界文化を作り上げる文化産業として，「強いむすびつきの弱さ」が生まれやすく，その環境変化への脆弱性がある。かつてブルデュー (Bourdieu 1986) が説明したように，教育や階級など，文化的な資本を形成するのには長い時間とその維持のために莫大なコストがかかる。ハイエンドのピュア・オー

ディオを中心とする日本のオーディオ産業は，参加者の音を愛する共感により結び付いたネットワークであり，ネットワークの脆弱性を持つが，今後，日本が世界に誇る豊かな文化的な資産であり，20世紀の遺産として，テクノロジーと文化が融合し続ける中で，人類の宝として政策的な保護が検討されるべきであると考える。

　今後の課題として，オーディオ産業のネットワークの構造の深掘りと更なる文化的な研究が必要である。当然のことながら，R&Dとしての製品開発担当者やエンジニア，調達係，経理，宣伝・広告担当などでは，顧客に対して異なる意味づけをして，製品に対して異なる価値判断を持っている。これらの文化は，すべて個々の企業や，そのマネジメント層，技術者，マーケター，営業担当がどのように意味づけするかで「社会的な現実」として再構築されるものである。たとえば，具体的には，セールスを担当する営業マンにとって扱っている商品としてのオーディオ機器やサービスとはどのような主観的な意味や価値を持つものであるのか。営業担当の多くは，もともとオーディオ好きが多いが，ヴァリュー・チェーンの川下に位置する顧客とは，どのようにして主観的な「意味世界」を共有し，共感するのか。このようなメカニズムは価格メカニズムとどのようにリンクしているのか。より現象学的なアプローチからの研究を行うことで，文化をともなう製造業のネットワークのメカニズムを，価格競争を超えるシステムとして発展的に研究したい。

（中野　勉）

■注
1）オーディオの発展と衰退についての本稿での記述は，著者の自らの日常的な体験をもとに，雑誌記事，元サンスイのエンジニアであった方が書いている「イシノ・ラボ」のオンラインの記事，「スピーカー・ブック2011」（音楽出版社 2011），さまざまな「2チャンネル」のスレッド，2011年「ハイエンド・ショウ・トウキョウ」等でのメーカーや商社へのインタビュー，2010年から2012年にかけての色々なオーディオ・プロショップでのインタビュー，さまざまなマニアのブログなどから情報を得て，書き下ろしとして再構築したものである。情報源が非常に多いので，ビジネスとしての匿名性の問題もあり，どこから情報を得ているのかは詳

細に記すことは避ける。さまざまな情報を提供してくれたオーディオ愛好家の方々に心より感謝したい。

2) この時期にクラシック，ジャズやロックの多くのレコード・レーベルが生まれた。当時の日本においては，これらの音楽の普及には西欧へのあこがれや教養として音楽を生活に取り入れ，音楽鑑賞を文化として受け入ることは，高い文化に触れようとするものでもあった（西島 2010; 渡辺 2012）。ピュア・オーディオの再生技術の制度化については，レコードを再生するための装置としてのレコード・プレイヤーでは，1970年代以降，欧米では，静粛性が高い反面消耗品の耐久性に問題のあるベルト・ドライブ方式，日本ではモーターのスピードの制御とノイズの制御が難しいダイレクト・ドライブ方式が発展する。また，アンプに関しては，欧米ではコントロール・アンプとパワー・アンプを2台に分けるセパレート型のシステムが発展するが，日本では2つの機能を統一したプリ・メイン一体型のアンプが発展する。家庭のリビングのスペースの問題やコストについての日本メーカーの対応と，生産がより難しい一体型のアンプの電気制御に挑戦しようとする技術者魂の影響もあったと思われる。

3) アナログの磁気テープを使った1950年代後半から60年代初頭のステレオ録音は，モノラル時代から蓄積されたオーディオ文化と録音技術があり，非常に高いものであった。近年当時の名録音として名高いアメリカのRCAレーベルのこれらの名盤クラシック・レコードが，オリジナルのジャケットを用いて，「リビング・ステレオ・シリーズ」や「リビング・プレゼンス」などの名前でCDボックスとして復刻された。これらのCDはその録音技術の高さをよく示している。

4) メディアとしてのCDの録音時間の74分は，ベートーベンの第九交響曲をカラヤンとベルリン・フィルが録音したものを収録するためにソニーとフィリップスが決めた規格であり，その後1980年代にはデジタル・メディアとしてアナログ・レコードを市場から追い出し，以後30年以上にわたりオーディオ史上最も成功したメディアの規格となる。

5) 趣味としてのピュア・オーディにおける遊びと知識との関係は，たとえば，アンプ，スピーカー，CDプレイヤー，レコード・プレイヤー，カセット・レコーダー，8トラックのレコーダーなどを，さまざまなメーカーの個性的な音色を持つ製品を組み合わせ，それらを色々な音を演出する接続ケーブルを用いて，色々な方法でセッティングすることである。このようなスキルは経験値に基づく「暗黙知」であり，電気制御の理論と経験に基づく「勘」，デザインを含めた美意識とセンスや主観的な音の嗜好から好みの音楽の理想的な再生音を求めることである。この組み合わせや改良を，CD，レコード，FM放送など色々なメディアを使い遊ぶのが趣味としてのピュア・オーディオの世界であり，自作派はこれらの部品を自作する場合もある。近年ではこれに携帯音楽プレイヤーやPCが関係してくることとなった。

6）当時の日本のオーディオ・ブームの熱気はすさまじく，聖地秋葉原の電気街や大手量販店は若者から中高年までメカやオーディオ好きの男性客であふれた。庶民がボーナスをつぎ込んではオーディオ機器を買い，自宅で音楽鑑賞に浸る時代が到来した。たとえば，いわゆる「５９８戦争」では，日本の大手家電メーカーの間での価格競争は峻烈を極め，家庭用の大型のフロア型スピーカーを各社がこぞって５万９千800円という採算度外視した価格で販売していた。当時２本セット10万円程度で売られていたスピーカーを，今日需要予測からラインを立ち上げて販売すれば，50万円から80万円程度になるとも言われる。

7）トップ・エンドは高額な製品の世界である。「アリストクラート」は世界のトップ・エンドと呼ばれる高級ブランドのみを扱う。近年創業したベンチャーであるが，東京の南青山の閑静な住宅街にあり，オーナーの趣味が高じて世界の超一流品だけを，一点物に近い製品の販売を含めて，セッティングのコンサルまで取り扱うショップである。ニッチ市場に特化したものであるが，予算としては，アナログ・プレイヤー，アンプ，スピーカー，CDプレイヤー，ケーブルなどをセットとして組めば数百万円を超えるものであり，中には世界に数台しかないセットなど時価１億円近いオーディオ機器も存在する。

8）電源の管理により，電気から電磁波などのノイズを除去したり，ケーブルを太いものや，素材の異なる純度の高いものに変えると音質に微妙な変化がでるが，このような文化はもともと病院の医療機器に使われていた電源ケーブルが，安定性が高いと評判が伝わり，マニアがオーディオに応用したことから始まり，当時は「ホスピタル・グレード」と呼ばれた。2010年にインタビューした中古オーディオを扱う東京のプロショップのオーナーの話では，1990年代から2000年代初頭にかけては，１本30万円以上する輸入高級接続ケーブルが飛ぶように売れたという。現在でもそれらの顧客リストはビジネスの基本にあり，1,000人程度の顧客が日本国内にいるという。

9）真空管アンプの世界は，20世紀前半から脈々と存在する。かれらはトランジスタ（石）のアンプの音に満足出来ず，真空管の柔らかさ，音の抜けの良さを求める。自作派も多く，現在でも秋葉原を始め，真空管アンプの部品やビンテージものの部品などを扱う店もある。また，2000年代には「トライオード」など比較的安価に真空管アンプを提供するベンチャー企業も現れ，若者を含めて一部のマニアの間で人気が高い。

10）デジタル・オーディオとアナログ・レコードの大きな違いのひとつは，CDやSACDなどのデジタルの再生音が不自然であったりするのに対し，アナログではレコード針が１本3,000円程度の安物から50万円程度の高級品まであり，プレイヤーやトーン・アーム，ヘッドシェル，リード線などの組み合わせと調整により，レコードの溝から拾い上げることができる音の変化をさまざまに楽しめることである。

11) これらの新製品市場の盛衰に関して忘れてならないのは,「ハードオフ」などのリサイクル・ショップと「ヤフー・オークション」などを通じた,中古の製品市場での売買と,中古オーディオの修理・補修ビジネスである。リサイクルとオークションにより,かつての1970年代から90年代のピュア・オーディオの名機が活発に流通し始めた。個人でのオークションでの売買,プロショップでの中古品の売買,リサイクル・ショップでのジャンク品の取引などのビジネスは,かつ日本の大手家電メーカーが持てる技術の粋を集め,惜しみなく高品質の部品をつぎ込み量産化したメイド・イン・ジャパンの品質を持っており,海外の高級ブランド品や現代の高級品と比べても実は遜色ない素晴らしい製品の数々があったことが見直されている。「2チャンネル」やブログ記事などにもこうした技術の解説などの記事が多く,中古品ビジネスは過去のオーディオ体験をベースとした文化を伝える産業として成り立っている。
12) ホーム・ページでは展示会の趣旨は以下のように説明されている。「Inter BEE は,音と映像と通信のプロフェッショナル展として,国内外のトップレベルの放送機器,映像機器,音響機器,照明機器,周辺アプリケーションやソリューションが一堂に会する国際展示会です。今日,メディアのデジタル化によりコンテンツの多様性が広がる中,Inter BEE は放送機器展の枠を超え,映像コンテンツ製作技術と配信技術に関するメディア総合展示会へと変貌を遂げつつあります。世界最先端の技術が披露される Inter BEE は,プロフェッショナルのニーズに応え,国内外のマーケットを視野に,業界情報を着実にターゲットへ発信し,出展者と来場者の皆様にとって,効果的で有意義な情報交流やビジネス創出の場をご提供してまいります。」したがって,この展示会は個人のオーディオ愛好者を主たる対象とするピュア・オーディオの世界とは大きく異なり,そこには関連産業の近年の発展が伺える。
13) これと異なる「ヨドバシカメラ」など家電量販店と顧客との関係では,メーカーから量販店に派遣されアドバイザーが一般消費者に対し,店員と同様にセールスに従事する場合もある。また,これら小売りに従事するアドバイザーとしての専門知識を持つ店員と信頼関係で結ばれた愛好家やマニアの世界があり,量販店の価格競争力とワンストップの品揃えの良さは,プロショップとは異なる利便性と価格の点からサービスを提供する。

【参考文献】

Abbott, Andrew, *The System of Professions: An Essay on the Division of Expert Labor,* University of Chicago Press, 1988.

Barabási, Albert-László and Reka Albert, " Emergence of Scaling in Random Networks," *Science,* 1999, 286:509-512.

Berger, Peter L. and Thomas Luckmann, *The Social Construction of Reality: A Treatise in the Sociology of Knowledge*, Anchor Books, 1966.

Blau, Peter M., *The Dynamics of Bureaucracy*, University of Chicago Press, 1955.

Blumer, Herbert, *Symbolic Interactionism: Perspective and Method*, Berkeley, University of California, 1986.

Boorman, Scott A. and Paul R. Leavitt, *The Genetics of Altruism*, Academic Press, 1980.

Bourdieu, Pierre, "Forms of Capital," in *Handbook of Theory and Research for the Sociology of Education*, edited by J. G. Richardson, Greenwood Press, 1986, pp. 241-58.

Christensen, Clayton M., *The innovator's dilemma : when new technologies cause great firms to fail*. Boston, Harvard Business School Press, 1997.

Cullen, John B. and K. Praveen Parboteeah, *Multinational Management: A Strategic Approach*, 5th ed., South-Western, 2010.

DiMaggio, Paul and Walter W. Powell, "Iron Cage Revisited: Institutional Isomorphism and Collective Rationality," *American Sociological Review*, 1983, 48:147-160.

Durkheim, Émile, *Division of Labor in Society*, Free Press, 1933.

Goffman, Erving, *Interaction Ritual: Essays on Face-to-Face Behavior*, Anchor, 1967.

Granovetter, Mark S., "The Strength of Weak Ties," *American Journal of Sociology*, 1973, 78:1360-380.

Gulati, Ranjay, "Social Structure and Alliance Formation Patterns: A Longitudinal Analysis," *Administrative Science Quarterly*, 1995, 40:619-52.

Heider, Fritz, *The Psychology of Interpersonal Relations*, Wiley, 1958.

Husserl, Edmund, *The Crisis of European Sciences and Transcendental Phenomenology*, Translated by D. Carr. Evanston, Northwestern University Press, 1970(trans. 1936).

Kunda, Gideon, *Engineering Culture: Control and Commitment in a High-Tech Corporation*, Temple University Press, 1992.

Latour, Bruno, *Pasteurization of France*, Harvard University Press, 1988.

Meyer, John W. and Brian Rowan, "Institutionalized Organizations: Formal Structure as Myth and Ceremony," *American Journal of Sociology*, 1977 :340-63.

Moody, James and Douglas R. White, "Structural Cohesion and Embeddedness: A Hierarchical Concept of Social Groups," *American Sociological Review*, 2003, 68: 103-127.

Morrill, Calvin, *The Executive Way: Conflict Management in Organizations,* University of Chicago Press, 1995.
Nakano, Tsutomu and Douglas R. White, "Power-Law and 'Elite Club' in a Complex Supplier-Buyer Network: Flexible Specialization or Dual Economy?" Center on Organizational Innovation, Institute for Social and Economic Research and Policy, Columbia University, 2006.
Parsons, Talcott, *The Social System,* Free Press, 1951.
Schütz, Alfred, *The Phenomenology of the Social World,* Translated by G. W. a. F. Lehnert, Northwestern University Press, 1967.
Simmel, George, *Conflict & The Web of Group-Affiliations,* Free Press, 1955.
Simmel, George, *On Individuality and Social Forms,* edited by D. N. Levine, University of Chicago Press, 1971.
Watts, Duncan J., "Networks, Dynamics, and the Small-World Phenomenon," *American Journal of Sociology,* 1999, 105:493-527.
Weber, Max, *Economy and Society,* University of California Press, 1968.
White, Harrison C., *Identity and Control: How Social Formations Emerge,* Princeton University Press, 2008.
White, Harrison C., Boorman, Scott A. and Ronald L. Breiger, "Social Structure from Multiple Networks: I. Blockmodels of Roles and Positions," *American Journal of Sociology,* 1973, 81:730-80.
スターク, デヴィッド著, 中野勉・中野真澄訳『多様性とイノベーション——価値体系のマネジメントと組織のネットワーク・ダイナミズム』有斐閣, 2011年。
ステレオサウンド『別冊ステレオサウンド——サウンドチューニング大学』ステレオサウンド, 2009年。
音楽出版社『スピーカーブック2011』音楽出版社, 2011年。
新田義弘『現象学とは何か』講談社, 1992年。
西島千尋『クラシック音楽は, なぜ「鑑賞」されるのか——近代日本と西洋芸術の受容』新曜社, 2010年。
渡辺裕『聴衆の誕生——ポスト・モダン時代の音楽文化』中央公論社, 2012年。

第4章
地域商業再生と地域マーケティング

第1節 まちづくり三法改正の背景と意味

1. 大店法からまちづくり三法へ

　2000年6月に大店法（大規模小売店舗法）が廃止され，地域商業政策はまちづくり三法（大店立地法，中心市街地活性化法，改正都市計画法）に委ねられることになった。当初，大店法の規制緩和（廃止）が欧米からの要請を受けて進められたこと，また大店法の廃止に代わって成立した大店立地法（大規模小売店舗立地法）の位置づけが曖昧であったことから，まちづくり三法への移行が地域商業政策の枠組みの根本的な転換であることは十分に認識されなかったように思われる。ようやくその意味するところが見えてきたのは，2005年のまちづくり三法の見直しと改正の議論を経てからのことである。

　大店法は，中小小売業の保護が目的であり大型店の出店活動を抑制したとして日本の流通近代化の制約になったと批判されてきた。日本の流通の複雑さや低生産性を温存させてきたのが大店法であり，日本の流通の前近代性（遅れ）の象徴であると非難されたこともある。また，大店法が本来届け出制を前提としながら，出店申請に際して地域の事前の合意を必要とし，地元の調整の場（商業活動調整協議会）が設けられたことで，法の運用にさまざまな困難が生じたことも問題点として指摘されている。特に，1979年の改正によって大型店出店規制が強化されたことで，自由な企業活動を制約する"悪法"とのイメージを広げたのである[1]。

一方,大店法を擁護する論調もある。大店法は,大型小売業の出店と競争激化に対する中小小売業者の不満と出店反対運動を背景としている。この大型小売業と中小小売業との摩擦と対立は,20世紀初めのチェーンストアの成立を重要な契機としており,流通近代化に不可避の現象と言える。アメリカにおいては,1930年代にチェーンストア反対運動が吹き荒れ,チェーンストア課税や公正取引法(再販売価格維持契約の合法化)などが部分的に施行されている。ただし,アメリカでは大型小売業の出店活動を直接規制するという流れは生まれず,中小小売業の凋落とともに反チェーンストア運動は短期間で消えていった。これに対して,日本では,1930年代の反百貨店運動が第一次百貨店法(1937年)を成立させ,戦後の第二次百貨店法(1956年),そして大店法(1973年)に繋がる商業調整政策が続いたのである。第一次百貨店法成立から大店法が廃止されるまでの約60年間,大型小売業と中小小売業との摩擦にいかに対処するかは日本の地域商業政策の最重要課題の一つであった。そして,1930年代の反百貨店運動,1970年代～1980年代前半の大型店出店反対運動と大きな盛り上がりをみせた時期が二つある。この問題の深刻さを考慮するならば,摩擦の緩和と調整を目的とする商業調整政策の時代的な意味は理解できる。

　この約60年間の経緯を振り返るならば,対立の主役の交代と問題の変質から大きく四つの時期に区分することができる。

　第一の段階は,1930年代の反百貨店運動を契機とした百貨店法(第一次)の成立である。関東大震災(1923年)以後の昭和金融恐慌,世界恐慌などによる経済困難と競争激化に対応すべく廉売や店外催事を積極化させていた百貨店に対して,衣料品を中心とする中小小売業者が激しく反発し規制を求めた。当時の百貨店業界は,これに対して,出張売り出しの禁止,商品券の規制,不当サービスの廃止,無料配達区域の縮小,一斉休業の実施などの自主協定を結び営業自粛の姿勢を示したが,許可制を柱とする百貨店法制定の流れを変えることはできなかった。大型小売業と地域の中小小売業の摩擦と対立の図式が明確にされたのはこのときからである。

　第二の段階は,戦後の高度成長期を経て,百貨店法(第二次)の廃止と大店法

制定への移行が行われた1970年代前半である。戦時体制下で停止された百貨店法であるが，百貨店や購買会などの競争圧力を危惧する中小小売商団体の要請を受けて，百貨店法が再制定されたのは1956年である。しかし，その後の高度成長と爆発的な消費拡大によって小売業全体の成長機会は広がり，いわゆる「百貨店問題」への関心は薄れていった。むしろ，中心商店街の核店舗となる百貨店と地域の中小小売業とは相互依存性を深めていたと言える。その一方，"流通革命論"を背景に急浮上してきた新興勢力の総合スーパーは，日常性を中心とした品揃えで中小小売業にとって新たな脅威となりつつあった。また，企業主義を採用する百貨店法に対して，売場ごとに別会社を設立して法の規制を逃れるといった行為（疑似百貨店）もあり，厳しい規制の対象となっている百貨店との不公平が問題視された。それとともに，当時，日本経済の国際化への対応が急がれたこともあり，"規制と保護"よりも"規制緩和と産業振興"へと政策の方向転換の必要が認識されていた。

このような議論を受けて，1973年，企業主義・許可制の百貨店法に代わり，店舗主義・届け出制を柱とする大店法が成立したのである（1974年施行）。同時に，中小小売業者振興を柱とする中小小売商業振興法が成立したことも，この時期の地域商業政策の方向性をよく示している。

第三の段階は，この大店法が激しい出店摩擦を契機として改正され，大型小売業の出店規制が大幅に強化された1980年代半ばまでの時期である。

当初，規制緩和の意図も有していた大店法制定であるが，1974年以降の経済成長の鈍化と消費の変化（消費の成熟化，モノ離れ）に加えて，総合スーパー企業の出店行動の変化（店舗大型化と出店エリア拡大，中心部ではなく郊外など非商業集積地への立地変化）によって，中心部に立地する既存の大型店や商店街との摩擦が深刻化していた。特に，上位企業による全国チェーン化の動きは，中小小売業だけではなく地域の百貨店やスーパー企業などとの利害対立を生じさせ，有力総合スーパー企業への出店反対運動が全国的に広がったのである。1930年代の「百貨店問題」に対して，この時期の出店摩擦は「大型店問題」と呼ばれている。

各自治体独自の条例や要綱による出店規制への要請とともに，大店法の改正強化を求める動きが強まることで，調整対象面積の引き下げ（第2種大規模小売店舗）と地域での意見集約と調整の場であった商業活動調整協議会を法的に正式に位置づけることを内容とする改正が行われた。この改正大店法（1979年施行）は，それまでの大型店出店規制緩和の流れを逆転させたことになる。

　大店法改正による出店規制強化を招いた理由は，1930年代に比肩される激しい大型店出店反対運動である。大型小売業（このときの主役は総合スーパー）と中小小売業の対立が再現されたといえる。ただし，そこには一つの根本的な差異がある。それは，この摩擦が大対小との対立というより，むしろ中心部などの既存の商業集積と郊外や駅裏などの新しい集積間競合，あるいは中心部の店舗と郊外の店舗との競合という空間的な差異を前提とした摩擦となっていたことである。この立地変動とそれにともなう中心部空洞化の傾向が明白に見えてくるのは1980年代初めである。しかし，この時期，「大型店問題」を都市政策の次元で捉える発想は乏しく，あくまで小売業経営と競争の観点からの規制強化反対の論者と，地域主義的観点からの規制容認の論者との激しい意見の対立があった。

　第四の段階は，大店法規制強化のもとで小康状態にあった1980年代を経て，1991年以降の大店法規制緩和と廃止，そしてまちづくり三法の成立という地域商業政策の根本的な転換が進められた時期である。それは，日米間の貿易不均衡是正を求める「日米構造協議」とそれに連動する流通規制緩和の検討から始まっている。

　大店法の弱点と認識されていた調整過程の不透明さと調整期間長期化の改善を意図して大店法の改正が行われたのは1991年である。そこでは，不透明さの元凶とされた商業活動調整協議会の廃止と調整期間短縮（1年以内）の方針が明示されている。さらに，1994年の大店法運用の見直しにおいて，1,000㎡未満の店舗新設の原則自由，閉店時刻午後8時以前と年間休業日数24日以上を届け出不要とすることで，規制緩和は大幅に進んだ。

　しかし，地域商業をめぐる制度上の枠組みと大店法をどのように扱うかは大

きな政策課題として残されていた。秩序ある小売競争を求める立場からは，実質的な規制緩和はこれで十分との見方があった。一方，依然として大店法を日本特殊とみる海外からの批判に加えて，地域商業問題に対処するには，調整4項目（売場面積，休業日数，閉店時刻，開店日）に限定される大店法では不十分との意見も強まっていた。強い反対意見があったにもかかわらず，1997年に大店法廃止の方針（2000年廃止）が打ち出されたのは，大店法の限界が広く認識されていたことがある。そして，大店法とは異なった政策的視点に立つまちづくり三法が制定されたのである。

2．まちづくり三法成立の経緯

まちづくり三法は，大規模小売店舗立地法（大店立地法，2000年），中心市街地活性化法（1998年），改正都市計画法の三法から構成されている。

このまちづくり三法の成立は，大店法を"日本の特殊性"とする海外からの批判に応えるために行われた欧米の都市政策と大型店規制に関する一連の研究と検討が背景となっている。ここでは，ドイツ，イギリス，アメリカの研究から得られた示唆が大きいように思われる。欧米諸国においては，フランスを例外として，日本の大店法のような大型店規制はない。大型小売業の出店は主として土地利用規制の枠組みのもとで行われてきた。そして，ゾーニングによる土地利用規制を厳格に運用するヨーロッパ諸国の出店規制は日本の大店法規制よりもはるかに厳しい。特にドイツは，都市の膨張を抑制し農地や自然環境を保護する国土整備の観点から厳密な土地利用規制が実施されてきた。ドイツの大型店立地は，国土整備法（1965年制定）のもとで類型化された地域カテゴリーと中心地体系によって規定されている。この中心地体系は，人口規模によって上位，中位，下位中心地と区分され，それぞれに出店可能な業態が規定されている。また，建築規制の面では，土地の有効利用の観点から市町村単位の土地利用計画（Fプラン）と地区詳細計画（Bプラン）によって規制が行われている。土地は"公共財"との観点から秩序ある開発と利用が求められているのである。

さらに，ドイツのまちづくりにおいては，歴史的街並み保存や環境負荷の低

減を目指す都市の事例が関心を集めた。たとえば、環境都市フライブルグの先進的試みも注目されている。中心部へのアクセスを容易にする交通体系の整備の必要も理解されるようになった。また、1990年代、イタリアやフランスの諸都市の歴史的まち並みが世界遺産として登録される事例が紹介されることで、都市空間の価値が認識されたこともある。ドイツのような厳格さは望みえないとしても、歴史や伝統あるいは環境保護と経済活動の両立を目指すヨーロッパの都市政策から得た示唆は大きい。

一方、アメリカの都市政策の研究では、郊外化の進展とそれにともなう中心部空洞化への対応が大きな関心事となった。アメリカにおいても規制の柱はゾーニングであるが、広大な土地を有しているため、ヨーロッパ諸国のように限られた土地をいかに有効に活用するかという視点はない。むしろ、都市発展を秩序あるものにすること、そして中心部への投資により都市再生を試みる"投資と持続的成長"指向が強いようにみえる。人口集中による都市環境の悪化、中心部空洞化と経済活動の停滞、無秩序な郊外開発による自然環境破壊を防ぎ秩序ある都市の成長を目指す「都市の成長管理」の考え方はその典型である。ここでは、住民参加を前提とした環境アセスメントの手法が採用されている[2]。また、中心部の活性化に経営とマーケティングの手法を応用するタウンマネジメントも注目された。特に、ニューヨーク、ボストン、フィラデルフィアなどの再開発の事例は、車社会と郊外化の進展により中心部の深刻な空洞化に悩む地域商業の関係者に期待を抱かせるものであった。

大店法に代わる政策体系として打ち出されたまちづくり三法は、ある意味で欧米の都市政策の各要素を折衷させたものと言える。つまり、環境規制とアセスメントの観点からは大店立地法（1,000㎡以上の店舗の出店に際して、駐車場台数、騒音、廃棄物処理などの事前審査）、タウンマネジメントの実行においては中心市街地活性化法が対応している。ただし、3本目の柱である都市計画法改正においては、特別用途地域を市町村が設定可能とさせるという次元にとどまり、公共の視点からの土地利用規制という考え方はまだ熟していなかった。まちづくりにおける住民参加の必要への認識も不十分であった。その意味で、ま

ちづくり三法は政策体系としての一貫性に乏しいと言える。しかし，ここから日本独自の都市政策と地域商業政策の融合と深化の過程が始まったことは評価してよい。

第2節　変質した地域商業問題

1．価値観の変化とまちづくりの思想

　1990年代の大店法の規制緩和をめぐる議論の中から見えてきたのは，大対中小の摩擦の緩和と調整を柱とする商業調整政策の限界であった。地域商業に対する人々の意識も変わりつつあった。

　1980年代，人々は物質的価値よりも徐々に生活空間の質への関心を高めていた。円高を受けた海外旅行ブームも，欧米諸都市と日本の生活空間やまちの景観を相対化して捉える機会を与えた。高度成長のもとで物質的な豊かさを手にいれた人々は，便利ではあるが無機質で平板な生活空間の広がりにいらだちと矛盾を感じ始めていたのである。

　生活空間の貧困を指摘する論調は，主として都市論や建築の研究者から提示された。ただし，それは日本の都市空間や建築の"遅れ"を主張するものではなく，むしろ日本の風土や歴史の文脈を再発見し，それを現代に再現しようとする試みであった。芦原義信氏は，『隠れた秩序』(1986)において，内部と外部が明確に区分された対称性を尊重する固い石づくりの建築様式のヨーロッパに対して，外郭線が曖昧で内部と外部が相互に浸透し非対称性の柔らかい日本の建築様式の独自性を主張している。一見混沌として見えながら，そこには日本の都市独特の隠れた秩序と活力の源泉があるとした芦原氏の指摘は，日本の都市空間の多様性と潜在力を認識させることで，その後の都市再生とまちづくりに大きな影響を与えた。

　この1980年代は，能，茶道，華道，歌舞伎，浮世絵，山水画などの中世から近世に至る日本文化や歴史研究が一気に花開いた時期である。それは，ひたすら近代化（欧米化）の道を走ってきて一つのピークに達した日本人が，忘れてい

た何かに気づいた瞬間であった。そして、それは同時に、日本の遅れや特殊性を意識させ続けた"近代化の呪縛"が解け始めたことを意味していた。

　都市論、建築、消費文化論の分野において、1980年代は日本の"都市空間"と"生活文化"について多様な論点が提起され大きな視点移動が生じた時期である。しかし、地域商業や流通分野の論調は、地域性や多様性を重視する堤清二氏の『変革の透視図—流通産業の視点から』(1984年)を除き、依然として近代化・産業化の思潮が支配的であった。地域性を特徴とする中小小売業や商店街は経済合理性の観点から脆弱で"遅れた存在"との見方が続いていたのである。このような地域商業や流通分野の硬直した論調に対する直接的な批判は、1990年代に入ってようやく表面化してきた。

　それは、まずは経済社会学の視点から寄せられた。

　松原隆一郎氏は、『失われた景観』(2002)において、ロードサイド小売業が集中する日本の郊外の景観の貧困を指摘している。急速な経済発展にともなって、都市は、人口の中心部集中、過密化、周辺部への分散(郊外化)、そして中心部の空洞化(逆都市化)の過程を進むとされている。このとき、業務機能を主とする中心部と居住機能を主とする郊外との都市機能分離が生じる。また、業務機能に特化した中心部では地価が上昇し、日常生活関連の小売業やサービス業の立地が困難になる。家賃の上昇と相俟って、住民の流出も加速するのである。現在の日本の諸都市は、この逆都市化の段階にあるといえる。住民のいないまちから商店街が消えていくのは当然である。松原氏の主張は、経済成長にともなって派生する都市問題へ対応する制度的枠組みが日本に欠落しているということである。郊外景観の貧困化は、大店法規制の曖昧さ(抜け道の多さ)と都市政策の貧困(市街化区域内の無線引き地域や用途転用の容易さなど)、そして林立するチェーン小売業の均質的な店舗によるものとされる。これは中心部の空洞化と相俟って、地域の個性や多様性の喪失を招き、創造的な地域経済活動の停滞に結びつく。大店法が直面した困難は、「大型店問題」が地域商業問題の次元を超えて、都市や経済社会の根幹に関る問題次元にまで広がっていたことによる。したがって、単純な規制緩和がますます状況を悪化させるのは当然で

あった。

　松原氏の主張は，土地は共有される希少な"公共財"という考え方に依拠している。商業・流通の分野においてこのことを早くから指摘していたのは杉岡碩夫氏である。氏は，都市の商業集積を社会的資本の一部と見なし，市民生活に不可欠の装置と考えている。土地の商品化は，無秩序な郊外化だけでなく，土地を担保（含み資産）とする銀行借り入れによる総合スーパーの激しい出店競争を招いた。しかし，杉岡氏の主張は，流通近代化・産業化の思潮が支配的な中では，反近代化あるいは地域主義の主張として例外的に扱われていた。

　このような無秩序な郊外化と中心部空洞化の一因が，自動車への過度な依存と土地利用制度にあるという経済社会学の研究者からの指摘は，地域商業問題を商店街や中小小売業の遅れや弱さに求めてきた商業・流通関係者の発想の転換を求めるものとなった。

　この時期，再発見されたのがJ.ジェイコブスである。ジェイコブスは，*The Death and Life of Great American Cities*（1961）において，単一機能ブロック，直線的道路，生活者視点の欠如した無機質な近代的都市は，居心地が悪く，地域住民の繋がりの希薄化，犯罪の多発などで都市の活力を低下させると警告していた。そして，都市再生には，①街路の幅はできるだけ狭く，曲がり，1ブロックは短い方がよい，②再開発に対して古い建物をできるだけ残す，③混住による都市の多様性（厳密なゾーニングは逆効果），④人口密度の高さ（ただし，広場などの共有空間の必要）の4つの原則があると主張したのである。ジェイコブスのこの著書は，車社会の進展と中心部からの住民流出が顕著になり始めた当時のアメリカの大都市の状況を反映しており，人間主体の都市への回帰の必要を訴えたのである。ただし，日本でジェイコブスの考えが十分に理解されるようになったのは，2000年代に入ってのことであった。それは，日本社会の成熟が進み，都市と地域商業のあり方への理解が深まることで，本格的なまちづくりの機運が高まってきたことと関連している。

2. まちづくり三法の改正―公共と共有の論理

1990年代後半,欧米の都市政策を参考にしながらまちづくり三法が成立したが,理念や制度体系が曖昧なことで,多くの矛盾や問題点もみえてきた。2005年に見直しが開始されたときに,特に問題として浮上したのが都市計画法の不備であった。

地域商業の関係者は,当初,大店立地法に大店法に代わる規制の効果を期待していたように思われる。もちろん,環境規制法に地域商業の秩序ある発展の枠組みを期待することは無理であった。その一方,グローバル小売業の日本市場進出の動きに触発された有力小売業の巨大なモール開発の動きが加速していた。さらに,大型のスーパーセンターやホームセンターの郊外市場展開も積極化しており,中心部の空洞化は一層深刻さを増していたのである。規制緩和と競争促進の方針が強く提示されている状況下では,地域商業を地域社会の生活インフラと捉える視点は生まれにくい。中心部の空洞化と商店街の疲弊は地域の商業者の固有の経営問題とする見方が依然として支配的であった。また,都市再開発においては不動産投資の面が強く,土地利用規制と都市の調和ある発展という論点も後退ぎみであった。

まちづくりに対しては,当初,住民の関心も高くなかったように思われる。しかし,人口高齢化が進んだ地方都市にあって,中心部の空洞化と商店街の疲弊が"買い物難民"発生に繋がることが理解されるようになった。郊外への購買力流出と中心部の空き店舗が急増する中で,生鮮品や日常的な生活用品の買い物に困る中心部の住民の不満も高まっていた。さらに,商店街活動の衰退は,防犯や祭りなどの地域社会の活動を弱体化させるとともに,固定資産税などの税収の減少により地域の行政サービスの低下を懸念する声も出始めていた。2000年代に入り,ようやく地域商業問題をまち全体の問題として考えるべきとの意見が目立つようになったのである。

これに加えて,従来の拡大成長ではなく,ポスト産業化の観点から持続的で調和ある経済発展を追求すべきとの思潮が浸透しつつあった。供給起点の発想から需要起点の発想への転換である。そこで特に強調されたのは,過度な市場

原理への依存ではなく，「社会的共通資本」の考え方に立って，公共と共有の論理に立った成熟した市民社会の形成が必要ということである。

　まちづくり三法の見直しは，このような日本社会の価値観の転換と連動している。

　特に，土地の所有権の制約につながる都市計画法の改正（2006年）の背景となる基本的考え方が同年の社会資本整備審議会の答申（2006年2月1日）に示されている。

　同答申では，新しい時代の都市計画はいかにあるべきかの問題提起のもとで，公共公益施設の郊外移転，大規模商業施設の郊外立地，中心市街地の空洞化，中心市街地の再生を阻む要因の4点を問題として取り上げている。

　その中でも，"中心市街地再生を阻む要因"として指摘されたのは，商業者や地権者とともに，行政の取組みの不足である。市街地の整備改善と商業等の一体的推進を目指して制定された中心市街地活性化法であるが，その取組み事例は限定的であった。そこでは，市町村による主体的関与が薄く民間主体に偏ったものとなっていること，施設整備の位置づけが高く都市機能の集積強化の観点からの位置づけが低いことが問題として指摘されている。市役所や病院の郊外移転という都市機能の分散化の流れが続いていた。また，事業実施上の障害として，権利関係の複雑さや敷地の狭小さなど中心部独特の土地問題がある。郊外に比べて事業実施に関る調整に多大な労力を要するということである。用地不足からの高コスト化，容積率の高め設定により名目的な高度利用の可能性を反映した高地価評価が再開発の障害になっていた。中心部の空き店舗や空き地の広がりにはこの再開発を阻む諸要因が作用している。さらに，市町村において，中心市街地活性化を商店街振興に直接結びつける場合が多く，そのことがまちや地域全体のまちづくりへの取組を阻んできたとの指摘は重要である。

　以上のような問題点の整理を踏まえて，当答申では，無秩序な都市機能の拡散により多様な都市機能の集積が持っていた社会的効果（交流，賑わい，都市の顔としての文化）が消失することへの懸念を示している。また，郊外の無秩序開発が自然環境や優良農地の虫食い状態を引き起こし，環境全体の系としてのバラ

ンスに悪影響を与えると危機感を表明している。地域商業問題がこれだけ広い視点で取り上げられたのは初めてのことである。

そして，"無秩序拡散型都市構造の見直し"の方向性のもとで，集約型都市構造の実現が掲げられた。その柱となるのが，中心市街地の位置づけの強化である。住民，商業者，地権者，交通事業者等地域社会が一体となって取り組むことの必要性が示され，それを具体的に進めるための都市計画制度の改善が求められている。大型店出店問題については，都市計画区域外（郊外）立地を取り上げ，そこにおける広域的都市機能（大規模商業施設を含む）の立地制限の方針が示された。また，中心市街地活性化法については，商業者や商業高度化を推進する団体が中心的役割を担ってきたことの限界から，中心市街地における多様な都市機能の増進・高度化，快適で魅力ある生活環境整備等を総合的に図るためにふさわしい制度体系への転換が要請されている。

この答申を受けて，まちづくり三法の改正が進められた。（ただし，大店立地法は小幅な見直しと修正に留まっている）

都市計画法の改正では，１万平方メートル超の大規模店舗の出店は，商業地域，近隣商業地域，準工業地域以外の用途地域内では原則不可とされた。

中心市街地活性化法の改正では，市街地の整備改善および商業の活性化という旧法の枠組みを見直し，中心市街地が地域住民等の生活と交流の場であるとの観点から，中心市街地における都市機能の増進および経済活力向上を総合的かつ一体的に推進するとの目的を明示している。そして，商店街，地域住民，NPO，自治体等の協力によるまちづくりの必要を強調したのである。

ここでようやくまちづくり三法は共通した理念と方針のもとで体系化されたと言える。

第３節　まちづくりと地域マーケティングの可能性

１．まちづくりに必要な地域視点のマーケティング

まちづくり三法の見直しが，日本の都市政策と土地利用の観点から進められ

たことは，地域商業問題が商店街の次元をはるかに超えた社会的問題であることを示した。それゆえ，まちづくりが地域商業者中心で行われることの弊害も指摘されている。ただし，そのことが，地域商業の関係者にある無力感や疎外感を与えたことも否定できない。大店法廃止以降，商業・流通研究における地域商業への関心は大きく低下している。それは，ひとつには現在の地域商業問題を捉える視点や研究枠組みが不完全で，政策的提言の機会が減少していることもある。本来意図されていた都市政策と地域商業政策の融合はまだ道半ばと言うべきである。しかし，地域のステークホルダーとしての住民やNPOの参画，大学や企業の協力，タウンマネジメントやマーケティングの専門家の育成などがまちづくりには必要であるが，その活動の責任主体はやはり地域の商業者である。ただし，従来の商店街振興活動の枠組みをどのように超えていけばよいのかについてまだ戸惑いや不安が大きいように見える。そこで必要されるのは，公共と共有の論理に立った"地域（視点の）マーケティング"の構築である。

マーケティングは，1920年代のアメリカにおいて，大量生産体制を構築した消費財メーカーの販売体制確立の必要から生まれた。激しい需要変動や価格競争にさらされる市場の困難を克服するために，製品のブランド化，広告や販売促進，販売経路構築による独自需要開拓と差別化が追求されてきた。その後，マーケティング手法はより高度にかつ洗練されたものとなっているが，その根底には，経済合理性や効率を重視する産業化社会の論理が深く内在していることは否定できない。

一方，1920年代の大量生産体制に呼応して成立した流通組織がチェーンストアである。標準化されかつマス広告によって広く認知された製品は，集中仕入れと多店舗販売を行うチェーンストアに極めて適合的である。その意味で，メーカーのマーケティングとチェーンストアはいずれも大量生産体制の申し子と言える。当然，両者は垂直的な流通システムにおいて対立的な関係にある。市場が順調に成長しているときにはその対立は表面化しにくいが，消費低迷や市場飽和化による供給過剰のもとでは，両者の対立は先鋭化する。特に，流通

再編成が進展している現在，チェーンストア側の交渉力は強まっており，価格破壊，低価格PB，ブランド力低下，取引条件悪化（購買力問題）などが，メーカーを悩ませているのである。

このような状況を受けて，マーケティングの在り方を根本的に問い直すべきとの主張が生まれるのは当然のことである。それは，標準化・画一化を前提とするマーケティングは拡大成長期には有効であるが，多様性を特徴とする成熟化消費の時代には適合しないということである。あるいは，「製品（有形物）」を前提とするマーケティングの枠組みは，無形の価値が意味を持つサービス化社会においては修正が必要となる。

日本において，モノ離れ，商品の所有価値から使用価値へ，時間消費，日常生活の美などが消費を語る言葉として注目されたのは1980年代である。そして，原宿・表参道，代官山，自由が丘など個性的なまちが流行の発信拠点として浮上している。まちが"メディア"になることが初めて理解されたのもこの時期である。消費文化論の観点に立つならば，明らかに1980年代は大きな転換期であった。この時代を先導したのが西武セゾングループであったことを考えるならば，前述の堤清二氏の著書の時代的意味もみえてくる。

しかし，発想の転換は容易ではなく時間を要したのである。1990年代は，消費不振とデフレ的状況の中で製品（モノ）と経済的価値への志向が強まっており，1980年代の反動が生じている。1980年代は，バブル消費的様相が強かったこともあり，1990年代は価格や経済的価値など一元的な価値への回帰が起ったと言える。また，グローバル化のもとで，コストや価格競争が強調されて，過剰な市場主義（消費者主義）とも言える思潮が強まった時期でもある。多様性，独創性，地域性といった価値観は大きく後退したのである。

再びこの流れが逆転するのは2000年代後半である。環境問題やエネルギー問題，食品汚染問題，気候変動と食料問題，人口高齢化，教育や社会保障問題など，人々の生活に直接影響するさまざまな問題に直面することで，人々は，"生活者"として自ら考え行動することの必要性に気付いたのである。スローフードやロハスの思潮が説得力を持つようになっている。

このような時代の変化をうまくとらえたのがP.コトラー他の*Marketing3.0*（2010）である。この著書はそのネーミングのうまさに加えて，"製品から顧客へさらに人間精神（心）のマーケティングへの移行"という副題が，ポスト産業化社会に適合するマーケティングを渇望していた関係者の心を掴んだのである。ただし，ここでマーケティングの新しい枠組みが具体的に提示されているわけではない。それでも，地域社会，多様性，そして人間への回帰を謳うことで共感を集めたといえる。

　まちづくりの活動に適合するマーケティングを検討するとき，このマーケティング3.0は多くの示唆を与えてくれる。まちづくりにおいては，まちを独自性あるのものとして表現し発信していく必要がある。そこでは，まちのアイデンティティが求められるが，それは，そのまちが有する歴史，文化，自然，産業，生活，コミュニティなどの地域資源に独特の意味づけをしたものである。それを人々が共有し，共通の場で経験し，想いを一つにしていくことでまちづくりは進められる。価値共創，社会性，精神的価値を強調するマーケティング3.0の考え方と通じるものがある[3]。

　地域マーケティングにおいては，「製品」に代わり「場所」の概念がコアになると思われる。

　「場所（place）」とは，多様性と意味によって特徴づけられた空間であり，人間的空間，生きられる空間，帰っていきたい空間である。場所は，人間の身体的感覚（五感）を通した環境体験であり，身体が根をおろしている大地である。その大地には，その場所ならではのドラマや歴史の記憶が付着している。たとえば，本郷菊坂には，樋口一葉や坪内逍遥の旧居跡，谷崎潤一郎や尾崎士郎など文豪達ゆかりの菊富士ホテル跡がある。現代の街並みの背後に，明治から大正の東京がイメージされていく。このような強い共感と連想力を惹起する「場所」は地域ブランドになる。そのため，場所には人々の心を掴む独特の「物語」が必要であり，それを共有し共に経験することで地域社会が育まれていく。身体感覚を通して人々は場所に包み込まれ，その場所（まち）がかけがえのないものになるのである。まちづくりの参加者が心を一つにしていくことが必要と言

われるが，送り手と受け手（売り手と買い手）が分離し交換活動を行っているとする従来のマーケティングとは根本的に異なる考え方である。

2．報徳の思想と掛川市のまちづくり

　このようなまちづくりに有効な地域マーケティングを考えるとき，静岡県掛川市は一つの参考事例になると思われる。優れた文化資産，伝統的まち並み，温泉や自然景観などに恵まれた地域においては，いわゆる観光開発を軸にしたまちづくりが進められてきた。京都，金沢，高山，湯布院などは，その代表例である。ただし，まちづくり三法が目指すのは，住民視点で地域社会再生や活性化を目指すまちづくりである。卓越した地域資源を持たない普通の地方都市においては，"ふるさと"を再発見させ，誇りを取り戻させるような住民参加型のまちづくりの仕組みが必要である。

　掛川市は，人口11万5千人（商圏人口約28万人）。浜松市に次ぐ静岡県西部の中核都市である。昔から東海道と塩尻を繋ぐ交通の要衝として栄えてきた。今川氏配下の朝比奈氏の城下町であったが，掛川城天守閣は山内一豊によって築かれたものである。山内氏が高知に移封された後，徳川幕府の譜代大名の城下町として続いてきた。温暖な気候のもとで，メロンやいちご，トマトなどの栽培が盛んである。また，全国有数の緑茶（掛川茶）の生産地としても知られている。新幹線や東名高速道の交通の利便性から周辺に大企業の工場も多く立地しており，地方都市としては比較的恵まれた環境にある。

　しかし，地域商業の次元に目を移すと，多くの地方都市に共通する深刻な問題を抱えていることが分かる。掛川市の「中心市街地活性化基本計画」（2009年）によると，中心部の商業の危機的な状況が示されている。掛川市の中心部はJR掛川駅と旧東海道を中心にした東西約600m，南北約1,000mの範囲であるが，居住人口の減少と高齢化が進んでいる。中心市街地の歩行者は，2007年，平日6,077人，休日5,879人。休日の減少はより顕著で，2003年比で約30％の減少となっている。中心部の小売販売額は，1994年の114億円から2004年の42億円へ大幅な落ち込みである。これには，駅前に立地していた二つの大型店舗の

撤退（ジャスコ　1994年，ユニー　1997年）が大きく作用している。この２店は，それぞれ郊外にSC形式の巨大店舗を出店しており（ユニー　11,797㎡，イオン　18,313㎡），大型小売業の郊外移転の典型的な姿を示している。市全体に占める大型小売業の売場面積は45.9％となっているが，郊外化と中心部空洞化が顕著に進んだ事例と言える。

　掛川市においても，2006年のまちづくり三法改正を受けて，中心部再生に向けた施策が開始された。2009年，「中心市街地活性化基本計画」が策定され，国の認可を受けている。

　ここでは，３つの目標のもとで目標指標とその達成のための主事業が示されている。

　さまざまな目的で人が集う賑わいのあるまち（目標１）に対しては，歩行者通行量を2007年の6,079人から2013年の6,750人へ増加させるとしている。活発な商業・業務・サービス活動のあるまち（目標２）に対しては，中心市街地の営業店舗数を2007年の357店から2013年の380店に増やすとしている。さらに，快適で便利に多くの人が住むまち（目標３）に対しては，中心部の居住人口を2008年の1,579人から2013年の1,700人に増やすと指標を設定している。これらの目標達成は，駅前における再開発事業の成否によるところが大きい。このようなハード事業とソフト事業の組合せはまちづくりの一般的手法である。

　ただし，掛川市のまちづくりを独特なものしているのは，二宮尊徳の報徳の思想をその理念としていることである。二宮尊徳の教えをうけた弟子達が全国に報徳社を設立したが，掛川市はその中心となり，全国団体である（社）大日本報徳社は掛川に開設されている。報徳の思想とは，経済と道徳を不可分とし，至誠，勤労（大きな目標に向かって行動を起すとき，小さなことからつつましく勤めなければならない），分度（現状の自分にとって，どう生き，どう行うべきかを知ることが大切），推譲（分度をわきまえ，少しでも他者に譲れば，周囲も自分も豊かになる）の４つの柱からなっている。まさに公共と共有の論理ということができる。1994年，掛川城天守閣の本格木造復元事業を市民の寄付（総事業費11億円のうち10億円）で実現させたことは，報徳の思想がこの地に深く根付いているこ

とを示すものである。地域マーケティングには人々の心を一つにする「物語」が必要である。掛川市においては報徳の思想がそれに該当している。

　二宮尊徳は、荒廃した農村復興を実践した思想家かつ事業家である。かけがわ街づくり株式会社の東宮照男氏によると、農村復興とまちづくりは似ているという。それは、空洞化したまちの中心部はまさにまちなかの荒地であり、二宮尊徳の「荒地の力で荒地を開く」に通じるということである。まちなかの荒地（空き店舗や空き地）の徳を見つけ新たな徳を生み出していく地道な活動が求められる。それには、地域住民の積極的な協力とともに、中心部の地権者や商店主の意識改革が求められる。東宮氏は、「人は来ない」「売れない」「後継者がいない」のないないづくしからの脱却のためには、至誠と勤労の原点に立ち返ることが必要としている。今日の中心部の荒廃の深刻さを考えるならば、報徳の思想の示唆するところは大きい。それは、単なる精神主義ではなく実践の論理であるためである。

　再開発の成否は別として、地域住民やNPO参画によるまちづくり活動は成果を上げているように見える。たとえば、地域の特産品を集めたこれっしか処、毎月第三土曜日に開かれるファーマーズマーケット、住民のまちなか交流拠点、スローライフの食や生活を企画提案するNPO法人などの活動は活発である。

　このような住民参加の活動が中心部の再生にどのように結びついていくのかはまだ明らかではない。"まちなか＆美術舘"のイベントに取り組む商店街の女性リーダーは、子供達の絵をまちなかに展示することで、子供達にまちを好きになって欲しいと語っている。荒廃したまちを甦らせるためには、一見遠回りであっても小さな努力の積み重ねが大切ということであろう。この報徳の思想を核とすることで、外部の有識者や専門家、大学などからの協力も実現している。公共性、社会性、そして共有の論理に立つ掛川市のまちづくりに新しい可能性を期待したい。

　（掛川市のまちづくりの事例については、かけがわ街づくり株式会社の東宮照男氏、渡邊圭介氏のご協力をいただいた。改めて御礼申し上げたい）

第 4 章　地域商業再生と地域マーケティング　125

(三村優美子)

■注

1) 流通・商業の研究者の多くは，大型小売業の出店競争の激しさと反対運動の広がりを前提として，大店法の弱点は認識しながらもある一定の規制の必要性を認識していた。零細小売業者が多く存在する日本において，流通近代化の過程を円滑に進める制度的工夫が求められたためである。それはまた，小売業が本来地域的な存在であり，地域の視点が不可欠であったことによる。しかし，チェーンストアの登場は，小売業が地域的繋がりを切って巨大化していくことを可能にした。地域的な存在である百貨店と地域を超えてチェーン化を進める総合スーパーの本質的違いが，大型店問題を複雑にしている。ただし，このことは1980年代半ばまでは十分に理解されていなかった。百貨店法と同じ枠組みの大店法の限界が明らかになるのは1980年代後半である。同時に1980年代後半から，関係者の利害が交錯する調整過程の不透明さ，政府，地域商業者，政党の政治的パワーゲームが経済活動を歪めていることが問題視されるようになり，大店法批判の流れが強まったのである。

　　草野厚『大店法経済規制の構造──行政指導の功罪を問う』日本経済新聞社，1992年。

2) 大店法の規制緩和が日米構造協議を起点としていることから，アメリカの大型店規制は緩いとの認識が日本の流通関係者の間に強くあった。しかし，ウォルマート出店反対運動に象徴されるように，都市圏における出店は日本以上に厳しく規制されている。特にビッグボックスと呼称されるスーパーセンター業態の成長とウォルマートの寡占的支配力が注目されるようになった1990年代以降，大型店出店に対する地域社会の姿勢はむしろ厳しくなっているようにみえる。

　　ただし，大店法によって全国一律に規制されていた日本とは異なり，州ごとにさまざまな規制の網がかかるのがアメリカの特徴である。また，それは，ゾーニング規制，土地分割規制，環境保護法による規制，成長管理（持続可能な開発），建築規制，景観規制などから多面的に構成されている。日本の大型店問題は中小小売業との摩擦が焦点であったが，アメリカは，競合店舗の減少や空き店舗化による雇用問題（失業，低賃金），空洞化による犯罪増加，買い物利便性低下など社会的問題が焦点となっている。アメリカにおける大型店問題については，原田英生氏や矢作弘氏の研究がある。

　　原田英生『アメリカの大型店問題──小売業をめぐる公的制度と市場主義幻想』有斐閣，2008年。

　　矢作弘『大型店とまちづくり──規制進むアメリカ，模索する日本』岩波新書，2005年。

3）まちづくりの代表的事例とされる長野県小布施であるが，それは，1970年代の車の普及によって小布施が長野市のベットタウン化することに対する危機感から始まっている。江戸と新潟を結ぶ北国街道の拠点として栄えた小布施であるが，その経済的自立性と独自性を失いつつあった。このとき再発見されたのが北斎である。この地の豪商に招かれた北斎が残した貴重な肉筆画の数々が地域資源として認識されたのである。1976年の北斎館の建設を契機として，栗をシンボルとする小道や高井鴻山記念館などが一体整備された。1990年に美しい町づくり条例を制定し，地域の農業や田園風景を活かした食と農と芸術文化のまちを目指している。従来型の"観光地"を目指さない小布施の在り方は，フランスの"美しい村"と同じ発想といえる。

　　川向正人『小布施まちづくりの奇跡』新潮社，2010年。

【参考文献】

芦原義信『隠れた秩序―二十一世紀の都市に向かって』中央公論社，1986年。
石原武政『小売業の外部性とまちづくり』有斐閣，2006年。
石原武政編著『通商産業政策史4（商務流通政策1980-2009）』経済産業研究所，2011年。
宇沢弘文『社会的共通資本』岩波新書，2000年。
内村鑑三（鈴木範久訳）『代表的日本人』岩波文庫，1995年（初版，1908年）。
陣内秀信『イタリア都市再生の論理』鹿島出版会，1978年。
杉岡碩夫『大店法と都市商業・市民―商業集積政策序説』日本評論社，1991年。
関根孝・横森豊雄編著『街づくりマーケティングの国際比較』同文舘，1998年。
田村正紀『マーケティング力―大量集中から機動集中へ』千倉書房，1996年。
堤清二『変革の透視図―流通産業の視点から』日本評論社，1979年。
松原隆一郎『失われた景観―戦後日本が築いたもの』PHP新書，2002年。
三村優美子「まちづくり三法改正と地域商業政策の転換」『青山経営論集』第42巻第3号，2007年。
中村良夫『都市をつくる風景―「場所」と「身体」をつなぐもの』藤原書店，2010年。
国土交通省都市・地域整備局まちづくり推進課/都市計画課監修『概説まちづくり三法の見直し』ぎょうせい，2006年。
通商産業省編『90年代の流通ビジョン』通商産業調査会，1989年。
掛川市「中心市街地活性化基本計画」2006年。
掛川商工会議所『掛川交流型産業読本（掛川価値・流儀を再創造する）』2009年。
Jacobs, Jane, *The Death and Life of Great American Cities*, VintageBooks, 1961.
Kotler, P., Herman Kartajaya & Iwan Setiawan, *Marketing 3.0: From Products to Customers to the Human Spirit*, Wiley, 2010.

第5章
組織フィールド内の人事制度変化の分析
―技術・制度環境と企業間関係

第1節　理論的背景

1．制度理論と制度化

　本章で紹介する研究は制度理論（Institutional Theory）に基づいて，日本の製薬企業の人事制度を分析したものである。制度理論は政治学・経済学・社会学などさまざまな社会科学の分野で広く研究されているが，本研究は制度社会学（Institutional Sociology）に基づく制度組織論（Organizational Institutionalism）を理論的フレームワークとしている。

　本稿では，制度理論における制度（Institution）の概念を紹介し，ついで制度社会学における制度化（Institutionalization）に関する議論を紹介する。まず制度理論における「制度とは何か」である。制度理論における制度とは，法律など公式制度と社会に定着した習慣や価値観などで公式に定められたものではないが，人々の意思決定や行動に影響を与える非公式制度の2つの側面がある。この2つの側面は組織内にも適用でき，組織内の制度には，組織が公式に策定した制度と組織特有のものの考え方や価値観など非公式制度がある。

　分野によって公式・非公式の制度のいずれを重視するかは異なり，たとえば制度経済学では公式制度を，制度社会学・制度組織論では非公式制度を重視する傾向があるが（Scott 1995, 2008），いずれの分野においても制度理論が焦点

としているのは，社会に存在するものが（有形・無形を問わず），社会や組織に影響をもつ存在である制度となっていくことであり，これを制度化（Institutionalization）と呼ぶ。

　制度理論で制度化要因としてあげられることが多いのが，規制・規範・認知の3つである（Scott 1995, 2008）。この3つの制度化要因のうち，規制は公式の制度に対する制度化要因であり，認知と規範が非公式制度に対する制度化要因である。非公式制度の規範・認知の2要因の中で規範と認知のいずれを重視するかは，制度社会学の長い研究の中で歴史的に異なり，規範重視は旧制度学派，認知重視は新制度学派と呼ばれる（DiMaggio and Powell 1991）。旧制度学派の代表的研究者と捉えられるのが，Selznickである。Selznickによれば"組織（Organization）"をある特定の仕事をするために考案された合理的で使い捨て可能な道具と位置づけ，これに対して"制度（Institution）"は単なる目的達成の道具ではなくなり，当面の課業が要求する以上の価値を注入されたものである（Selznick 1957）。このように旧制度学派では，制度化とは企業が社会の中で規範化された存在となることであるため，規範化つまり制度化の単位は個別企業となる。

　これに対して1970年代以降に急速に普及し，現在制度社会学の主流となっているのが人間の当然性や規範に対する認知的枠組みを重視する学派である。この人間の認知重視の制度学派は新制度学派と呼ばれる（DiMaggio and Powell 1991）。新制度学派の幕開けとしてあげられるのが，Meyer and Rowan（1977）である。同論文では，社会にはそれが正しいかどうか客観的には試されないルールや規範が存在する。ルールとは社会に定着・習慣化した考え方や行動であり，正しいかどうかを客観的に検証することはできないが，社会で定着・習慣化しているために人々はそれを選択すると同時に，それが正しいという認知的枠組みができあがる。Meyer and Rowanは，社会に定着・習慣化しているルール・規範が正しいかどうかを客観的に試すことは不可能であり，さらに試されない故に強力な神話（合理的神話 = Rationalized Myth）として人々に信じられることとなり，その結果，企業の戦略施策など意思決定や行動に影響を与え

ると主張する。

2．制度化単位としての組織フィールド

　Meyer and Rowan（1997）論文以降の新制度学派において制度化の単位は，個別企業ではなく合理的神話を共有している集団としての企業となり（DiMaggio and Powell 1991），その後，現在に至るまで制度化単位としての組織フィールド（Organizational Field）に対する研究が進められてきた（Wooten and Hoffman 2008）。

　組織フィールドの定義も「規制の枠組みや社会規範や社会的役割を共有し，類似した市場・顧客に対して，類似した製品・サービスを提供している組織群」（DiMaggio and Powell 1983），「政治的，経済的，文化的領域の中で人々の行動が社会的ネットワークによって構造づけられる領域」（Bourdieu 1990），「特定の組織集団にとって利害や目的が重要性を有する事項が存在する領域」（Hoffman 1999）など数多い。組織フィールドの定義の違いによって組織フィールドが対象とする領域も異なってくる。たとえば DiMaggio and Powell の定義に従えば，産業セクターあるいは産業セクター内の業態レベルと捉えられ，Bourdieu, Hoffman の定義に従えば，国，産業セクター，業態レベルなど，より多様なレベルで捉えられる[1]。

　組織フィールドの議論の中心となってきたのが，制度化単位である組織フィールドにおける制度化に関する議論であり，これがそのまま前述の制度化の3要因となっている。つまり，同一組織フィールド内の企業は同じ規制・規範・認知の枠組みにあるため，企業の戦略・施策などの意思決定や行動は，収斂化し，収斂化した行動は制度環境となって組織フィールド内の企業に影響を与えるために安定しやすい，というのが組織フィールドを制度化単位としてとらえた主張である。

　こういった主張は，1970年代から1980年代前半までの研究で特に顕著にみられ，たとえば同一組織フィールド内における Institutional Isomorphism（制度的同形化）を主張し，その後の研究に影響を与えた DiMaggio and Powell（1983）

図表 5-1　Scott の 3 制度化要因に関する分析

	規制	規範	認知
社会構成員が制度に従う（影響を受ける）理由	便宜性	社会的義務	当然性
メカニズム	強制的	規範的	模倣的
制度が社会で正統性をもつ基盤	法的裁可	道徳的支配	文化的支持

出典：Scott, R. (2008) *Institutions and Organizations (3rd ed.)*, SAGE Publication に基づいて筆者作成

の論文では，同一組織フィールド内の組織の行動が収斂化しやすい理由として，規制・規範・模倣の三つをあげている。3要素のうち，規制と規範はすでに述べているため，ここでは模倣について記載する。模倣とは，特定の組織フィールドで多くの人から成功していると思われている戦略や施策，あるいは成功していると思われている組織のとる戦略や施策が，組織フィールド内でベストプラクティスと捉えられ，他の組織が模倣していくことで，組織フィールド内の組織が収斂化していくというものである。

さらに DiMaggio and Powell (1983) の Institutional Isomorphism などをはじめとするさまざまな制度化要因に対する主張に基づいて，Scott（1995, 2008）は，レビュー本において制度化要因として前述の規制・規範・認知の3要因を指摘し，3要因に対して社会構成員が制度に従う理由，制度化メカニズム，制度が有する正当性の基盤などの側面に関する分析を進めた（図表 5-1）。

3．制度理論における変化・差異化の研究

以上のように制度理論では収斂化・安定化側の主張が多くだされてきたが，収斂化・安定化を重視するあまり，実際の企業で発生している個別企業の独自行動（差異化）と行動変化の分析が弱いとする指摘がなされるようになり（DiMaggio 1988; Oliver 1991; Greenwood and Hingins 1996），1980年代後半から1990年代以降になると組織フィールド内組織の差異化と変化に関する研究が活発化してきている（Oliver 1991; Greenwood and Hingins 1996; Hoffman 1999; Dacin, Goodstein and Scott 2002）。

たとえば Oliver（1991）は，制度理論と資源依存理論（Pfeffer and Sananick 1978）の 2 つの理論を組み合わせて，企業は環境からの影響を受けると同時に企業は環境に対して戦略的に働きかけて環境自体を作り出していると主張。企業からの環境に対する戦略的な対応として黙認，妥協，回避，無視，操作の 5 つをあげている。また Greenwood and Hingings（1996）は，構成員が組織フィールド内で定着している価値観や行動に対して利害の不一致を感じた場合には定着している制度環境に対して変革を試みようとする。だが変革を起そうとしても，彼らに十分な変革能力がない場合には変化は起らない。変化が起きるかどうか，あるいは変化が漸進的なものか急激なものかなどに関して，構成員の利害や利害を異にする構成員集団間での衝突，折衝，妥協などから分析している。

以上の Oliver, Greenwood and Hingings の主張は両者ともに，国や産業セクターなどの組織フィールド内に定着した制度環境の変化メカニズムととともに，変化プロセスにおいて個別企業間で生じる行動（変化度合）の差異を通じて，差異化メカニズムに関する主張と捉えることができる。

このように現在は組織フィールド内における企業の収斂化・安定化と差異化・変化の双方に関して要因・プロセスなどが研究されているが（Dacin, Goodstein and Scott 2002; Wooten and Hoffman 2008），数多い分析フレームワークの中でも制度起業家（Institutional Entrepreneurship）は，主要なフレームワークとなってきている（Hardy and Maguire 2008）。

制度起業家の最初の提案は，組織フィールド内の収斂化・安定化のメカニズムとして，Institutional Isomorphism を主張し，その後に影響を与えた論文（DiMaggio and Powell 1983）の筆者の 1 人である DiMaggio（1988）だ。DiMaggio は Institutional Isomorphism に関して収斂化・安定化のみに焦点が当てられすぎているとして，変化のメカニズムとして "New institutions arise when organized actors with sufficient resources (institutional entrepreneurs) see in them as opportunity to realize interests that they value highly"（1988; p.4）と主張した。

その後，制度起業家に対する理論的発展がなされているが，制度起業家に対する問題としてしばしば指摘されるのが，以下の点などである。

豊富な資源を有する制度起業家は，現在の組織フィールドにおいて主要なアクターである場合が多いが，主要なアクターは現在の環境に埋め込まれた存在となっているため，新しい戦略や施策を想像したり，実行することが難しい。さらに現在の環境において主要なアクターであるため，環境変化が利害に反する場合が多い（Greenwood and Suddaby 2006）。

他方，周辺アクターの場合は，現在の環境に埋め込まれておらず，新しい戦略や施策を想像・実行しやすい。同時に彼らは環境が変化したほうが利害に合致する場合が多いため，制度起業家となる条件を満たしている。だが周辺アクターは変化を起すために求められる資源・パワーが不足している場合が多く，制度起業家になりにくい（Marguire 2007）。

では変化を起しているのは誰か。実証研究からは，主要アクターも，周辺アクターも変化を起しうるという結果がでている。主要アクターが変化を起す理由としては，いくつかの理由があげられているが，本稿では2点のみ取り上げる。第1が，主要なアクターは一つの組織フィールド内に埋め込まれた存在ではなく，さまざまな方法を通して他のフィールドにアクセスできるというものだ（Reo et al 2003; Greenwood and Suddaby 2006）。主要な他の組織フィールドとしてあげられるのが，海外という組織フィールドである。主要なアクターは，グローバル化の度合いも高く，海外の市場での取り組みにもより精通しているため，海外における戦略・施策を導入していくことで，組織フィールド内に変化を起すのである（Rao, Monin and Durand 2003; Greenwood and Saddaby 2006）。

第2が，同一組織フィールド内のメンバーの間で歴史や経験は異なり，環境に対する認識も異なっている。これが組織フィールドメンバー間でコンフリクトを生じさせ，戦略・施策の差異化や変化の原因となるというものだ（Clements and Cook 1999; Holm 1995）。

4. 制度環境・技術環境からの組織フィールドの分析

制度理論では企業におかれた環境を製品市場での競争状況，技術革新などの技術環境（Technical Environment）と制度環境（Institutional Environment）に分け，技術環境・制度環境の両方に適応することが，存続・繁栄にとって非常に重要であるとの主張が展開されてきた（Scott, Meyer and Deal 1983; Scott and Meyer 1991; Scott and Davis 2003）。新たなビジネスモデルや製品を開発したり，製品・サービスの質を上げたり，コストを削減したりして市場での競争に打ち勝たなければ企業は存続できない。これが技術環境への適応である。制度環境への適応については，規制面については，規制に反すれば処罰される場合もあり，認可を受けなければ市場に製品やサービスを提供できない場合もあるため，企業は強制的に規制的枠組に適応しなくてはならない。定着したビジネス習慣も国や産業セクターなど組織フィールドによって特有のものであり，定着した習慣に順応することで企業は効率性・効果性を高めることができる。

以上のように企業にとって，技術環境と制度環境は両方とも重要であるが，両者の関係には以下の特色がある。① 技術環境と制度環境は明確に区分できるものではなく，両方に含まれる環境がある，② 両者は独立したものではなく相互に影響を与えあう。たとえば政府の参入規制という制度環境が強まれば，市場競争の激しさという技術環境は低くなるし，逆に参入規制が弱ければ，市場競争は激しくなりやすいといった具合である。

この制度理論の主張に従えば，技術環境・制度環境を同じくする組織フィールド内の企業の戦略や施策などの意思決定や行動は収斂化していくこととなる（Scott, Meyer and Deal 1983; Scott and Meyer 1991; Scoot and Davis 2003）。この制度環境・技術環境への適応ロジックは，組織フィールド内の企業間で行動が収斂化することを主張しているが，安定化・変化に関しては両方の側面を持つと言える。つまり技術環境・制度環境が変化すれば，企業は対応して行動を変化していくことになる。

第2節　研究目的

　1990年代以降，長期雇用・年功序列などを特色とする日本型人事制度の変化が指摘されているが，果して日本型人事制度はどういった側面が，どの程度，どういった理由によって変化しているのか。あるいは安定しているのか，安定しているとしたらどういった側面が，どの程度，どういった理由によって安定しているのか。本研究はこれまで紹介してきた制度理論のフレームワークに基づいて，制度化単位としての組織フィールドに焦点をあて，国レベルの組織フィールドでは日本を，産業セクターレベルの組織フィールドでは製薬産業を対象に，日本で活動する大手新薬メーカー（新薬開発を主要事業とするメーカー）における人事制度の変化・安定化，収斂化・差異化の要因・メカニズムを分析するものである。

　研究では制度理論のさまざまな角度から分析を行っているが，本稿では以下の点に焦点をあてて分析する。一つは，製薬企業を取り巻く外部環境（技術環境・制度環境）からの分析である。なお，外部環境によって影響を受ける研究対象組織の企業戦略（内部環境）も分析に含められる。技術・制度環境からの分析は，日本で活動する大手新薬メーカーという国・産業セクターレベルで同一組織フィールドにある企業が対象となるため，収斂化・差異化の軸でいくと，収斂化の側面の分析となると考えられる。もう一つは対象企業の人事制度の差異化（人事制度の変化度合における差異化とも言える）に対する原因分析である。分析のフレームワークには，変化・差異化に焦点をあてる制度起業家を用いる。まず次項において，本調査の対象である日本で活動する大手新薬メーカーを取り巻く環境を技術・制度の両外部環境から紹介する。

第3節　製薬産業の特色と近年の動向
―日本の製薬企業を取り巻く技術環境・制度環境

　製薬産業は，製造業，卸売業，小売業の3つに分けられ，製造業は医療用医薬品を開発する新薬メーカー，処方箋なしで購入できる大衆用医薬品OTC（Over The Counter）メーカー，医療用医薬品の後発医薬品（ジェネリック）メーカー，の3分野からなる。大手製薬メーカーはこの3分野すべてを行う企業も，医療用新薬開発に特化した企業もあるなど，事業ポートフォリオは個別企業によって異なるが，世界の大手製薬企業にとって主要な事業ポートフォリオは医療用医薬品の新薬開発である点は共通しており，大手製薬企業＝新薬開発企業，と捉えてよい。本研究で対象とするのも，医療用医薬品を主要事業とする新薬メーカーである。

　医療用医薬品の第1の特色としてあげられるのが，新薬開発に要する莫大な時間的・経済的コストである。新薬開発には少なくとも10年以上の年月がかかり，発売後も市販後調査が必要となる。莫大な研究開発費を賄うためには，新薬メーカーには高い研究開発投資を可能にする資金力が必要となり，新薬開発にはそれに見合うための利益を確保することが重要であることも示唆している。しかし，新薬開発に成功すれば，新薬は特許に守られるため，企業は長期にわたって利益を守ることができる。新薬メーカーは，研究開発に自社の命運をかけることとなる。

　前述のとおり，高い研究開発投資を必要とする新薬開発には規模が必要となるが，大手製薬企業を国籍別でみると米国・スイス・英国などが並んでおり，世界の大手製薬企業は欧州と米国に占められている（図表5-2）。日本企業は最大手の武田薬品工業でも世界市場での売り上げ規模は，第14位である（2011年）。世界市場でみると，欧米大手企業と比べると日本の製薬企業は規模が小さく，競争力も弱いのである。

　製薬企業，特に新薬メーカーにとっての大きな問題としては，主要な市場で

図表 5-2　世界市場での売り上げランキング（2011年）

第1位	ファイザー（米国）
第2位	ノバルティス（スイス）
第3位	メルク（米国）
第4位	サノフィ・アベンティス（フランス）
第5位	ロッシュ（スイス）
第6位	グラクソ・スミス・クライン（英国）
第7位	アストラ・ゼネカ（英国）
第8位	ジョンソン・アンド・ジョンソン（米国）
第9位	アボット（米国）
第10位	イーライ・リリー（米国）

出典：Clinton, P. and Cacciotti, J.（2012）"Growth from the Bottom up", *Pharmaceutical Executive*, 24, 5

ある先進諸国の医療費抑制がある。抑制策のひとつはジェネリック医薬品の積極的な導入であり，現在のところ，日本は先進諸国に比べて低いが，将来的には日本でもジェネリック医薬品の比率が上がっていくことが予想される。このように世界の先進諸国が高騰する医療費抑制を図る中で，大手製薬企業にとっては，新興国市場はより重要性を増しており，製薬市場のグローバル化が進展している。

　規制産業であることも，製薬産業の特徴である。医薬品は，生命に直接関係するために開発，製造，販売のいずれにおいても特許制度や薬価など，薬事法をはじめとする各種法令や規則等，国の法律や規制に大きな影響を受けている。特許制度がもたらす近年の製薬産業が抱える課題を現したのが「2010年問題」である。医薬品の特許によって一定の期間，他社は許可なく同様の構造物の製造・販売を禁止されるが，特許失効後は低価格のジェネリックが販売され，新薬開発企業はシェアを奪われてしまう。現在，新薬メーカーの収益を支えているブロックバスターの多くは，2010年前後にこれらの薬が一斉に特許切れとなるのである。

規制産業としての製薬産業にとってグローバル競争の進展にも規制が大きく関っている。1990年代の半ばまで海外で新薬の承認を得るためには，当該国で臨床データを収集しなくてはならなかったが，1998年に海外臨床データ受け入れに関するガイドラインが最終合意され，日・米・欧いずれかで承認された医薬品の有効性・安全性について，民族的要因を考慮して若干の追加テストを実施すれば，その試験結果次第で海外データの受け入れが可能となった。これにより，製薬産業のグローバル競争が激しくなってきている。さらに画期的医薬品，代替薬のない医薬品，欧米などで広く使用されている医薬品に対する優先的収載など規制面での公式の制度が変化している。

　米国に次いで世界第2位の規模をもちながら，欧米大手製薬企業に比べると日本企業の規模が小さく，競争力が弱いという日本の状況は，このような規制緩和・規制変化によって欧米大手企業にとって魅力を増しており，欧米大手企業は業容を拡大させている。日本の製薬企業にとっては，大手欧米企業の存在はより大きな脅威となってきているのである。

　グローバル規模でみた製薬産業の過去20年間の動向としては，M&Aの増加があげられる。1990年頃から欧米大手製薬企業による大型水平統合が数多く行われるようになり，その結果，世界の大手製薬企業はますます規模を拡大し，グローバルメガファーマが次々と誕生している。製薬会社にとって新薬開発のための研究開発投資が欠かせないが，次々に新薬が開発され，既知の領域は拡大し続けており，新薬開発はますます難しくなっている。巨大化する研究開発費を調達するためには，規模の拡大が必要となり，その結果，1990年代の大型水平統合に繋がったといわれている。同時にブロックバスターの入手も大型水平合併の目的ともなっている。ブロックバスターとは従来の治療法をしのぐ薬効を持ち，巨額の売上高とその売上に比例する利益をもたらす新薬を指す。M&Aの増加には，開発のトレンドがバイオ医薬へ移ったことも影響している。これまでのブロックバスターの多くは生活習慣病領域の薬で，これらの大半は構造が単純な低分子化合物を合成した「低分子薬」だったが，低分子薬は開発しつくされてきており，新薬開発が難しくなっている。そこで注目された

図表 5-3　日本の製薬企業を取り巻く近年の主な技術環境・制度環境の変化

技術環境	制度環境
グローバル化の進展 新薬開発がより困難となる 欧米大手製薬企業の日本進出の加速 M&Aの増加（国内外の双方）	先進諸国における医薬領域予算の削減 特許切れ問題 新薬承認ガイドラインの変化 厳しい解雇規制（日本企業全体） MR資格の認定

のがバイオ医薬である。2000年以降のM&Aの多くが，バイオベンチャー買収などバイオ医薬強化に向けたものとなっている。

規制面で日本の労働市場にとって影響の大きな要因であるのが，解雇規制の厳しさである。会社都合の整理解雇に対する4条件が規制化している現在，特に大企業にとって会社都合の解雇はほとんど不可能になっている。2003年には労働基準法，2006年には契約法で整理解雇に対する規制が明文化されており，日本における法的な解雇規制はますます強まっている。このような解雇規制の厳しさは，本研究の対象である製薬企業も含めて日本企業の人事制度に大きな影響を与えている。

解雇規制の厳しさは日本企業全体を対象としたものであるが，製薬企業にとっての規制面ではMR認定資格がある。1997年に導入されたMR認定資格は，2004年には認定者が5万人を突破するなど認定者数が増している。一般的にこのようなスキル資格の認定制度の普及は，労働者が有するスキルの一般スキル化を促進し，転職をしやすくして人材流動性を増す原因となる。この傾向はMR認定制度に関してもいえるだろう。

これまであげてきた日本で活動する製薬企業を取り巻く近年の主な技術環境・制度環境の変化を図表5-3にまとめた。

第4節　リサーチデザイン

本研究の目的は，第2項「研究目的」で述べたように日本型人事制度の変化

を制度理論のフレームワークから分析することにあり，研究対象として選んだのが，製薬産業である。

　国によって人事制度の特色は異なるが，国の人事制度の特色を変化させる主要要因としてあげられるのが，海外企業の直接投資である（Ferner and Tempel 2005; Marginson 1996）。具体的には，比較優位に基づいて投資先を決めるため，外資系企業では雇用が不安定になりやすく，これが進出先の労働市場に影響を与える（Marginson 1996），本国の人事施策の特色を海外進出先で導入する（Ferner and Tempel 2005）などがある。この点からみると，欧米企業の増加している日本の製薬産業では労働市場や人事制度に変化が起っている可能性があり，特に人事制度は欧米型に変化していることが考えられる。しかも，DiMaggio and Powell（1983）の組織フィールド内における Institutional Isomorphism（制度的同形化）の主張に従えば，組織フィールド内でベストプラクティスとみなされる制度に，組織フィールド内企業の制度は収斂化する。このロジックを製薬産業に当てはめれば，ベストプラクティスとみなされるのは世界的に競争力を有する大手欧米企業の制度であり，この点からも日本の製薬企業の人事制度は欧米型人事制度の方向に変化していることが予想される。

　他方，1990年代以降の全体のトレンドとして，日本型人事制度は欧米型人事制度に変化していることが多くの調査から指摘されている[2]。この日本全体のトレンドと製薬産業の状況を考慮すると，日本の製薬企業の人事制度は，より欧米型人事制度に変化していることが予想される。

　本研究が用いた調査方法はケーススタディである。ケーススタディは，少数の調査対象に対して定量・定性の両者を含むさまざまなメソッドを用いて多角的・集中的にデータを収集する調査方法であり，他のどんなメソッドよりも調査対象に対して詳細に全体像をつかむことができる（Hakim 1992; Yin 1994）。ケーススタディの種類には，定量ケーススタディ・定性ケーススタディの双方があるが，本研究で活用したのは，中心は定性ケーススタディである。人事制度自体が複雑なものであり，しかも技術・制度環境と人事制度との関係，人事制度変化のメカニズムなど本研究が対象とするのは，1対1ではつかめない複

雑な因果関係を有するものであるため，定性データが不可欠であるためだ。定性データが中心であるが，補完的に賃金レベル，等級構造，職務評価ポイントなど定量データも収集している。ケーススタディで用いた具体的なリサーチメソッドは，ケーススタディ企業から収集した内部ドキュメント分析とインタビューである。

　ケーススタディの対象は，外資系企業3社，日系企業4社の計7社である。ケーススタディの実施は2009年12月〜2012年1月。外資系企業，日系企業7社のプロフィールは以下のとおり。出典は，売上規模（世界市場）については，Clinton, P. and Cacciotti, J.（2012）"Growth from the Bottom up", Pharmaceutical Executive, 24, 5.から，売上規模（日本市場）はIMS医薬品市場統計に基づく。従業員数は日本国内の従業員数。外資系企業はインタビューに基づき，日本企業は東洋経済2010 CSR企業総覧に基づく[3]。

・A製薬（米国企業の日本法人）

　売上規模：世界市場で第1位，日本市場で第9位（2011年）

　従業員数：5,850人

　大型買収，ブロックバスター戦略など世界の製薬企業の経営戦略をリードしてきた企業。以前は日本企業と合弁であったが，現在は合弁を解消し，単独資本となっている。

・B製薬（スイス企業の日本法人）

　売上規模：世界市場で第2位，日本市場で第8位（2011年）

　従業員：約4,000人

　1996年にスイスの大手製薬企業同士の合併によって誕生。日本法人は1年間の準備期間をへて1997年に合併する。

・C製薬（フランス企業の日本法人）

　売上規模：世界市場で第4位，日本市場で第12位（2011年）

　従業員：約3,100人

　グローバル規模と日本国内の双方で数多くの合併・買収を経験してきた企業。日本法人では1996年，1998年，2000年，2001年，2006年などに大きな

合併を経験。

・D製薬（日系企業）

売上規模：世界市場で第17位，日本市場で第3位（2011年）

従業員：5,950人

2005年に日系大手製薬企業同士の合併によって誕生。当初は持ち株会社を設立し，その下に合併前の2社の事業会社を設置。2007年に事業会社2社を持ち株会社に吸収し，合併を完了する。

・E製薬（日系企業）

売上規模：世界市場で第19位，日本市場で第2位

従業員：5,473人

2005年に日系大手製薬企業同士の合併によって誕生。D製薬とは異なり，持ち株会社を経ずに合併。

・F製薬（日系企業）

売上規模：世界市場第14位，日本市場第1位（2011年）

従業員：6,368人

日本国籍では最大手の製薬企業。垂直統合型の買収は実施しているが，大型水平合併は行っていない。

・G製薬（日系企業）

売上規模：世界市場第35位，日本市場第5位（2011年）

従業員：4,367人

2005年にG製薬より売上規模の大きな日系企業同士での大型水平合併（D製薬，E製薬）が行われた中で，大型水平合併を行わず現在にいたっている。

以上のとおり，外資系企業は世界売上規模第1位，第2位，第4位というまさに世界市場のメジャープレイヤーであり，同時に日本市場への投資も拡大しており，日本市場でのプレゼンスを高めている存在である。日系企業は日本での売り上げ規模第1位，第2位，第3位，第5位という日本を代表する製薬企業である。このようにケーススタディ7社は，外資・内資の双方で日本市場に

おけるメジャープレイヤーであり，技術環境・制度環境の形成や変化において，また変化も含めた制度化など，さまざまな面で製薬産業という組織フィールドにおける影響の大きい企業である。

　外資系企業と日系企業の両者がケーススタディ企業に含まれるが，両者をケーススタディ企業とした主な理由としては以下のような理由があげられる。

　第1に，外資と日系企業は，資本国籍は異なるものの，日本の製薬市場で活動するという点では同一組織フィールドで活動する企業と言える。特に人事制度には企業が活動する国レベルの組織フィールドが与える影響が大きい。国によって制度補完性・戦略的補完性のタイプが異なるため（青木・奥野・滝澤・松村 1996），外資系企業（海外企業の日本法人）も含めて組織フィールドを共有する企業と捉えることには合理性がある。

　第2に，同時に資本国籍によって人事制度は異なる傾向がある。資本国籍による人事制度の差異の主要な要因は，その国に本社をもつ企業（Home Country）と海外現地法人（Host Country）の人事制度は異なる点にある。外資系企業においては前述のとおり，本国の人事制度の導入や，雇用不安定化などが考えられるためだ。実際に日本における人事制度調査（労働政策研究・研修機構 2005）では，日系企業と外資系企業は人事制度の特色が異なる，とする結果がでている。

　このように日本で活動する製薬企業という国・産業セクターレベルの両者で同一組織フィールド内にありながら，資本国籍によって人事制度が異なる可能性があるため，比較検討のためには外資系・日系の双方の企業をケーススタディ企業とすることが望ましい。しかも大手欧米企業が強い競争力を有する製薬産業では，外資系企業が日系企業に与える影響を知ることは，非常に意味のあることであり，この点からも外資系・日系企業をケーススタディ企業とすることは，有効といえる。

　本研究では，ケーススタディとともにもう一つのフィールドスタディとして，製薬産業で働く社員のグループインタビューを実施している。グループインタビュー実施の理由は，製薬産業の労働市場の状況（人材流動化の実態，自身

の転職可能性，転職した際の自身の賃金レベルを把握しているか），企業と自身との関係をどう捉えているか，自身のキャリアをどう捉えているかなどを知るためである。グループインタビューの参加者は30人。参加者の属性は，研究6人（内医師2人），開発9人，MR 9人（うち営業所長など管理職3人），本社機能勤務6人（内元MR 2人）である。実施は2011年1月～6月。

　グループインタビューを実施した主な理由は，ケーススタディを進めるにつれて，製薬産業では人材流動化が進んでおり，流動化の進展がケーススタディ企業の人事制度に影響を与えていることが発見されたためである。このケーススタディで得た発見を，より多角的に把握するために製薬産業界で働く労働者のインタビューを実施したのである。

第5節　ケーススタディ結果

　ケーススタディでは，採用，社員等級，評価，報酬，人材開発など人事機能の多様な側面について情報を収集しているが，本稿では社員等級と基本給について紹介する。

1．社員等級

　社員等級についてはケーススタディ企業6社が管理職には基本的に職務等級（職務との関連度合いは企業によって異なり，職務との関連が緩やかな役割等級の企業もあるが）を導入し，一般職についても役割あるいは職務に行動・能力などを加味した要件を等級構造の基盤としている。このように6社ではなんらかの形で職務に連動した等級構造をとっている。これに対して1社（G製薬）は，管理職・一般職共通で職能資格等級をとっている。

(1) 管理職の社員等級

　管理職に対して職務に関連した等級（以下，職務ベース等級と記載）を導入しているケーススタディ企業6社すべてでポイントファクター職務評価に基づく等級構造をとっており，大枠ではケース企業6社の等級構造は類似している。

他方，G製薬は職能等級をとっており，1社のみ異なっている。

もっとも6社間でも詳細部分では異なっている。たとえば，B製薬では職務等級とともにバリュー＆ビヘイビア基準に基づく資格等級と職務等級の2つの等級構造を並列に運用している。同社のバリュー＆ビヘイビアでは顧客志向・クオリティ重視・イノベーション・リーダーシップなど10項目に関するバリュー＆ビヘイビアがディクショナリーとしてまとめられ，それぞれレベルが4レベルに分けられており，管理職は上位2レベルからなる。このバリュー＆ビヘイビア基準に基づき，等級数は管理職4等級，一般職4等級である。管理職には，このコンピテンシーベースの等級とともにポイントファクター職務評価に基づく4等級からなる職務等級があり，この2つの併用となっている。

C製薬では，2006年の合併時に人事制度の改定を行い，現在の等級構造はその時に導入された。2006年の改定以前は，管理職・一般職双方で職種別等級構造を導入していたが，2006年の企業合併にともなう改定で職種別等級が廃止され，職務・コンピテンシー・期待成果に関するランク別要件定義に基づく9等級が導入された。9等級のうち上位3等級が管理職等級である。

D製薬の等級構造はポイントファクター職務評価に基づくものであるため，一般的には職務等級と考えられるが，D製薬では"職務等級となればポジションと1対1の関係となり，異動に応じて昇格・降格が発生するが，わが社では異動にともなう昇格・降格を厳密には行わない"として，役割等級と称している。

(2) 一般職の社員等級

一般職等級についても管理職等級でポイントファクター職務評価に基づく等級構造をとっている6社では，基本的に職務ベース等級構造が導入されており，この点では類似性がみられる。これに対してG製薬は職能等級を導入しており，1社のみ異なっている。職務ベース等級導入の6社では管理職同様に一般職においても，詳細部分では以下のように相違点がみられる。なお，全体として職務ベース等級をとるケース企業6社間の相違度合いは管理職よりも大きいと感じられる。

たとえば，A製薬では，一般職の等級として4段階の等級を設定。基本的には管理職と同様にポジション・職務に応じた等級決定を前提としたいが，たとえばMRという役割はひとつであるため，ポジション・職務に応じた等級決定を行うことは難しい。そこで行動能力要件，スキル要件，キャリアパス要件，業績要件という4領域について職種別・等級別に基準を設定し，この基準に照らして個人の等級格付けを行っている。

D製薬では9つの職種別に4等級からなる等級別に設定された役割要件に基づく等級構造が導入されており，E製薬では簡易職務評価基準（各部・各機能で作成）に基づく等級構造，F製薬では，一般職層の等級構造は同社が開発したACEポイント（職務とコンピテンシーの2つの要素からなる基準）に基づいて設計されており6段階からなる。また等級構造の基本には変化はないものの，2002年に定型型業務を担当するタイプと非定型業務タイプの2つに従業員を分類，さらに2006年には2タイプそれぞれをさらに職種別に分類し職種別賃金を導入するなど，いくつかの改定が行われている。

6社の全体傾向として管理職と一般職の等級構造と比較すると，いくつかの相違がみられるが，ここでは2点指摘する。

1番目は，管理職がポイントファクター職務評価を導入し，職務をより厳密化して捉える傾向が強いのに対して，一般職では職務にコンピテンシーなどの行動要件も加味し，現在担当している職務の限密度合を低めている傾向が高いこと。この理由としては，管理職には現在の職務と成果と処遇の連動をより重視しているのに対して，キャリア形成段階にある一般職には現在の職務と成果に加えて，スキル・知識・行動なども考慮することがあげられる。

2番目は，一般職では職種別等級構造（あるいは公式な職種別報酬構造）を導入している企業が多いことである。たとえばD製薬では研究，研究技術，開発，営業，MR，企画，ナレッジ，生産など職種別に役割等級を設定，F製薬では22からなる職種別等級構造を導入している。B製薬では報酬構造面でMR/SR，研究・開発，専門スタッフ，製造の4職種別の等級構造を導入。キャリア開発段階にある一般職には，職種別のキャリア開発を基本とする。管理職になると

職種も考慮するが，管理職に求められるマネジメント・リーダーシップ面での成果発揮を処遇と直結させるため，マネジメント・リーダーシップのレベルと関連の強い現在のポジションを重視して処遇を行おうという傾向が強いためと思われる。

(3) 等級降格

成果主義人事が普及した1990年代後半から管理職を中心に公式の等級降格制度を導入，さらに降格実績をもつ企業が表れているため，本研究でも等級降格についてケーススタディ企業に聞いている。

等級降格についてはケーススタディ企業の対応はさまざまである。公式の降格制度を有し，降格実績のある企業もあれば，公式の降格制度があるが降格実績はない，あるいは公式の降格施策も降格実績もないという企業もあり，また管理職に対しては公式の降格施策があり，降格実績もあるが，一般職にはないという企業もある。

管理職層については，ポイントファクター職務評価に基づく職務等級構造を有しているケース企業6社のうち5社で降格制度を導入しており，降格実績もある。1社は，降格制度はあるものの現在のところ，降格実績がない。だがこの1社も近い将来には降格が発生するだろうとしている。

一般職層については，職務等級・役割等級など職務ベース等級を導入しているケース企業6社のうち5社で降格制度があり，降格実績もある。たとえば簡易職務等級に基づく職務等級を導入しているケーススタディ企業では，各部・各機能において毎年職務評価基準が見直され，これに基づいて個人の職務評価も行われているため，職務評価に基づいて等級降格が行われている。また4社では人事考課結果に応じて降格基準を設定しており，基準に該当した場合には降格の対象となる。もっともこれらの企業においても，降格基準に該当したといっても直ちに降格となるわけではなく，1～2年程度でパフォーマンスの改善がみられた場合には，降格は行っていない企業が多い。以上のようにケース5社では何らかの形で降格制度が存在し，降格が行われているが，1社では降格制度を導入していない。

以上が職務ベースの等級を導入しているケーススタディ企業であるが，職能等級を導入しているG製薬では，降格制度も降格実績もない。

2．基本給

基本給は社員等級に連動しているため，職務等級・役割等級など職務ベース等級をとっているケーススタディ企業6社では，職務給・役割給など職務ベースの基本給となり，大枠では6社は類似しており，詳細部分では相違がみられる。これに対して職能等級を導入しているG製薬では，職能給をとっている。

(1) 管理職の基本給

ポイントファクター職務評価に基づく等級構造を有するケーススタディ企業6社では，職務給を導入している。さらに6社のうち4社では職種別に賃金レンジを設定。職種設定としては，営業職と営業職以外の2つに分けたタイプ，営業職以外の職種をさらに研究や臨床開発などの個別職種にわけたもの，ラインマネジャーとスタッフマネジャーで分けたものなどがある。C製薬では2006年の人事施策改定までは職種別に賃金レンジを設定していてが，2006年の人事施策改定において職種別等級が廃止されたのにともない，職種別賃金レンジを廃止している。F製薬では管理職に対しては2006年に管理職層に対して等級別シングルレートを導入しており，同社はシングルレートを導入する理由を「月例給は職務に応じた賃金とし，成果は賞与に反映することとしている」とする。なおD製薬も2010年4月にラインマネジャーにも等級ごとにレンジをもった範囲給を導入しているが，それ以前はスタッフマネジャーには範囲給を，ラインマネジャーにはシングルレートを実施していた。

賃金レベルの設定については，等級ごとの範囲給を導入している5社では，ミッドポイントをポリシーラインとして設定し，上下にペイレンジを設定。ポリシーラインの賃金レベルはマーケットペイによって決定している。昇給・マイナス昇給（降給）については，人事考課（業績評価）に応じて％が決定するが，ペイレンジのどこに位置するかによって人事考課結果と昇給・マイナス昇給の％が異なる仕組みとなっている。等級別シングルレートを導入しているF製薬

も，シングルレートの賃金レベルはマーケットペイで決定している。

　以上のようにポイントファクター職務評価を導入しているケース企業6社では，職務給を導入しており，そのうち賃金レンジ（範囲給）の5社ではミッドポイントの賃金レベルを，シングルレートの1社（F製薬）ではシングレレートの賃金レベルをマーケットペイに基づいて決定している。マーケットペイについては，項目を設けて紹介する。

(2) 一般職の基本給

　職務等級・役割等級に基づく社員等級構造を導入しているケーススタディ企業6社では，一般職については，すべての企業で等級別の賃金レンジ（範囲給）を導入しており，管理職と同様に賃金レンジのミッドポイントをポリシーラインとし，ポリシーラインの上下に賃金レンジを設定している。ポリシーラインの賃金レベルはマーケットペイを基準としている。マーケットペイについては，管理職同様に項目を設けて紹介する。

　さらに6社の内，5社では公式に職種別賃金構造を導入している。職種別区分としては，職種別に役割等級を導入しているD製薬，F製薬では，これに準じた職種別の賃金構造を設定している。さらに社員等級としては職種別等級を導入していなくても，賃金に関しては職種別賃金構造を導入している企業が多い。公式に職群別賃金構造を導入しているのはB製薬であり，MR・SR，研究・開発，専門スタッフ，製造の4職種に分け，それぞれ3～4等級の賃金等級（賃金レンジ）を設定している。さらに公式には職種別賃金構造を導入していなくても，実質的には職種別賃金構造を導入している企業もあり，A製薬，E製薬は職種別賃金構造となっている。また2006年に職種別社員等級・賃金構造を廃止したC製薬では，管理職同様に一般職の賃金構造も職種別ではなくなっている。

　これに対して，職能資格等級を導入しているG製薬では，職能給を導入しており，月例給内の基準内給与は年齢給与と職能給からなる並存型賃金制度となっている。

(3) マーケットペイ

　職能等級を導入しているG製薬以外の調査企業6社からマーケットペイについての情報を収集しているが，情報収集したケース企業6社ではすべてマーケットサラリーサーベイに参加して職務に応じたマーケットペイを収集している。同時に比較企業を特定して，企業間で賃金情報を収集している。A製薬では，3つのマーケットサラリーサーベイに参加して賃金情報を収集。同時に日系製薬企業，外資系製薬企業，関連業種の外資系企業などと賃金情報を交換している。またC製薬では，マーケットサラリーサーベイに参加すると共にベンチマーク企業を特定して賃金情報を交換している。同社では特に外資系トップ企業との比較を重視して競争力のある賃金レベルの実現を目指している。前述のようにB製薬では2005年に一般職社員に対して公式の職種別報酬構造を導入し，4つの職種に対して5タイプの賃金レンジを設定している。目的はマーケットで競争力のある賃金の実現を目指したものである。日系企業も同様に3社ともマーケットサラリーサーベイに参加してマーケットペイを収集しており，さらに製薬業間での賃金情報の交換を行っている。F製薬は1997年からマーケットサラリーサーベイに参加している。同社によれば，マーケットサラリーサーベイ参加当初は，参加企業は外資系企業が中心だったが，近年は日系企業も参加している，ということだ。さらに同社では，収集したマーケットペイでは類似職務でも年齢によって賃金レベルが異なっており，ここからは製薬企業各社において現在でも年功的な昇給が行われているようだ，と話す。またF製薬が一般職に職種別賃金を導入している理由にも，マーケットペイが形成度合いは職種によって異なるとする同社の認識がある。

　このように企業が市場で競争力のある賃金レベルの実現を目指してマーケットペイを賃金レベル決定の参考としている背景には，製薬産業における労働市場の流動化がある。流動化の進展にともない，労働市場で職種別のマーケットペイが形成されており，職種に応じて賃金レベルが異なっている。高いレベルのマーケットペイにある職種には，それに応じた賃金レベルを提供することが必要人材の採用・定着に不可欠となっており，同時にマーケットペイが低い職

種にはマーケットペイ以上の賃金を提供する必要はない。流動化の進展度合も職種によって異なっており，マーケットペイが低いあるいは流動化が進んでいない職種に対する賃金総額をマーケットペイが高く流動化の進んだ職種にまわして，総人件費管理を行おうというケース企業の意図がみてとれる。

　流動化の進展と職種によって賃金レベルが異なることは，製薬産業で働く社員のグループインタビューでも明らかになった。グループインタビューでは「自社では職種によって賃金レベルが異なっており，会社側は労働市場の情報を収集して賃金を設定していると思う」，「資格やコントラクトMRなどが普及しているMRは，マーケットペイが高く，MRの場合はよい就職先がみつからない場合にはコントラクトMRという選択肢があるため報酬はある程度確保されている。それを前提に自社に残るか，転職かなどのキャリアを考える」「間接部門におり，転職すれば現在の賃金レベルはダウンだろう。実際にエグゼクティブエージェンシーからはそういわれている」などさまざまな意見が聞かれた。

3．ケーススタディ結果のまとめ

　採用についてはケーススタディ企業7社が欧米型人事制度へ変化した形での施策の収斂化がみられる。この結果を制度理論の収斂化・差異化の議論に当てはめると，収斂化側の主張を支持したものであり，制度環境・技術環境を同じくする企業間で行動は収斂するとの主張に合致する。変化の方向性としては，職務ベースの社員等級・基本給，マーケットペイの導入など欧米型人事制度への変化と捉えられる。

　日本企業全体の方向性として，1990年代以降，成果主義・職務主義・現価主義への方向があげられており，これらは欧米型人事制度への変化であるが，本研究のケーススタディ企業の欧米型人事制度への変化の度合いは全体傾向よりも大きいと言える。たとえば社員等級についてみると，ケーススタディ企業6社で管理職層にはポイントファクター職務評価に基づく職務等級，一般職層には同じ6社でポイントファクター職務評価に基づく職務等級あるいは役割等級

を導入していた。これに対して，大規模サーベイで収集された全体傾向は，職務等級導入企業19.0％，役割等級導入企業25.8％（労務行政研究所　2010a）であった。

　マーケットペイについては，日本においては従来型の学歴・性別・年齢・扶養家族数など属人的要素に連動したモデル賃金が普及しており，職務に応じた賃金はほとんど普及しておらず，ホワイトカラーで大規模に職種別賃金が収集できるのは，SE やプログラマーなど一部職種に限定されている（労務行政研究所 2010b）。こういった状況からみると，ケーススタディ企業における職務に連動したマーケットペイの導入度合の高さは，欧米型人事制度への変化の度合いの高さを示していると言える。さらにケーススタディ企業から収集した情報によると，ケーススタディ企業だけでなく，大手製薬企業間で賃金データを交換したり，コンサルタントが実施するマーケットサラリーサーベイに多くの製薬企業が参加している。こういったことから推測すると，日本で活動する製薬企業においては，マーケットペイは普及しているようだ。こういった賃金決定構造は，日本の産業セクターの中では製薬産業はかなり欧米型人事制度への変化度合が高いと言える。

第6節　制度理論からの分析

　ケーススタディ結果からは，本研究の対象である製薬産業・大手新薬メーカー7社では，7社中6社で人事制度の詳細・運用面では相違点が見受けられるものの，人事制度の大枠においては類似性がみられる。これは制度理論の"国や産業セクターなど組織フィールドを同じくする企業間で戦略や施策などに関する意思決定や行動などは収斂化・同質化しやすい"との主張をサポートする結果と言える。そこで，制度理論の主張を本研究に応用して，日本の製薬企業を取り巻く技術環境・制度環境からケーススタディ企業の人事制度の収斂化を分析する。

　取り上げる技術環境・制度環境は，本研究のフィールド調査（7社へのケース

スタディと製薬企業社員インタビュー）を通じて収集した情報に基づいて特定されたケーススタディ企業の人事制度に影響を与える主要な技術環境・制度環境要因である。それぞれの環境要因がどのようにケーススタディ企業の人事制度に影響を与えているかを，これも本研究のフィールド調査で得られた情報に基づいて分析する。なお内部環境要因でケーススタディ企業の人事制度に直接大きな影響を与えている「ケーススタディ企業におけるM&A」も分析に含める。

同時にケーススタディ企業1社は他の6社とは異なる人事制度を有している。人事制度差異化の原因は，他の6社が欧米型人事制度へ変化しているのに対して，1社は日本型人事制度を維持している点にあり，これは変化の度合いで差異化が発生しているとみることができる。この点に関しては制度起業家から分析する。

1．人事制度収斂化に関する分析—技術環境・制度環境が与える影響

ケーススタディ企業の人事制度に特に大きな影響を与える技術環境・制度環境を指摘し，それぞれの環境要因がどのようにケーススタディ企業の人事制度に影響を与えているかを分析する。

(1) グローバル化の進展・グローバル規模の競争激化

先進諸国の医療費抑制と新興市場の拡大といった世界的な医療・経済情勢の中で，新薬の大手メーカーであるケース企業では，グローバル規模で激化する競争に打ち勝つことが，人事分野の最重要課題となっており，能力・成果・貢献に応じた処遇や労働市場で競争力のある報酬の実現などのケーススタディ企業共通の人事目的を生む結果となっている。そしてこれらの人事目的達成のために，職務ベースの等級・賃金決定などの人事制度が生み出されている。

(2) グローバル規模・日本国内の両面でのM&Aの増加

グローバル規模の競争激化が生み出した特色的な企業戦略の一つといえるのが，M&Aの増加だろう。製薬産業では過去10年～20年にわたり，M&A（部分合併・買収・売却を含む）が頻発しており，多くの製薬企業において，M&Aによる規模の拡大や新しい技術・スキルの習得，新しい市場（地域・製品の両面）へ

の参入，事業ポートフォリオの見直し（選択と集中）などが図られている。

　このM&Aの増加によって，重複業務や同一ポストに就いている社員間の選抜，事業売却にともなう売却側から買収側の企業へと社員の移動などが起ると同時に，希望退職が多くの場合実施されており，これは製薬産業の人材流動化促進の1要因となっている。

　ケーススタディ企業においても，小規模企業の買収を含めればケーススタディ企業7社すべてでM&Aが行われている。ケーススタディ企業7社の中で特にM&Aの影響が大きいのは，日系企業では大手製薬企業2社が合併したD製薬とE製薬である。両者とも合併時に新しい人事制度を導入しており，2社における現在の職務ベース等級のスタートは合併にあった。また両社ともに合併に際して希望退職を募っている。ケーススタディからは，雇用，社員等級，報酬など人事の幅広い分野で合併による影響が大きかったことがわかる。外資系ケーススタディ企業については，3社とも大型のM&Aを体験しており，M&Aの際には希望退職が実施されたり，大規模な人事異動がなされるなど，雇用・配置面でM&Aは大きな影響を与えている。特にC製薬は数多くのM&Aを経験してきており，その都度人事制度の改定がなされ，同時に希望退職や大規模の人事異動などが行われた。

　以上のとおり，M&Aが製薬産業の人材流動化を促進するひとつの要因となっている。製薬産業で進む人材の流動化はケース企業の人事制度に直接的に大きな影響を与えており，製薬企業のM&Aという企業戦略が人材流動化を促進し，その結果流動化した労働市場に適した人事制度が製薬企業の中で普及していくというサイクルが生まれていると思われる。

(3) **外資系企業の日本市場での活動拡大**

　1990年代中盤以来の規制の枠組み変化などにより，本研究のケーススタディ企業も含めて外資系企業の日本市場における活動が拡大してきている。人事面では，大手欧米企業が中途採用も含めて日本での採用を増やしていることが，労働市場に大きな影響を与えており，これがケーススタディ企業の人事制度変化の促進要因となっている。

(4) 人材流動化の高まり

　グローバル化の進展，多発するM&A，外資系企業の日本市場での活動拡大，などの結果，製薬産業における労働市場の流動性は高まっており，これがケーススタディ企業の人事制度を収斂化させている大きな原因と思われる。ケーススタディ企業のうち，職務ベースの社員等級・基本給を導入している6社は，職務に応じたマーケットペイの相場を収集するためにマーケットサラリーサーベイに参加している。マーケットペイ導入理由は，流動性の高まった製薬産業において必要人材の採用・定着には，マーケットで競争力のある賃金が必要であり，同時に人件費抑制のためには必要のない賃金を支払わないことにある。さらに職務に応じたマーケットペイを収集するためには，等級構造においては職務ベースの等級構造を，報酬面では職務ベースの賃金決定が前提となる。これが6社の人事制度を収斂化させている原因のひとつと考えられ，労働流動化の動きがケーススタディ企業の人事制度に大きな影響を与えていることがわかる。これは労働市場と人事制度の補完性を示すものと言える。

(5) 解雇の難しさ

　これまであげてきた収斂化要因は，変化促進要因であった。同じ収斂化要因であるが，日本における解雇規制の厳しさという制度環境は，変化阻害面での収斂化要因である。会社都合の整理解雇に対する4条件が規制化している現在，特に大企業にとって会社都合の解雇はほとんど不可能になっている。2003年には労働基準法，2006年には契約法で整理解雇に対する規制が明文化されており，日本における法的な解雇規制はますます強まっている。これはケーススタディ企業の雇用施策に大きな影響を与え，その結果，新卒社員は長期雇用で内部人材育成として，長期間にわたり雇用が確保できる範囲にとどめ，それ以外は中途採用さらにはコントラクトMRなど間接雇用の活用などを行うという長期雇用・短期雇用併用型の雇用・採用方針を生み出し，さらに他の分野の人事施策もこの長期・短期雇用併用型の雇用・採用方針に補完性をもつ形で形成されているといっていい。

2．人事制度差異化に関する制度起業家からの分析

　ケーススタディ企業7社中G製薬のみが，職能等級・職能給を導入しており，他の6社とは異なる人事制度の選択をしていた。職能等級・職能給は1970年代から日本企業に広く普及した制度であり，長期雇用と補完性の高い制度である（須田 2004,2010）。これに対して他の6社導入の職務ベース等級・基本給制度は，成果主義・現価主義人事とは補完性を有するが，長期雇用とは補完性の低い制度であり，人事制度の補完性の観点からみると，職能ベース等級・基本給制度は，長期雇用とともに年功制と補完性を有している（須田 2004, 2010）。職務ベース等級・基本給を選択しているケーススタディ企業6社は，年功制を強く否定し，従業員の現在の価値（現在担当している職務の価値，現在生み出しているパフォーマンスなどで評価）に応じた処遇を行うべく，職務ベース等級・基本給を導入している。6社は解雇規制の厳しい現在の日本において，長期雇用を否定はしていないものの，長期雇用をサポートするような人事制度は望んでいない。これに対してG製薬は，職能ベース等級・基本給を選択すれば，年功的処遇になることは知ったうえで，長期雇用を優先するために職能ベースの人事制度を選択しているのである。

　長期雇用の維持，すなわち高い雇用保障の提供に関する考え方の違いが，G製薬と他の6社の人事制度を分けていると言える。G製薬のインタビューでは，定款に「本会社の主要なステークホルダーは，患者様と生活者の皆様，株主の皆様および社員である」を記載しているなど，わが社は従業員を大切にすることに高いプライオリティをおいているとの考えが表された。社員を大切にすることイコール高い雇用保障の提供とは言えず，社員を大切にする施策として他の施策もあるだろうが，やはり高い雇用保障の提供は，社員を大切にする企業の行動と言えるだろう。特に人材流動性が低く，転職が難しい日本の労働市場を考えると，G製薬の選択は納得のいくものだろう。

　このG製薬が他の6社以上に社員重視にプライオリティを置く理由として，G製薬の社長の存在がある。G製薬のインタビューでも社員重視の理由として社長の信念があげられており，社長の考え方がG製薬の人事制度の選択に大き

な影響を与えているのが感じられた。G製薬の現社長は，1988年から20年以上社長を務めており，その間に売上を大きくアップさせている。また先代社長は現社長の父親であり，先代社長の20年以上の長期政権であり，先代社長時代にも売上を大きくアップさせている。この親子2代の社長はG製薬において絶対的な影響力を有していることがうかがえ，影響力の強い社長の従業員に対する考え方が，他の6社とは異なる人事制度を選択させている大きな理由と思われる。まさに同一組織フィールドにありながら，メンバー間で歴史や経験，環境認識は異なるという制度起業家の議論に一致するものと思われる。

(須田敏子)

■注
1) 収斂化・安定化，差異化・変化に対する立場は，組織フィールドの定義に対する違いにも表れている。前述の3つの定義では，DiMaggio and Powell と Boudieu の定義は収斂化・安定化側からの定義と考えられ，Hoffman の定義は差異化・変化の定義と考えられる。
2) 厚生労働省，労働政策研究・研修機構，労務行政研究所，日本生産性本部，日本能率協会など多くの機関で実施されている調査から，職務ベースの等級・賃金，成果ベースの処遇決定，選抜型人材育成など，欧米型人事制度への変化が報告されている。

【参考文献】
青木昌彦・奥野正寛・滝澤弘和・松村幹二「比較制度分析とは何か」青木昌彦・奥野正寛編『経済システムの比較制度分析』東京大学出版会，1996年。
労働政策研究・研修機構『2005年度外資系企業の労使関係等実態調査』2005年。
労務行政研究所『人事管理諸制度実施状況調査』2010年。
労務行政研究所『2010年度職種別賃金の実態』2010年。
須田敏子『日本型賃金制度の行方：日英の比較で探る職務・人・市場』慶応義塾大学出版会，2004年。
須田敏子『戦略人事論：競争優位の人材マネジメント』日本経済新聞出版社，2010年。
東洋経済新報社『2010 CSR 企業総覧』2010年。
Bourdieu, P., *The Logic of Practice,* Stanford University Press, 1990.
Becker, B. E. and Gerhart, B., "The Impact of Human Resource Management on

Organizational Performance and Prospects," *Academy of Management Journal,* 39, 4, 1996.

Clements, E. S. and Cook, J. M., "Politics and Institutionalism: Explaining Durability and Change," *Annual Review of Sociology,* 25, 1, 1999.

Clinton, P. and Cacciotti, J., " Growth from the Bottom up," *Pharmaceutical Executive,* 24, 5, 2012.

Dacin, M. T., Goodstein, J. and Scott, W. R., "Institutional Theory and Institutional Change; Introduction to the Special Research Forum," *Academy of Management Journal,* 45, 1, 2002.

DiMaggio, P., " Interest and agency in institutional theory," in L. Zucker ed. *Institutional Pattern and Culture,* Ballinger Publishing Company, 1988.

DiMaggio, P. J. and Powell, W. W., " The Iron Cage Revised; Institutional Isomorphism and Collective Rationality," *American Sociological Review,* 48, 1983.

DiMaggio, P. J. and Powell, W. W., "Introduction," in W. W. Powell and P. J. DiMaggio eds., *The New Institutionalism in Organizational Analysis,* University of Chicago Press, 1991.

Hoffman, A. J., "Institutional Evolution and Change: Environmentalism and the US Chemical Industry," *Academy of Management Journal,* 42, 1999.

Ferner, A. and Tempel, A., " Multinationals and National Business Systems: A 'Power and Institutions' Perspective," in P. Almond and A. Ferner eds., *American Multinationals in Europe: Managing Employment Relations across National Borders,* Oxford University Press, 2005.

Greenwood, R. and Hingins, C. R., "Understanding Radical Organizational Change: Bringing Together the Old and New Institutionalism," *Academy of Management Review,* 21, 1996.

Greenwood, R. and Suddaby, R., "Institutional Entrepreneurship in Mature Field: The Big Five Accounting Firms," *Academy of Management Journal,* 49, 1, 2006.

Hakim, C., *Research Design: Strategies and Choices in the Design of Social Research,* Routledge. 1992.

Holm, P., " The Dynamics of Institutionalization: Transformation Process in Norwegian Fisheries," *Administrative Science Quarterly,* 40, 1995.

Marginson, P., "Multinational Britain: Employment and Work in an Internationalised Economy," *Human Resource Management Journal,* 4, 4, 1996.

Meyer, J. M. and Rowan, B., "Institutionalized Organizations: Formal Structure as Myth and Ceremony," *American Journal of Sociology,* 83, 2, 1977.

Meyer, J. W., Scott, W. R. and Deal, T. E., "Institutional and Technical Sources of

Organization Structure: Explaining the Structure of Educational Organizations," in J. W. Meyer and W. R. Scott eds., *Organizational Environments: Ritual and Rationality*, SAGE Publicaitons, 1983.

Oliver, C., "Strategic Response to Institutional Processes," *Academy of Management Review*, 16, 1991.

Pfeffer, J. and Salanick, G. R., *The External Control of Organizations; A Resource Dependence Perspective*, Harper & Row, 1978.

Rao, H., Monin, P. and Durand, R., "Institutional Change in Toque Ville: Nouvelle Cuisine as an Identity Movement in French Gastronomy, *American Journal of Sociology*, 108, 2003.

Scott, R., *Institutions and Organizations*, SAGE Publication, 1995. (河野昭三・板橋慶明訳『制度と組織』税務経理協会, 1998年。)

Scott, R., *Institutions and Organizations*, 3rd ed., SAGE Publication, 2008.

Scott, R. and Davis, G. F., *Organizations and Organizing; Rational, Natural and Open System Perspective*, Pearson Prentice Hall, 2003.

Scott, R. and Meyer, J. W., "The Organizations of Societal Sectors; Propositions and Early Evidence," in W. W. Powell and P. J. DiMaggio eds., *The New Institutionalism and Organizational Analysis*, University of Chicago Press, 1991.

Wooten, M. and Sudday, R., "Organizational Fields: Past, Present and Future," in R. Greenwood. C. Oliver. K. Shalin and R. Suddaby eds., *The SAGE Handbook of Organizational Institutionalism*, SAGE Publications, 2008.

Yin, R. K., *Case Study Research: Design and Methods*, SAGE Publications, 1994.

第二部　中小企業組合における農商工連携

第6章
中小企業組合における農商工連携の現状と課題

第1節　農商工連携に取り組む中小企業組合事例の概要

　前稿では，農商工連携に取り組む34の中小企業組合を取り上げて，各事例組合の概要，その農商工連携の経緯と目的，活動内容，活動成果について記述した[1]。図表6-1「農商工連携に取り組む中小企業組合事例」は，前稿において取り上げた，こうした農商工連携に取り組む事例組合の概要を一つの図表の形にまとめたものである。

　中小企業の集合体である事業協同組合などの中小企業組合[2]と農林漁業者（農業協同組合，漁業協同組合，森林組合等の協同組織[3]や農業生産法人等の株式会社組織を含む）との連携活動は，現在，従来からの取引関係や地縁，血縁関係をきっかけとした情報交流・交換を行う基礎的な段階から，それぞれの個体が有する経営資源を活用して新商品の企画・開発を行い，「地産地消」を超えて域外市場へ投入する，より発展的な段階へと進展してきている。

　中小企業者と農林漁業者の双方における連携の深度が増すにつれて，そこには業種・業態，あるいは取引形態の違いから当然のことながら，商工サービス業者と農林漁業者との間で利益や思惑など，お互いの目指すものが異なることがあり，実際に連携活動が成功するまでには多くの試行錯誤と利益相反が生じてくることも少なくない。しかしながら，農商工連携活動は，双方の経営にお

図表6-1　農商工連携に取り組む中小企業組合事例

No	地域	組合名	出資金	組合員	設立年	組合業種（A第2・3次、B第1-3次産業間複合業種）	組合連携先
1	青森県	青森県農産品加工協同組合	55	8	2009	食品製造業、農業（B）	農業事業者（農事組合法人、地元個人農家）
2	福島県	川内村生産者の分かる味噌造り企業組合	50	10	2009	味噌製造業	農業事業者（地元個人農家）
3	福島県	岳温泉旅館協同組合	154	15	1970	旅館業、サービス業（A）	農業事業者（地元個人農家）
4	福島県	ふたば夢工房企業組合	100	20	2003	食料品製造・販売業	農業事業者（地元個人農家）
5	福島県	企業組合ぴかりん村	355	35	2003	食料品製造業	農業事業者（地元個人農家）
6	茨城県	荒川沖商業協同組合	107,032	12	1977	商業・サービス業（A）	農業協同組合
7	群馬県	ぐんま長寿命住宅協同組合	200	4	2009	建設業	会社、林業事業者（個人）
8	東京都	協同組合東京の木で家を造る会	460	31	2001	育林・製材業、木造建築工事業、土木建築サービス業（B）	大学、農林水産振興財団
9	東京都	企業組合ワーカーズ・コレクティブ凡	3,750	12	1989	食料品小売業	市農業委員会、農業事業者（農家）
10	神奈川県	野毛飲食業協同組合	150	222	1962	一般飲食業	日本捕鯨協会
11	山梨県	南アルプス特産品企業組合・ほたるみ館	118	118	2004	農産物加工販売業（B）	農業事業者（地元個人農家）
12	新潟県	新潟県すし商生活衛生同業組合	25	311	1960	飲食業（すし店）	新潟漁業協同組合
13	新潟県	新潟県なまめん工業協同組合	31	28	1965	なまめん製造業	会社、JA
14	岐阜県	奥美濃カレー協同組合	184	23	2009	飲食店、宿泊業、食料品製造業（A）	農業協同組合
15	岐阜県	協同組合エスヴッド	200	4	1999	木材・木製品製造業	会社、農業事業者（地元個人農家）
16	福井県	企業組合若狭鮎グループ加工部	45	9	2004	食料品製造業	農業事業者（地元個人農家）
17	滋賀県	滋賀特産品振興企業組合	20	4	2008	食料品製造業	北川製茶
18	奈良県	奈良弁当仕出事業協同組合	40	4	2007	飲食業	農業事業者（地元個人農家）
19	兵庫県	エコフィード循環農業協同組合	600	15	2007	飼料製造業、廃棄物処理業（A）	農業事業者（養豚業者）
20	兵庫県	垂水商店街振興組合	128	130	1998	小売・サービス業、飲食業（A）	町行政、農業事業者（地元個人農家）

第6章 中小企業組合における農商工連携の現状と課題　163

21	和歌山県	紀州田辺梅干協同組合	1,800	36	1957	梅干製造業	商工会, 農業協同組合, 農事業者 (農家)
22	鳥取県	鳥取本通商店街振興組合	6,339	62	1963	小売業, サービス業 (A)	農事業者 (地元個人農家)
23	島根県	協同組合横田ショッピングセンター	3,300	9	1971	小売業, サービス業 (A)	農事業者 (農家)
24	岡山県	協同組合岡山市栄町商店街	1,061	43	1951	食品製造業	全農岡山県本部
25	広島県	協同組合リメイク広島	300	6	2003	廃棄物処理業, 海面養殖業, 産業機械装置製造業 (A)	市水産物等販売協議会, カキ養殖業者
26	広島県	協同組合甲山いきいき村	205	22	2005	農業, 食料品製造業 (B)	農家, 大手量販店, 中堅量販店
27	香川県	香川県食糧事業協同組合	10,691	168	1951	米穀小売業	大学, 県農業技術センター, 農家
28	徳島県	協同組合阿波池田ラクーンネット	350	7	2000	食料・酒類製造業, 飲食料品小売業, 製材業, 農協 (B)	農業協同組合
29	佐賀県	佐賀県漬物工業協同組合	42	11	1963	食品製造業	JAからつ, はしや (料理研究家)
30	長崎県	協業組合さくらフーズ	600	4	2007	蒟蒻製造業	総合農林試験場, JA
31	大分県	大分県漬物工業協同組合	16	15	1964	漬物製造業	JA玖珠九重
32	大分県	日田梨協同組合	231	115	2009	梨生産事業者 (B)	農業協同組合
33	大分県	企業組合百笑一喜	24	7	2008	地元特産品製造販売 (食料品製造業)	農事業者 (ぶどう生産農家)
34	鹿児島県	大隅物流事業協同組合	1,000	4	1997	運送業, 耕種農業 (B)	農事業者 (地元個人農家)

ける改善と生活の安定・向上を目指して，食の安心・安全を顧客に届けて，新しい地域産業の創造と地域経済を再生するという大きな役割がある。

　本稿では，地域経済を活性化する取組として中小企業施策の重要な観点となっている「農商工連携」について，特に中小企業組合と農林漁業者との連携活動を段階的に分析し，市場開拓に向けた活動を行うための業種，業態を超えた組織間連携の今後の進め方について考察する。ここでは，農商工等連携促進法[4]に基づく農商工等連携促進計画の認定など，国や地方公共団体の施策利用の有無にかかわらず，農商工連携に具体的に取り組んでいる34の中小企業組合を取り上げて[5]，活動目標に応じて段階ごとに説明していくことにしたい。

　前稿において取り上げた農商工連携に取り組む事例組合の概要については，すでに図表6-1においてまとめたが，ここでは，収集した34の組合事例の概要について，組合形態別，組合業種別，組合連携先別，組合地域別，組合設立年別，組合出資金別，組合員数別といった，組合の属性にかかわる七つの観点から整理する。

(1) 組合形態別

　収集事例組合を組織形態別にみると，事業協同組合が21組合 (61.8%) と大半を占めており，企業組合が8組合 (23.5%)，商店街振興組合が3組合 (8.8%)，生活衛生同業組合と協業組合が1組合 (2.9%) となっている。

(2) 組合業種別

　収集事例組合を組合業種別にみると，「製造業」が13組合 (38.2%) と最も多く，そのうち食料品製造業が12組合 (35.3%) と大半を占めている。以下「第2・3次産業間の複合業種」が8組合 (23.5%)，「第1～3次産業間の複合業種」が7組合 (20.6%)，「飲食業」が3組合 (8.8%)，「小売業」が2組合 (5.9%)，建設業が1組合 (2.9%) となっている。なお，「第2・3次産業間の複合業種」には，商店街，共同店舗にみられる商業・サービス業・飲食業による複合業種が4組合含まれている。

(3) 組合連携先別

　収集事例組合を組合連携先別，すなわち組合がどのような第一次産業事業者

（農業協同組合，漁業協同組合を含む）と連携しているのかについてみると，複数回答にはなるが「農業関連（農業協同組合を含む）」の31組合（91.2%）が圧倒的に高い比率を占めている。さらに，そのうち農業協同組合と連携している事例が三分の一の10組合（29.4%）を占めている。以下，農林試験場，大学，市の担当課等一次産業に関連する機関・団体と連携している「その他」が6組合（17.6%），「漁業・水産関連（漁業協同組合）」が3組合（8.8%），「林業関連」が1組合（2.9%）となっている。

(4) 組合地域別

収集事例組合を組合地域別にみると，九州・沖縄地域が6組合（17.6%），北海道・東北地域，関東地域，近畿地域，中国地域が5組合（14.7%），甲信越地域と中部地域が3組合（8.8%），四国地域が2組合（5.9%）となっており，地域ブロックのすべてを満遍なく網羅している。なお，都道府県数については，24都府県に渡って半数以上の都道府県をカバーしている。

(5) 組合設立年別

収集事例組合を組合設立年別にみると，最も古い1951年設立の組合としては，岡山市の市街地にあって八つの商店街で組織される協同組合岡山市・表町商店街連盟の中で中心的な位置にある「協同組合岡山市栄町商店街」，米穀小売業者が組織した組合である「香川県食糧事業協同組合」がみられる。

最も新しい2009年設立の組合としては，青森県の「青森県農産品加工業協同組合」，福島県の「川内村生産者の分かる味噌造り企業組合」，群馬県の「ぐんま長寿命住宅協同組合」，岐阜県の「奥美濃カレー協同組合」，大分県の「日田梨協同組合」がみられる。

組合設立年代別にみると，2000年以降の設立が18組合（52.9%）と半数以上を占めており，さらに，2007年以降のここ3年以内の設立が10組合（29.4%）を占めている。以下，1960年代が6組合（17.6%），1950年代と1970年代，1990年代が3組合（8.8%），1980年代が1組合（2.9%）となっている。

(6) 組合出資金別

収集事例組合を出資金別にみると，出資金規模の大きい組合としては1億

図表6-2　農商工連携に取り組む中小企業事例組合の概要

概要区分	No	明細区分	組合数	構成比(%)
(1) 組合形態別	1	事業協同組合	21	61.8%
	2	企業組合	8	23.5%
	3	協業組合	1	2.9%
	4	商店街振興組合	3	8.8%
	5	生活衛生同業組合	1	2.9%
		計	34	100.0%
(2) 組合業種別	1	建設業	1	2.9%
	2	製造業	13	38.2%
	3	小売業	2	5.9%
	4	飲食業	3	8.8%
	5	第2・3次産業間の複合業種	8	23.5%
	6	第1～3次産業間の複合業種	7	20.6%
		計	34	100.0%
(3) 組合連携先別（複数回答）	1	農業関連（農業協同組合を含む）	31	75.6%
	2	林業関連	1	2.4%
	3	漁業・水産関連（漁業協同組合）	3	7.3%
	4	その他	6	14.6%
		計	41	100.0%
(4) 組合地域別	1	北海道・東北地方	5	14.7%
	2	関東地方	5	14.7%
	3	甲信越地方	3	8.8%
	4	中部地方	3	8.8%

　7,032万円のショッピングセンター型共同店舗である「荒川沖商業協同組合」が最も大きく，1億691万円の米穀小売業である「香川県食糧事業協同組合」，6,339万円の市場型共同店舗である「協同組合鳥取駅前食品市場」が続いている。

　出資金規模の少ない組合（任意組織を除く）としては，16万円の大分県の「大

第6章 中小企業組合における農商工連携の現状と課題 167

		5	近畿地方	5	14.7%
		6	中国地方	5	14.7%
		7	四国地方	2	5.9%
		8	九州・沖縄地方	6	17.6%
			計	34	100.0%
(5)	組合設立年別	1	1950年代	3	8.8%
		2	1960年代	6	17.6%
		3	1970年代	3	8.8%
		4	1980年代	1	2.9%
		5	1990年代	3	8.8%
		6	2000年代	18	52.9%
			計	34	100.0%
(6)	組合出資金別	1	100万円未満	10	29.4%
		2	100～200万円未満	6	17.6%
		3	200～1,000万円未満	10	29.4%
		4	1,000万円以上1億円未満	6	17.6%
		5	1億円以上	2	5.9%
			計	34	100.0%
(7)	組合員数別	1	10名未満	12	35.3%
		2	10名以上20名未満	7	20.6%
		3	20名以上100名未満	9	26.5%
		4	100名以上200名未満	4	11.8%
		5	200名以上	2	5.9%
			計	34	100.0%

分県漬物工業協同組合」が最も少なく，以下，20万円の滋賀県の「滋賀特産品振興企業組合」，24万円の大分県の「企業組合百笑一喜」が続いている。

　組合出資金規模別にみると，出資金100万円未満と200～1,000万円未満が10組合（29.4%），100～200万円未満と1,000万円以上1億円未満が6組合（17.6%），1億円以上が2組合（5.9%）となっている。

(7) 組合員数別

収集事例組合を組合員数別にみると（任意団体を除く），組合員数が最も多い組合は新潟県の「新潟県すし商生活衛生同業組合」の311名であり，以下，神奈川県の「野毛飲食業協同組合」の222名，香川県の「香川県食糧事業協同組合」の168名と続いている。

組合員数が最も少ない組合は，群馬県の「ぐんま長寿命住宅協同組合」，岐阜県の「協同組合エスウッド」，奈良県の「奈良弁当仕出事業協同組合」，滋賀県の「滋賀特産品振興企業組合」，長崎県の「協業組合さくらフーズ」，鹿児島県の「大隅物流事業協同組合」の4名である。

組合員数別の分布をみると，組合員数10名未満が12組合（35.3％），10名以上20名以下が7組合（20.6％），20名以上100名以下が9組合（26.5％），100名以上200名以下が4組合（11.8％），200名以上が2組合（5.9％）となっている。

図表6-2「農商工連携に取り組む中小企業事例組合の概要」は，34の収集組合事例を組合形態別，組合業種別，組合連携先別，組合地域別，組合設立年別，組合出資金別，組合員数別といった，組合の属性にかかわる七つの観点から整理した記述を一つの図表の形にまとめたものである。

第2節　活動目標レベルからみた農商工連携組合事例

1．活動目標レベルからみた農商工連携

農商工連携に取り組んでいる連携体（中小企業者と農林漁業者）は，たとえば「味はよいのに規格外のために今まで廃棄していた農産物を販売したい」，「地域資源である農産物をもとに加工商品を作り，地域の顧客に提供したい」，「今までにない商品を作り，インターネットを活用して全国に販売して収益をあげたい」，「配送コストがかかるので，地域の運送・保管業者と連携して，システム化した取組を行いたい」，「販売専門の新しい法人を作り，雇用を生むことによって，地域社会に貢献していきたい」といったようなさまざまな目標を掲げている。

農商工連携の活動目標レベル別分類として、ここでは、農商工連携の活動を活動目標段階別に分けてその工程や進展度から、以下の如き四つの段階に分類することにしたい。

(1) 導入・開始段階

第一レベルは導入・開始段階であり、中小企業者と農林漁業者が従来の取引関係にある、すなわち双方が商品を求めて出会う最初の段階である。一般的な取引関係と同様に、農商工連携も大半の場合にはここから、中小企業者と農林漁業者との連携がスタートする。それから次第に、通常のビジネスの枠を超えた協力関係が構築されて「有機的連携[6]」が図られる。これは、連携が開始されたばかりでお互いの意思を相互に確認しながら、今後の展開を協議する段階である。

「地産地消」を中心とした農産物、林産物、漁獲物の直売や、それに原材料を活かした簡易な加工を行うとともに、取扱品目、販売数量、販売目標などの商品企画から販売までのストーリーづくりの計画段階、たとえば地元の農産物を使用したジャム、佃煮などの加工、販売等といった初歩的な段階である。ここでは、中小企業者と農林漁業者における相互の役割分担の検討、テスト販売、農林漁産物の直売、加工品などといった、一定の狭い範囲での流通を行う。双方の連携が徐々に進むと同時に、往々にして目的・目標、取扱品目などに関するお互いの見解が交錯することもある。

(2) 基礎・整備段階

第二レベルは基礎・整備段階であり、お互いの経営資源を活用して、自社に今までなかった新商品・サービスやシステムを開発、提供する段階である。取扱品目を拡大して複数品目にし、中小企業者、農林漁業者双方が商品の企画、納入数量などに関して意見を交換することによって双方の考え方がわかるようになり、役割分担を明確にして、お互いの経営資源を活用しながらお互いの強みを発揮していく段階でもある。お互いの経営資源を活用して新商品・サービス、システムの開発・提供を進める段階である。

機能や形態は他社と同様であっても、今までの自社にない新商品の開発・販

売，新サービス，新システムの構築による提供を開始する。また，新商品の追加であっても，従前からテスト販売してきた商品との改訂を進めて，可能な部分から比較的狭い地域へ販売する段階となる。そして，新商品・サービス，システムの販売方法等について評価をして，売上計画を検討する。連携する自社に今までなかった商品化を進めることで連携をより進めて，顧客の評価を意識しながら流通を行う段階である。

(3) 応用・拡大段階

第三レベルは応用・拡大段階であり，商品化を行って商品品目の追加等マーケットへの本格投入に加えて，採算性を見据えて，利益を確保することをねらいとする段階である。次の新商品開発と生産工程に利益を還元してサイクルを進めて行くことによって，双方の商品開発・販売までのビジネスモデルが確立されて，売れる新商品・サービス，システムの開発・提供を行うことを目的とする。

自社（連携体を構成する中小企業者または農林漁業者）だけでなく他社にも，従来なかったユニーク（独自・独特）な商品開発を行い，計数管理に基づいた売れる商品作り，販売戦略を実行する段階である。地産地消を意識しながらも市場規模は基礎段階よりは広くなり，県域（あるいは隣接する複数県）の流通を主眼とすることも多くみられる。自社，他社に今までになかったユニークな新商品・サービス，システムの開発，提供をする段階である。

(4) 創造・発展段階

第四レベルは創造・発展段階であり，販売する市場も地元の地域，県域を超えて，全国展開を行う段階である。もちろん国内市場を越えたグローバルな展開も含まれる。新たな品目を投入することによって新たな戦略の策定とマーケットの拡大がなされる。連携体の売上増加，市場拡大を進めて付加価値の増大を図る段階である。経営の改善，市場拡大をしていく段階である。

また，新商品や販売の拡大によって人手が足りなくなり，新たな雇用も増えて，組織内部体制の再整備等の強化が図られることとなる。連携体の売上げ増加とともに，市場拡大と経営改善が図られる段階である。連携組織としての対

図表6-3　農商工連携の活動目標レベル

レベル	連携の工程	取組例
(1) 導入・開始段階 通常のビジネスの枠を超えた協力関係 →有機的連携	・農林漁業者と中小企業者の連携スタート ・取扱品目の検討，ストーリーづくり ・役割分担の検討 ・テスト販売，農林漁産物の加工品の直売開始など	○農林漁業者と中小企業組合（委員会，部会，青年部，女性部等での検討など）および組合員との話し合い，仲介，可能性の検討を行う。 ○農業者が生産した作物を農業生産者の婦人と任意の商店組織が地産地消を中心とした生産物の直販を行う。
(2) 基礎・整備段階 お互いの経営資源を活用して，自社に今までなかった新商品・サービス，システムの開発，提供 →お互いの強み発揮	・組織の確立 ・取扱品目の決定 ・役割分担決定 ・新商品販売，新サービス，新システム構築による提供開始 ・新商品・サービス，システムの売上計画立案 ・商品，販売についての評価	○食品製造を行う事業者で組織された中小企業組合またはその組合員が，取り扱う商品の原材料として，農業者が生産した作物等を共同購買事業等によって購入する。 ○農業生産者が中小企業組合を設立する。自らが生産した農産物を加工，販売するとともに，運送・保管において地元企業と連携する。地域の顧客への配送システムを確立した。
(3) 応用・拡大段階 自社，他社に今までなかったユニークな新商品・サービス，システムの開発，提供 →売れる新商品・サービスの開発	・商品品目の増加 ・マーケットへの本格投入 ・連携する相互の事業者が今までになかった新商品等の開発販売 ・採算性の確保 ・商品管理等計数管理の導入 ・連携する相互のビジネスモデル構築	○中小企業組合が地元の農産物を活用して，JAと共同でプリン，低糖ジャム，高級ハムなどの新商品を製造し，販売する。 ○食品製造を行う事業者で組織された中小企業組合またはその組合員が，農業者が生産した作物等をもとに，両者が保有するそれぞれの経営資源を活用して，今まで扱っていなかった新商品づくりに向けて連携する。両者が企画から意見を出し合って，試作品製造，商品化を行う。
(4) 創造・発展段階 連携体の売上増加，付加価値増大 →経営の改善，市場拡大	・新たな品目の投入 ・新たな戦略の策定 ・マーケット拡大による全国域あるいは海外への事業展開 ・内部体制の再整備等強化 ・新しい組織による販売等への展開	○中小企業組合およびその組合員が農林漁業者と連携し，新商品の地産地消を超えた全国域，海外への流通を図っている。 ○JAと連携し，地元商工業者と販売専門の事業協同組合を設立する。インターネットを活用し，農産物の生産履歴EDI，サプライチェーンの仕組みを取り入れた原材料供給から商品販売までの効率化を図るシステムを構築する。

外的な信頼性も求められ，内部体制の再整備などが求められる段階である。組織内に専門の部門を増設し，新会社や事業協同組合の設立などによって，新しい組織体による販売等への展開がなされることもある。

以上，農商工連携に取り組むに当たって，中小企業組合が事業活動の活動目標段階をどのようなレベルにおいて意図しているかについて，「導入・開始段階」「基礎・整備段階」「応用・拡大段階」「創造・発展段階」という四つの段階に分類した。図表6-3「農商工連携の活動目標レベル」は，活動目標レベルからみた農商工連携について，上述した記述を一つの図表として示したものである。以下においては，こうした四つのレベルに基づいて，収集した34の事例組合を当てはめてみよう。

2．「導入・開始段階」の事例組合

中小企業組合における農商工連携の取組として，「導入・開始段階」を活動目標とする段階に位置する事例組合は，兵庫県の「垂水商店街振興組合」，鳥取県の「鳥取本通商店街振興組合」，岡山県の「協同組合岡山市栄町商店街」，佐賀県の「佐賀県漬物工業協同組合」の4組合である。新鮮，安心・安全，安価な商品の提供を求める顧客ニーズによって，空き店舗等に農産物の直販所を設けるなど，イベントとして展開する商店街組織などが該当する。

垂水商店街振興組合は，旧八千代町（現多可町八千代区）と「町と街のフレンドシップ提携」を結び，町が商店街内にアンテナショップを運営して，多可町の農産加工品の販売や住民同士の交流会を開催している。

鳥取本通商店街振興組合は，鳥取市の代表的な中心商店街における商店街区のスペースを活用し，地産地消を中心とした農水産物の直販を実施している。農産物を生産する農業事業者が自ら販売することから，顔が見える野菜の提供となって評判もよい。地域内にある空きスペースに商業と新たなコミュニティ拠点となる核施設を建設し，行政を巻き込む形で一丸となって推進している。

協同組合岡山市栄町商店街は，全国農業協同組合連合会と県内の食品製造業者26名で構成される岡山県食品産業協議会メンバーとの懇談会を開催してい

る。共同して取り組む上での課題を検討して，今後の新商品開発に繋げていくことを目的として活動を展開している。商店街の空店舗を活用して，全農岡山県本部が運営する地域農産品を販売するアンテナショップを設置している。

佐賀県漬物工業協同組合は，佐賀県食料産業クラスター協議会において，「相知高菜分科会」を立ち上げて，JAからつ，料理研究家と連携し，佐賀県相知地区に古来より伝わる「相知高菜」を原菜とした加工食品を開発した。佐賀発の「地域ブランドを全国へ」という域外展開への市場開拓を意図している。

3．「基礎・整備段階」の事例組合

中小企業組合における農商工連携の取組として，「基礎・整備段階」を活動目標とする段階に位置する事例組合は，青森県の「青森県農産品加工協同組合」，福島県の「川内村生産者の分かる味噌造り企業組合」「ふたば夢工房企業組合」，茨城県の「荒川沖商業協同組合」，東京都の「企業組合ワーカーズ・コレクティブ凡」，岐阜県の「奥美濃カレー協同組合」，奈良県の「奈良弁当仕出事業協同組合」，広島県の「協同組合甲山いきいき村」，長崎県の「協業組合さくらフーズ」，大分県の「大分県漬物工業協同組合」，鹿児島県の「大隅物流事業協同組合」の11組合である。

青森県農産品加工協同組合は，豆腐，製めんなどの日配品を扱う中小製造業者と，こんにゃくいも生産事業者などの農商工業者8名が集まり，顧客に地元の安全な食を提案して，商品の付加価値を高めることを意図して設立された。青森県産原料にこだわった日配品を「あおもり正直村」ブランドに統一して，活動戦略の策定，総合プロデュースなどといった地産地消を意識した共同販売モデルを構築し，青森県内の地産地消を目的として事業戦略を立案している。

川内村生産者の分かる味噌造り企業組合は，川内村では米の転作作物として大豆が奨励されていることから，大豆の有効活用を図るために，有志10名によって企業組合を設立した。川内村を通し地元農家から大豆を仕入れて，味噌造りや特産物の開発を行っており，地産地消を実践している。

ふたば夢工房企業組合は，地元の農家の主婦達が，地元農産物の素材にこだ

わった商品作りを行って，農産物の有効活用と付加価値を高めるために加工施設を設置するなどの取組を行っている。2007年には「福島県農業賞」や「農山漁村チャレンジ活動表彰優秀賞」を受賞している。

荒川沖商業協同組合は，地元の土浦農業協同組合と連携して，組合（ショッピングセンター）が顧客サービスの向上を目的として地産地消「農産物展示・卸売フェア」を実施している。茨城県農業協同組合中央会を通じて協議を行い，実際の行動には土浦農業協同組合が地元農産物の普及・販促を行ってきた。2010年には，JA茨城かすみの農産物直売所を常時開設するなどによって顧客から好評を得ている。

企業組合ワーカーズ・コレクティブ凡は，地元町田市の農産物を使用して，ジャム，シロップ等の製造販売を実施している。第一に消費する立場（食べ手）から必要とされる食品の生産，第二に女性の経済的な自立の追求と継続的な働き場の創出，第三に暮らしの自治範囲の拡大を起業理念として，企業組合組織を活用している。

奥美濃カレー協同組合は，地産地消の観点から，地元のめぐみの農協と連携して，地元野菜を取り入れた奥美濃カレーを商品化した。地域活性化のためには，地元農業の活性化が必要であると考えて，休耕田の活用に取り組み，カレーに合う玉ねぎを見極めた。2011年度以降にはカレーを増産する計画で，将来的には休耕田を利用して，ニンジン，ニンニク，生姜，ジャガイモなどを生産していく予定である。

奈良弁当仕出事業協同組合は，地元の農業事業者から農産物を仕入れて，奈良の地域資源に認定されている伝統野菜を使った仕出し弁当や新たな商品開発を行っている。奈良の新名物の創造をテーマにした今回の取組では，大和伝統野菜を取り入れ，中でも一年中入手することが可能な「大和まな」[7]を使用した。

協同組合甲山いきいき村は，世羅郡の農家が生産する農産品，加工品の共同販売を実施した。当初は任意グループによって世羅町内直販施設で事業を行っていたが，食の安全，安心指向から取扱高が急増したため，当施設の指定管理

者の指定を受けるために2005年に法人化した。現在，広島市内3カ所および県東部箇所にコーナー出店しているが，好評のために量販店等への出店依頼が相次いでいる。

協業組合さくらフーズは，地産地消を目的に長崎県が開発して品種登録した，ばれいしょ「西海31号」を利用した新たな加工食品づくりに参画した。組合の役員，農家が県との会合に参加するなどによって，新商品作りに向けて連携した取組を開始した。じゃがいもを原料とした蒟蒻の試作等を行う段階にある。

大分県漬物工業協同組合は，地産地消を目的として，大分県の特産品であるゆずを活用して，風味を活かした新しい漬物を開発した。当組合の組合員でもあるJA玖珠九重が原料調達と製造を担当，組合員企業が販路開拓に取り組んでいる。

大隅物流事業協同組合は，2007年農林水産省の「広域連携アグリビジネスモデル支援事業」の補助を受けて，農水産物の加工施設を建設した。農業生産者から依頼された青果物の乾燥粉末化，おでん用大根，焼酎用さつまいもダイスの加工，ゆず精油を使用したエステ用オイルの原料開発等を行っている。

4．「応用・拡大段階」の事例組合

中小企業組合における農商工連携の取組として，「応用・拡大段階」を活動目標とする段階に位置する事例組合は，福島県の「岳温泉旅館協同組合」「企業組合ぴかりん村」，群馬県の「ぐんま長寿命住宅協同組合」，東京都の「協同組合東京の木で家を造る会」，神奈川県の「野毛飲食業協同組合」，新潟県の「新潟県すし商生活衛生同業組合」，山梨県の「南アルプス特産品企業組合：ほたるみ館」，岐阜県の「協同組合エスウッド」，福井県の「企業組合若鮎グループ加工部」，兵庫県の「エコフィード循環事業協同組合」，島根県の「横田ショッピングセンター」，広島県の「協同組合リメイク広島」，香川県の「香川県食糧事業協同組合」，大分県の「企業組合百笑一喜」の14組合である。今回取り上げた事例の半数が域内の市場に独自の商品開発を行って，実際に販売を行っている。

農商工連携が連携する双方にとって，一定の成果が評価される段階であると言える。

　岳温泉旅館協同組合は，組合が主体となって農家等との連携を実現して，旅館から排出される食品残渣を堆肥化あるいは飼料として再利用するとともに，それを使って地元の農家で有機野菜の栽培を行って，組合員である旅館の料理素材として活用している資源循環型社会構築の先駆的な例である。

　企業組合ぴかりん村は，地元農産物の消費拡大を目的として2003年に組合が設立され，農産物の加工，販売が行われている。地産地消の活動を積極的に展開して，最近では当組合で製造・販売した新商品「いもころりん」がマスコミ等で話題となった。国際食品・飲食店「FOODEX JAPAN」に出展するなどといった，販路拡大についても積極的な活動を行っている。

　ぐんま長寿命住宅協同組合は，地元の唐松・杉材を使用した長寿命住宅について研究開発している組合である。地元企業や林業事業者（個人）と協議を重ねて，木材調達において，原木の品質のバラつき，履歴の不整備，規格外の原木処理等の問題解決について相互の理解が得られて，家造りについての連携事業を実施することになった。

　協同組合東京の木で家を造る会は，当組合に加入している林業者，製材所，建築家，工務店が東京育ちの木材で家造りを行うことを通じて，山林の再生と組合員の受注量の維持に貢献することを目的としている。「地産地消型の木造住宅」の普及に向けた活動で，西多摩山林の再生を目指している林業者と連携している。

　野毛飲食業協同組合は，2009年度より地域資源の認定事業者である野毛地区振興事業協同組合，日本捕鯨協会等と連携して，くじらを使用した商品開発に取り組んでいる。組合員加盟30店舗が「野毛くじら横町」として料理を提供している。

　新潟県すし商生活衛生同業組合は，新潟県水産海洋研究所，新潟漁業協同組合と連携して，寿しに合う「南蛮海老魚醤」の開発を行った。今までにない地元の魚で作った魚醤を組合員へ提供して，顧客への活用を推奨するとともに，

2007年より行っている新潟の寿し統一メニュー「極み」に活用した。新潟ディスティネーションキャンペーンにおいて「観光とセットの"極み"」を提供することによって，観光等で訪れる顧客への普及と需要と供給の安定化を図っている。

　南アルプス特産品企業組合・ほたるみ館は，フルーツの特産地域である山梨県南アルプス市において，地元農家の主婦が中心となって企業組合を設立して，ジャムやジュース等の地元農産物の加工食品を製造・販売している。市から受託して組合が管理運営している地域活性化施設「ほたるみ館」の運営と，地元特産品販売施設「まちの駅」において製造・販売を中心に活動しており，加工品目も増加して，農産品を新たな商品として地域の顧客に提供する地産地消および農業振興・地域振興に貢献している。

　協同組合エスウッドは，未利用短イグサを活用した天然素材の石けん等の製造・販売事業をテーマとして，2009年に農商工等連携促進法に基づく事業計画の認定を受けた。当組合では，木のチップを木の性質を活かした人に無害のノンゲルを用い，ボード化する技術を有し，同技術によってイグサボードを製造して，製品（石けん）を入れる化粧箱を製造している。現在は，製品の製造から市場に商品を供給していく段階であり，一定の目標利益を確保することができるかどうかといった課題はあるが，販路開拓が成功すれば，次のステップである全国域の域外展開が可能となる。

　企業組合若鮎グループ加工部は，地元の農家と連携して，地域の伝統料理である「木葉ずし」と地場特産のニンジンを使った，他にはない「キャロムー（デザート）」を製造・販売している。曹洞宗の大本山永平寺のある永平寺町浄法寺地区の農家の主婦が中心となり，地域で採れる野菜を夕市で地域の顧客に安価で提供したことから始まった。農産物の直販，新たな農産加工品の提供だけではなく，地域伝統料理の啓蒙活動などを行っていることが永年継続している要因である。

　エコフィード循環事業協同組合は，食品工場の製造過程で産出される食品副産物やスーパーの販売期限切れ食品等の食品廃棄物を原料として飼料を製造

し，エコフィードとして養豚農家や配合飼料メーカーに販売する食品リサイクル事業を行っている。生産する飼料によって安全で高い品質の豚肉を生産するリサイクルループの構築を志向して，食味で優れる霜降り豚肉の生産に成功した。ブランド豚肉「ひょうご雪姫ポーク」としても販売されて，2008年度の食品リサイクル推進環境大臣賞で最優秀賞を受賞した。

　協同組合横田ショッピングセンターは，循環型社会形成推進の視点に立った地域内循環を確立することを目的に，農作物や農作物加工品の「安全性に目を向けた専業系食品残渣の処理軽減とともに，その堆肥化によってユーザー（顧客）との連携を図る仕組み」の構築に取り組んでいる。成果物である生産品，加工品が町内のショッピングセンターで販売されて，顧客が購入するサイクルを実現した。

　協同組合リメイク広島は，広島県の特産品であるカキについて，カキ養殖組合との研究会を通じて，環境にやさしいカキ作りのあり方を考えてきたことが発端となって，ともに勉強してきた有志6名によって設立された。環境にやさしいカキ作りに対応するためには廃棄物の完全リサイクルを図る必要があることから，カキ養殖現場から出る廃筏やカキ殻の一体型システムを開発して，機械製造を担当する組合員を通じて，廃筏破砕機などのシステムを構成するユニット機の販売を開始した。その後，廃筏の破砕チップと廃発砲スチロールブイ溶融物を利用した固形燃料製造装置の開発等を行った。

　香川県食糧事業協同組合は，契約農家7名から原料を仕入れて，米穀等の主要食糧の卸売業務を行っている。大手量販店等との価格競争，需要の減少等厳しい経営環境に対応するために，新たな商品の開発を目指して，ビタミンやミネラルなどの多くの有用成分をバランスよく含んで，近年の健康志向ブームにも対応することができる玄米粉の製品化に本格的に取り組んだ。農家との連携のほかに，産学官連携によって玄米を独自の技術で粉末状に加工した家庭向け製品も開発するとともに，マーケティングのあり方について検討を行っている。

　企業組合百笑一喜は，2008年に「農を通じて故郷を守る」ことを目標として

地元の農家によって設立された。地元の農産物を用いて，地元の学校給食への食材提供，産直コーナーの設置等を実施している。農商工連携の取組は，ふるさと雇用再生特別基金事業「おおいた次世代ニュービジネスプラン」として，「小さな地ワイン醸造事業」を進めた。そこで，地ワインの試験醸造，製品開発に取り組むとともに，新たな販売体制を構築して，本格的な製造販売体制の確立を目指している。

5．「創造・発展段階」の事例組合

　中小企業組合における農商工連携の取組として，「創造・発展段階」を活動目標とする段階に位置する事例組合は，新潟県の「新潟県なまめん工業協同組合」，滋賀県の「滋賀特産品振興企業組合」，和歌山県の「紀州田辺梅干協同組合」，徳島県の「協同組合阿波池田ラクーンネット」，大分県の「日田梨協同組合」の5組合である。開発，製造した商品の高付加価値化を図って，これからの新事業計画を検討して，事業活動のいっそうの拡大を図っている段階である。事例全体からみれば，実際に域外展開まで行っている事例は少ないものの，販売エリアも拡大し，全国あるいは海外展開を図っている。農商工連携が進んで，お互いの意思を融合させながら，すでに地産地消を超えて独自の商品を新商品として国内外の市場に展開している段階である。

　新潟県なまめん工業協同組合は，新潟県食品研究センターが開発した柿渋（羽茂農協が原料供給，マルハフーズが柿渋製造）をラーメンに練り込んだ生ラーメンを開発している。組合員に製造ノウハウを提供することによって大手ラーメン店でも採用されて，売上は好調に推移している。県の施策である柿クラスター事業の一翼を担うことによって，柿渋の需要と農業の振興にも寄与している。

　滋賀特産品振興企業組合は，滋賀県の名産品である茶を幅広い年代に親しんでもらえるように，国内には例がほとんどない「お茶ジャム」の製造に取り組んでいる。開発が難しいとされてきたお茶ジャムであったが，茶業と加工業の知恵を結集して，材料や製造方法を工夫した。通常ジャムに入れるゲル化剤で

ある「ペクチン」を使わない製品開発に成功した。農商工等連携促進法に基づく事業計画の認定を受けて，お茶ジャムのバリエーションやお茶ドレッシングなども開発中である。

紀州田辺梅干協同組合は，地元農協と連携して農家から良質の梅の提供を受けて，梅干製品，新商品の開発に取り組んでいる，市場は全国および海外からの取引も行っている代表的な農商工連携事例である。紀州の梅干は，古くからの歴史の流れを組む産業として，そのビジネスパターンは他の食品製造業には稀な特殊性を持っている。生梅および一次加工梅については，生産者段階，仲買段階，メーカー段階といった3段階で在庫調整機能が働いて，市場への調整をまさに農商工連携で行っている。

協同組合阿波池田ラクーンネットは，地元特産品の研究開発のために，地元中小企業とJAの連携・出資によって設立された。県西部の郷土食であるそば米関連商品，雑穀を使った商品を開発した。フリーズドライ製法として，地元JA等との連携を進めながら市場をインターネット通販によって拡大し，農商工連携に取り組む新商品の域外展開を図っている。

日田梨協同組合は，委託販売型の日田梨輸出を産地の農業生産者自らが行って，消費地台湾の需要に沿った商品を提案する産地発信型の戦略的輸出事業に取り組んでいる。量販店中心の国内販売だけでなく，大玉需要の高い台湾などの中秋節・春節向けの輸出を行っている。2007年に台湾へ163トンを輸出し，また上海，タイ，香港などへも少量ながら輸出しており，対象国は拡大している。選果場で年間約200トン弱発生する規格外品の活用方法を検討して，当組合では地元企業と連携して，ジュース，シロップ漬け，水煮，ゼリー等の加工に取り組み，リキュール・発泡酒・焼き肉のタレ・梨酢等の開発・販売を行っている。

第3節　市場活動レベルからみた農商工連携組合事例

1．市場活動レベルからみた農商工連携

　農商工連携の市場活動レベルについては，農商工連携の取組によって開発された連携成果物としての新商品やサービス，システムなどについて，たとえば市場活動の活動範囲，活動浸透度，活動対象といったような幾つかの視点から捉えることができよう。ここでは，市場活動レベルを実際に認識し把握することが最も容易かつ明確であると考えられる，現在の農商工連携の取組によって開発された新商品やサービス，システムなどを，現状においてどのような市場範囲に投入しているのかという観点から捉えることにしたい。

　そこでいまこうした観点から捉えると，農商工連携の市場活動レベルは次の五つに区分することができる。第一は「町村連携区域」の事例組合，すなわち一つの町村（または複数町村）の区域において，市場活動を展開している組合事例である。第二は「市内連携区域」の事例組合，すなわち一つの市内（または複数市）の区域において，市場活動を展開している組合事例である。第三は「県内連携区域」の事例組合，すなわち一つの県内（または複数県）の区域において，市場活動を展開している組合事例である。第四は「全国連携区域」，すなわち全国の区域において，市場活動を展開している組合事例である。第五は「グローバル市場」の事例組合，すなわちグローバルな展開において，市場活動を展開している組合事例である。以下においては，こうした五つのレベルに基づいて，収集した34の事例組合を当てはめてみよう。

2．「町村連携区域」の事例組合

　「町村連携区域」とは，地産地消のうちで，直売によって町村の地域などを一定の狭い範囲を対象とした流通や，農商工連携を通じて開発したシステムを組合や組合員を中心に導入している場合である。ファーマーズマーケット（農家による直売）のように，農家の主婦等が地域内の顧客に新鮮野菜や，あまり資本

や機械の力をかけずに商品化することができる加工品について企業組合組織を活用して製造販売する事例，商店街組合が地元の農家，農業協同組合等と連携して地域の顧客に販売する事例，地域内に組合員が密集する組合などが循環型システムを地域に還元する事例が多い。

「町村連携区域」の事例組合としては，次の9組合が位置づけられる。すなわち，(1)川内村を通して地元農家から大豆を仕入れて，味噌造りや特産物の開発を行って，地域の顧客をユーザーとする「川内村生産者の分かる味噌造り企業組合」，(2)旅館，農場，農家，販売業者等の連携によって，岳温泉地域内において資源の循環型サイクルを形成した「岳温泉旅館協同組合」，(3)地元農家の主婦達が，農産物の有効活用と付加価値を高めるために加工施設と地産地消に直売所を設置する「ふたば夢工房企業組合」，(4)地元農業協同組合との連携によって，共同店舗内で地元農産物フェアを開催している「荒川沖商業協同組合」がみられる。

さらに，(5)組合員30店が野毛くじら横町として，それぞれに工夫をこらした鯨料理を提供している「野毛飲食業協同組合」，(6)アンテナショップを開設して，地元の農業事業者と連携して直売を行っている「垂水商店街振興組合」，(7)商店街区に農産物を生産する農業事業者が直販を実施している「鳥取本通商店街振興組合」や(8)協同組合岡山市栄町商店街，(9)組合内で発生する食品残渣を連携先で有機肥料に加工し，連携農家は有機肥料を使用して有機農産物を生産し，当組合が仕入れて販売する循環型の農商連携を確立した「協同組合横田ショッピングセンター」が位置づけられる。

3.「市内連携区域」の事例組合

「市内連携区域」とは，地産地消のうち，市内（または複数市）の区域などの，比較的狭い地域における流通や身近な範囲の顧客を対象として販売を実施している場合である。販売の仕方では市を超える範囲からの顧客も対象となり，組合員の所在する地区を超え，安全・安心，新鮮さが口コミによって商圏が広がり，顧客が車を走らせて購買に来るなどの事例もみられる。

「市内連携区域」の事例組合としては，次の9組合が位置づけられる。すなわち，(1)市内の農事業者と生協活動をしている主婦が連携して，地場産の新鮮な農産物を原料として農産加工品を販売して，自分たちの街の食に活かすべく活動を展開している「企業組合ワーカーズ・コレクティブ凡」，(2)南アルプス市から施設管理運営を受託し，地元特産品の販売施設として観光客への販売，サービスの提供を行う「南アルプス特産品企業組合・ほたるみ館」，(3)特産カレーの知名度と認知度向上のため，百貨店や量販店での物産展，マスコミを活用し宣伝活動を行っている「奥美濃カレー協同組合」，(4)永平寺町の特産品であるニンジンを活用したデザートを開発，地域のスーパーや量販店で販売している「企業組合若鮎グループ加工部」がみられる。

さらに，(5)奈良に訪れた観光客等への弁当配達業者を選定，料亭への提案，通信販売も行う「奈良弁当仕出事業協同組合」，(6)学校給食等への野菜の供給，食材の仕入れに訪れる町内の飲食店，広島市内大手量販店に3カ所および県東部箇所にコーナー出店し，順調に取扱高を伸ばしている「協同組合甲山いきいき村」，(7)佐賀県相知地区に古来より伝わる高菜を復活させ，地域の特産品に育てるべく販売を開始する「佐賀県漬物工業協同組合」，(8)ぶどう生産農家が集まり地ワイン醸造と商品開発を進め，結婚式の引き出物や記念品用として，当事者自身にワインの仕込みを体験してもらう「企業組合百笑一喜」，(9)地域の農産物の運送効率を高めるため加工施設を建設し，農家―加工場―販売のシステム化を図った「大隅物流事業協同組合」が位置づけられる。

4．「県内連携区域」の事例組合

「県内連携区域」とは，地産地消，または新しいシステムの開発によって，県内または複数県にまで広がった，やや広域な顧客を対象としている場合である。商品の普及に展示会，マスコミを活用するとともに，百貨店，スーパーなどとの取引を可能とすることによって，販売域を拡大していく戦略がみられる。

「県内連携区域」の事例組合としては，次の11組合が位置づけられる。すなわ

ち，(1)食品の統一ブランドを確立して，市内の百貨店，スーパー等へ豆腐，納豆などの日配品を販売する「青森県農産品加工協同組合」，(2)新商品がマスコミ等で取り上げられ，世界的な展示会にも出展するなどの販路拡大についても積極的な活動を行っている「企業組合ぴかりん村」，(3)群馬県において家づくりをする顧客に長寿命（二百年）住宅を提案する「ぐんま長寿命住宅協同組合」，(4)地産の木材を使用し，地元で木造住宅を建築し販売する「協同組合東京の木で家を造る会」，(5)新潟の魚，寿しを食してもらおうと魚醤を商品化し，県内寿司店に普及する「新潟県すし商生活衛生同業組合」，(6)地域特産品であるおけさ柿の柿渋（ポリフェノール）を加えた生麺は，食感もよく販売も好調で他県への販売も行われている「新潟県なまめん工業協同組合」がみられる。

さらに，(7)滋賀県の特産品である近江茶を活用してジャム，ドレッシングを開発し，地域ブランドを付与して地元の顧客，観光客に普及する「滋賀県特産品振興企業組合」，(8)環境に優しいカキ養殖を目指し，漁業協同組合や市等に成果発表，製品紹介を行い，取引されている「協同組合リメイク広島」，(9)商品であるそば米ぞうすいを県内の土産店，高速道路パーキング，地元スーパー等で販売している「協同組合阿波池田ラクーンネット」，(10)産学官＋農商工連携で生まれた健康玄米食を組合員店舗（米穀店）や県内の百貨店・量販店などで販売している「香川県食糧事業協同組合」，(11)組合員が既存の取引ルートを活用して販路開拓に当たるとともに，首都圏や地域の食品フェアへ出展して市場開拓を行っている「大分県漬物工業協同組合」が位置づけられる。

5．「全国連携区域」の事例組合

「全国連携区域」とは，地産地消だけでなく，域外の顧客を対象として，広い範囲の都道府県，さらには全国などの広域的な市場を対象として活動している場合である。農商工連携事例は，最終的には全国的な展開まで図られることが望ましいが，実際に全国的な範囲までを商圏として展開している例は少ない。県域あるいは複数県（ブロック等）で販売が終始しているのが実際であろう。

「全国連携区域」の事例組合としては，次の２組合が位置づけられる。すなわ

ち，(1)組合の規模は小さいものの荒廃を深める森林の再生に寄与するとのコンセプトのもと全国域の販路拡大を行う「協同組合エスウッド」，(2)開発した循環型システムを全国的に普及するとともに，生産するブランド霜降り豚肉を県内3店舗で販売している「エコフィード循環事業協同組合」がみられる。

6．「グローバル市場」の事例組合

「グローバル市場」とは，全国域の展開だけでなく，海外在住の邦人やアジア，欧米諸国などの，グローバルな販売を対象として展開している場合である。産地全体が一体として産業を育成している事例やアジア市場のニーズによって，積極的にPR活動を行って普及して取扱高を増加している事例がみられる。

「グローバル市場」の事例組合としては，次の2組合が位置づけられる。すなわち，(1)日本を代表する梅の産地である紀州田辺で地域全体が一大シンジケートとなって，全国的あるいは世界市場に展開する「紀州田辺梅干協同組合」，(2)台湾だけではなくて上海，タイ，香港などへも輸出を行う「日田梨協同組合」がみられる。

以上，農商工連携を実施している34事例組合について，それぞれ五つの市場活動レベルのいずれかに位置づけた。なお，「協業組合さくらフーズ」については，開発された「ばれいしょ」を原材料とした新商品の販売活動はこれから展開されるものであることから，計画途上にある案件として記述しなかったが，以下では便宜上第一の「町村連携区域」に分類した。しかし，当組合は，他のこんにゃく関連の新商品をすでにネットショッピング上にも数多く出品しており，協業組合が販売事業を実施している好例として，今後の展開が期待される。

第4節　中小企業組合における農商工連携の展開

1．農商工連携組合の連携ポジション

本章では，中小企業組合における農商工連携について，まず活動目標レベル

と市場活動レベルという二つの観点から類型化した。次に，活動目標レベルは四つの活動目標段階に区分し，市場活動レベルは五つの市場活動区域に区分した。そして，今回収集した34事例組合をこうした二つのレベルに関して連携ポジションをそれぞれ別々に位置づけた。そこでいま，上述した観点をさらに展開して，活動目標レベル（活動目標段階）と市場活動レベル（市場活動区域）を交差する形で，中小企業組合における農商工連携を捉えてみよう。ここでは，こうした活動目標レベルと市場活動レベルの二つの観点からみた中小企業組合における農商工連携について，以下の如き七つの点を指摘することができる。

(1) 活動目標レベルからみた事例組合数

第一は，活動目標レベルの活動目標段階からみた事例組合数の分布である。活動目標レベルについては，すでに低次から高次へと「S1：導入・開始段階」，「S2：基礎・整備段階」，「S3：応用・拡大段階」，「S4：創造・発展段階」の四つの活動目標段階（Stage）に区分したが，その該当組合数はそれぞれ「5」，「10」，「14」，「5」となっている。そこでいま，それぞれの段階にポイント「1」，「2」，「3」，「4」を付与して，加重平均値を算出すると，全事例組合の加重平均値は「2.56」である。こうした考察から，事例組合の活動目標段階からみた活動目標レベルは，「基礎・整備段階」のほぼ中央値に近い位置にあることが明確になった。

(2) 市場活動レベルからみた事例組合数

第二は，市場活動レベルの市場活動区域からみた事例組合数の分布である。市場活動レベルにおいて，すでに狭範囲から広範囲へと「D1：町村連携区域」，「D2：市内連携区域」，「D3：県内連携区域」，「D4：全国連携区域」，「D5：グローバル市場」の五つの市場活動区域（District）に区分したが，その該当組合数はそれぞれ「10」，「9」，「11」，「2」，「2」となっている。そこでいま，それぞれの段階にポイント「1」，「2」，「3」，「4」，「5」を付与して，加重平均値を算出すると，全事例組合の加重平均値は「2.32」である。こうした考察から，事例組合の市場活動区域からみた市場活動レベルは，「市内連携区域」の下位位置にあることが明確になった。

第6章 中小企業組合における農商工連携の現状と課題　187

図表6-4　活動目標レベルと市場活動レベルからみた事例組合数

区分	レベル	ポイント	組合数	構成比(%)
活動目標レベル	S1：導入・開始段階	1	5	14.7%
	S2：基礎・整備段階	2	10	29.4%
	S3：応用・拡大段階	3	14	41.2%
	S4：創造・発展段階	4	5	14.7%
	計		34	100.0%
	加重平均値		2.56	
市場活動レベル	D1：町村連携区域	1	10	29.4%
	D2：市内連携区域	2	9	26.5%
	D3：県内連携区域	3	11	32.4%
	D4：全国連携区域	4	2	5.9%
	D5：グローバル市場	5	2	5.9%
	計		34	100.0%
	加重平均値		2.32	

　図表6-4「活動目標レベルと市場活動レベルからみた事例組合数」は，上述した活動目標段階と市場活動区域からみた業種別事例組合数を一つの表の形で示したものである。

(3)　活動目標段階と市場活動区域の交差からみた個別事例組合の分布

　第三は，活動目標段階と市場活動区域の交差からみた個別事例組合の分布についてである。縦軸には，活動目標レベルの低次段階か高次段階へと「導入・開始段階」，「基礎・整備段階」，「応用・拡大段階」，「創造・発展段階」という四つの活動目標段階を配置した。一方横軸には，市場活動レベルの狭範囲領域から広範囲領域へと「町村連携区域」，「市内連携区域」，「県内連携区域」，「全国連携区域」，「グローバル市場」という五つの市場活動区域を配置した。そして，こうした二つのレベルが交差する形をとることにした。図表6-5「農商工連携事例組合の連携ポジション」は，こうした分析的枠組みに基づいて，収集した34事例組合を縦軸・横軸のそれぞれのポジションに応じて位置づけて，一

図表6-5　農商工連携事例組合の連携ポジション

活動目標段階 ＼ 市場活動段階	D1 町村連携区域	D2 市内連携区域	D3 県内連携区域	D4 全国連携区域	D5 グローバル市場
S4 創造・発展段階			⑬ ⑰ ㉘		㉑ ㉜
S3 応用・拡大段階	③ ⑩ ㉓	⑪ ⑯ ㉝	⑤ ⑦ ⑧ ⑫ ㉕ ㉗	⑮ ⑲	
S2 基礎・整備段階	② ④ ⑥	⑨ ⑭ ⑱ ㉖ ㉞	① ㉛		
S1 導入・開始段階	⑳ ㉒ ㉔ ㉚	㉙			

つの図表の形で示したものである。

(4) 活動目標段階と市場活動領域の交差からみた事例組合数の分布

　第四は，活動目標段階と市場活動領域の交差からみた事例組合数の分布についてである。図表6-5においてみられる通り，活動目標レベルの「S3」と市場活動レベルの「D3」のポジションが交わるセル「S3・D3（応用・拡大段階－県内連携区域）」が6組合で最も集中しており，次いで「S2」と「D2」のポジションが交わるセル「S2・D2（基礎・整備段階－市内連携区域）」が5組合と集中している。そして，「S1」と「D1」が交わるセル「S1・D1（導入・開始段階－町村連携区域）」が4組合，「S2」と「D1」が交わるセル「S2・D1（基礎・整備段階－町村連携区域）」，「S3」と「D1」が交わるセル「S3・D1（応用・拡大段階－町村連携区域）」，「S3」と「D2」が交わるセル「S3・D2（応用・拡大段階－市内連携区域）」，「S4」と「D3」が交わるセル「S4・D3（創造・発展段階－県内連携区域）」がそれぞれ3組合となっている。

(5) ポジショニングされた連携事例組合の活動状況

　第五は，このポジショニングされた連携事例組合の活動状況についてである。図表6-5においてみられる通り，すべての活動目標段階と市場活動区域に連携事例組合の分布がみられるわけではなく，明確な住み分けがみられる。

第6章　中小企業組合における農商工連携の現状と課題　189

すなわち，活動目標レベルの「S4」を目標としていながら市場活動レベルの「D1」や「D2」に活動の場を求めているセル「S4・D1（創造・発展段階－町村連携区域）」やセル「S4・D2（創造・発展段階－市内連携区域）」に位置する事例組合はみられない。

一方その逆に，活動目標レベルが「S1」や「S2」に留まっていながら，市場活動レベルで「D4」や「D5」などの地産地消を超えて広い範囲の域外市場において展開するセル「S1・D4（導入・開始段階－全国連携区域）」やセル「S1・D5（導入・開始段階－グローバル市場）」，セル「S2・D4（基礎・整備段階－全国連携区域）」やセル「S2・D5（基礎・整備段階－グローバル市場）」に位置している事例組合はみられない。

(6)　活動目標レベルと市場活動レベルの相互関係

第六は，活動目標レベルと市場活動レベルの相互関係についてである。図表6－5においてみられる通り，活動目標段階が高くなればなるほど市場活動区域が広くなるという傾向が明確にみられる。すなわち，活動目標レベルのS1段階は市場活動レベルのD2区域まで，S2段階はD3区域まで，S3段階はD4区域まで，S4段階はD5区域まで市場活動区域を拡大している。

活動目標レベルが「S4」や「S3」に位置する事例組合は言うまでもなく「S2」や「S1」に位置する事例組合についても，経済活動の広域化・国際化・グローバル化という観点からみると当然の如く，将来的には域外市場を開拓し，展開を図りたいという願望を有しているものと推測される。しかし，大半の事例組合においては，現実的には活動目標レベルが「S1」や「S2」に位置する事例組合はもちろんのこと，「S3」や「S4」に位置する事例組合においても，市場活動レベルが「D2」や「D3」を最広域とする市場展開に終始している状況が伺える。すなわち，中小企業組合と農林漁業者との農商工連携は多くの場合において，その地域の特産品を活用した双方にとって新しい商品づくりを行おうとする取組を行い，「地産地消」を強く意識しながら主として市内連携区域や県内連携区域における顧客に対して最大限応えようとする状況が強く伺える。

(7) 農商工連携組合の市場開拓策

　第七は，農商工連携組合の市場開拓策についてである。農商工連携の連携体は，Web販売などインターネットを活用して全国連携区域の広い範囲の顧客を市場として捉えようと，いろいろな手法を考えてトライしてみるものの，顧客，販売する事業者の双方にとつて顔が見えないために，なかなか全国連携区域まで具体的に展開されないのが実情となっている。地域性を保持しながらも，たとえば安全・安心，環境，健康，木のぬくもりによる癒しなど，一つの業態として，いわゆる「こだわり商品」を市場に訴求していくことがこれからの農商工連携を進めていくには必要なのではないであろうか。最終的には，どのように市場の開拓を図っていくかについて，効果的なマーケティングの手法と実践が求められるのである。連携する事業者は，製造販売する商品のコンセプトを明確にし，安全性，衛生基準，生産方法，味と技術を付加した商品を顧客に提供していく必要がある。

2．農商工連携組合の業種別連携ポジション

　本稿では，中小企業組合における農商工連携について，まず農商工連携を活動目標レベルと市場活動レベルの二つの観点から捉えて，前者を四つの活動目標段階，後者を五つの市場活動区域に区分して捉えた。次に，こうした観点から今回収集した34事例組合における農商工連携を，活動目標レベル（活動目標段階）と市場活動レベル（市場活動区域）を交差する形で捉えた。

　そこでいま，上述した観点をさらに展開して，農商工連携組合の連携ポジションを業種別に捉えることにしたい。組合業種区分は，すでに事例組合の概要のところでは「建設業」「製造業」「小売業」「飲食業」「第2・3次産業間の複合業種」「第1～3次産業間の複合業種」の六つに区分した。「製造業」が13組合（38.2％）と最も多く，そのうち食料品製造業が12組合（35.3％）と大半を占め，「第2・3次産業間の複合業種」が8組合（23.5％），「第1～3次産業間の複合業種」が7組合（20.6％），「飲食業」が3組合（8.8％），「小売業」が2組合（5.9％），建設業が1組合（2.9％）となっている。なお，「第2・3次産業間

の複合業種」には，商店街，共同店舗にみられる商業・サービス業・飲食業による複合業種が4組合含まれている。

しかしここでは，当該事例組合件数が少ないことや同様な傾向がみられるといった事情により，便宜上建設業は製造業，飲食業は小売業と一緒にまとめて，「製造業・建設業」「小売業・飲食業」「第2・3次産業間の複合業種」「第1～3次産業間の複合業種」という四つに区分して取り扱うことにした。業種別にみた農商工連携組合の連携ポジションについて，以下の如き三つの点を指摘しておきたい。

(1) **活動目標段階からみた業種別事例組合数の分布**

第一は，活動目標レベルの活動目標段階からみた業種別事例組合数の分布である。活動目標レベルにおいて，すでに低次から高次へと区分した「導入・開始段階」，「基礎・整備段階」，「応用・拡大段階」，「創造・発展段階」の四つにそれぞれポイント「1」，「2」，「3」，「4」を付与して，組合業種別に加重平均値を求めると次の如く算出される。すなわち，「製造業・建設業」の加重平均値は「2.57」，「小売業・飲食業」の値は「2.60」，「第2・3次産業間複合業種」の値は「2.25」，「第1～3次産業間複合業種」の値は「2.86」，全事例組合の加重平均値は「2.56」である。

こうした考察から，業種別の活動目標段階について次の点が明白になる。すなわち，「第1～3次産業間複合業種」における活動目標段階は相対的に高く，「基礎・整備段階」の高次な位置にあるが，「第2・3次産業間複合業種」における活動目標段階は相対的に低く，「基礎・整備段階」の低次な位置にあること，「製造業・建設業」と「小売業・飲食業」はいずれも「基礎・整備段階」における両者の中間的な位置にあることが明確になっている。

(2) **市場活動区域からみた業種別事例組合数の分布**

第二は，市場活動レベルの市場活動区域からみた業種別事例組合数の分布である。市場活動レベルにおいて，すでに狭範囲から広範囲へと区分した「町村連携区域」，「市内連携区域」，「県内連携区域」，「全国連携区域」，「グローバル連携市場」の五つにそれぞれポイント「1」，「2」，「3」，「4」，「5」を付与

して，組合業種別に加重平均値を求めると次の如く算出される。すなわち，「製造業・建設業」の加重平均値は「2.43」，「小売業・飲食業」の値は「2.20」，「第2・3次産業間複合業種」の値は「1.75」，「第1〜3次産業間複合業種」の値は「2.86」，全事例組合の加重平均値は「2.32」である。

　こうした考察から，業種別の活動目標段階について次の点が明白になる。すなわち，「第1〜3次産業間複合業種」における市場活動区域は相対的に広く，「市内連携区域」の広範囲な位置にあるが，「第2・3次産業間複合業種」における市場活動区域は相対的に狭く，「町村連携区域」の狭範囲な位置にあること，「製造業・建設業」と「小売業・飲食業」はいずれも「市内連携区域」における両者の中間的な位置にあることが明確になっている。

　図表6-6「活動目標レベルと市場活動レベルからみた業種別事例組合数」は，上述した活動目標段階と市場活動区域からみた業種別事例組合数を一つの

図表6-6　活動目標レベルと市場活動レベルからみた業種別事例組合数

区分	レベル	ポイント	製造業・建設業	小売業・飲食業	第2・3次複合	第1〜3次複合	計
活動目標レベル	S1：導入・開始段階	1	3		2		5
	S2：基礎・整備段階	2	3	2	2	3	10
	S3：応用・拡大段階	3	5	3	4	2	14
	S4：創造・発展段階	4	3			2	5
	計		14	5	8	7	34
	加重平均値		2.57	2.60	2.25	2.86	2.56
市場活動レベル	D1：町村連携区域	1	4	1	5		10
	D2：市内連携区域	2	3	2	1	3	9
	D3：県内連携区域	3	5	2	1	3	11
	D4：全国連携区域	4	1		1		2
	D5：グローバル市場	5	1			1	2
	計		14	5	8	7	34
	加重平均値		2.43	2.20	1.75	2.86	2.32

第6章　中小企業組合における農商工連携の現状と課題　193

(3) 活動目標段階と市場活動区域の交差からみた業種別事例組合数の分布

　第三は，活動目標段階と市場活動領域の交差からみた，業種別事例組合数の分布についてである。図表6-7「農商工連携事例組合の業種別連携ポジション」は，すでに作成し図表6-5「農商工連携事例組合の連携ポジション」において，組合業種を明示したものである。すなわち，すでに作成した図表6-5と同様の分析的枠組みに基づいて，活動目標段階と市場活動区域の交差から，収集した34事例組合を縦軸・横軸のそれぞれのポジションに応じて，特に該当事例組合の業種を明示する形で位置づけて示したものである。

　図表6-7において，業種別に次の如き顕著な特徴がみられる。「製造業・建設業」は，活動目標レベルと市場活動レベルにおいても低位から高位，狭囲から広囲に至るまで，満遍なくほとんどすべてのセルに分布している。「小売業・飲食業」は，活動目標レベルは「S3」と「S2」，市場活動レベルは「D2」と「D3」

図表6-7　農商工連携事例組合の業種別連携ポジション

活動目標段階 \ 市場活動段階	D1 町村連携区域	D2 市内連携区域	D3 県内連携区域	D4 全国連携区域	D5 グローバル市場
S4 創造・発展段階			⑬ ⑰ ㉘		㉑ ㉜
S3 応用・拡大段階	③ ⑩ ㉓	⑪ ⑯ ㉝	⑤ ⑦ ⑧ ⑫ ㉕ ㉗	⑮ ⑲	
S2 基礎・整備段階	② ④ ⑥	⑨ ⑭ ⑱ ㉖ ㉞	❶ ㉛		
S1 導入・開始段階	⑳ ㉒ ㉔ ㉚	㉙			

建設：7
製造：2,4,5,12,15,16,17,21,24,29,30,31,33
小売：9,27
飲食：10,11,18
2・3：3,6,14,19,20,22,23,25
1〜3：1,8,13,26,28,32,34

◎ 建設業（1組合）
● 製造業（13組合）
○ 小売業（2組合）
● 飲食業（3組合）
○ 2・3次産業間の複合業種（8組合）
● 1〜3次産業間の複合業種（7組合）

に位置し,「S2」と「D2」が交差するセル「S2・D2（基礎・整備段階－市内連携区域）」と,「S3」と「D3」が交差するセル「S3・D3（応用・拡大段階－県内連携区域）」に分布している。

「第2・3次産業間複合業種」は,活動目標レベルは「S1」から「S3」,市場活動区域は「D1」から「D3」に位置し,セル「S1・D1（導入・開始段階－町村連携区域）」,セル「S2・D1（基礎・整備段階－町村連携区域）」,セル「S3・D1（応用・拡大段階－町村連携区域）」といった相対的に低位狭範囲圏に分布している。「第1～3次産業間複合業種」は,活動目標レベルは「S2」から「S4」,市場活動区域は「D2」から「D3」に位置し,セル「S2・D2（基礎・整備段階－市内連携区域）」,セル「S3・D3（応用・拡大段階－県内連携区域）」,セル「S4・D3（創造・発展段階－県内連携区域）」といった相対的に高位広範囲圏に分布している。

図表6-8「農商工連携事例組合の業種別連携ポジションからみた分布圏」は,こうした分析的枠組みに基づいて,収集した34事例組合を縦軸・横軸のそれぞれのポジションに応じて位置づけ,組合業種別の各セルにおける組合数の

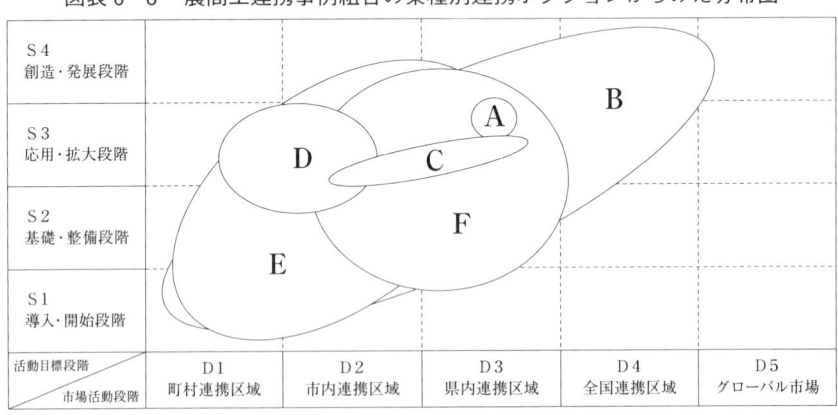

図表6-8　農商工連携事例組合の業種別連携ポジションからみた分布圏

建設：7
製造：2,4,5,12,15,16,17,21,24,29,30,31,33
小売：9,27
飲食：10,11,18
2・3：3,6,14,19,20,22,23,25
1～3：1,8,13,26,28,32,34

A 建設業（1組合）
B 製造業（13組合）
C 小売業（2組合）
D 飲食業（3組合）
E 2・3次産業間の複合業種（8組合）
F 1～3次産業間の複合業種（7組合）

分布圏を概略的に一つの図表の形で示したものである。

3．農商工連携組合の連携業務分野

　以上，農商工連携組合の連携ポジションについて，農商工連携はどのような活動目標を掲げて，どのような活動区域において連携を進めていくかという観点から捉えた。しかし，農商工連携組合の連携については，こうした「連携ポジション」と同時に「連携業務分野」が重要な要件である。すなわち，農商工連携組合はどのような業務分野において連携を進化させていくかという観点である。そこで次に，農商工連携組合の連携業務分野について，中小企業者と農林漁業者を取り上げて捉えることにしたい。

　農林漁業者にとっても，生産過程である商品の製造，保管・輸送および商流を担当する流通部門の中小企業と連携することは，大企業との連携とは異なり，採算性や機動性，小回り性や地域企業の強み等のメリットが生じることも少なくない。しかし一方では，農林漁業の第六次産業化[8]，大規模な共同生産・加工事業，共同販売事業を行う農業協同組合や漁業協同組合と，事業面で同様な機能を有する中小企業者との間では，商売上の競合者となることも事実である。

　たとえば，中小企業者は原材料を農業協同組合や農業法人を含む農業事業者から仕入れ，製造（加工）から販売に各工程が移っていく。また，農林漁業者にあっても，生産した農産物を農業協同組合に出荷して，青果市場，あるいは農業協同組合などの加工部門において製造（加工）されて販売まで行われることが多いので，現状において大きな事業体系でみると業務が重なる部分も多い。製品を商品化する場合には，企画から販売に至るまでには，さまざまな業務が存在しており，さらに業務を細分化し，連携する双方のどちらかが担当した方がより効率的である作業や業務を分担して事業を推進することも収益確保の観点からは得策となるであろう。

　原材料や農産物，漁獲物，林産物の商品特性を最も熟知しているのは農林漁業者（生産者）である。そこで，新商品の企画，開発を行う場合，関係する農林

漁業者に対して，商品の企画会議等を検討するテーブル（場）に参画し意見を述べてもらうなど，当初から商品づくりに参画させて，自分たちが関与している意識を醸成してもらうことが必要ではないであろうか。その際に，商・工・サービス業を行う中小企業者の方でも，農林漁業者に生産を依頼した分は農産物を必ず買い取る，支払いを保証する，また試験研究を行う場合には，農業者がそれに費やす田畑の費用の支払いを保証する等，農林漁業者が安心して連携活動に取り組める環境を整備することが，中小企業者側の責務でもある。

中小企業者と農林漁業者の双方が，大企業のように豊富な経営資源を有しているわけではない。商品開発から在庫統制，販売までの生産（製造，物流・商流）体制を確立している事業者は少ないものである。それ故に，農商工連携を推進していくためには，中小企業者と農林漁業者の両者に対する目利き力と相互の理解力，具体的に活動を展開する推進力，さらには，行政，住民等地域全体を巻き込んだ協力体制が必要である。

なお，図表6-9「製品づくりのサイクルと連携可能な業務分野」は，農商工連携にかかわる製品づくりのサイクルと連携可能な業務分野を一つの図の形で

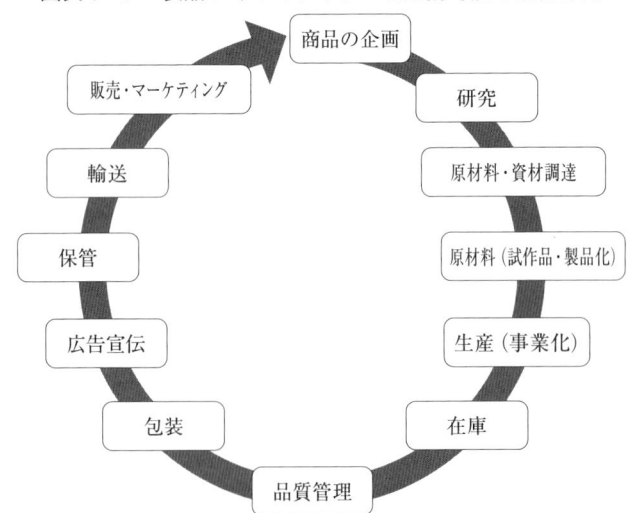

図表6-9　製品づくりのサイクルと連携可能な業務分野

示したモノである。

　最後に，今後の農商工連携の推進に向けて考察を加えておきたい。農林漁業者が生産，漁獲した収穫物を農業協同組合や漁業協同組合等が集荷して，物流にのせて販売していく形態から，地域の食品製造企業や流通企業との直接取引，直売所での販売，インターネットによる顧客への直販などといった形で，取引形態は多様化してきている。現在も農業協同組合，漁業協同組合は，農業者，漁業者への営農，漁業指導，担い手養成から，購買，小売業者等顧客への販売へと総合的に事業を実施しているところではあるが，製造段階での地元食品加工業者との新たな取組，保管・輸送や商流（小売）を担当する流通部門の地元中小企業と連携することは，大企業との連携とは異なり，採算性と機動性，小回り性や地域企業の強み等のメリットがあると言える。

　中小企業者も農林漁業者も，それぞれ後継者不足・高齢化といった課題を抱え，厳しい経営環境にあることから，こうした課題を克服していくためにも農商工連携のような新たな支援パッケージが必要となる。すなわち，農商工連携の推進には，連携組織に参画する中小企業者と農林漁業者との夢や想いを同じベクトルに向けるための事業活動への支援が重要となるのである。

（森川信男／佐久間一浩）

■注
1 ）森川信男・佐久間一浩「中小企業組合における農商工連携―中小企業組合と農林漁業者の連携事例からみた―(1)」『青山経営論集』第45巻第2号，2010年9月。
2 ）「中小企業組合」は，中小企業者がお互いに協力し，助け合う精神（相互扶助の精神）に基づいて協同で事業を行い，経営の近代化・合理化と経済的地位の向上・改善を図るための事業協同組合や業界全体の改善と発展を図ることを主な目的とする商工組合など各種の種類がある。中小企業組合は，全体で38,795組合である（2012年3月末現在。中小企業庁・厚生労働省，全国中央会調べ）。その内訳は，事業協同組合が30,574組合と最も多く全体の78.9％を占め，次いで商店街振興組合2,557組合（6.6％），企業組合1,908組合（4.9％），商工組合1,240組合（3.2％），協業組合866組合（2.2％）となっている。なお，中小企業組合の指導・支援機関として都道府県中小企業団体中央会および全国中小企業団体中央会がある。

3) 農林漁業者が属する系統組織としては，農業関係については，2013年2月現在，農業協同組合（JA）が総合JA708組合，専門JA2,231組合（2009年3月末）である。全組合員は，2008年度末現在，正組合員483万人，准組合員467万人である。農業関係の代表機能や指導機能を有する都道府県JA中央会およびJA全中，経済事業を行うJA全農（JA全農都府県本部35＋JA全農本部），JA全農との合併が進む販売・購買事業を行うJA経済連が6組織ある。その他，共済事業を行うJA共済連，信用事業を行うJA信連および農林中金，厚生事業を行うJA厚生連，医療事業を行うJA全厚連等がある。

　林業関係については，2011年度末現在，森林組合が691組合，県段階の連合会：46都道県森林組合連合会と大阪府森林組合および中央の全国森林組合連合会がある。森林組合の組合員数は2011年度末現在158万人である。

　漁業関係については，2009年3月現在（ただし，沿岸地区の数値は2010年1月現在），漁業協同組合（JF）が2,468組合（沿岸地区：1,057組合，内水面：696組合，業種別：120組合，漁業生産組合：475組合，水産加工業協同組合：120組合，都道府県JF連合会：33組合，県域JF：9，JF信用漁業協同組合連合会：30組合および，全国共済水産業協同組合連合会がある。漁業協同組合の組合員は2009年3月現在39万人である。

4)「中小企業者と農林漁業者との連携による事業活動の促進に関する法律」（農商工等連携促進法）は，2008年5月23日に公布，同7月21日に施行された。農商工等連携促進法では，農林漁業者と中小企業者とが連携して新商品，新役務の開発，提供等を図ることを目的とした「農商工等連携事業計画」の認定を各経済産業局から受けることで，税制（投資減税），信用保証制度の別枠化，金融措置（無利子・低利融資，信用保険の特例），補助金の申請等総合的な支援が行われる。

5) 今回，農商工連携に取り組む中小企業組合事例は，2009年10月13日から27日にかけて都道府県中小企業団体中央会に照会し，農林漁業者と連携することで新商品開発，物流（輸送・保管），商流（売買），販路開拓等を行っている計34組合の事例を収集した。これらは，すべて都道府県中小企業団体中央会が直接的に指導・支援している組合，あるいは活動に関与している組合の事例である。また，データの正確性を期すために，2010年5月12日から18日にかけて，直接各組合に対して組合の概要，農商工連携の経緯，事業内容，活動成果について再調査を行った。

6)「有機的連携」とは，農商工等連携促進法（注4参照）では第1条（目的）において，「この法律は，中小企業者と農林漁業者とが有機的に連携し，それぞれの経営資源を有効に活用して行う事業活動を促進することにより，中小企業の経営の向上および農林漁業経営の改善を図り，もって国民経済の健全な発展に寄与することを目的とする」と明記されている。この「有機的に連携」を具体的に解説しているものは，同法第3条に基づき，主務大臣が，農商工等連携事業の促進に

関する基本方針を定めることとしており，その基本方針の中で次のように明記されている。
　「有機的に連携して実施する」とは，「農商工等連携事業に取り組むために，中小企業者と農林漁業者のそれぞれが，相手方は保有していないが自らは保有する経営資源をお互いに持ち寄り連携事業期間を通じて両者いずれもが主体的な参画をし，当該連携事業にかかわる費用・利益および損失を分担，分配する形で当該事業を遂行していくための事業体制が担保されていることである。」

7）「大和まな」は，現在の奈良県で生産されている地域独特の野菜で，大和野菜（やまとやさい）の一つである。奈良県が「大和野菜」と認定したもの。大和まなは，「中国から渡来したツケナ（漬け菜）は，奈良時代初期に書かれた「古事記」に「菘」と記載があるように，わが国の中で最も古い野菜のひとつである。その後，全国に広まり各地に独特の品種が成立していった。その一つ「大和まな」は原始系に近い品種とされ，葉は大根葉に似た切れ込みがあり，濃緑色，肉質柔らかく，甘みに富む。」奈良県庁ホームページ URL（http://www.pref.nara.jp/dd_aspx_menuid-8035.htm）から引用。

8）第六次産業化とは，農畜産物の生産（第一次）だけでなく，食品加工（第二次），流通・販売等（第三次）にも農業者が主体的かつ総合的に関わることで，第二次・三次産業事業者が得ていた付加価値を農業者が得ようとする取組をいう。

第7章 「農商工連携実施組合実態調査」の単純集計分析結果

第1節　農商工連携を取り巻く期待と施策

1．農商工連携を取り巻く期待

　わが国経済は，2008年秋からの金融危機の影響等が実体経済におよび，戦後最大の急激な景気の落ち込みに直面した。その後，中国やインドなどの好調な新興国の経済発展にけん引されて，鉱工業生産指数の上昇や企業収益の増加など，一部には明るい兆しがみられるものの，倒産件数や失業率は一進一退のまま推移していることから，政府では，いきすぎた円高やデフレ経済からの脱却を目指し，インフレ目標を設定するなど経済の立て直しに動いているが，いまだ先行き不透明な状況が続いている。また，産地・地場産業や地域の商業集積等の低迷は厳しく，都市と地方，あるいは地方間での格差拡大がいっそう進み，地域経済の持続的発展のために取り組むべき課題は山積している状況にある。

　企業規模や業種，地域によって景況に格差がみられる中，地域資源を利活用した新商品開発，生産スタイルの変革，地域産品の域内外への販路開拓，イノベーションの促進など，そこには，地域経済を支える中小企業者やその集合体である中小企業組合が，他の商工・サービス業者，農林漁業者（農業協同組合，森林組合，および漁業協同組合等を含む）と組織間での連携活動を行うことによって，経営効率化や付加価値の向上を図ることが期待される。

本稿では，こうした状況に鑑みて地域資源の活用を図り，地域経済を活性化する取組として，中小企業の集合体である「中小企業組合と農林漁業者との連携（農商工連携）」について，段階的にモデルを取り上げて研究し，新たな付加価値を創出し，最適化を図るために必要な業種，業態を超えた組織間連携の課題と今後のあり方について検討する。

農業関係についてみると，わが国では農業就業人口が減少し，その57％を65歳以上の高齢者が占めている。耕作放棄地の面積は埼玉県や滋賀県の面積と等しくなり，食料自給率は39％（カロリーベース）にすぎない[1]。

林業関係についてみると，2007年度における林業就業者は4万7,000人と長期的な減少傾向が続いている。事業者は小規模零細であり，2008年度におけるその所得は1林家経営体1戸当たり粗収益で178万円しかなく（運営経費は168万円で，差引き10万円の所得となる），これでは，植林から伐採までの投資に見合った収入を得ることは極めて困難な状況となっている[2]。

漁業関係についてみると，2007年度における漁業就労者は20万4,300人で，1961年と比べると三分の一の就業人口となっている。わが国で最も就業人口の多い沿岸漁業の年間平均所得は，2008年には漁船漁業を営む個人経営体の漁労収入は671万円，漁労支出は397万円で漁労所得は274万円である。こうした状況のために漁業だけで生活していくのは難しく，多くの漁業者は民宿や釣り船（遊漁船）を経営したり，水産会社に雇われて乗組員として生計を立てているのが現状である[3]。

就業人口が減少する農林漁業分野であるが，近年の食の安全，安心指向等によって就農希望者が増加してくれば，地域社会における雇用吸収力の観点からも，さらに重要な産業として位置づけられる。

日本経済は，雇用環境の悪化，円高，物価水準の下落傾向，長期金利の上昇などにおいて依然として厳しい情勢にあり，予断を許さない状況にある。このような経済情勢のもとに，政府より2009年12月に子育て，雇用，環境，科学技術などの4分野に加え，アジア全体の活力ある発展を促すことに重点をおいた政策の方向づけとしての「新成長戦略（基本方針）[4]」が示されたところであり，

「農商工連携」は，農林水産分野の成長産業化に関る重要な施策として明記されている。こうした状況から，今後も農商工連携による取組が，中小企業者と農林漁業者の事業領域の拡大につながり，経営向上と改善に大きく寄与することを期待したい。

2．農商工連携を取り巻く施策

わが国においては，特に近年都市と地方との間で経済社会環境的な格差拡大が顕在化してきており，それへの対応として，地域経済が自立的に発展するための基盤整備が必要不可欠となってきている。2007年11月，経済産業省より「地方経済再生のための緊急プログラム」[5) 6)]が発表され，その中で"都市と地方の格差拡大の課題に対して地域経済の基盤である農林水産業および中小企業を中心に地域経済全体で雇用・所得の確保を図り，地域経済の自立的な発展の基盤を整備する"ことが急務であると提言された。

そして，こうした取組を行うための方策として，地域の基幹産業である「農林漁業と商業，工業等の産業間における連携（農商工連携）」の強化を図るべく，「中小企業者と農林漁業者との連携による事業活動の促進に関する法律（農商工等連携促進法）」，および農林水産関連産業の企業立地等を進め，産業集積の形成等を促進するための支援策等を整備する「企業立地促進法改正法」が2008年5月23日に公布，同年7月21日に施行された。

農商工等連携促進法では，農林漁業者と中小企業者が連携して新商品，新役務の開発，提供等を図ることを目的とした「農商工等連携事業計画」の認定を各経済産業局から受けることで，税制（投資減税），信用保証制度の別枠化，金融措置（無利子・低利融資，信用保険の特例），補助金の申請等の総合的な支援が行われる。

「農商工等連携事業計画」の認定を受けた事業者に対しては，専門家によるアドバイス，設備投資減税，中小企業信用保険法の特例，政府系金融機関の低利融資による支援措置のほか，補助金による助成制度が講じられている。2008年度までは，農商工等連携支援事業補助金として独立して制度化されていたが，

地域活性化に関る関連事業として，新連携・地域資源活用・農商工連携を一体として捉えた方が政策効果が高いと判断され，2009年度については，「農商工等連携対策支援事業（新事業活動促進支援補助金）」として採択が行われている。なお，「農商工等連携対策支援事業（新事業活動促進支援補助金）」には，以下の如き二つの事業がある。

(1) 事業化・市場化支援事業

第一は，事業化・市場化支援事業である。中小企業者と農林漁業者が有機的に連携し，それぞれの経営資源を有効に活用して行う新商品・新役務の開発・生産・提供，需要の開拓等を行う事業に関る経費について補助される。補助対象者は，農商工等連携事業計画の認定を受けた中小企業者である。補助率は補助対象経費の三分の二以内であり，試作・実験費を申請しない場合は2,500万円以内，試作・実験費を申請する場合は3,000万円以内である。

(2) 連携体構築支援事業

第二は，連携体構築支援事業である。そしてさらに，連携体構築支援事業には連携事業者型と支援機関型がある（2012年度は支援機関型の実施だけが行われた）。

連携事業者型は，中小企業者と農林漁業者とが有機的に連携し，それぞれの経営資源を有効に活用して事業活動を行うために，連携体を構築する事業に関る経費について補助される。補助対象者は，2以上の中小企業者を含む連携体（農林漁業を行う中小企業者と農林漁業以外の事業を行う中小企業者が1以上存在する）の核となる中小企業者である。補助率は，補助対象経費の三分の二以内であり，連携事業者型の場合で500万円以内である。

支援機関型は，中小企業者と農林漁業者との交流の機会の提供，連携して事業活動を行う中小企業者または農林漁業者に対する指導・助言，その他の中小企業者と農林漁業者との有機的な連携を支援する事業に関る経費について補助される。補助対象者は，農商工等連携支援事業計画の認定を受けた公益法人，またはNPO法人である。補助率は，補助対象経費の三分の二以内であり，支援機関型の場合には500万円以内である。

第7章 「農商工連携実施組合実態調査」の単純集計分析結果　205

　農商工等連携事業計画の認定を受けるには，農林漁業者（JA，漁業協同組合，森林組合等を含む第一次産業に属する組織や従事者）と中小企業者（農林漁業以外の事業を行う者）のそれぞれが，相手側は保有していないが自らは保有する経営資源（人材，設備，技術，ノウハウ等）をお互いに持ち寄って，両者が連携して（これを「有機的連携」と呼ぶ）共同で新商品の開発，生産および新役務の開発，提供ならびにこれらの需要の開拓を行う必要がある。

　実際のところ，中小企業者と農林漁業者が通常の取引の枠を超えて新商品の開発等の農商工等連携事業計画の認定を受けるには，精密なプランを申請書に記載していくことが要求される。事前の基礎データの収集・分析には相当な資金が必要になることもある。また，申請書作成には，整理された文章表現力も必要になる。そうなると計画プロジェクトを推進しようとする中小企業者と農林漁業者の事業者だけでは，通常の経営・事業活動を行いながら申請から認定まで行き着くことはなかなか難しい。

　国の施策実行機関である独立行政法人中小企業基盤整備機構のプロジェクトマネージャーによる事業計画づくり，申請書の作成について，専門家の支援があるとはいえ，データの収集・分析，予想される売上高と付加価値額の算出，事業計画の作成など，実際に申請書を企画し，作成するのは連携する事業者であり，中小企業者と農林漁業者の意図するレベルにも差がでやすい。そのために，事業計画の認定申請の入り口の段階であきらめたり，面倒になったりすることも多い。

　そこで，農商工連携を支援する中小企業団体中央会，商工会・商工会議所等の中小企業支援機関，あるいはJA中央会などがこの連携体が取り組もうとする活動に応じた内容をわかりやすく，かつ的確に支援していかなければ，効果的な農商工連携活動をサポートすることはできないであろう。

　農商工等連携事業計画は，各経済産業局において，2008年9月19日の第1回から，ほぼ3カ月に1回程度の割合で認定が行われ，2013年1月末までに通算第15回の認定が行われた。農商工等連携事業計画の認定件数は，2013年2月11日現在，図表7-1「農商工等連携事業計画認定数と農商工連携補助金（新事業

図表 7-1　農商工等提携事業計画認定数と農商工連携補助金
　　　　　（新事業活動促進支援補助金）

経済産業局	認定数	事業化・市場化支援	連携体構築支援	
			事業者型	支援機関型
北海道	39	32	0	2
東　北	50	38	0	1
関　東	127	98	4	3
中　部	104	75	2	1
近　畿	78	66	3	1
中　国	40	28	2	0
四　国	38	15	0	0
九　州	54	41	0	1
沖　縄	17	15	0	0
計	547	408	11	9

注：認定数は2013年2月11日現在，事業化・市場化支援，連携体構築支援
　　は2013年2月11日現在

活動促進支援補助金）」において簡潔にまとめたが，全体で547件となっており，経済産業局別では，北海道39件，東北50件，関東127件，中部104件，近畿78件，中国40件，四国38件，九州54件，沖縄17件の認定がなされている[7]。

　また，農商工連携を推進するために現在，経済産業省・中小企業庁，農林水産省では，農商工等連携促進法による各種施策をはじめとして，2008年度第二次補正予算によって全国中小企業団体中央会と全国商工会連合会がそれぞれ実施する農商工連携等人材育成事業や，2009年度第一次補正予算によって食品の加工・販売のための施設，農業用機械施設等の整備などハード面，展示会等での販売支援などソフト面を支援する，食農連携促進施設整備事業および食農連携促進事業（拡充）などの相次ぐ支援策が立案され，図表7-2「農商工連携支援メニュー」[8]に示されるような事業が実施されている。

　なお，農林漁業者のいわゆる六次産業化を推進するために，「農林漁業者等による農林漁業の六次産業化の促進に関する法律案」が2010年3月12日に内閣よ

図表7-2 2012年度に実施された農商工連携・六次産業化支援メニュー

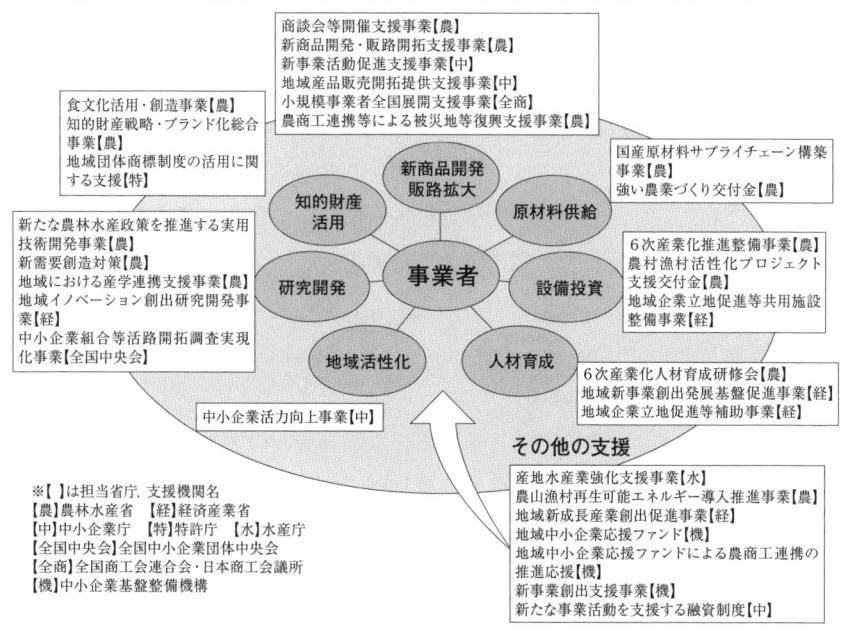

新商品開発・販路拡大
- 商談会等開催支援事業【農】
- 新商品開発・販路開拓支援事業【農】
- 新事業活動促進支援事業【中】
- 地域産品販売開拓提供支援事業【中】
- 小規模事業者全国展開支援事業【全商】
- 農商工連携等による被災地等復興支援事業【農】

知的財産活用
- 食文化活用・創造事業【農】
- 知的財産戦略・ブランド化総合事業【農】
- 地域団体商標制度の活用に関する支援【特】

原材料供給
- 国産原材料サプライチェーン構築事業【農】
- 強い農業づくり交付金【農】

設備投資
- 6次産業化推進整備事業【農】
- 農村漁村活性化プロジェクト支援交付金【農】
- 地域企業立地促進等共用施設整備事業【経】

研究開発
- 新たな農林水産政策を推進する実用技術開発事業【農】
- 新需要創造対策【農】
- 地域における産学連携支援事業【農】
- 地域イノベーション創出研究開発事業【経】
- 中小企業組合等活路開拓調査実現化事業【全国中央会】

人材育成
- 6次産業化人材育成研修会【農】
- 地域新事業創出発展基盤促進事業【経】
- 地域企業立地促進等補助事業【経】

地域活性化
- 中小企業活力向上事業【中】

その他の支援
- 産地水産業強化支援事業【水】
- 農山漁村再生可能エネルギー導入推進事業【農】
- 地域新成長産業創出促進事業【経】
- 地域中小企業応援ファンド【機】
- 地域中小企業応援ファンドによる農商工連携の推進応援【機】
- 新事業創出支援事業【機】
- 新たな事業活動を支援する融資制度【中】

※【　】は担当省庁，支援機関名
【農】農林水産省　【経】経済産業省
【中】中小企業庁　【特】特許庁　【水】水産庁
【全国中央会】全国中小企業団体中央会
【全商】全国商工会連合会・日本商工会議所
【機】中小企業基盤整備機構

り衆参両議院に送られた。その後，同法案は国会での断続審議により法律の名称を「地域資源を活用した農林漁業者等による新事業の創出等及び地域の農林水産物の利用促進に関する法律」（六次産業化法）として2010年12月3日公布され，2011年3月1日施行された。六次産業化とは，農畜産物の生産（一次）だけでなく，食品加工（二次），流通・販売等（三次）にも農業者が主体的かつ総合的に関ることで，二次・三次産業事業者が得ていた付加価値を農業者が得ようとする取組をいう。同法律は，農林漁業者等による事業の多角化，高度化，新たな事業の創出並びに地域の農林水産物の利用の促進を図る施策を推進するとともに農林漁業等の振興と農山漁村，地域の活性化を図ることを目的としている。また同法律には，「統合化事業」と「研究開発・成果利用事業」が明記されており農商工連携を推進する事業として注視していくこととしたい。

第2節　「農商工連携実施組合実態調査」の実施

1.「農商工連携実施組合実態調査」の調査範囲

全国中小企業団体中央会では，ほとんど同じ様式によって2008年度と2009年度の2回にわたって，日々の事業活動の場面において農商工連携を行っていると考えられる事業協同組合，商工組合，企業組合等の中小企業組合を全国から抽出して，書面調査によって「中小企業組合と農林漁業者等が連携した活動に関する調査」である「農商工連携実施組合における農商工連携実態調査（農商工連携実施組合実態調査）」を実施した。

そこでいま，まず「農商工連携実施組合実態調査」の調査範囲を明確にしておきたい。今回の書面調査において使用した「農商工連携」の範囲としては，「農林漁業者（JA，漁業協同組合等を含む）と中小企業組合が行う事業活動において，農林漁業者・団体等（農業協同組合，森林組合，漁業協同組合等）との間で，商売上の取引，あるいは取引の有無にかかわらず，保有する経営資源（技術，設備，人材等）を互いに持ち寄り，共同で商品開発・生産・販売，もしくは需要の開拓等の事業活動を行うことによって地域の活性化に寄与する活動」とした。

今回の農商工連携調査の主体は中小企業者と農林漁業者であるが，本調査の分析対象は個体というよりは組織に対するものであるということに鑑みて，以下では，中小企業組合，農業協同組合，林業組合，漁業協同組合に関する四つの系統組織について触れておきたい。

(1) 中小企業協同組合の系統組織

わが国には421.3万社の企業が存在しており，4,297.2万人が従業員として従事しているが，そのうち420.1万社（99.7％）が中小企業であり，そこに2,834.3万人（66.0％）が従事している[9]。この圧倒的な数値だけをみる限り，中小企業は，わが国の産業構造や雇用吸収力の観点から重要性の高い企業群である。しかし，中小企業は，大企業に比べて一般的に経営資源が不足し，生産性も低いことから，不足する経営資源を補うために連携し，事業協同組合等の中小企業

協同組合を組織し，生産・加工，購買・仕入れ，販売など，各種の共同事業を展開している。

中小企業協同組合は，その時々の時代環境のもとで自主的に経営基盤の強化を図るための有効な仕組みとして，積極的に活用され，時代を超えて中小企業の活力の増進に大きく貢献してきた。中小企業が組織に結集し，相互に連携・協力しあい，さまざまな共同事業を行うことによって，経営資源の相互補完，市場や大企業等に対する交渉力，リスクの適正な分散・軽減，集積や規模の実現性などによって，協同・連携によるメリットを自主的に生み出す本来的機能を有する組織体である。

中小企業の組織体には，法律に基づく法人化組織，任意で組織された団体等，さまざまな組織が存在するが，ここでは中小企業が組織する団体として代表的な「中小企業等協同組合法」に基づく事業協同組合，事業協同小組合，火災共済協同組合，特定共済協同組合，信用協同組合，協同組合連合会，企業組合，「中小企業団体の組織に関する法律」に基づく協業組合，商工組合，商工組合連合会，「商店街振興組合法」に基づく商店街振興組合，商店街振興組合連合会，および「生活及び環境の適正化に関する法律」に基づく生活衛生同業組合，生活衛生同業小組合，生活衛生同業組合連合会を「中小企業組合」とする。

中小企業組合は，2012年3月末現在全体で38,795組合あり[10]，その内訳は，事業協同組合が30,574組合と最も多く，全体の78.9%を占め，次いで商店街振興組合2,557組合（6.6%），企業組合1,908組合（4.9%），商工組合1,240組合（3.2%），協業組合866組合（2.2%）となっている。なお，中小企業組合の指導・支援機関として47都道府県にそれぞれ都道府県中小企業団体中央会が組織され，その上部団体として全国中小企業団体中央会が組織されている[11]。

(2) **農業協同組合の系統組織**

農業協同組合（JA：Japan Agricultural Cooperatives）は，2010年1月現在，総合JA708組合（2013年2月現在），専門JA2,231組合（2009年3月末現在）が存在している。JAの組合員は，2008年度末で正組合員483万人，准組合員467万人で，1975年時点では正組合員は94万人が減少しているが，逆に准組合員は277万

人が増加している。

JAの系統組織としては，農業関係の代表機能や指導機能を有する都道府県JA中央会およびJA全中，経済事業を行うJA全農（JA全農都府県本部35＋JA全農本部），JA全農との合併が進む販売・購買事業を行うJA経済連が6組織ある。その他，共済事業を行うJA共済連，信用事業を行うJA信連および農林中金，厚生事業を行うJA厚生連，医療事業を行うJA全厚連等がある。

(3) 森林組合の系統組織

森林組合は，2001年に制定された森林組合法に基づく森林所有者の協同組織である。地域の森林組合数は2011年度末現在では691組合を数えており，県段階の連合会としては46都道県森林組合連合会と大阪府森林組合，および中央の全国森林組合連合会がある。1954年度には約5,289組合が存在していたが，その後現在までの環境変化によって大幅に減少してきている。森林組合の組合員数は2011年度末現在では158万人を数えており，組合員が所有する森林の合計面積は私有林の約70％を占めている。

(4) 漁業協同組合の系統組織

全国には約39万人の漁業者（組合員）が，相互扶助，助け合いの精神のもとで水産資源を守り育てながら，漁業生産活動を行っている。こうした漁業者が集まって，漁業協同組合（JF：Japan Fisheries Cooperatives）が組織されているが，2009年3月現在（ただし，沿岸地区の数値は2010年1月現在），2,468組合（沿岸地区：1,057組合，内水面：696組合，業種別：120組合，漁業生産組合：475組合，水産加工協同組合：120組合）がある。他には，都道府県JF連合会が33組合，県域JFが9，JF信用漁業協同組合連合会が30組合，全国共済水産業協同組合連合会がある。

組合員になるためには，組合の地区内に住所を持ち，組合が定める期間（90～120日，内水面は30～90日の範囲）漁業実績を行った者に資格がある。各地の漁業協同組合は，漁場の管理や安定的に水産物を提供する役割がある。その一方で，慣例的に1世帯1組合員制，若い漁業者や女性が組合運営に関れないなどの課題も指摘されることがある。

2．「農商工連携実施組合実態調査」の実施概要

すでに述べたように，全国中小企業団体中央会では，2008年度と2009年度の2回にわたって，「農商工連携実施組合実態調査」を実施したが，本稿では，「2009年度の農商工連携実施組合実態調査（以下本調査と呼ぶ）」のデータのみを分析対象とする。

本調査は，調査期間は2009年10月13日〜11月6日，調査時点は2009年10月1日において実施し，調査対象の中小企業組合数は904組合，回収数は376組合，回収率は41.6％であった。そのうち，農商工連携実施組合は202組合，集計対象組合回収率は22.3％であった。

本調査に関する回答組合の概要は以下の通りである。なお，図表7-3「"農商工連携実施組合実態調査"回答組合等の概要」は，回答組合数の組合員業種別，組合員数別，組合出資金別，組合種類別，組合設立年別，および組合地区別の内訳である。

(1) 組合員業種別内訳

回答組合を組合員業種（組合の資格事業，企業組合にあっては組合の事業）別にみると，回答のあった202組合中「農業」が6組合（3.0％），「林業」が8組合（4.0％），「漁業」が1組合（0.5％），「製造業」が95組合（47.0％），「運輸業」が3組合（1.5％），「建設業」が2組合（1.0％），「卸売業」が13組合（6.4％），「小売業」が18組合（8.9％），「飲食業・宿泊業」が3組合（1.5％），「サービス業」が2組合（1.0％），「複数業種」が45組合（22.3％），「その他」が3組合（1.5％）の比率となっている。

(2) 製造業内訳

全体の47.0％を占める「製造業」の業種をやや細かく分類してみると，「食料品製造業」が73組合（76.8％）と圧倒的に多く，以下「木材・木製品製造業」が16組合（16.8％），「製造業間の複数業種」が3組合（3.2％）と続いている。

(3) 組合員数別内訳

回答組合を組合員数別にみると平均組合員数は76.2人で，中央値は19.0人である（回答組合に協同組合連合会が2組合あるため，母数は200組合で集計）。組合

図表7-3 「農商工連携実施組合実態調査」回答組合概要

組合区分	内容区分	件数	構成比
組合員業種別	製造業	95	47.0%
	運輸業	3	1.5%
	建設業	2	1.0%
	卸売業	13	6.4%
	小売業	18	8.9%
	飲食宿泊業	3	1.5%
	サービス業	2	1.0%
	複数業種	45	22.3%
	その他	3	1.5%
	無回答	3	1.5%
	農業	6	3.0%
	林業	8	4.0%
	漁業	1	0.5%
	計	202	100.0%
組合員数別	4人以下	21	10.5%
	5〜20人	81	40.5%
	21〜50人	53	26.5%
	51〜100人	19	9.5%
	101〜500人	22	11.0%
	501人以上	4	2.0%
	無回答	0	0.0%
	計	200	100.0%
組合出資金別	100万円未満	35	17.3%
	100万〜500万円未満	71	35.1%
	500万〜1,000万円未満	27	13.4%
	1,000万〜3,000万円未満	30	14.9%

	3,000万～1億円未満	31	15.3%
	1億円以上	8	4.0%
	非出資組合	0	0.0%
	計	202	100.0%
組合種類別	事業協同組合	152	75.2%
	協同組合連合会	2	1.0%
	企業組合	30	14.9%
	協業組合	7	3.5%
	商工組合	6	3.0%
	商工組合連合会	0	0.0%
	その他の中小企業組合	5	2.5%
	その他連携組織	0	0.0%
	計	202	100.0%
組合設立年別	昭和32年以前	52	25.7%
	昭和33～42年	22	10.9%
	昭和43～52年	24	11.9%
	昭和53～62年	22	10.9%
	昭和63～平成9年	25	12.4%
	平成10～20年	57	28.2%
	計	202	100.0%
組合地区別	単一の市町村	45	22.3%
	複数市の区域	33	16.3%
	単一都道府県の区域	77	38.1%
	複数都道府県の区域	8	4.0%
	全国	0	0.0%
	地区概念はない	39	19.3%
	計	202	100.0%

員規模別の分布をみると,「5～20人」が81組合（40.5%）と最も多い。なお,「製造業」全体の平均組合員数は41.8人（中央値15.0人）である。

(4) 組合出資金別内訳

回答組合を組合出資金別にみると,平均出資金額は2,891万円（中央値は448.5万円）である。出資金額の分布をみると,「100～500万円未満」が71組合（35.1%）と最も多い。1,000万円未満の組合で133組合（65.8%）を占めており,農商工連携を行っている組合は,出資金が小規模化の傾向にあると言える。

(5) 組合種類別内訳

回答組合を組合種類別にみると,「事業協同組合」が152組合（75.2%）と最も多く,「企業組合」が30組合（14.9%）,「協業組合」が7組合（3.5%）と続いている。組合の設立数（現存数）からみると,事業協同組合は概ね中小企業組合全体の80.0%を占めていることから,本調査でもほぼ同様な傾向が顕著である。ただし,本調査では,企業組合の回答割合が比較的多いと言える。

(6) 組合設立年別

回答組合を組合設立年別にみると,「平成10年～20年」が57組合（28.2%）と最も多く,「昭和32年以前」が52組合（25.7%）,「昭和43年～52年」が24組合（11.9%）と続いている。やはり事業活動を興す「創業」に組合制度を活用した比較的新しい年代の「平成10年～20年」の回答が多いといえる。

(7) 組合地区別

回答組合を組合地区別にみると,「単一都道府県の区域」が77組合（38.1%）,「単一の市町村を超えない区域」が45組合（22.3%）と多くなっている。企業組合,協業組合など地区概念のない組合は39組合（19.3%）である。「単一都道府県の区域」「単一の市町村を超えない区域」といった県域,単一市の範囲を地区として設立された組合の回答が過半数を超える。

第3節 中小企業組合における農商工連携の活動状況

1．農商工連携の共同事業と加入状況

(1) 重点的実施共同事業

回答組合は，さまざまな共同事業を実施しているが，そのうち，最も重点的に実施している共同事業については，図表7-4「重点的実施共同事業」におい

図表7-4 重点的実施共同事業

実施共同事業	件数	構成比	実施率
共同販売	84	22.0%	41.6%
共同生産	51	13.4%	25.2%
共同購買	53	13.9%	26.2%
共同保管運送	9	2.4%	4.5%
共同検査	8	2.1%	4.0%
共同受注	15	3.9%	7.4%
共同宣伝	35	9.2%	17.3%
市場開拓	32	8.4%	15.8%
調査・研究開発	22	5.8%	10.9%
新商品の研究開発	18	4.7%	8.9%
共同労務管理	1	0.3%	0.5%
共同金融事業	7	1.8%	3.5%
債務保証事業	4	1.0%	2.0%
債務の保証（金融以外）	2	0.5%	1.0%
教育情報提供事業	21	5.5%	10.4%
外国人共同受入事業	0	0.0%	0.0%
その他（付帯事業は除く）	15	3.9%	7.4%
無回答	4	1.0%	2.0%
計	381	99.8%	―
調査数	202		

図表7-5　組合加入農林漁業者の業種構成と人数

加入者	人数	構成比
農業者	37	45.7%
林業者	24	29.6%
漁業者	7	8.6%
農と林	4	4.9%
農と漁	3	3.7%
林と漁	0	0.0%
農・林・漁	1	1.2%
無回答	5	6.2%
計	81	100.0%

て簡潔にまとめたが,「共同販売」が84組合（41.6%）,「共同購買」が53組合（26.2%）,「共同生産・加工」が51組合（25.2%）と上位を占めている。

(2) 組合員としての農林漁業者の加入

組合員としての農林漁業者の加入については,「加入している」が81組合（40.1%）,「加入していない」が116組合（57.4%）と加入していない組合がやや多くなっている。組合員として加入している農林漁業者全体の1組合当たりの組合員数（単純平均値）は27.1名で,中央値は5.5人である。

また,図表7-5「組合加入農林漁業者の業種構成と人数」において簡潔にまとめたが,「加入している組合」81組合における農林漁業者の業種構成は,「農業者のみ」が37組合（45.7%）と最も比率が高く,以下「林業者のみ」が24組合（29.6%）,「漁業者のみ」が7組合（8.6%）,「農業者と林業者」が4組合（4.9%）,「農業者と漁業者」が3組合（3.7%）となっている。なお,最も比率が高い「農業者のみ」の1組合当たりの組合員数（単純平均値）は34.3名で,中央値は6.0人である。

(3) 組合員としての農林漁業者の加入人数

組合員としての農林漁業者の加入人数については,図表7-6「農林漁業者の組合加入人数」において簡潔にまとめたが,農林漁業者全体としては「1～2

図表7-6　農林漁業者の組合加入人数

区分		1～2人	3～5人	6～10人	11～20人	21人以上	無回答	計
農業者	件数	11	11	9	4	10	36	81
	構成比	13.6%	13.6%	11.1%	4.9%	12.3%	44.4%	100.0%
林業者	件数	7	8	9	2	3	52	81
	構成比	8.6%	9.9%	11.1%	2.5%	3.7%	64.2%	100.0%
漁業者	件数	5	2	2	2	0	70	81
	構成比	6.2%	2.5%	2.5%	2.5%	0.0%	86.4%	100.0%
農林漁業者計	件数	23	21	20	8	13	158	243
	構成比	9.5%	8.6%	8.2%	3.3%	5.3%	65.0%	100.0%

人」が23組合（9.5％），「3～5人」が21組合（8.6％），「6～10人」が20組合（8.2％），「11～20人」が8組合（3.3％），「21人以上」が13組合（5.3％），無回答が158組合（65.0％）となっている。

また，農業者，林業者，漁業者別にみるとそれぞれ，無回答は36組合（44.4％），52組合（64.2％），70組合（86.4％）となり，「21人以上」は10組合（12.3％），3組合（3.7％），0組合（0.0％）を示しており，農業者，林業者，漁業者の順に加入人数が多い。

2．農商工連携活動の具体的内容

中小企業組合と農林漁業者との具体的な連携活動，すなわち農林漁業者と連携している，または関り合いがある活動の概要については，図表7-7「農商工連携活動の具体的内容」において簡潔にまとめたが，最も多い形態は，「農家との契約栽培，原材料の安定供給拠点として取引を行い，農産物の共同販売と農業資材等の共同購買を行う」や「農家が作物を生産，事業協同組合が集荷，調整，販売を担当している」ものである。その中で，個別の農業者だけでなく，長年にわたりJAと取引をしている事例も多い。

また，農家が生産した作物を地域ブランドとして中小企業組合が中心となって発売しているケースもある。JA等を通じての生産地情報の把握，原料の確

図表 7-7　農商工連携活動の具体的内容

連携活動	件数	構成比	実施率
原材料共同購入	124	36.0%	61.4%
共同生産等製造段階	55	16.0%	27.2%
共同輸送等物流段階	14	4.1%	6.9%
共同販売等販売段階	58	16.9%	28.7%
共同宣伝等需要開拓	42	12.2%	20.8%
新製品の共同開発	21	6.1%	10.4%
デザイン素材の研究開発	5	1.5%	2.5%
共同試験・検査	9	2.6%	4.5%
環境面での工夫等	15	4.4%	7.4%
連携していない	0	0.0%	0.0%
不明	1	0.3%	0.5%
無回答	0	0.0%	0.0%
計	344	100.0%	―
調査数	202		

保，加工販売業者の販売情報（需要動向）の提供や，農業者と中小企業者が相互に情報交換を行うなど，地域に密着した連携事例は今後の農商工連携を進める上で非常に参考となる取組であると言える。さらには，農家と共同出資して有限会社を設立するケース，中小企業組合の商品認定委員会委員に農業者を依頼し，地元産品の販路拡張と普及のため，生産者，流通業者，行政が協力して消費イベントを展開している例もある。

　本調査においては，組合の事業活動において，農林漁業者・団体等との取引，あるいは取引を越える連携活動については，「共同購入による取引や交流・連携」が124組合（61.4%）と6割を超える組合からの回答があった。次に，「共同販売など販売段階における取引や交流・連携」が58組合（28.7%），「共同生産・加工など製造段階における取引や交流・連携」が55組合（27.2%），「共同宣伝，販売促進，市場開拓等需要開拓における交流・連携」が42組合（20.8%）と続い

ている。原材料や資材の共同購入，食品の共同生産・加工など製造加工段階での取引からの交流が端緒とすることが多いことがわかる。農林漁業者・団体等との連携活動期間については，期間の平均は18.0年（中央値10.0年）となっている。

なお，本調査では，回答があった全376組合のうち，「特に商売上の取引も交流・連携もしていない」「不明・わからない」，および「無記入」の計174組合を対象外とした（これを対象外としたため，集計組合数は202組合である）。この中には食料品の製造・加工，販売など，その間に流通業者を通して原材料等が供給されることから，直接的には農林漁業者からの取引や交流はないものの，間接的な農林漁業者との取引を含めるとかなり高い比率での交流・連携活動が行われている。

これらのケースも含めて，農商工連携活動の概要をまとめると，農商工連携を進めるに当たって，農業者等と定期的な会合を開催し，意思疎通を十分に図り協力関係を構築するとともに，行政を巻き込みながら地元産品を用いた新製品開発や観光資源に役立たせている例が多い。また，農商工連携の実施については，農産物の栽培履歴をデータ化するトレーサビリティシステムの開発に中小企業組合の組合員であるコンピュータ会社を活用するとか，農業者の経理を組合員である会計事務所がチェックするといったような，農商工連携のツールとしてITを活用する取組なども始まっている。

3．農商工連携活動を実施している農林漁業者

ここでは，農商工連携活動を実施している農林漁業者，すなわち中小企業組合が農業者，漁業者，および林業者と連携・交流活動を実施している組織等についてみてみよう。図表7-8「農商工連携先の農林漁業者」は，中小企業組合と連携先の農業関係・林業水産関係・漁業関係との調査結果を一つの表の形にまとめて示したものである。

(1) 農業関係

農業関係における連携先については，無回答の46組合を除くと農業者と156

図表7-8 連携先の農林漁業者

連携先区分	連携先	件数	構成比	実施率
農業関係	従業者	90	27.7%	44.6%
	協同組合	89	27.4%	44.1%
	組合法人	21	6.5%	10.4%
	生産法人	37	11.4%	18.3%
	企業組合	13	4.0%	6.4%
	株式会社	5	1.5%	2.5%
	任意組織	20	6.2%	9.9%
	その他	4	1.2%	2.0%
	無回答	46	14.2%	22.8%
	計	325	100.0%	―
林業関係	従事者	19	7.8%	9.4%
	関係組合	32	13.1%	15.8%
	企業組合	14	5.7%	6.9%
	株式会社	6	2.4%	3.0%
	任意組織	11	4.5%	5.4%
	その他	1	0.4%	0.5%
	無回答	162	66.1%	80.2%
	計	245	100.0%	―
漁業関係	従業者	12	5.6%	5.9%
	協同組合	26	12.2%	12.9%
	生産組合	1	0.5%	0.5%
	協同組合	4	1.9%	2.0%
	企業組合	4	1.9%	2.0%
	株式会社	1	0.5%	0.5%
	任意組織	0	0.0%	0.0%
	その他	2	0.9%	1.0%
	無回答	163	76.5%	80.7%
	計	213	100.0%	―
調査数		202		

組合が連携していると回答している。全体の202組合からみると，「農業従事者（農家・個人）」が90組合（44.6％）と最も多く，以下「JA：農業協同組合（連合会を含む）」が89組合（44.1％），「農業生産法人，出荷組合，経済連」が37組合（18.3％），「農事組合法人」が21組合（10.4％）と続いている。

(2) 林業関係

林業関係における連携先については，無回答の162組合を除くと40組合（19.8％）が連携しているが，漁業・水産関係と同様に約2割程度の比率に過ぎない。全体の202組合からみると，そのうち「森林組合等関係組合」が32組合（15.8％），「林業従事者（林家・就業者）」が19組合（9.4％），「林業従事者で組織された企業組合・事業協同組合」が14組合（6.9％）の順となっている。

(3) 漁業・水産関係

漁業・水産関係における連携先については，無回答の163組合を除くとわずか39組合（19.3％）となり，連携している組合数は2割程度である。全体の202組合からみると，「漁業協同組合（連合会を含む）」が26組合（12.9％），「漁業従事者（漁業者・就業者）」が12組合（5.9％），「水産加工業協同組合」と「漁業従事者で組織された企業組合・事業協同組合」が各4組合（各2.0％）の順となっている。

4．農商工連携における連携のきっかけと目的

(1) 農商工連携における連携のきっかけ

農商工連携における連携のきっかけ，すなわち中小企業組合が農林漁業者と，どのような「場」を通じて知り合うことができたのかについては，図表7-9「農商工連携のきっかけ」において簡潔にまとめたが，「組合役員や組合員の知り合い，親族等の働きかけ」が58組合（28.7％），「組合の取引先とのつながり」が42組合（20.8％），「組合員に農林漁業者が加入していた」が32組合（15.8％）となっている。

しかし，「JA，JA中央会の働きかけ」が32組合（15.8％）や「その他」が28組合（13.9％）と続いている。「県・市等の会合，斡旋等」，「商工会，商工会議所

図表7-9　農商工連携のきっかけ

連携のきっかけ	件数	構成比	実施率
知り合い、親族等	58	18.7%	28.7%
組合員	32	10.3%	15.8%
地縁的なつながり	6	1.9%	3.0%
他の中小企業組合から	6	1.9%	3.0%
系列関係にある企業	16	5.2%	7.9%
見本市、展示会	7	2.3%	3.5%
金融機関の紹介	0	0.0%	0.0%
組合の取引先	42	13.5%	20.8%
コンサルタントの紹介	3	1.0%	1.5%
県・市等の会合等	24	7.7%	11.9%
中小企業団体中央会	10	3.2%	5.0%
商工会、商工会議所	11	3.5%	5.4%
JA、JA中央会の	32	10.3%	15.8%
漁業協同組合から	8	2.6%	4.0%
森林組合から	10	3.2%	5.0%
その他	28	9.0%	13.9%
無回答	17	5.5%	8.4%
計	310	100.0%	―
調査数	202		

の会合や紹介，働きかけ」，「中小企業団体中央会の会合や紹介，働きかけ」の比率は少なく，組合内部でのつながり，組合の取引先とのつながり，組合員として組合に加入していたなど，組合関係の身近な支援先でのつながりにより，連携，交流関係のきっかけが始まっている。

(2) 農商工連携活動の目的

農商工連携活動の目的，すなわち中小企業組合はどのような目的のために農林漁業者との取引，共同開発，販路開拓等の連携活動を始めたのかについては，図表7-10「農商工連携活動の目的」において簡潔にまとめたが，「原材料の安

図表7-10 農商工連携活動の目的

農商工連携活動の目的	件数	構成比	導入率
共同事業の活性化	78	13.9%	38.6%
新たな共同事業のスタート	40	7.1%	19.8%
取引商品の拡大	57	10.2%	28.2%
原材料の安定供給	88	15.7%	43.6%
販売チャンネル拡大	50	8.9%	24.8%
商品の品質向上	31	5.5%	15.3%
価格の安定化	28	5.0%	13.9%
信頼性の向上	42	7.5%	20.8%
情報収集強化	14	2.5%	6.9%
取引条件の改善	5	0.9%	2.5%
コスト低減	19	3.4%	9.4%
地域会社へ貢献	34	6.1%	16.8%
一貫体制確立	13	2.3%	6.4%
製品企画の標準化	5	0.9%	2.5%
組合員保有技術活用	6	1.1%	3.0%
その他の組合事業	0	0.0%	0.0%
アイディアの事業化	11	2.0%	5.4%
組合員の事業分野拡大	18	3.2%	8.9%
組合員のコスト低減	0	0.0%	0.0%
組合員の商品の品質の向上	0	0.0%	0.0%
組合員が使用する原材料	0	0.0%	0.0%
その他組合員企業の支援	12	2.1%	5.9%
無回答	10	1.8%	5.0%
計	561	100.0%	—
調査数	202		

定供給のため」が88組合（43.6％）と最も高い比率となり，次いで「組合の共同事業（既存事業）の活性化のため」が78組合（38.6％），「組合が扱う商品の取引

拡大のため」が57組合（28.2%），「販売力の強化・販売チャネル拡大のため」が50組合（24.8%），「消費者からの信頼性の向上のため（安全・安心）」が42組合（20.8%）と20%以上の比率で続いている。

目的意識については，組合事業の活性化，原材料の安定供給の2大目的は今後も変わることはないであろう。連携が進展するにつれて，農林漁業者と中小企業者の意識の違いが少しずつでも相寄ることで，組合または組合員だけの利益確保ではなく，消費者からの信頼性の向上や地域振興，地域貢献への寄与など社会貢献意識がより増加し，結果的に双方の業者の利益に繋がっていくことに変化がみられてくるのではないであろうか。

5．農商工連携活動における成果と課題
(1) 農商工連携活動における成果

中小企業組合と農林漁業者による連携活動の成果については，図表7-11「農商工連携活動による成果」において簡潔にまとめたが，「売上の増加」が69組合（34.2%）と最も高く，次いで「生産・販売の拡大」が65組合（32.2%），「組合事業の活性化」が52組合（25.7%），「組合組織の活性化」が35組合（17.3%）と続いている。また，「特段，変化はない」が6組合（3.0%）あり，農商工連携を開始したばかりでその成果がまだ十分出ていないことによるものか，比率が高くなっている。

連携がもたらす成果は，売上や販売数量などの数値の増加にみられる定量的な成果と，双方のネットワークやコミュニケーション，社会的信用力の増加など定性的な成果がある。さらには，連携当事者だけの成果だけではなく，雇用や納税額のアップ等の地域社会に果す農商工連携の成果がみられるようになると，農商工連携の取組が一過性のものではない永続的な関係発展へと繋がっていくであろう。

(2) 農商工連携活動における課題

農林漁業者との連携活動を進めるに当たっての，「連携を開始した当初（連携開始時）」と「事業を実施する過程（連携進展後）」における課題については，図

第7章 「農商工連携実施組合実態調査」の単純集計分析結果　225

図表7-11　農商工連携活動による成果

連携活動の成果	件数	構成比	実施率
売上の増加	69	17.3%	34.2%
利益率の向上	33	8.3%	16.3%
業務の効率化	27	6.8%	13.4%
生産販売の拡大	65	16.3%	32.2%
業務範囲の拡大	30	7.5%	14.9%
事業の活性化	52	13.0%	25.7%
組織の活性化	35	8.8%	17.3%
社会的信用の増大	25	6.3%	12.4%
変化はない	6	1.5%	3.0%
よくわからない	35	8.8%	17.3%
その他	18	4.5%	8.9%
無回答	5	1.3%	2.5%
計	400	100.0%	―
調査数	202		

表7-12「連携開始時と連携進展後の課題」において簡潔にまとめたが，連携開始時では，「原材料・製品価格の設定」が52組合（25.7%）と最も多く，以下「連携する農林水産物の安定供給」が48組合（23.8%），「品質の均一化，安定化が図れない」が24組合（11.9%），「連携相手の商品知識の不足」が22組合（10.9%），「事業に対する考え方，価値観が違う」が21組合（10.4%）と続いている。

また，連携進展後では，「連携する農林水産物の安定供給」が49組合（24.3%）と第1位に高く，次いで「原材料・製品価格の設定」が42組合（20.8%），「品質の均一化，安定化が図れない」が22組合（10.9%），「事業に対する考え方，価値観が違う」が19組合（9.4%），「運転資金・設備資金の確保」が17組合（8.4%）の順となっている。連携進展後では，連携開始時と大きく順位が変わる項目はないが，事業の運転資金・設備資金面のやりくりに課題の比重が多くなっていることがわかる。

図表7-12 連結開始時と連携進展後の課題

課題・問題点の項目	開始時課題			進展後課題		
	件数	構成比	実施率	件数	構成比	実施率
事業に対する考え方、価値観が違う	21	5.1%	10.4%	19	5.0%	9.4%
連携相手が事業計画を策定できない	14	3.4%	6.9%	12	3.1%	5.9%
品質の均一化、安定化が図れない	24	5.8%	11.9%	22	5.7%	10.9%
連携相手の商品知識の不足	22	5.3%	10.9%	15	3.9%	7.4%
原材料・製品価格の設定	52	12.6%	25.7%	42	11.0%	20.8%
情報収集力の不足	13	3.1%	6.4%	9	2.3%	4.5%
施設や設備の設置、配置	7	1.7%	3.5%	10	2.6%	5.0%
連携する農林水産物の知名度がない	9	2.2%	4.5%	6	1.6%	3.0%
コーディネータ的人材の不足	5	1.2%	2.5%	6	1.6%	3.0%
流通チャネルの開拓・確保が困難	8	1.9%	4.0%	9	2.3%	4.5%
支援施策についての理解度の不足	6	1.4%	3.0%	5	1.3%	2.5%
構成員の意欲の不足	10	2.4%	5.0%	15	3.9%	7.4%
事業のスピードが違う	13	3.1%	6.4%	11	2.9%	5.4%
行政の縦割り組織等の弊害	11	2.7%	5.4%	12	3.1%	5.9%
販売能力、ノウハウが違う	13	3.1%	6.4%	8	2.1%	4.0%
リーダーの統率力不足	10	2.4%	5.0%	6	1.6%	3.0%
運転資金・設備資金の確保	15	3.6%	7.4%	17	4.4%	8.4%
連携する農林水産物の安定供給	48	11.6%	23.8%	49	12.8%	24.3%
連携する農林水産物の品質の問題	9	2.2%	4.5%	9	2.3%	4.5%
連携相手の技術不足	12	2.9%	5.9%	5	1.3%	2.5%
事業実施に必要な許認可取得困難	2	0.5%	1.0%	1	0.3%	0.5%
仕入先・外注先の確保が難しい	11	2.7%	5.4%	7	1.8%	3.5%
成果配分や帰属のルールが未整備	1	0.2%	0.5%	4	1.0%	2.0%
特に課題はなかった	59	14.3%	29.2%	56	14.6%	27.7%
わからない	11	2.7%	5.4%	6	1.6%	3.0%
その他	3	0.7%	1.5%	4	1.0%	2.0%
無回答	5	1.2%	2.5%	18	4.7%	8.9%
計	414	100.0%	—	383	100.0%	—
調査数	202			202		

なお,「特に課題はなかった」とする組合が,連携開始時には59組合（29.2%）,連携進展後には56組合（27.7%）と最も高い比率を示しているが,これは,当初から連携のねらいがうまく機能しているものとみられる。

6．農商工連携活動の継続理由と非継続理由

中小企業組合と農林漁業者の連携活動について,連携が継続している理由と,連携が継続できなくなってきた理由についてまとめると以下のようになる。

(1) 連携活動の継続理由

連携活動の具体的な継続理由としては,回答した104組合のうち,「原材料の安定的供給」が25組合（24.3%）で最も多く,良質で安定的,そして品質の一定な原料の供給・確保が最も望まれていることがわかる。そこには,「商売のつきあい,販売先である」が10組合（9.6%）など,取引上の関係を前提に,互いの利益に繋がる,消費者の支持があるなど,「共通の目的」が10組合（9.6%）の達成に向けて事業活動を推進しようとする意思が伺われる。

それはまさに,「組合員として中小企業組合に加入している」が5組合（4.8%）,「地域的なつながり」が5組合（4.8%）,「地産地消」が3組合（2.9%）など,「お互いの存在感」が3組合（2.9%）などの要因も考慮されるものの,最も重要な点は,「相互の理解,意思疎通を図っている」が12組合（11.5%）や「人的なつながり,信頼関係ができている」が11組合（10.6%）といった,農林漁業者と中小企業者との信頼関係を構築することが連携活動継続に向けての重要なポイントであると言える。

(2) 連携活動の非継続理由

連携活動の非継続理由,すなわち連携活動が続かなくなった具体的な理由としては,回答した24組合のうち,「廃業,高齢化,後継者不足」が6組合（25.0%）といった農林漁業者および中小企業者双方に共通する問題での理由や,「金銭面での条件が合わない,販売先が見えない」が6組合（25.0%）,「年間通じて生産量が不足,安定供給が難しい」が2組合（8.3%）など,取引条件

面での理由もあげられている。

　また，連携を実施してきて，「農協とは，こちらの求めているものがなかなか伝わらず，小回りもきかず，うまく連携できていないものを感じる」が2組合(8.3%)や「企業的な考えが少ない」といった意思疎通に起因する理由もみられる。

　なお，「製品について5年間活動してきたが，販売への積極姿勢への相違によって，販売実績の差が歴然と生じてきた」「農業生産は，最低賃金の従事者で業務を進めると採算はとれない。青果物の価格は安値安定で，利益追求の事業としては魅力がない」「このところ余りにも高値落札にて別の問題も浮上してきて，不満の声が出てきているのが現状である」「野菜や魚貝類の安定供給のための量と品質の確保が常に困難，またそうした連携先との話の糸口やコーディネートをする人や組織がほとんどいない」などの意見もみられる。

7．農商工連携活動実施の意向と意識

(1) 連携先増加の意向

　中小企業組合と農林漁業者との今後の連携先増加の意向については，図表7-13「農商工連携先増加の意向」において簡潔にまとめたが，「拡大の方向」が90組合(44.6%)，「現状維持」が79組合(39.1%)となっている。「縮小の方向」「廃止の方向」は合計して5組合(2.5%)となっており，全体的には今後も連携

図表7-13　農商工連携先増加の意向

農商工連携先増加の意向	件数	構成比
拡大の方向	90	44.6%
現状維持の方向	79	39.1%
縮小または廃止の方向	5	2.5%
不明・わからない	28	13.9%
無回答	0	0.0%
計	202	100.0%

を継続していく意向が伺える。

(2) 連携活動実施のための資金調達

農商工連携活動を実施するに当たって，どのように資金調達を行ったかについては，図表7-14「連携事業実施のための資金調達」において簡潔にまとめたが，「自己資金（内部留保，増資）」が79組合（39.1％）と最も多く，以下「行政からの補助金」が44組合（21.8％），「賦課金」が39組合（19.3％），「民間金融機関の融資」が32組合（15.8％）と上位を占めている。行政からの補助金の比率は高いものの，その他の自己財源や民間金融機関等からの融資，政府系金融機関や地方公共団体からの制度融資等の利用がやや少ないのではないかと推察される。

(3) 運営する組織体の今後の方向

農林漁業者との連携に対する今後の方向については，図表7-15「運営する組

図表7-14　連携事業実施のための資金調達

連携事業の資金調達先	件数	構成比	実施率
賦課金	39	12.8%	19.3%
自己資金（内部保留，増資）	79	25.9%	39.1%
国や県・市等行政からの補助金	44	14.4%	21.8%
連携先である農林漁業者から	2	0.7%	1.0%
都道府県・市町村の制度資金融資	10	3.3%	5.0%
組合員からの借入れ	15	4.9%	7.4%
高度化資金	5	1.6%	2.5%
商工中金からの融資	16	5.2%	7.9%
政府系金融機関（商工中金外）融資	11	3.6%	5.4%
民間金融機関の融資	32	10.5%	15.8%
その他	18	5.9%	8.9%
無回答	34	11.1%	16.8%
計	305	100.0%	―
調査数	202		

図表7-15　運営する組織体の方向

運営する組織体	件数	構成比	実施率
現在の組合のまま，継続して活動したい	137	67.8%	67.8%
連携先の農林漁業者と株式会社に組織変更	5	2.5%	2.5%
JA，漁協など中小企業組合以外の組合で活動	0	0.0%	0.0%
販売専門の新事業協同組合を設立して活動	1	0.5%	0.5%
任意組織を組合外部に作り活動したい	6	3.0%	3.0%
LLCやLLPを（特定非営利活動法人）に組織変更	1	0.5%	0.5%
NPO法人（特定非営利活動法人）に組織変更	2	1.0%	1.0%
連携活動は中止，廃止したい方向である	2	1.0%	1.0%
特に方向は考えていない	36	17.8%	17.8%
その他	5	2.5%	2.5%
無回答	7	3.5%	3.5%
計	202	100.0%	―

織体の方向」において簡潔にまとめたが，「現在の組合のまま，継続して活動したい」が137組合（67.8%）と同じく約7割近くあり，第2位に示された「特に方向は考えていない」の36組合（17.8%）を含めると85.6%と圧倒的に高い比率となる。新しい組織体での連携活動を考えているのは全体で17組合（8.4%）にすぎず，その組織形態としては，新会社の設立等新たな組織体によるよりも，現状の組織を活用して事業を展開していく意向が伺える。

　農商工連携の取組は，従来からの取引を除けば，始まったばかりである。今後，収益力を増加し，利益として双方に入ってくるようになれば，現在の組織で運営するだけでなく，事業の実施機関として小回り性や有利な税制を活用した新たな組織の設立，たとえば新たな事業協同組合，株式会社，一般社団，有限責任事業組合（LLP：Limited Liability Partnership），合同会社（LLC：Limited Liability Company）なども選択肢としてあげられてくるであろう。

(4)　農商工連携の意識

　農商工連携の意識については，図表7-16「農商工連携の意識」において簡潔

図表7-16　農商工連携の意識

農商工連携の意識	件数	構成比	実施率
農商工連携を意識する度合いが強まった	81	40.1%	40.1%
特段，変化はない	81	40.1%	40.1%
どちらも言えない	27	13.4%	13.4%
農商工連携の意味や目的が分からない	7	3.5%	3.5%
無回答	6	3.0%	3.0%
計	202	100.0%	—

にまとめたが，農商工等連携促進法の制定（2008年7月）以降，各種の農商工連携に関る支援施策が実行されてきているが，この1年間の活動によって，農商工連携に対する意識がどのように変化してきたかについては，「農商工連携を意識する度合いが強まった」とする組合は，81組合（40.1%）と4割が強まったとしている。

しかし，「特段，変化はない」も81組合（40.1%），「農商工連携の意味や目的がわからない」も7組合（3.5%）みられるように，施策の周知，普及と併せて，農商工連携の意義や必要性がわかりにくいとする旨の回答も多くみられる。また，これを組合設立年別にみると「昭和61年（1986年）以降に設立された組合に「農商工連携を意識する場合が強まった」とする組合が56％を超えている。

(5)　中小企業からみた農商工連携の今後の課題

中小企業からみた農商工連携の今後の課題については，図表7-17「中小企業からみた農商工連携における今後の課題」において簡潔にまとめたが，「特に課題はない」が62組合（30.7%）と最も多い。この結果は，農商工連携が徐々に進んできたものの，活動の端緒についたばかりで，今後の課題を検討する段階にまだ達していないことを示しているのか，あるいは連携した双方や取引先業者等が当初期待した程度のレベルにまで連携活動が進み，課題がみられない状況にあるものか，現段階では確定することはできない。

それ以外の課題については，回答は分散している傾向にあり，「首都圏等大消

図表7-17　中小企業からみた農商工連携の今後の課題

農商工連携の今後の課題	件数	構成比	実施率
地域（農業，漁業・水産業，林業）資源の優位性が発見できない	27	9.3%	13.4%
県内に経営全般を相談できる専門家が少ない	11	3.8%	5.4%
連携する適切な農業者（JAを含む）が見当たらない	23	7.9%	11.4%
連携する適切な漁業・水産業者（漁協を含む）が見当たらない	13	4.5%	6.4%
連携する適切な林業者（森林組合を含む）が見当たらない	4	1.4%	2.0%
地元金融機関との連携強化が図れていない	13	4.5%	6.4%
首都圏等大消費地等域外への販売ルートなどマーケティングが弱い	33	11.3%	16.3%
ブランド化に対する戦略を立案できない	28	9.6%	13.9%
中小企業等関係支援機関との連携が難しい	8	2.7%	4.0%
農林漁業等関係支援機関との連携が難しい	18	6.2%	8.9%
農林漁業分野，観光・文化財分野等の異分野連携のキッカケがない	13	4.5%	6.4%
中山間等過疎築・漁村・森林への広報・相談等に関する負担が大きい	5	1.7%	2.5%
特に課題はない	62	21.3%	30.7%
その他	23	7.9%	11.4%
無回答	10	3.4%	5.0%
計	291	100.0%	―
調査数	202		

費地を中心とした域外への販売ルートなどマーケティングが弱い」が33組合（16.3%），「ブランド化に対する戦略を立案できない」が28組合（13.9%）にみられるように，販売戦略，ブランド化など市場開拓に対する課題や，「地域資源の優位性が発見できない」が27組合（13.4%），「連携する適切な農業者（JAを含む）が見当たらない」「その他」が各23組合（各11.4%）と続いている。お互いの業種・産業特性，経営環境，習慣等を双方が熟知していないために，連携する

事業者に対する不信,不安などがみられ,せっかくの連携活動が進展しない場合も数多くみられる。

第4節　中小企業組合における農商工連携の基本的課題

1．中小企業者・農林漁業者の取組むべき課題

ここでは,本調査結果の分析,および農林漁業者や中小企業者を取り巻く経営環境の変化に対する考察などから,今後さらに農商工連携を推進する上での,中小企業者・農林漁業者の取組むべき基本的な六つの課題を指摘しておきたい。

(1)　連携のための新たなきっかけの模索

第一は,地縁・血縁を超える連携の新たなきっかけの模索である。いかなる連携も決して自然に生まれるものではなく,何らかのきっかけが不可欠である。地縁を越えると連携のきっかけや接点が減少している。農林漁業者と中小企業者との連携のきっかけは,地域が市の単位を越えるあたりから農業者,商工業者双方とも付き合いや接点が少なくなる。これは,町や村の範囲での地縁や血縁等が農林漁業や商店,工場等を営み,その地区内での交流・連携がある場合が多く,その地域を越えると商売上の取引や日頃の往き来も少なくなり,連携の始まりとなる相互のきっかけ,接点が限定されるケースが多いからである。

(2)　商取引慣行の相違による不具合の回避

第二は,商取引慣行の相違による不具合の回避である。農業者・漁業者は,JAや漁業協同組合に依存しているために商取引に不慣れな場合が多い。JAや漁業協同組合は,組合員である農業者や漁業者が規格内の農産物,魚介類を持ち込めば,商品の選別,物流,販売とすべての機能を行ってくれる頼りがいのある組織である。そのために,個別の農業者,漁業者は商取引を実際に行わない場合がほとんどで,価格の設定や決定権を有していないことが多く見受けられる。店舗や移動販売,インターネットでの消費者等への直販を行わない限

り，値ごろ感等の理解や把握など，消費者の視線に立って，自らが生産，漁獲した作物を販売する機会に乏しい。個々の農業者があまり面識もない食品加工メーカー等に直接，出向くなどのケースは少ないため，個人と会社組織との違いから，「入りづらい，行きづらい。わざわざそこまでする必要はない」ということで一歩先に進めないケースも生じている。

(3) 中小企業者・農林漁業者双方の経営意識改革

第三は，中小企業者・農林漁業者双方の経営意識改革である。中小企業者と農林漁業者では通常，長年その置かれてきている環境の相違によって，双方の経営意識が異なる。中小企業者側では，経営上年間を通じた低コストと一定の品質，そして販売戦略に応じた安定的，かつ必要数量の確保を要求する。これは，商売上の当然と思える要求である。

しかし，農林漁業者側では，生産に関する技術水準と方法は高まっているものの，自然や土地を基盤として作物を生産，育成することから，豊作・不作により1年間を通じて安定した作物等の供給を行えるか調整幅が大きい。この調整幅に応じた仕入れ・販売を理解してもらえないと，中小企業者側が過大な要求をしていると感じる。JAや漁業協同組合を通じて商売を行っていた方が安心，有利となり，あえて冒険をしてまで連携を進めようとする意思もなくなり，連携活動が萎縮することもある。中小企業者，農林漁業者双方の意識，特性をお互いが十分に理解しなくては，せっかく連携のきっかけを掴んでも，お互いがメリットを享受する農商工連携の関係作りは望めない。

(4) 中小企業者・農林漁業者双方のマーケティング知識の涵養

第四は，中小企業者・農林漁業者双方のマーケティング知識の涵養である。中小企業者，農林漁業者双方が商品管理とブランド戦略の知識に乏しい。書面調査からの回答でもみられるとおり，「域外への販売ルートなどマーケティングが弱い」(16.3%)，「ブランド化に対する戦略を立案できない」(13.9%) など販売戦略，ブランド化など市場開拓に対する課題や，「地域資源の優位性が発見できない」(13.4%)，「連携する適切な農業者（JAを含む）が見当たらない」(11.4%) などといった，連携する事業者に対する不信，不安がみられており，

これらが連携活動を萎縮させる要因ともなっている。

　特に，商品化はしてみたものの，市場への普及，浸透を図っていくためには，販売を主たる事業としている中小企業者や共同販売を行うJA，漁業協同組合であっても戦略を展開することは容易ではない。販売戦略，ターゲッティング，ブランド作りなど，有効な商品管理，マーケティング，ブランド戦略に関する十分な知識の涵養と実行が要求される。

(5) 中小企業者・農林漁業者双方の高齢化と後継者不足

　第五は，中小企業者，農林漁業者双方の高齢化と後継者不足である。農林漁業者は労働集約性の強い産業であり，深刻な高齢化は，高度な機械化へ対応することが困難となり，経験による効率性のアップではカバーしきれないことから，付加価値労働生産性の低下を招いている。また，中小企業経営者にあっても，事業承継，後継者問題，高齢化は，農林漁業者と同様，共通の課題であると言える。

(6) 事業計画認定までの未到達の克服

　第六は，事業計画認定までの未到達の克服である。農商工等連携促進法に基づく事業計画の認定，さらには認定を受けた上，試作品開発，展示会出店等に必要な費用を助成する農商工等連携対策支援事業（新事業活動促進支援補助金）に向けて行動しようとしても，基礎データ収集，市場規模と需要予測，売上高と付加価値額の算出，事業計画申請書の作成などの業務が煩雑で，認定まで辿り着くには安易ではないので，事業計画認定まで辿りつくためにいっそうの努力を払う必要がある。

2．農商工連携における取組みのレベル

　農林漁業者と中小企業者が共同して推進していく農商工連携は，新製品の生産，開発，新サービスの開発，提供等に向けて一挙に取組むのではなく，農林漁業者，中小企業者の双方がどのようなことをしていきたいのか，その「目的」と定性的，定量的な「目標」を確立して，それを実現するための「方針と戦略ステップ」をお互いに話し合って，連携の意識を醸成することが重要となる。

ここで，農商工連携における取組のレベルについて概観すると，次の三つの如き段階を経て進めて行くことになろう。

　農商工連携の第一段階は，従来からの取引をもとにした関係があるなど，農林漁業者と中小企業者との「出会いときっかけ」から始まる。農業生産，営林・林産物生産，漁労を営む農林漁業者と，主として食料品製造業，流通・販売等を行う中小企業者が，取引を通じてどのような出会いやきっかけがあるかが大きなポイントである。

　第二段階に入ると，農林漁業者や中小企業者にとって，自分たちは何をしていきたいのか，双方の方針，双方の想いや考え方，意見の違いを少しでも融合を図るコミュニケーションに時間をかけることが必要である。「同じ目的，目標に向けた方向付けを確立する」こと，この部分は農商工連携を進める初期段階での最も重要で，今後の事業のコンセプトづけにも有効なことから，しっかりとしたお互いの認識が必要となる。

　第三段階としては，実際に，どのような事業活動（新商品の開発，販売方法の改善など）を企画・推進していくことができるのか，商品企画から開発，コンセプト作り，ターゲット，販売戦略，在庫戦略等の商品戦略に至るマーケティング活動を具体化させていくことである。ここでは，将来，製品化された商品・サービスが，マーケットに受け入れられるかどうか，テストマーケティングを行って，厳しい経済環境に対応予測していくことも必要な戦略である。

　地域の流通企業や食品企業との直接取引，直売所での販売，インターネットによる直販など，取引形態は多様化しつつある。さらに，品目等マーケットへの本格投入，採算性の確保，ビジネスモデルの構築，新たな品目の投入，新たな戦略の策定，マーケット拡大，内部体制の再整備等強化策などといったように，商品作りから消費者への販売，マーケティングは，いろいろな段階を経ていくことになる。

　この各段階における業務について，農業者と中小商工業者が連携する機会を見いだすことは可能であり，大企業とは異なる連携の仕方があると考えられる。ともあれ，農商工連携は，幾つかの段階を経て進展していくことができる

が，具体的な取組のレベルに応じた進展度の把握と，何よりも重要なのは連携する双方が意思疎通を図ることが欠かせない。

3．農商工連携の方向性

地域産業を活性化し，かつ地域の中小企業が生産性の向上を図るためには，地域資源を用いた取組が必要である。そうした前提のもとに，地域の中小企業組合とその組合員が，JAや農業生産者，森林組合や林業者，漁業協同組合や漁業者等の地域内の農林漁業者を網羅する組織，および個別の農業生産者等と業務効率化の推進や自社の特有の強みを活かした事業を展開していくことが効果的であるとされ，「農商工連携」が推進されている。

従来からみられる中小企業者の同業種，異業種による連携組織体から，農林漁業事業者と中小商工・サービス業者が連携して，新商品開発や新サービスの提供を行い，販路開拓に努める新しいタイプの組織，連携体を母体とした組織間連携へとビジネスの事業領域は拡大される。そして，こうした農商工連携による取組は，以下の如き四つの方向を目指しながら，今後も推進されていくものと考えられる。

第一は，販売チャネルの拡大である。連携によって開発した地域の商品は，地産地消を中心とした生産物の直販等から販売がスタートする例が多いが，地域内だけではなく，他地域や全国，あるいは世界に向けて販売を行うような域外展開もみられる。その際には，卸売り機能を持った地元の商社や流通業者を活用したり，直販のためのカタログショッピング等の通信販売，Webサイト，携帯電話によるインターネット販売などを得意とするIT業者とも交渉し，さまざまな販売チャネルを活用しながら拡大を図る必要がある。

第二は，新商品・新技術の開発である。新しい製品やサービスの技術開発を行って，ユーザーに受け入れられる商品・サービスを供給することが方向性の重要な観点である。製品・サービスの新商品化には，地域のニーズや消費者の視点にあった「話題性」や，他にはなかなか類似のものがない「新規性」，「機能性」に優れたもの，そしてその地域ではないと入手しにくい「地域性」など

の要素を加味することが必要である。

　第三は，安心・安全なシステム，すなわち安全・安心の可視化である。経路・履歴（トレーサビリティ）を消費者，取引先等のユーザーが見えるように，インターネットを活用したシステム化を図り，安心・安全を可視化する。

　現在，主流となってきているのが，商品に付されている生産者番号をパソコンに入力することでインターネットを通じて検索，閲覧するシステムである。たとえば，農業者が生産する野菜であれば，播種，仮植，定植，さらに収穫の開始と終了に関する作業日，元肥の種類，投入日，量，追肥の種類，散布日，農薬名，使用回数等である。また，商品につけられたICタグや二次元バーコード（QRコード等）によって携帯電話のカメラで読み取り，そのままインターネット経由で検索，閲覧するシステムもある。

　第四は，農林漁業・水産資源の観光への活用である。農林漁業・水産資源を体験型サービスや仮想型サービスなどとして観光へ活用する。農場体験や漁業体験などは，現在ではなかなか機会がないと体験することができないものとなっている。ユーザーが飽きないように関連商品・サービスの投入を図ることも必要である。また，顧客のリピート率を上げるために，幼稚園や学校などの野外教育や課外授業などにも活用してもらい，小さい頃からの新規ユーザーの開拓や満足度のアップに心がけて，顧客の囲い込みを図ることが必要である。

4．農商工連携の推進と深化

　ここでは，今後の農商工連携の推進と深化に向けて，以下の如き七つの基本的な留意点を指摘しておきたい。

(1) 中小企業者と農林漁業者の緊密な意思疎通

　第一は，中小企業者と農林漁業者の緊密な意思疎通である。農商工連携への取組は，地域の歴史，文化，自然から生み出される農産物等の特産品，伝統工芸品など，地域固有の特性を活かして生み出されたブランド価値であると言える。

　また，商品の企画から販売・マーケティングについては，マーチャンダイジ

ングの五つの「適正(適正な商品・サービス，適正な時期，適正な数量，適正な価格，適正な場所)」にみられるように，一連のサイクルによる計画・実行・統制が図られなくてはならない。地域の中小企業者と農林漁業者だけではなく，地方自治体，地域住民も巻き込んだ地域のマーケティング活動を推進していくことによって，地域の活性化に繋がっていくのである。

連携活動が成功するまでには，多くの試行錯誤が当然生じることが想定される。中小企業者，農林漁業者双方の経営環境は異なるが，連携を発掘・育成し，より高度なものへ発展させていくためにも，お互いの経営課題や意識の差を理解し，話し合いの機会を十分にもつことで意思疎通と合意を図っていく必要がある。

(2) **農林漁業者への農商工連携意識の醸成**

第二は，農林漁業者への農商工連携意識の醸成，すなわち農産物，林産物，魚介類を産出，供給する農林漁業者に対して，農商工連携の必要性を十分に意識し，醸成させることである。

農業の第六次産業化にみられるように，農業者，漁業者は，JAや漁業協同組合が自ら集荷，製造，販売を行う商工業者の機能を有している。こうしたJA，漁業協同組合は，特に中小企業者と今さら連携する必要性はない。しかし，現実には，JAの工場等で対応しきれない加工作業をメーカーに依頼することもあろう。漁業分野では漁獲した漁獲品を仲卸業者や水産加工業者が取引したり，試験研究機関を活用したり，消費者の意見やニーズを小売店や卸売業者がまとめてフィードバックするなどと，さまざまな場面で農商工連携に産学連携を加味した連携は行われている。自分たちが連携した取組の成果が，「社会の役に立つ」「地域貢献になる」，さらには「儲かる」ということを実践し，これを周知，普及していくことが必要である。

(3) **中小企業者と農林漁業者の信頼関係の深化**

第三は，中小企業者と農林漁業者の信頼関係の深化である。中小企業者の側では，農林漁業者に生産等を依頼した分は必ず買い取って，支払いを保証する。試験研究を行う場合には農林漁業者がそれに費やす田畑や漁獲の費用の支払い

を保証する等，農林漁業者が安心して中小企業者と連携活動に取組める環境を整備することが責務でもある。

なお，農林漁業者側の支払い期間にも対応することができるように，請求書を受け取ってから実際に支払われる期限についても，農林漁業者側の従来の特性に応じて，中小企業側が受け入れられるように配慮することも必要である。

(4) 新商品開発から販売に至る各種業務連携の追求

第四は，新商品開発から販売に至る各種業務連携の追求，すなわち新商品開発から販売までのいろいろな業務に連携の可能性を探ることである。連携活動には，地域の農業，漁業，あるいは林業関係の資源を活用し，新商品や新サービスの開発に向けて生産技術，ノウハウ，ITを組み合わせ，地域の農林漁業と商工業を結びつけることが重要である。中小企業者は，農林漁業者が生産した作物等を販売，加工して食品会社の機能を分担するだけではなく，生産から販売に至るまでの一連の業務領域のすべてに連携の可能性があることを認識する必要がある。

中小企業者と農林漁業者の業務分担上の連携を深める必要がある。中小企業者は，農作物や魚介類を一番よく知っている農林漁業者（JA，漁業協同組合，森林組合関係者を含む）に製品の企画段階から参加を促して，新商品作り，新サービスの提供などに最適な知恵，ノウハウ，意見を取り入れて，参加している農林漁業者にやる気を発揮してもらうと同時に，パートナーとして対等な立場で活動を展開していくことが肝要である。

農林漁業者にとっても，保管・輸送と商流を担当する流通部門の中小企業と連携することは，大企業との間における連携とは異なり，採算性と機動性，小回り性や地域企業の強み等のメリットが生じることも少なくない。しかし一方では，大規模な共同生産・加工事業，共同販売事業を行うJAや漁業協同組合と，事業面で同様な機能を有する中小商工・サービス業者との間において商売上の競合者となることも事実である。

中小企業者は製造（加工含む）から販売，一方農林漁業者は原材料の供給から集荷，製造（加工含む），販売まで，現状では，大きな事業体系でみると業務が

重なる部分も多い。しかし，製品を商品化する場合には，商品の企画から販売までには，さまざまな業務が存在しているので，さらに業務を細分化し，双方のどちらかが担当した方がより効率的である業務について分担して事業を推進することも収益確保の観点からは得策となるであろう。

(5) 農商工連携のための人材養成

第五は，農商工連携のための人材養成，すなわち農商工連携を推進する人材を育成することが重要である。地域活性化への貢献という命題のもと，農林漁業者と中小企業者が連携を図るには，お互いの特性を良く理解した上で，コーディネーター役となる中小企業支援機関や実際に取り組む中小企業経営者，および事業を具体的に推進する部課長等の中間管理者（ミドルマネジメント）等のリーダーの育成とノウハウの普及が重要であることはいうまでもない。

農商工連携を推進する人材を育成することが何よりも肝要なのである。中小企業支援機関の職員や県の農業普及員などが，個々の資質としてコーディネート能力を有し，連携体を結びつけることのできる人材となれるか否かに連携活動の成否がかかっている。そのため，これらの者に対して相互の分野の知識と慣習・慣行を習得し，いっそうのスキルアップを図り，お互いの分野をよく知り，お互いの分野において言葉が通じる人材を育成することが必要である。

(6) 新たな連携組織の設立

第六は，新たな連携組織の設立，すなわち事業協同組合等新たな連携組織を設立して，機能の補完を図る必要がある。「地域資源（産地の技術，地域の農林水産品，観光資源等）」の活用や農商工連携によって，地域経済を活性化することが中小企業施策の方向となっている。JAや漁業協同組合に農産物や漁獲物を集荷して，物流にのせて販売させるといった旧来からの流通形態から，地域の流通企業や食品企業との直接取引，直売所における販売，インターネットによる直販などのように，特に近年取引形態は多様化しつつある。

JAや漁業協同組合などの系統組織にとっても，保管・輸送と商流を担当する流通部門の中小企業と連携することは，大企業との連携とは異なり，採算性と機動性，小回り性や地域企業の強み等のメリットもある。前述した本調査結

果によれば，新会社の設立によって新たな連携活動を行っていくよりも，現在の仕組みや組織のままで実行していこうとする意識が高いことがわかった。

しかし，JAや漁業協同組合にとって，JA等が行う事業と同様な機能を有する中小商工・サービス業者とは，商売上の競合者となることも事実である。そこで，経営資源を得意分野に重点投入できるように，JA，農業者，漁業協同組合，漁業者などが，中小企業者と新分野の新商品開発や特定の商品について販売を行う新しいタイプの事業協同組合を設立し，営利企業体ではない協同組織の意義を熟知しているJAや漁業協同組合，森林組合と中小企業者が中心となって，相互に機能を補完することが必要となろう。

以上，今後の農商工連携の展開・深化について述べたが，農林漁業者，中小商工・サービス業者の双方が，大企業のように豊富な経営資源を有しているわけではない。商品開発から在庫統制，販売までの生産（製造，物流・商流）体制を確立できている事業者は少ないのである。それ故に，農商工連携を推進していくことのできるリーダーや戦略的に思考することのできる人材には，中小企業者と農林漁業者の両者に対する目利き力と相互の理解力，具体的に活動を展開する推進力，さらには行政，住民等地域全体を巻き込んだ協力体制が必要である。

（佐久間一浩／森川信男）

■注
1) 農業就業人口と耕作放棄地の面積は次の資料に依拠する。『食料・農業・農村白書（平成20年度版）』農林水産省，2009年5月，74頁，および『食料・農業・農村白書（平成20年度版）参考統計表』農林水産省，2009年5月，20, 55, 56, 58, 90頁。
　なお，食糧自給率は，「平成23年度食料自給率をめぐる事情」農林水産省，2012年8月，2頁を参照した。生産額ベースでは，66％となっている。
2) 林業就業者と林業所得は次の資料に依拠する。『森林・林業白書（平成22年度）』農林水産省，2010年5月，66, 75頁。
3) 漁業就労者と年間平均所得はそれぞれ次の資料に依拠する。『水産白書（平成21年度)』農林水産省，2010年5月。

参照URL：
http://www.jfa.maff.go.jp/j/kikaku/wpaper/h20_h/trend/1/t1_2_2_2_02.html
http://jfa.maff.go.jp/j/kikaku/wpaper/h20_h/trend/1/sankou_4.html#a08
4)「新成長戦略（基本方針）」2009年12月，閣議決定，17-19頁。
5)「地方経済再生のための緊急プログラム」は，2007年11月30日に経済産業省より発表された，地域経済を活性化させていくための今後の政策的な方向性を明記したもので，以下の三つを基本的な方針として，具体的な施策の展開が示されている。
① 地域産業の停滞，雇用・就業機会の減少，高齢化の進展等による「都市と地方の格差」が顕在化
② 地域経済の基盤である農林水産業及び中小企業を中心に地域全体で「雇用・所得の確保」が必要
③ 「農商工連携」の促進等の施策を集中的に実施することで，地域の主体の力を結集し「自立」の基盤を整備
6) 具体的施策としては，以下の10項目があげられており，こうした施策の実施に向けて，普及啓発・PRを強化していこうと，「ニッポン・サイコー！キャンペーン」や農商工連携関係では「農商工連携88選」が作成された。
① 「農商工連携」の促進を通じた地域活性化
② 中小企業の生産性向上と再生
③ 企業立地の更なる促進
④ ソーシャルビジネスやコミュニティビジネスの振興
⑤ ITを活用した地域活性化
⑥ 地域イノベーション協創プログラム
⑦ 地域における人材育成
⑧ まちづくりの推進・商店街の活性化
⑨ 産業クラスター関連施策の推進
⑩ デュアルライフの推進
7)「農商工等連携事業計画」の認定数等，農商工等連携促進法に基づく農商工等連携事業計画の認定件数は，2013年1月31日，本法律に関する中小企業側の農商工関係施策を所管する中小企業庁経営支援部新事業促進課への聞き取りによる。
8)「中小企業施策利用ガイドブック（平成24年度版）」中小企業庁，2012年4月と「6次産業化支援等活用ガイド」農林水産省，2012年8月の二つを参照して筆者作成。
9) 2009年数値。総務省「平成21年経済センサス―基礎調査」再編加工，中小企業序編『中小企業白書（2013年版）』中小企業庁ホームページ http//:www.chusho.meti.go.jp/pamflet/hakusyo/H24/H24/index.html/ 参照
10) 中小企業庁・厚生労働省，全国中央会調査

11) 佐久間一浩氏は，青山学院大学総合研究所客員研究員（研究プロジェクト：中小企業研究，研究プロジェクト代表：森川信男，研究テーマ：中小企業の企業提携—組織的・産業的・地域的連携—研究）。全国中小企業団体中央会事業推進部長として，中小企業関係の調査・研究・支援業務に従事。全国中小企業団体中央会は，傘下に全国47都道府県中小企業団体中央会と約4万の中小企業協同組合を有する団体。

第8章
「農商工連携実施組合実態調査」の相関分析結果

第1節 「農商工連携実施組合実態調査」の実施[1][2]

　筆者は，現在青山学院大学総合研究所「中小企業の企業連携」研究プロジェクトにおいて，中小企業の企業連携について共同研究を実施している。そしてすでに，「中小企業組合における農商工連携の現状と課題－"農商工連携実施組合実態調査"の単純集計分析結果からみた－」において，「農商工連携実施組合実態調査」の単純集計分析結果を示した[3][4]。本稿では，こうした研究に関る延長線上において，さらに「農商工連携実施組合実態調査」の相関関係分析結果を示して，中小企業組合における農商工連携の現状と課題について考察を加えることにしたい[5]。

1．「農商工連携実施組合実態調査」の実施概要
(1) 調査実施と調査方法
　全国中小企業団体中央会では，2008年度と2009年度の二回にわたってほぼ同じ様式で，日々の事業活動において農商工連携を行っていると考えられる事業協同組合，商工組合，企業組合等の中小企業組合を全国から抽出し，書面調査によって，中小企業組合と農林漁業者等が連携した活動に関する調査を目的とした「農商工連携実施組合における農商工連携実態調査（以下"農商工連携実施

図表8-1　農商工連携実施組合実態調査調査票

＜組合等の概要＞

貴組合の概要についてご記入下さい。（該当欄に必要事項をご記入下さい。）

貴組合名		記入者	（役職・氏名）
住　所		電話番号	
設立年	1　昭和 2　平成　　　　　　年	組合員数	（連合会の場合は会員数 　　　人　を記載して下さい）
出資金総額	万円　　（出資金額を記載して下さい）		
組合の地区	1　単一の市を超えない区域（複数町村を含む） 2　複数の市の区域　　　3　単一都道府県の区域 4　複数都道府県の区域　5　全国	企業組合、協業組合は地区の概念はありませんので記入する必要はありません。	
組合の資格業種		貴組合の定款に記載されている組合員となるための業種を○○の製造、○○の販売のように具体的にご記入下さい。	

問1　貴組合が、現在、最も重点的に実施している共同事業は何ですか。

1	共同生産・加工	2	共同販売	3	共同購買	4	共同保管・運送
5	共同検査	6	共同受注	7	共同宣伝	8	市場開拓
9	調査、研究開発	10	新事業分野進出の円滑化を図るための新商品、新技術の研究開発又は需要の開拓				
11	共同労務管理	12	共同金融事業	13	債務保証事業	14	債務の保証（金融事業以外）
15	教育情報提供事業	16	外国人共同受入事業	17	その他の事業（付帯事業を除く。）		

問2　貴組合の組合員として、農林漁業者・団体等が加入していますか。（加入している場合には人数を記入して下さい。）

1　加入している　　（農業者：　　　人、　林業者：　　　人、　漁業者：　　　人）
2　加入していない

＜連携活動の内容＞

問3　最近（1～2年）、食料品など商品の企画、製造、販売の各段階において、中小企業者と農林漁業者が連携した活動（農商工連携）が注目されていますが、貴組合又は組合員の事業活動において、農商工連携を意識することがありますか。
　　　（該当する項目一つに○印）

1	農商工連携を意識する度合いが強まった	2	特段、変化はない
3	どちらともいえない	4	農商工連携の意味や目的がよくわからない

問4　現在、貴組合の事業活動において、農林漁業者・団体等と取引したり、あるいは、取引を越えて連携している活動はありますか。（該当する項目すべてに○印）

1	組合又は組合員が取り扱う商品・サービスの原材料・資材の共同購入で取引や交流・連携している
2	組合又は組合員が取り扱う商品・サービスの共同生産・加工など製造段階で取引や交流・連携している
3	組合又は組合員が取り扱う商品・サービスの共同輸送・保管など物流段階で取引や交流・連携している
4	組合又は組合員が取り扱う商品・サービスの共同販売など販売段階で取引や交流・連携している
5	組合又は組合員が取り扱う商品・サービスの共同宣伝、販売促進、市場開拓等需要の開拓で交流・連携している
6	新製品（商品）、新サービスの共同開発、生産で交流・連携している
7	デザイン、素材の研究開発で交流・連携している
8	組合又は組合員が取り扱う商品・サービスの共同試験・検査で交流・連携している
9	環境面での方策、工夫等で交流・連携している
10	特に、農林漁業者・団体等とは、商売上の取引も、交流・連携もしていない
11	不明・わからない

問5　貴組合が農林漁業者・団体等と取引を行ったり、連携している活動はどのようなことですか。具体的に記入して下さい。

問6　貴組合では、農林漁業者・団体等との取引や交流・連携活動は、いつ頃から行っていますか。（年数をお答え下さい）
　　　おおよそ（　　　　　　）年くらい前から

問7　貴組合の事業活動において、取引や連携関係にある相手の農林漁業者・団体等はどのような方ですか。（該当する項目

第8章 「農商工連携実施組合実態調査」の相関分析結果

すべてに○印)

A－農業関係	B－水産・漁業関係	C－林業関係
1 農業従事者（農家・就業者）	1 漁業従事者（漁家・就業者）	1 林業従事者（林家・就業者）
2 農業協同組合（連合会を含む）	2 漁業協同組合（連合会を含む）	2 森林組合等関係組合
3 農事組合法人	3 漁業生産組合	3 林業従事者で組織された企業組合・事業協同組合
4 農業生産法人、出荷組合、経済連	4 水産加工業協同組合	4 林業従事者の全額出資による株式会社
5 農業従事者で組織された企業組合・事業協同組合	5 漁業従事者で組織された企業組合・事業協同組合	5 その他、林業従事者が組織した任意組織、グループ等
6 農業従事者の全額出資による株式会社	6 漁業従事者の全額出資による株式会社	6 その他（　　　　　）
7 その他、農業従事者が組織した任意組織、グループ等	7 その他、漁業従事者が組織した任意組織、グループ等	
8 その他（　　　　　）	8 その他（　　　　　）	

問8 農林漁業者・団体等による交流・連携は、貴組合や組合員にどのような成果をもたらしていますか。（該当する項目すべてに○印)

1 売上の増加	2 利益率の向上	3 業務の効率化	4 生産・販売の拡大
5 組合の業務範囲の拡大	6 組合事業の活発化	7 組合組織の活性化	8 社会的信用の増大
9 特段、変化はない	10 よくわからない	11 その他（　　　　　）	

問9 貴組合は、農林漁業者・団体等と、どのような「場」を通じて知り合いましたか。（該当する項目すべてに○印)

1 組合の役員や組合員の知り合い、親族等の働きかけ	2 組合員に農林漁業者が加入していた
3 地元高校等の卒業生、同窓会等地域、地縁的なつながり	4 他の中小企業組合やその組合員からの働きかけ
5 系列関係にある企業を通じた働きかけ	6 見本市、展示会等で知って
7 金融機関の紹介、働きかけ	8 組合の取引先とのつながり
9 コンサルタントの紹介、働きかけ	10 県・市等の会合、斡旋等
11 中小企業団体中央会の会合や紹介、働きかけ	12 商工会、商工会議所の会合や紹介、働きかけ
13 JA、JA中央会の働きかけ	14 漁業協同組合、水産加工業協同組合からの働きかけ
15 森林組合からの働きかけ	16 その他（具体的に　　　　　）

問10 貴組合は、どのような目的のために、農林漁業者・団体等との取引や、交流・連携活動をはじめたのですか。（該当する項目すべてに○印)

1 組合の共同事業（既存事業）の活性化のため	2 組合の新たな共同事業のスタートのため
3 組合が扱う商品の取引拡大のため	4 原材料の安定供給のため
5 販売力の強化・販売チャンネル拡大のため	6 組合や組合員が取り扱う製・商品の品質向上のため
7 価格の安定化のため	8 消費者からの信頼性の向上のため（安全・安心）
9 コスト低減のため	10 取引条件の改善のため
11 市場情報等の収集強化のため	12 地域振興等地域社会への貢献のため
13 商品の企画から生産・販売の一貫体制確立のため	14 製品企画の統一化・標準化のため
15 組合や組合員が保有している技術や特許の活用のため	16 組合員の事業分野拡大のため
17 組合員からのアイデアを事業化するため	18 その他組合の事業活動や組合員企業の支援のため

＜連携活動における課題・問題点と今後の方針＞

問11 貴組合が、農林漁業者・団体等との交流・連携活動を進めるに当たって、「連携を開始した当初（連携開始時）」と、「事業を実施する過程（連携進展後）」では、どのようなことが課題となりましたか。（該当する項目すべてに○印)

課題・問題点の項目	連携開始時の課題	進展後の課題	課題・問題点の項目	連携開始時の課題	進展後の課題
1 連携相手が事業計画を策定できない			2 連携相手の商品知識の不足		
3 原料・製品価格の設定			4 連携する農林水産物の安定供給		
5 連携する農林水産物の知名度がない			6 連携する農林水産物に品質の問題がある		
7 連携相手の技術不足			8 流通チャネルの開拓・確保が困難		
9 品質の均一化、安定化が図れない			10 構成員の意欲の不足		
11 情報収集力の不足			12 事業のスピードが違う		
13 事業に対する考え方、価値観が違う			14 事業実施に必要な許認可取得が困難		

15	仕入先・外注先の確保が難しい		16	行政の縦割り組織等の弊害		
17	支援施策についての理解度の不足		18	施設や設備の設置、配置		
19	販売能力、ノウハウが違う		20	リーダーの統率力不足		
21	コーディネーター的人材の不足		22	成果配分や帰属のルールが未整備		
23	運転資金・設備資金の確保		24	特に課題はなかった		
25	わからない		26	その他（　　　　　　　　　　　　　）		

問12　貴組合では、農林漁業者・団体等との連携活動が継続して続いている理由、又は、過去から継続して連携活動をしてきたが、現在では、連携活動が続かなくなってきた理由をそれぞれ記入して下さい。

続いている理由やノウハウ等	
続かなくなっている理由、要因	

問13　貴組合が、農商工連携を行っていくうえで、どのような点が今後の課題としてあげられますか。（該当する項目すべてに○印）

1	地域（農業、漁業・水産業、林業）資源の優位性が発見できない
2	県内に経営全般を相談できる専門家が少ない
3	連携する適切な農業者（ＪＡを含む）が見当たらない
4	連携する適切な漁業・水産業者（漁協を含む）が見当たらない
5	連携する適切な林業者（森林組合を含む）が見当たらない
6	地元金融機関との連携強化が図れていない
7	首都圏等大消費地を中心とした域外への販売ルートなどマーケティングが弱い
8	ブランド化に対する戦略を立案できない
9	経済産業局、都道府県中小企業担当課、中小機構支部、商工会等関係支援機関との連携が難しい
10	農政局、都道府県農林業担当課、ＪＡ中央会、農協、漁協、森林組合等関係支援機関との連携が難しい
11	農林漁業分野、観光・文化財分野等の異分野連携のキッカケがない
12	中山間等過疎地区、漁村、森林への広報、相談等に関する負担が大きい
13	特に課題はない
14	その他

問14　貴組合では、今後農林漁業者・団体等との連携先を増加させていきたいと思いますか。（1つに○印を付し、その理由をご記入下さい。）

| 1 | 拡大の方向である | | 2 | 現状維持の方向である |
| 3 | 縮小の方向である | | 4 | 不明又はわからない |

【○印を付した理由】

問15　貴組合では、農林漁業者・団体等と交流・連携した事業について、どのようにして必要資金の調達を行いましたか。（該当する項目すべてに○印）

1	賦課金	2	自己資金（内部留保、増資）	3	国や県・市等行政からの補助金
4	連携先である農林漁業者から	5	都道府県、市町村の制度資金融資	6	組合員からの借入れ
7	高度化資金	8	商工中金からの融資	9	政府系金融機関（商工中金外）の融資
10	民間金融機関の融資	11	その他（　　　　　　　　　　　　）		

問16　貴組合が取り組んできた農林漁業者・団体等との交流・連携について、運営する組織体についての今後の方向をお答え下さい。（1つに○印）

1	現在の組合のまま、継続して活動したい	2	連携している農林漁業者とともに株式会社に組織変更したい
3	販売専門の新しい事業協同組合を設立して活動したい	4	任意組織を組合外部につくり活動したい
5	農協、漁協等中小企業者以外の組合で活動したい	6	ＬＬＣ（合同会社）やＬＬＰ（有限責任事業組合）を設立したい
7	ＮＰＯ法人（特定非営利活動法人）に組織変更したい	8	連携活動は中止、廃止したい方向である
9	特に方向は考えていない	10	その他（　　　　　　　　　　　　　　）

問17　現在、貴組合や組合員が行う農林漁業者・団体等と連携した技術開発、新商品開発、販路開拓、マーケティング、ブランド戦略等への取組や、国や地方公共団体の施策などに対して、ご要望・ご意見が　ありましたらご記入下さい。

第8章 「農商工連携実施組合実態調査」の相関分析結果　249

組合実態調査"と呼ぶ)」を実施した。

そして,「2009年度の農商工連携実施組合実態調査(以下本調査と呼ぶ)」のデータのみを分析対象とする,本調査研究の「単純集計分析結果」についてはすでに報告する機会を得たので,本稿では,その「相関分析結果」について報告する。

(2) 調査対象と調査票回収状況

本調査は,調査期間は2009年10月13日〜11月6日,調査時点は2009年10月1日において実施し,調査対象の中小企業組合数は904組合,回収数は376組合,回収率は41.6%であった。そのうち,農商工連携実施組合は202組合,集計対象組合回収率は22.3%であった。図表8-1「農商工連携実施組合実態調査調査票」は,本調査における「中小企業組合と農林漁業者等が連携した活動に関する調査票」である。

2.「農商工連携実施組合実態調査」の回答組合概要

本調査に関する回答組合の概要は次のとおりである。図表8-2「"農商工連携実施組合実態調査"回答組合概要」は,回答組合数の組合員業種別,組合員数別,組合出資金別,組合種類別,組合設立年別,および組合地区別の内訳を示したものである。

3.「農商工連携実施組合実態調査」の関連性分析

(1) 分析目的と分析対象

本調査の分析目的は,農商工連携に深い関連を持っている要因を抽出することによって,組合が直面している農商工連携の経営課題を明確にして,今後の経営行動の方向性を見定めていくためのコアを観察することである。

分析対象として,ここでは「農商工連携実施組合実態調査」のアンケート項目から数値項目(測定:スケール)を選択し,まずそれぞれ任意の二つの項目に関して,「相対データ(偏差÷リスク)」の積に基づく関連性の程度(「単相関係数」)を計算し,項目間においてどの方向の,どの程度の動向が存在しているの

図表 8-2 「農商工連携実施組合実態調査」回答組合概要

組合区分	内容区分	件数	構成比
組合員業種別	製造業	95	47.0%
	運輸業	3	1.5%
	建設業	2	1.0%
	卸売業	13	6.4%
	小売業	18	8.9%
	飲食業・宿泊業	3	1.5%
	サービス業	2	1.0%
	複数業種	45	22.3%
	その他	3	1.5%
	無回答	3	1.5%
	農業	6	3.0%
	林業	8	4.0%
	漁業	1	0.5%
	計	202	100.0%
組合員数別	4人以下	21	10.5%
	5～20人	81	40.5%
	21～50人	53	26.5%
	51～100人	19	9.5%
	101～500人	22	11.0%
	501人以上	4	2.0%
	無回答	0	0.0%
	計	200	100.0%
組合出資金別	100万円未満	35	17.3%
	100万～500万円未満	71	35.1%
	500万～1,000万円未満	27	13.4%
	1,000万～3,000万円未満	30	14.9%

	3,000万～1億円未満	31	15.3%
	1億円以上	8	4.0%
	非出資組合	0	0.0%
	計	202	100.0%
組合種類別	事業協同組合	152	75.2%
	協同組合連合会	2	1.0%
	企業組合	30	14.9%
	協業組合	7	3.5%
	商工組合	6	3.0%
	商工組合連合会	0	0.0%
	その他の中小企業組合	5	2.5%
	LLP，LLC等その他連携組織	0	0.0%
	計	202	100.0%
組合設立年別	昭和32年以前	52	25.7%
	昭和33～42年	22	10.9%
	昭和43～52年	24	11.9%
	昭和53～62年	22	10.9%
	昭和63～平成9年	25	12.4%
	平成10～21年	57	28.2%
	計	202	100.0%
組合地区別	単一の市町村	45	22.3%
	複数市の区域	33	16.3%
	単一都道府県の区域	77	38.1%
	複数都道府県の区域	8	4.0%
	全国	0	0.0%
	地区概念はない	39	19.3%
	計	202	100.0%

かを明確にする。さらに，選択した分析項目のうち一つの項目（「制御変数」）が一定であると仮定した場合の関連性の程度（「偏相関係数」）を用いた分析を行う。

(2) 対象データとデータ加工

ここでは，選択したすべての変数間において相互の影響が存在する中での任意の二つの変数間における相関を計算する。数値ならびにスコアデータを分析の対象とすることが基本であるため，選択したアンケート項目は，フェイスシートにおける組合設立年数，組合員数，組合出資金額の三つの項目と，数値変数として処理できる組合への加入における，組合員企業が農業関係者，林業関係者，漁業関係者である人数（問2），農林漁業者・団体等との取引や交流・連携活動の年数（問6）の二つの項目である。

次に，分析に先立って，組合設立年数，組合員数，組合出資金額の三つの項目に関しては，回答のレンジがかなり広く，適切な範囲にデータを集約する必要があるために，度数分布形式のデータに加工してから分析した。そして，度数分布データにおける階級数は，対象項目すべてを10として，組合設立年を除いて昇順にソートしてクラス分けをした。なお，組合設立年での「クラス1」は「最も長い歴史がある」ことを意味し，「クラス10」は「一番歴史が浅い」ことを意味する。

第2節 「農商工連携実施組合実態調査」の関連性分析

1．関連性分析1：設立年数・組合員数・出資規模の相関関係

ここではまず，フェイスシートの設立年数・組合員数・出資規模の相互間における相関関係をみる。

(1) フェイスシート：単相関係数（ピアソンの相関係数）

フェイスシートの設立年数・組合員数・出資規模という三つの数値項目における単相関係数（ピアソンの相関係数）について，明白になった内容は以下のとおりである。

図表8-3「フェイスシート：単相関係数（ピアソンの相関係数）」において示したように，組合の設立年数と組合員数ならびに出資金額間では逆の関連性がみられた。組合の設立年数と組合員数ならびに出資金額間では，それぞれ相関係数＝－0.153であった。すなわち，歴史が新しい組合ほどその組合員数やその資金規模が大きいという関連性が存在している。

図表8-3　フェイスシート：単相関係数（ピアソンの相関係数）

	設立年数	組合員数	出資金額
設立年数	－	*-0.153	*-0.153
組合員数		－	0.110
出資金額			－

＊表示は5％の水準で有意

比較的最近に組織された組合ほど，その構成組合員数や資金規模において充実していることが分かる。一般的には，設立年数と組合員数や出資金額の関係は順関連・逆関連のいずれにおいても考えられるので，こうした特徴が農商工連携組合に特有なものであるのか否かは不明である。

また，組合員数と出資金額の間には順関連性が存在していることがわかった（相関係数＝0.110）。一般的には，組合員数が多くなればその資金規模も大きくなるのは当然のことであると考えられるが，統計的には有意とは言えず明確な順関連性の結果は得られなかった。組合員数が確保されていても資金的には厳しい組合も存在している可能性が考えられる。

(2)　フェイスシート：偏相関係数

次に，組合の設立年数・組合員数・出資金額に関して，偏相関係数に基づく関連性を見てみよう。図表8-4「フェイスシート：偏相関係数（制御変数＝設立年数）」，図表8-5「フェイスシート：偏相関係数（制御変数＝組合員数）」，図表8-6「フェイスシート：偏相関係数（制御変数＝出資金額）」において，これら三つ項目のうち，設立年数・組合員数・出資金額のそれぞれ一つの項目が変化しなかった場合の，残り二つの項目間での関連性をみる。

図表 8-4　フェイスシート：偏相関係数（制御変数＝設立年数）

	組合員数	出資金額
組合員数	−	0.088
出資金額		−

図表 8-5　フェイスシート：偏相関係数（制御変数＝組合員数）

	設立年数	出資金額
設立年数	−	−0.141
出資金額		−

図表 8-6　フェイスシート：偏相関係数（制御変数＝出資金額）

	設立年数	組合員数
設立年数	−	−0.139
組合員数		

　これは，図表 8-3 において三つの項目間では何らかの関連性が存在していることが単相関係数の値によって確認できたが，三つの項目の内一つの項目を制御変数とすることによって，残りの二つの項目間での，より厳密な関連性を分析するものである。

　分析の結果は，図表 8-3 の単相関の結果を支持するものとなっている。すなわち，図表 8-4 において設立年数を固定した場合の組合員数と出資金額との間には順関連が存在するが（相関係数＝0.088），他方図表 8-5 において組合員数を固定した場合の，設立年数と出資金額との間（相関係数＝−0.141），ならびに図表 8-6 において出資金額を固定した場合の，設立年数と組合員数との間には逆関連性が存在していることが分かった（相関係数＝−0.139）。

　以上，組合設立年数にかかわらず資金規模は組合員数と関連をもっており，組合員数にかかわらず資金規模は設立年数とは逆の関連をもっており，資金規模にかかわらず組合員数は設立年数とは逆の関連をもっていることがみられた。

2．関連性分析2：設立年数・組合員数・出資規模と業種の相関関係

ここでは，フェイスシートの設立年数・組合員数・出資規模と，業種（問2）における農業関係者（問2の1）・林業関係者（問2の2）・漁業関係者（問2の3）の組合への加入者数相互間における関係をみる。

(1) 設立年数

図表8-7「フェイスシートと問2：単相関係数（ピアソンの相関係数）」において示したように，組合の設立年数と農業関係者（問2の1）・林業関係者（問2の2）・漁業関係者（問2の3）のいずれとも逆の関連性がみられた。相関係数はそれぞれ相関係数＝－0.331，相関係数＝－0.055，相関係数＝－0.029であった。

図表8-7　フェイスシートと問2：単相関係数（ピアソンの相関係数）

	問2の1	問2の2	問2の3	問2の合計
設立年数	*-0.331	-0.055	-0.029	-0.212
組合員数	*0.911	*0.463	-0.244	*0.894
出資金額	0.017	*0.428	0.006	0.033

＊表示は1％あるいは5％の水準で有意

特に，農業関係者とは強い逆関連性があることが分かった。農業関係者が加入している人数が多い組合ほど比較的歴史が浅い組合であること，すなわち農業関係者との間の農工商連携は林業関係者や漁業関係者との間よりも相対的に新しいことが分かった。こうした理由は，林業や漁業は加工の必要性が高いという産出品との関係によるものか，農業協同組合という冠たる強力な組織が存在していることが何らかの影響を及ぼしているのかは不明である。

(2) 組合員数

組合員数に関しては，農業関係者ならびに林業関係者との間には順関連性が存在し（相関係数はそれぞれ相関係数＝0.911，相関係数＝0.463），漁業関係者との間には逆の関連性があることが分かった（相関係数＝－0.244）。特に農業関係者との間にはかなり強い順関連性がみられ，組合員数の増加は農業関係者の増加

によるものであることが分かる。

(3) 出資金額

出資金額に関しては,農業関係者・林業関係者・漁業関係者のいずれとも順関連性があった。相関係数はそれぞれ,相関係数＝0.017,相関係数＝0.428,相関係数＝0.006であった。特に,林業関係者と強い順関連性があり,林業関係者の加入者が増加すると組合の資金規模が拡大するという関連性がみられる。なお,組合活動に対する漁業関係者の関りが他の産業に比べるとまだ低いことが分かる。

3. 関連性分析3：業種間の相関関係

ここでは,業種（問2）における農業関係者（問2の1）・林業関係者（問2の2）・漁業関係者（問2の3）の組合への加入者数相互間における関係をみる。

図表8-8「問2内：単相関係数（ピアソンの相関係数）」において示したように,農業関係者,林業関係者,漁業関係者への加入者数の間には相互に順関連性があることが分かった。一般的に,組合への農業関係者,林業関係者,漁業関係者の加入者数の相互間には,一次産業という形で相互に密接な関係があることからも,それぞれ順関連性が存在するのは当然のことであると考えられる。

図表8-8 問2内：単相関係数（ピアソンの相関係数）

	問2の1	問2の2	問2の3	問2の合計
問2の1	－	*0.769	0.246	*0.981
問2の2		－	*0.910	*0.875
問2の3			－	0.041
問2の合計				－

＊表示は1％あるいは5％の水準で有意

しかし,農業関係者と林業関係者相互間ならびに林業関係者と漁業関係者相互間にはかなり強い順関連性がみられたが（相関係数はそれぞれ相関係数＝

0.769,相関係数＝0.910），農業関係者と漁業関係者との間の順関連性はそれ程強いものではないことが分かった（相関係数＝0.246）。このことから，第一次産業相互間においては農業関係者と漁業関係者は最も遠い関係にあることが分かる。

次に，関連性分析－1と同様に，この問2においても設立年数，組合員数，出資金額に関して，一つの変数を固定した場合の残りの変数間での関連性を分析する，偏相関係数に基づく関連性をみる。

図表8-9　偏相関係数（制御変数＝設立年数）

	問2の1	問2の2	問2の3	問2の合計
組合員数	0.289	-0.994	-0.999	0.173
出資金額	0.136	-0.965	-0.982	0.017

図表8-10　偏相関係数（制御変数＝組合員数）

	問2の1	問2の2	問2の3	問2の合計
設立年数	0.387	-0.991	-0.999	0.297
出資金額	0.156	-0.931	-0.962	0.061

図表8-11　偏相関係数（制御変数＝出資金額）

	問2の1	問2の2	問2の3	問2の合計
設立年数	0.362	-0.830	-0.967	0.319
組合員数	-0.263	0.768	0.935	-0.219

図表8-9「偏相関係数（制御変数＝設立年数）」，図表8-10「偏相関係数（制御変数＝組合員数）」，図表8-11「偏相関係数（制御変数＝出資金額）」において，これら三つ項目のうち，設立年数・組合員数・出資金額のそれぞれ一つの項目が変化しなかった場合の，残り二つの項目間での関連性をみる。

これは，図表8-8において三つの項目間では何らかの関連性が存在していることが単相関係数の値によって確認できたが，三つの項目の内一つの項目を制御変数とすることによって，残りの二つの項目間での，より厳密な関連性を分析するものである。

(1) 設立年数固定

先の図表8-7で示した分析結果においては，組合員数は，農業関係者ならびに林業関係者との間に順関連性が存在し，漁業関係者との間には逆の関連性があるとの結果であったが，図表8-9にあるように，設立年数を固定すると，林業関係者との符号条件が異なり逆関連となった（相関係数＝-0.994）。

出資金額に関しては図表8-7において示した分析結果では全て順関連となったが，図表8-9にあるように，設立年数を固定すると林業ならびに漁業関係者との符号条件が異なり，逆関連となった。相関係数はそれぞれ相関係数＝-0.965，相関係数＝-0.982となっている。

(2) 組合員数固定

図表8-7で示した分析結果においては，全てが逆関連との結果であったが，図表8-10にあるように，組合員数を固定すると設立年数に関しては農業関係者との符号条件が異なり順関連との結果となった（相関係数＝0.387）。

出資金額に関しては，林業ならびに漁業関係者との符号条件が異なり逆関連となっている（相関係数はそれぞれ相関係数＝-0.931，相関係数＝-0.962）。

(3) 出資金額固定

図表8-7で示した分析結果においては，全てが逆関連との結果であったが，図表8-11にあるように，出資金額を固定すると組合員数を固定した場合と同様で，農業関係者との符号条件が異なり設立年数とは順関連との結果となった（相関係数＝0.362）。

組合員数に関しての，図表8-7において示した分析結果との違いは，農業関係者との符号条件が異なり逆関連となっていることと（相関係数＝-0.263），漁業関係者との符号条件が異なり順関連となっている点である（相関係数＝0.935）。これらの点は，設立年数を固定した場合の結果とは逆の結果となっている。

4．関連性分析4：設立年数・組合員数・出資規模と連携活動の相関関係

ここでは，フェイスシートの設立年数・組合員数・出資規模と，組合と農林

漁業者相互間における連携活動の実施期間（問6）の相互間における関係をみる。

図表8-12「フェイスシートと問6：単相関係数（ピアソンの相関係数）」において示したように，農林漁業関係者との連携活動の歴史と組合設立年数との間には逆関連性があるとの結果となった。相関係数は相関係数＝－0.587となっている。このことから，設立が古い組合ほど，連携活動への取り組みは進んでいないことが分かる。

図表8-12　フェイスシートと問6：単相関係数（ピアソンの相関係数）

	問6
設立年数	*-0.587
組合員数	*0.223
出資金額	*0.186

＊表示は1％あるいは5％の水準で有意

組合員数ならびに組合出資金額との間には順関連性がみられるとの結果になっている。相関係数はそれぞれ相関係数＝0.223，相関係数＝0.186となっている。このことから，組合の人的ならびに資金的規模が大きい組合ほど，連携活動に対して古くから取り組んできたことが分かる。

次に，関連性分析－1と同様に，この問6においても設立年数・組合員数・出資金額に関して，一つの変数を固定した場合の残りの変数間での関連性を分析する，偏相関係数に基づく関連性をみる。

図表8-13　偏相関係数（制御変数＝設立年数）

	問6
組合員数	0.159
出資金額	0.120

図表8-14 偏相関係数（制御変数＝組合員数）

	問6
設立年数	-0.573
出資金額	0.168

図表8-15 偏相関係数（制御変数＝出資金額）

	問6
設立年数	-0.575
組合員数	0.208

図表8-13「偏相関係数（制御変数＝設立年数）」，図表8-14「偏相関係数（制御変数＝組合員数）」，図表8-15「偏相関係数（制御変数＝出資金額）」において，これら三つ項目のうち，設立年数・組合員数・出資金額のそれぞれ一つの項目が変化しなかった場合の，残り二つの項目間での関連性をみる。

これは，図表8-8において三つの項目間では何らかの関連性が存在していることが単相関係数の値によって確認できたが，三つの項目の内一つの項目を制御変数とすることによって，残りの二つの項目間での，より厳密な関連性を分析するものである。

(1) 設立年数固定

図表8-13にあるように，設立年数を固定した場合の組合員数ならびに出資金額との関連性は図表8-12において示した分析結果と同様となっている。相関係数はそれぞれ相関係数＝0.159，相関係数＝0.120を示している。

(2) 組合員数固定

図表8-14にあるように，組合員数を固定した場合の設立年数ならびに出資金額との関連性も図表8-12において示した分析結果と同様となっている。相関係数はそれぞれ相関係数＝-0.573，相関係数＝0.168を示している。

(3) 出資金額固定

図表8-15にあるように，出資金額を固定した場合の設立年数ならびに組合員数との関連性も図表8-12において示した分析結果と同様となっている。相

関係数はそれぞれ相関係数＝－0.575，相関係数＝0.208を示している。

ここから，連携活動への取り組みは，組合の歴史が浅い組合ほど，また資金規模や人的規模が大きい組合ほど積極的であることが分かる。比較的最近に設立された組合ほど連携活動に対して，より積極的であることが伺える。

5．関連性分析5：業種と連携活動の相関関係

ここでは，業種（問2）における農業関係者（問2の1）・林業関係者（問2の2）・漁業関係者（問2の3）の組合への加入者数と，組合と農林漁業者相互間における連携活動の実施期間（問6）の相互間における関係をみる。

図表8-16「問2と問6：単相関係数（ピアソンの相関係数）」において示したように，農業関係者ならびに林業関係者の加入者が多い組合ほど，連携活動への取り組みを早くから始めていることが分かる。特に農業関係者の加入者が多い組合にその傾向が強くみられるとの結果となった（相関係数＝0.431）。それに対して，漁業関係者の加入者が多い組合は連携活動への取り組みが浅いことが分かる（相関係数＝－0.247）。

図表8-16　問2と問6：単相関係数（ピアソンの相関係数）

	問6
問2の1	*0.431
問2の2	0.177
問2の3	-0.247
問2の合計	*0.325

＊表示は1％あるいは5％の水準で有意

次に，関連性分析1と同様に，この問6においても設立年数・組合員数・出資金額に関して，一つの変数を固定した場合の残りの変数間での関連性を分析する，偏相関係数に基づく関連性をみる。

図表 8-17　偏相関係数（制御変数＝問2の1：農業者数）

	問6
問2の2	-0.574
問2の3	-0.182
問2の合計	-0.469

図表 8-18　偏相関係数（制御変数＝問2の2：林業者数）

	問6
問2の1	-0.459
問2の3	0.988
問2の合計	-0.446

図表 8-19　偏相関係数（制御変数＝問2の3：漁業者数）

	問6
問2の1	-0.334
問2の2	-0.991
問2の合計	-0.368

図表 8-20　偏相関係数（制御変数＝問2の4：合計数）

	問6
問2の1	0.438
問2の2	-0.543
問2の3	-0.157

　図表 8-17「偏相関係数（制御変数＝問2の1：農業関係者数）」，図表 8-18「偏相関係数（制御変数＝問2の2：林業関係者数）」，図表 8-19「偏相関係数（制御変数＝問2の3：漁業関係者数）」，図表 8-20「偏相関係数（制御変数＝問2の4：合計数）」において，これら三つの項目のうち，農業関係者数・林業関係者数・漁業関係者数のそれぞれ一つの項目が変化しなかった場合の，残り二つの項目間での関連性をみる。

　これは，図表 8-8において三つの項目間では何らかの関連性が存在してい

ることが単相関係数の値によって確認できたが，三つの項目の内一つの項目を制御変数とすることによって，残りの二つの項目間での，より厳密な関連性を分析するものである。

(1) 農業関係者数固定

図表8-17にあるように，農業関係者の加入者数を固定すると，林業関係者の加入者数との符号条件が図表8-16において示した結果とは異なり逆関連がみられる結果となっている（相関係数＝－0.574）。

(2) 林業関係者数固定

図表8-18にあるように，林業関係者の加入者数を固定すると，農業ならびに漁業関係者の加入者数との符号条件が図表8-16において示した結果とは異なり，農業関係者の加入者数とは逆関連がみられ（相関係数＝－0.459），また漁業関係者の加入者とは順関連性がみられるとの結果となっている（相関係数＝0.988）。

(3) 漁業関係者数固定

図表8-19にあるように，漁業関係者の加入者を固定すると，農業ならびに林業関係者の加入者数との符号条件が，図表8-16において示した結果とは異なり農業関係者の加入者数ならびに林業関係者の加入者数とは逆関連がみられるとの結果となっている。相関係数はそれぞれ相関係数＝－0.334，相関係数＝－0.991となっている。

第3節 「農商工連携実施組合実態調査」の因果性分析

1．因果性分析1：単回帰による分析結果

ここではまず，フェイスシートの設立年数・組合員数・出資金額の三つの数値項目を原因変数とし，また業種（問2）における農業関係者（問2の1）・林業関係者（問2の2）・漁業関係者（問2の3）の組合への加入者数の合計を結果変数とした場合の，単回帰による因果性分析結果をみる。

原因変数を組合の設立年数・組合員数・出資金額とし，業種（問2）を結果変

数とした因果式を用いて単回帰分析を行った結果は次の通りである。

図表8-21「単回帰分析結果（原因変数：設立年数，結果変数：問2の合計）」において示したように，設立年数は業種に対して説明力ならびに妥当性が低いことがわかった。業種と組合の設立年数には因果関係がないことが考えられる。

図表8-21　単回帰分析結果（原因変数：設立年数、結果変数：問2の合計）

定数	係数	説明力	妥当性
85.945	-0.892	0.045	-1.865

図表8-22「単回帰分析結果（原因変数：組合員数，結果変数：問2の合計）」において示したように，組合員数と業種間では高い説明力と妥当性がみられた。業種と組合員数との間には強い因果関係があることがわかった。

図表8-22　単回帰分析結果（原因変数：組合員数　結果変数：問2の合計）

定数	係数	説明力	妥当性
-9.598	0.822	0.799	17.015

図表8-23「単回帰分析結果（原因変数：出資金額，結果変数：問2の合計）」において示したように，出資金額と業種間では因果関係がないことが考えられる。

図表8-23　単回帰分析結果（原因変数：出資金額　結果変数：問2の合計）

定数	係数	説明力	妥当性
25.756	0.001	0.001	0.284

各業種の組合設立における，重要な要素は組合員数であるという分析結果は当然のことであると思われるが，設立年数や出資規模が説明力をもっていないという発見に関してはさらに詳細な調査・分析が必要であろう。

2．因果性分析2：重回帰による分析結果

次に，フェイスシートの設立年数・組合員数・出資金額の三つの数値項目を

原因変数とし，また業種（問2）における農業関係者（問2の1）・林業関係者（問2の2）・漁業関係者（問2の3）の組合への加入者数の合計を結果変数とした場合の，重回帰による因果性分析結果をみる。

図表8-24「重回帰分析結果（原因変数：設立年数＋組合員数＋出資規模，結果変数：問2の合計）」において示したように，組合の設立年数＋組合員数＋出資規模の三つの要素を原因変数とし，業種（問2）との重回帰分析を行った結果は次の通りである。

図表8-24　重回帰分析結果（原因変数：設立年数＋組合員数＋出資金額，結果変数：問2の合計）

定数	説明力		係数	妥当性
-15.971	0.801	設立年数	0.064	0.271
		組合員数	0.827	0.885
		出資金額	0.001	16.388

重回帰モデル全体の説明力は十分に高く，業種との因果関係が成立していることを示唆している結果となった。しかし，個々の原因変数の妥当性は，単回帰での分析結果とは異なるものであった。すなわち，組合員数の妥当性は高くなく，逆に出資金額の妥当性はかなり高い結果となった（t値＝16.388）。このような矛盾に関しても更なる調査・分析が必要であると思われる。

(樋口和彦／森川信男)

■注
1) 本調査研究は，青山学院大学総合研究所「中小企業の企業連携」研究プロジェクト（以下本研究プロジェクトと称する，研究期間：2010年4月～2012年3月，研究成果刊行期間：2012年4月～2013年3月，プロジェクト代表者：森川信男）の一環として実施したものである。なお，共著者の樋口和彦先生は，白鴎大学経営学部教授であり，現在本研究所客員研究員である。
2) 本研究プロジェクトには，中小企業関係の実務に長く就いておられる，全国中小企業団体中央会の加藤篤志総務部長と佐久間一浩事業推進部長のお二人に加わっていただいている。両氏の青山学院大学総合研究所客員研究員の就任は，

「中小企業の企業連携」という本研究プロジェクトの設置趣旨に対する，全国中小企業団体中央会の多大な配慮によるものである。
3）本調査結果は，本研究プロジェクトのメンバーであり，青山学院大学総合研究所客員研究員である佐久間一浩氏が全国中小企業団体中央会事業推進部長として実態調査を主導したという関係で，本研究プロジェクトの研究成果の一部として公表する機会を得た。
4）本調査研究の単純集計分析結果についてはすでに次の通り発表した。森川信男・佐久間一浩「中小企業組合における農商工連携の現状と課題—「農商工連携実施組合実態調査」の単純集計分析結果からみた—」『青山経営論集』第45巻第1号，2010年7月，129-158頁。
5）本調査は，全国中小企業団体中央会・事業推進部長佐久間一浩氏の主導の下に実施されたものではあるが，今回の分析方法と分析結果については，すべて筆者達が独自に担当し，独自な責任の下になされており，全国中小企業団体中央会と全国約5万の中小企業組合にとっても有意味なものであると信じる。
6）本調査研究に先立って，著者（森川信男）と佐久間一浩氏は，青山学院大学総合研究所「IT革命と企業経営—IT企業・IT産業—」研究プロジェクト（研究機関：2006年4月～2008年3月，研究成果刊行期間：2008年4月～2009年3月，研究プロジェクト代表：森川信男）において共同研究を実施し，主要な研究成果として以下の如き成果を得た。
　①　森川信男編著『中小企業組合の情報化—研究成果中間報告論集1—』青山学院大学総合研究所，2008年2月
　②　森川信男編著『中小企業組合の情報化（実態調査編）—研究成果中間報告論集2—』青山学院大学総合研究所，2008年2月
　③　森川信男編著『IT革命と企業組織（青山学院大学総合研究所叢書）』学文社，2009年3月
　そして，前回の研究プロジェクトの終了後まもなく，今回の研究プロジェクトに関する構想が生まれ，鋭意準備を進めてきた。こうした意味では，本研究プロジェクトは，研究テーマは異なるが，前回の研究プロジェクトからの継続的かつ発展的な研究プロジェクトであると言って良い。

第三部　中小企業組合における地域活性化

第9章
地域活性化に貢献する中小企業組合の現状と課題

第1節　地域活性化に貢献する中小企業組合事例の概要

　前稿では，地域活性化に貢献する38の中小企業組合を取り上げて，各事例組合の概要，その地域活性化に対する取り組みの経緯と活動内容について記述した。図表9-1「地域活性化貢献中小企業組合事例一覧」は，前稿において取り上げた，こうした地域活性化に貢献する事例組合の概要を一つの図表の形にまとめたものである。

　本稿では，地域経済を活性化する取組として中小企業施策の重要な観点となっている「地域活性化」について，特に地域活性化に貢献する中小企業組合の事業活動を類型化し，そうした類型別に，地域活性化貢献組合の成功要因を抽出し，地域活性化貢献組合の活動成果を分析する。また，地域活性化貢献組合の資本効率性について考察する。最後に中小企業組合が目指す組織的・産業的・地域的連携の方向性について考察する。

　前稿において取り上げた地域活性化に貢献する事例組合の概要については，すでに図表9-1においてまとめたが，ここでは，収集した38の組合事例の概要について，組合形態別，組合業種別，組合地域別，組合設立年別，組合出資金別，組合員数別といった，組合の属性にかかわる六つの観点から整理する。

図表 9 − 1　地域活性化に貢献する中小企業組合事例組合一覧

No	地域	組合名	設立年	出資金	組合員	組合形態	組合業種
1	北海道	下川ふるさと興業協同組合	1983	903	9	事業協同組合	建設業、製造業、卸売業、小売業またはサービス業を行う事業者
2	岩手県	協同組合辺釣子ショッピングセンター	1981	23,201	42	協同組合	織物・衣料・身回品小売業、飲食料品小売業、自動車小売業
3	岩手県	水沢鋳物工業協同組合	1954	3,764	57	協同組合	鋳物製造および製造関連事業
4	宮城県	協同組合仙台卸商センター	1965	41,535	272	協同組合	卸売業、サービス業、建設業、不動産業
5	秋田県	協同組合秋田市民市場	1962	45,236	68	協同組合	鮮魚、塩干物、青果物、食料品、衣料品、日用雑貨品等の販売飲食業
6	山形県	山形県電機商業組合	1962	非出資	326	商業組合	電気商品の販売を営む者
7	福島県	早戸温泉つるの湯企業組合	2004	970	17	企業組合	三島町に居所を有し従事・協力者、三島町に事業場を有し役務提供法人
8	群馬県	高崎問商社街協同組合	1963	4,741	119	協同組合	卸売業、建設業、製造業、小売業、不動産業、サービス業（風俗除く）
9	埼玉県	みなのかか商店街振興組合	1990	195	111	商店街振興組合	小売業、サービス業、飲食業等の事業を営む者
10	千葉県	小湊紗の浦遊覧船協業組合	1954	4,144	259	協業組合	観光事業
11	神奈川県	三崎朝市協同組合	2000	290	29	協同組合	農業、漁業、卸売業、小売業、飲食業
12	新潟県	新潟県すし商生活衛生同業組合	1960	26	280	生活衛生同業組合	寿司小売業
13	山梨県	南アルプス特産品企業組合はたるみん館	2004	113	113	企業組合	農業者
14	静岡県	商店街振興組合静岡県呉服町名店街	1964	209	86	商店街振興組合	小売業、サービス業
15	愛知県	中部アイディ協同組合	2001	641	127	協同組合	情報サービス業
16	愛知県	田原旭町通り商店街協同組合	1992	140	13	協同組合	小売業、飲食店またはサービス業
17	岐阜県	飛騨のさるぼぼ製造協同組合	2006	115	4	協同組合	民芸品の製造
18	富山県	井波彫刻協同組合	1947	3,388	119	協同組合	木彫刻業を行う事業者
19	石川県	大野もろみ蔵協同組合	1998	100	18	協同組合	農業、設備工事業、食品製造業、窯業・土石製品製造業
20	滋賀県	おごと温泉旅館協同組合	1951	1,000	10	協同組合	旅館、ホテルを行う事業者

第9章 地域活性化に貢献する中小企業組合の現状と課題 271

21	京都府	京都府砕石協同組合	1972	510	17	協同組合	採石業（砕石業を含む）を行う事業者で、地区内に事業場を有する
22	奈良県	奈良県製薬協同組合	1949	4,347	57	協同組合	薬事法第12条に基づく許可を受けた医薬品製造業
23	大阪府	大阪府塗装工業協同組合	1947	3,154	119	協同組合	塗装工事を行う事業者
24	和歌山県	白浜温泉旅館協同組合	1947	252	22	協同組合	旅館業
25	島根県	協同組合横田ショッピングセンター	1971	3,300	4	協同組合	各種小売業
26	岡山県	協同組合岡山県備前焼陶友会	1973	2,080	195	協同組合	備前焼の製造または販売
27	広島県	熊野筆事業協同組合	1947	4,220	115	協同組合	毛筆、画筆もしくは刷毛の製造または販売
28	山口県	ふるさと米食品協同組合	1999	2,490	15	協同組合	小売業、卸売業または製造業（共同店舗内に店舗を有すること）
29	愛媛県	宇和島蒲鉾協同組合	1982	828	23	協同組合	水産練製品製造販売業
30	高知県	高知県電気商業組合	1963	非出資	217	商業組合	電気機器の販売の事業を営む者
31	福岡県	新天町商店街商業協同組合	1950	19,619	66	協同組合	小売・サービス業その他の事業
32	福岡県	福岡中小建設業協同組合	1979	2,890	44	協同組合	建設業法の許可を有し、建設業を行う事業者
33	佐賀県	諸家具振興協同組合	1979	176	30	協同組合	地区内に事業所を有し、家具または建具の製造・販売者
34	長崎県	佐世保機械金属工業協同組合	1972	1,672	8	協同組合	鉄工、機械加工、金属製品製造、輸送用機械器具製造、船舶製造
35	宮崎県	新富町商業協同組合	1988	7,918	25	協同組合	小売業、サービス業、不動産業
36	鹿児島県	鹿児島総合卸商業団地協同組合	1967	56,822	81	協同組合	卸売業、小売業、製造業、一般土木建築工事業、道路旅客運送業
37	沖縄県	沖縄市管工事協同組合	1974	7,241	22	協同組合	沖縄市より指定給水工事業・下水道排水設備指定工事店の指定業者
38	沖縄県	沖縄県衣類縫製品工業組合	1999	207	20	工業組合	織物製外衣・シャツ製造業、ニット製外衣・シャツ製造業、下着類製造

(1) 組合形態別

収集事例組合を組織形態別にみると，協同組合が29組合（76.3％）と大半を占めており，企業組合と商業組合と商店街振興組合が２組合（5.3％），協業組合と工業組合と生活衛生同業組合が１組合（2.6％）となっている。

(2) 組合業種別

収集事例組合を組合業種別にみると，「製造業」が14組合（36.8％）と大半を占めている。以下「小売業」と「小売業・サービス業」が７組合（18.4％），「卸売業」が３組合（7.9％），「建設業」と「サービス業」と「飲食店・宿泊業」が２組合（5.3％），「情報通信業」が１組合（2.6％），「運輸業」が０組合となっている。

(3) 組合地域別

収集事例組合を組合地域別にみると，九州・沖縄地域が8組合（21.1％），北海道・東北地域が７組合（18.4％），中部地域が６組合（15.8％），近畿地域が５組合（13.2％），関東地域と中国地域が４組合（10.5％），甲信越地域と四国地域が２組合（5.3％）となっており，地域ブロックのすべてを満遍なく網羅している。なお，都道府県数については，38都府県にわたって８割以上の都道府県をカバーしている。

(4) 組合設立年別

収集事例組合を組合設立年別にみると，最も古い1947年設立の組合としては，富山県の「井波彫刻協同組合」，大阪府の「大阪府塗装工業協同組合」，和歌山県の「白浜温泉旅館協同組合」，広島県の「熊野筆事業協同組合」がみられる。最も新しい2006年設立の組合としては，岐阜県の「飛騨のさるぼぼ製造協同組合」がみられる。

組合設立年代別にみると，1960年代の設立が８組合（21.1％）と五分の一以上を占めている。以下，1970年代が７組合（18.4％），1940年代と1990年代，2000年代が５組合（13.2％），1950年代と1980年代が４組合（10.5％）となっている。

(5) 組合出資金別

収集事例組合を出資金別にみると，出資金規模の大きい組合としては５億

図表9-2 地域活性化に貢献する中小企業組合事例の概要

概要区分		No	明細区分	組合数	構成比(%)
(1)	組合形態別	1	協同組合	29	76.3%
		2	企業組合	2	5.3%
		3	協業組合	1	2.6%
		4	工業組合	1	2.6%
		5	商業組合	2	5.3%
		6	商店街振興組合	2	5.3%
		7	生活衛生同業組合	1	2.6%
			計	38	100.0%
(2)	組合業種別	1	建設業	2	5.3%
		2	製造業	14	36.8%
		3	情報通信業	1	2.6%
		4	運輸業	0	0.0%
		5	卸売業	3	7.9%
		6	小売業	7	18.4%
		7	サービス業	2	5.3%
		8	飲食店・宿泊業	2	5.3%
		9	小売業・サービス業	7	18.4%
			計	38	100.0%
(3)	組合地域別	1	北海道・東北地方	7	18.4%
		2	関東地方	4	10.5%
		3	甲信越地方	2	5.3%
		4	中部地方	6	15.8%
		5	近畿地方	5	13.2%
		6	中国地方	4	10.5%
		7	四国地方	2	5.3%
		8	九州・沖縄地方	8	21.1%
			計	38	100.0%

(4) 組合設立年別	1	1940年代	5	13.2%
	2	1950年代	4	10.5%
	3	1960年代	8	21.1%
	4	1970年代	7	18.4%
	5	1980年代	4	10.5%
	6	1990年代	5	13.2%
	7	2000年代	5	13.2%
		計	38	100.0%
(5) 組合出資金別	1	100万円未満	1	2.6%
	2	100～200万円未満	6	15.8%
	3	200～1,000万円未満	9	23.7%
	4	1,000万円以上1億円未満	15	39.5%
	5	1億円以上	5	13.2%
	6	非出資	2	5.3%
		計	38	100.0%
(6) 組合員数別	1	10名未満	4	10.5%
	2	10名以上20名未満	6	15.8%
	3	20名以上100名未満	15	39.5%
	4	100名以上200名未満	8	21.1%
	5	200名以上	5	13.2%
		計	38	100.0%

6,822万円の「鹿児島総合卸商業団地協同組合」が最も大きく，4億5,236万円の「協同組合秋田市民市場」，4億1,535万円の「協同組合仙台卸商センター」が続いている。

出資金規模の少ない組合（任意組織を除く）としては，26万円の新潟県の「新潟県すし商生活衛生同業組合」が最も少なく，100万円の石川県の「大野もろみ蔵協同組合」，113万円の山梨県の「南アルプス特産品企業組合・ほたるみ館」が続いている。

第9章 地域活性化に貢献する中小企業組合の現状と課題　275

　組合出資金規模別にみると，出資金1,000万円以上1億円未満が15組合（39.5％），200～1,000万円未満が9組合（23.7％），100～200万円未満が6組合（15.8％），1億円以上が5組合（13.2％），非出資が2組合（5.3％），100万円未満が1組合（2.6％）となっている。

(6) 組合員数別

　収集事例組合を組合員数別にみると（任意団体を除く），組合員数が最も多い組合は山形県の「山形県電機商業組合」の326名であり，以下，新潟県の「新潟県すし商生活衛生同業組合」の280名，宮城県の「協同組合仙台卸商センター」の272名と続いている。

　組合員数が最も少ない組合は，岐阜県の「飛騨のさるぼぼ製造協同組合」，島根県の「協同組合横田ショッピングセンター」の4名である。

　組合員数別の分布をみると，組合員数10名未満が4組合（10.5％），10名以上20名以下が6組合（15.8％），20名以上100名未満が15組合（39.5％），100名以上200名未満が8組合（21.1％），200名以上が5組合（13.2％）となっている。

　図表9-2「農商工連携に取り組む中小企業事例組合の概要」は，38の収集組合事例を組合形態別，組合業種別，組合地域別，組合設立年別，組合出資金別，組合員数別といった，組合の属性にかかわる六つの観点から整理した記述を一つの図表の形にまとめたものである。

第2節　地域活性化と中小企業組合

1．地域活性化に貢献する中小企業組合

　世界各国に影響を及ぼした金融不安から，ようやく立ち直りつつあったわが国経済は，2011年3月11日に発生した東日本大震災によって甚大な被害をうけて，その影響は極めて広範な地域・分野に及んだ。特に被害が大きい岩手県，宮城県，福島県をはじめ茨城県，千葉県等太平洋に面する沿岸地域においては，中小企業も多大な被害をうけ，機器や設備，家屋の破損・破壊，サプライチェーンやネットワークの破綻・断絶による部品・物資の供給の停止などといった，

危機管理における経営課題が露呈された。さらに，福島第一原発による放射能汚染の影響もあって，直接・間接的に取引をする事業者に対し，設備の修繕・更新，購入のための資金繰り，雇用の維持，事業再開，転業・廃業など，さまざまな困難な選択を余儀なくし，先行き不透明な状況が続いている。

　こうした状況下において，中小企業は，一刻も早く震災のショックから立ち直り，主体的に内包する経営課題を見極めて，社会的責任の履行と収益の確保を目的とする企業活動を行うことを求められており，合わせて地域経済の活性化への寄与が希求されている。中小企業が地域の活性化を図るためには，単独では資金や人材，さらにはノウハウなどの経営資源に制約があるために，事業協同組合等の「中小企業組合」制度を活用して，同業者・異業種の仲間等とともに共同で，限られた経営資源を得意分野に集中することによって効率的な経営に専念することが得策である。

　「中小企業組合」は2012年3月末現在，全体では38,795組合を有している。その内訳は，事業協同組合が30,574組合と最も多く全体の79.8％を占めており，次いで商店街振興組合が2,557組合（6.6％），企業組合が1,908組合（4.9％），商工組合が1,240組合（3.2％），協業組合が866組合（2.2％）となっている[3]。

　中小企業者が互いに協力して助け合う精神，すなわち「相互扶助の精神」に基づいて協同で事業を行うために「中小企業組合制度」が設けられているが，それには，経営の近代化・合理化と経済的地位の向上・改善を図るための事業協同組合，組合員の勤労の場の確保，経営の合理化を図るための個人が参画する企業組合，商店街地域の環境整備を図る商店街振興組合，業界全体の改善と発展を図ることを主な目的とする商工組合，組合員の事業を統合し，規模を適正化して生産性の向上，共同利益の増進を図ることを目的とした協業組合などの種類がある。

　「中小企業組合」は，1990年代以降の組合設立数をみると，1990年度は848組合，1991年度は942組合，1992年度は1,003組合，1993年度は970組合，1994年度は898組合，1995年度は903組合，1996年度は863組合，1997年度は894組合，1998年度は792組合，1999年度は845組合，2000年度は862組合，2001年度は851組合，

2002年度は828組合，2003年度は816組合，2004年度は868組合，2005年度は806組合，2006年度は827組合，2007年度は604組合，2008年度は528組合，2009年度は369組合，2010年度は303組合，2011年度は333組合となっている[4]。

　このように，現状の中小企業組合の新規年間設立数をみると，2010年度の件数は303組合となり，ここ数年で最も設立数が少なかった2008年度の528組合をさらに下回る結果となった。こうした，組合設立数の急激な減少は中小企業組合の組織的役割と数量的なパワーの減少を示すことに繋がりかねない。これは，中小企業組合の活用について，画期的なモデルや処方箋がないことから波及することでもあり，個別の中小企業の事業活動への支援はもちろんではあるが，中小企業組合が事業領域・分野を見極めて，中小企業政策の重要課題の一つである経営革新，新連携，地域産業資源活用，農商工連携等に事業主体として取り組んで行くことが重要となる。

　改めて考えてみるまでもなく，「中小企業組合」は，大企業に対しては常に過酷とも言える環境下に置かれてきた大半の中小企業にとって，ここ半世紀以上に渡って最も有力な「企業連携組織」としての役割を果たしてきた，否今後もなおいっそうこうした役割を果たしていかなければならない特異な存在である。

　本稿では，現下これまで事業構造的に経験したことのない，ますます厳しい状況に遭遇しつつある中小企業にとって，中小企業組合が，どのような事業活動を行い，真に役立つ組織として存在し，地域全体を盛り上げていくことができるかについて，中小企業に関する企業間連携の一形態である中小企業組合の組織的・産業的・地域的・国際的連携活動，とりわけ地域的連携について検証していきたい。

　以下では，まず地域活性化に向けた国の中小企業支援策と中小企業組合の活用について概観する。次に，実際に全国各地においてそれぞれ独自にかつ多様な形で地域活性化に貢献する中小企業組合のすぐれた事例を多数取り上げて考察する。また，そうした地域活性化に貢献する中小企業組合事例の概要について記述する。さらに，地域活性化に貢献する中小企業組合の事業活動分野を類

型化する。そして，地域活性化に貢献する中小企業組合の活動，特に活動成果とその成功要因について分析していきたい。

2．地域活性化に向けた中小企業支援策

　1990年代初頭の「バブル崩壊」は，1960年代初頭以降日本列島に位置する全国すべての地域が右肩上がりで急速に成長・発展を遂げてきた，歴史的にみると極めて特異な時代が一転した時期であった。バブル崩壊を契機として，とりわけ地域経済の急激な落ち込みが顕在化し,「地域活性化」が強く叫ばれ始めた感がある。

　「地域活性化」は，わが国地域経済社会の自律的な成長発展に向けて，国全体が取り組んでいる政策であり，産業振興，特産品開発，ブランド化，観光振興，イベント，街づくり，景観，農山村振興，移住・交流，地域経営，施設管理・運営，地域情報化，住民参加・協働，NPO・ボランティア，コミュニティ・集落，保健・福祉・医療，男女共同参画，安心・安全，環境，文化・スポーツなどの各種分野による総合的なテーマとして位置づけられる。その活動については，たとえば立上・着手期，模索・実践期，成長・安定期という三つの段階において捉える考え方や，金融・税制などの政策的見地から分類されることもある。地域活性化は対象となる概念が広いことから，ここでは，地域活性化に向けた中小企業支援策の観点から考えてみたい。

　現在，経済産業省・中小企業庁では，中小企業政策の方向性の一つとして，創業の促進や既存企業地域活性化に貢献する中小企業組合の現状と課題による経営革新と異分野の企業が連携した新分野への挑戦，「地域産業資源（以下地域資源という）」の活用，農商工連携によって地域経済を活性化させる支援策を展開している。中小企業にあっては，単に助成制度にかかわらず，融資，税制，保証制度，専門家との相談など，対象となる施策を自らの活動にうまく取り入れて活用していくことが，経営上のメリットを拡大させる。

　ここで「地域資源」とは，特定の地域に存在する産地・地場の鉱工業品，農林水産品，伝統工芸品，自然や観光地などといった特徴を有する資源をいう。

2007年6月に施行された「中小企業による地域産業資源を活用した事業活動の促進に関する法律（中小企業地域資源活用促進法）」においては，地域資源は地域産業資源として明記され，同義語で使用している。

中小企業地域資源活用促進法においては，「地域資源」として次の三つの点が定義されている。すなわち，① 自然的・経済的・社会的条件からみて一体である地域の特産物として相当程度認識されている農林水産物または鉱工業品，② 地域の特産品となる鉱工業品の生産に関る技術，③ 文化財，自然の風景地，温泉その他の地域の観光資源として相当程度認識されているものである。地域の自律的な成長を図るために行われる地域活性化の試みにおいて，地域資源の有効な活用が重要となっている。

ここでは，中小企業の地域活性化支援にかかわる，以下の三つの法律について概観しておきたい。

(1) **中小企業新事業活動促進法による地域活性化支援**

「中小企業の新たな事業活動の促進に関する法律（中小企業新事業活動促進法）」が，2005年4月13日に公布・施行された。同法によって独立した個別中小企業が行う「創業」「経営革新」，そして中小企業や中小企業組合が産業界，大学，研究機関等のノウハウ等を組合せた「異分野中小企業の新事業活動の促進（いわゆる「新連携」）」に対する支援施策が2006年度以降展開されている。

第一の「創業」，すなわち中小企業新事業活動促進法における「創業」とは，新たに事業を興す（創業5年未満の事業者を含む）ことで，新規の経営事業体を生む開業の意味に等しい。支援内容としては，政府系金融機関による低利融資，信用保証の特例，設備投資減税，留保金課税の停止といった課税の特例などがある。

第二の「経営革新」とは，中小企業者が経営の向上を目指して新たな事業活動に取り組むことをいい，新たな事業活動については，① 新商品の開発や生産，② 商品の新たな生産や販売方法の導入，③ 新サービスの開発や提供，④ サービスの新たな提供方法の導入その他新たな事業活動の四つに類型・分類される。なお，2012年3月31日現在，経営革新計画の承認件数は48,945件で，そ

のうち中小企業組合の承認件数は196件である。

　第三の「新連携」については，中小企業新事業活動促進法に基づき，異分野の中小企業の連携による新事業分野開拓を「新連携」と呼ぶ。新連携は，中核となる中小企業が異分野の中小企業，大学・研究機関，NPO法人等とそれぞれの「強み」を持ち寄って連携し，高付加価値の新製品の開発やサービスを創出することによって，新たな事業分野の開拓を図るものである。なお，2013年2月11日現在，新連携の事業計画の認定は797件となり，そのうち中小企業組合が主催者（コア）になっている案件が5件，中小企業組合が連携体に参画している，または外部協力している案件は36件である。

(2)　中小企業地域資源活用促進法による地域活性化支援

　各地域の強みである農林水産品，鉱工業品およびその生産技術，観光資源の三類型からなる地域資源を活用して新商品の開発等の事業を行う中小企業を支援するために，「中小企業による地域産業資源を活用した事業活動の促進に関する法律（中小企業地域資源活用促進法）」が，2007年5月11日公布，6月29日施行された。

　地域資源を活用した事業計画が認定されると，低利融資，信用保証の特例，設備投資減税など各種関連施策が実施される。同法に基づいて各都道府県から申請された「基本構想」によって，これまでに農林水産品3,814件，鉱工業品およびその生産技術2,714件，観光資源6,141件，合計12,669件の「地域資源」が国から指定されていた。しかし，内閣府に設置された。地方分権改革推進委員会の第3次勧告を受け，「中小企業地域資源活用促進法」が改正され，2012年4月1日より，「基本構想」の作成又は変更及びこれらに対する国の認定に係る規定が廃止となり，新たに都道府県が国の認定を受けることなく地域資源を指定し，公表するとともに，国に対して通知することとなった。なお，認定事業計画は，2013年2月4日現在で合計1,097件に達しており，その内訳は農林水産物394件，鉱工業品626件，観光資源77件となっている。このうち，中小企業組合の認定は26組合である。

(3) 農商工等連携促進法による地域活性化支援

　農林漁業者と中小企業者とが連携して新商品，新役務の開発，提供等を図ることを目的とした「中小企業者と農林漁業者との連携による事業活動の促進に関する法律（農商工等連携促進法）」が2008年5月23日公布，7月21日施行された。同法に基づく「農商工等連携事業計画」の認定を各経済産業局から受けることによって，税制（投資減税），信用保証制度の別枠化，金融措置（無利子・低利融資，信用保険の特例），補助金の申請等総合的な支援が行われる。農商工等連携事業計画の認定を受けるためには，農林漁業者（JA，漁協，森林組合等を含む第一次産業に属する組織や従事者）と中小企業者（農林漁業以外の事業を行う中小企業者に限る）のそれぞれが，相手側は保有していないが自らは保有する経営資源（人材，設備，技術，ノウハウ等）を互いに持ち寄り，両者が連携して（これを「有機的連携」とよぶ）共同で新商品の開発，生産および新役務の開発，提供ならびにこれらの需要の開拓を行うことが必要である。

　なお，農商工等連携促進法による事業計画認定は，2008年9月19日の第1回認定以来，通算15回の認定が各経済産業局から行われており，2013年2月11日現在547件となっている。

3．地域活性化への中小企業組合の活用

　以上，地域活性化に向けた国の中小企業支援策について概観したが，経営革新・新連携，地域資源活用，農商工連携のいずれの政策において，以上の各法律に基づいて事業計画を策定し，国（主務大臣）の認定や行政庁（主務大臣または都道府県知事）の承認を受けると，補助金の申請等の総合的な支援を受けられる。支援対象の受け皿となる組織体は，個別の企業はもとより，中小企業組合，NPO法人，LLC（Limited Liability Company，合同会社），LLP（Limited Liability Partnership，有限責任事業組合）などの法的組織が活用されている。これらの多様な法的組織形態の中でも，中小企業組合は，参加する者が一人一票をもち，民主的に参加することができるといった組織特性から，異なる利害を持った人が参加する新連携，地域資源活用，農商工連携などの協働事業に適したもので

あり，その果たすべき役割は大きいと考えられる。

　ここで，上述した中小企業の地域活性化支援に関る，三つの法律について若干補足しておきたい。第一に，中小企業新事業活動促進法に基づく異分野連携新事業分野開拓計画（いわゆる新連携事業計画），中小企業地域資源活用促進法に基づく地域産業資源活用事業計画，農商工等連携促進法に基づく農商工等連携事業計画についての認定権者は主務大臣である。また，中小企業新事業活動促進法に基づく経営革新計画の承認権者は，主務大臣または都道府県知事である。

　第二に，2010年6月に制定された「中小企業憲章」の基本原則の部分においても，「中小企業組合，業種間連携などの取組を支援し，力の発揮を増幅する」と述べられており，企業間連携の一形態としての中小企業組合は，連携施策，組織化政策上，重要なテーマである。しかし，一方で上述した通り統計上，中小企業組合数は減少していることも事実である。地域経済社会の観点から，地域の活性化に貢献している中小企業組合に注目し，中小企業組合のメリットや役割を再確認し，中小企業者自身が組合に関する共通理解を持つ必要がある。

　第三に，政府は，2010年2月に学識経験者，経営者，中小企業支援機関・団体等の有識者を委員とする「中小企業憲章に関する研究会」を設置し，中小企業の進むべき方向，歴史的な位置づけ，今日の中小企業の経済的・社会的役割などについての考え方を基本理念として示すとともに，中小企業政策に取り組むに当たっての基本原則や行動指針となる「中小企業憲章」を制定した（同年6月18日に閣議決定）。

　「中小企業憲章」は，前文，基本理念，五つの基本原則，六つの行動指針からなる。特に基本原則「1．経済活力の源泉である中小企業が，その力を思う存分に発揮できるよう支援する」において，「資金，人材，海外展開力などの経営資源の確保を支援し，中小企業の持てる力の発揮を促す。その際，経営資源の確保が特に困難であることの多い小規模企業に配意する。中小企業組合，業種間連携などの取組を支援し，力の発揮を増幅する」とあり，企業間連携組織である中小企業組合やいろいろな関係分野との業種間での連携を今後も推進し，

経営資源の補完をしながら力を発揮するように示されている。

　中小企業に関る中小企業組合と，その団体組織である47都道府県中小企業団体中央会を傘下に有する，全国中小企業団体中央会では，地域活性化に関る優良組合に対する表彰制度を導入した。まず，地域経済・社会の活性化に果す中小企業組合の重要な役割に鑑み，全国に存在する優れた事業活動を行う中小企業組合を選定することとし，2010年7月2日から7月30日までに各都道府県中小企業団体中央会から全38組合の推薦を受けた。次に，全国中小企業団体中央会内に「地域活性化貢献組合選定委員会」を設置して，推薦された組合について選考を行い，2011年1月27日には，地域活性化貢献組合啓発・普及事業として表彰式を開催し，優良組合として表彰を行った。そのうち，特に優れた取組を行っている9組合については，「地域活性化貢献組合大賞（中小企業庁長官表彰）」「選定委員会特別優秀賞（全国中央会会長表彰）」として受賞が行われた。

第3節　地域活性化に貢献する中小企業組合の事業活動

1．地域活性化貢献中小企業組合の事業活動分野

　地域中小企業が経営基盤を強化し，新たな事業活動への積極果敢な取組を実現していくには，企業自らが経営戦略の刷新に取り組むとともに，産地・地場産業を構成する企業群全体の技術レベルの向上，訴求力の強化，市場開拓等を実現していくことが求められる。特に，産地・地場産業における中小企業組合や企業城下町におけるものづくり関連の中小企業組合などの，地域を基盤とする数多くの中小企業組合が，それぞれの事業活動を通じて組合員企業のみならず地域経済全体の活性化，さらには地域文化の存続・継承等，経済・社会の礎として大きな役割を果している。

　地域活性化に貢献する中小企業組合が行う事業活動の前提としては，次のような五つの要件があげられる。すなわち，① 対象となる事業活動が地域活性化に貢献し，他組合に推奨できる先進的な内容を持つものであること。② 事業活動の取り組み方法・手法，リーダーや推進役の所在と主導等のノウハウが特徴

図表 9-3　中小企業組合の地域貢献分野

貢献領域 \ 貢献内容	資源活用	課題解決
社会	人材育成型 雇用開発型	社会的課題対応型 環境問題対応型
地域	地域資源活用型 農商工連携型	街づくり活動型 観光誘致活動型

（中央に D／C／B／A の円）

的であること。③ 中小企業組合内部の事業運営により生じた共同事業等の内容にとどまらず，組合全体として運営等が適切であること。④ 事業活動について，組合員（所属員）が高く評価していること。⑤ 財務状況が比較的健全（組合の自己資本充実の観点から資本構成の是正，総資本対自己資本比率の改善）であることである。

　地域経済の活性化を図るために，地域の事業者が取り組む活動は多岐にわたるが，貢献内容と貢献領域という二つの視点から，多少無理矢理類型化を図るキライもあるが，その事業活動の貢献分野を概略的に類型化してみよう。ここでは，横軸に貢献内容は資源活用と課題解決の二つに，貢献領域は地域と社会の二つに区分する。こうして，中小企業組合による地域活性化は，貢献分野別にまとめると，以下に記述する如く(1)街づくり型・観光誘致型，(2)地域資源活用型・農商工連携型，(3)社会的課題解決型・環境問題対応型，(4)人材育成型・雇用開発型の四つに分類することができる。

　図表9-3「中小企業組合の地域貢献分野」は，上述した視点から中小企業組合の地域活性化に対する貢献を図示したものであり，図表9-4「地域貢献分野からみた地域貢献事例組合（業種別）」は，その事例組合との対応をみたものである。

　前述した本稿で取り上げる中小企業組合は，地域活性化に貢献する分野の活動を行い，一定の成果を生み出している組合で，原則として自己資本比率が前

第9章 地域活性化に貢献する中小企業組合の現状と課題　285

図表9-4　地域貢献分野からみた地域貢献事例組合（業種別分布）

業種＼分野	A 街づくり活動型 観光誘致活動型	B 地域資源活用型 農商工連携型	C 社会的課題対応型 環境問題対応型	D 人材育成型 雇用開発型	計	％
建設業		㉜	㊲		2	4%
製造業	⑲	① ③ ⑰ ⑱ ㉒ ㉖ ㉙ ㉝ ㊳	㉓ ㉖	① ㉑ ㉓ ㉖ ㉗ ㉞	18	36%
情報通信業			⑮		1	2%
運輸業					0	0%
卸売業	④ ⑧ ㊱				3	6%
小売業	⑪ ㉘	⑪ ⑫ ⑬ ㉘	⑤ ⑥ ㉚		9	18%
サービス業	⑩	⑦ ⑩		⑦	4	8%
飲食店・宿泊業	⑳ ㉔	⑳ ㉔	⑳	⑳	6	12%
小売業・サービス業	⑨ ⑭ ⑯ ㉛ ㉟		② ㉕		7	14%
計	14	18	9	9	50	100%
％	28%	36%	18%	18%	100%	

年度に比べて改善されていること，または最近3カ年（2008〜2010年度）において2カ年連続の当期純損失がないことを推薦の条件とした。そのため，組合員数が多く，産地・地場の有名な既存の組合であっても，事業活動が停滞して，財務状況等が優れない場合は選定から外されている。いわば，事例とした中小企業組合は，それぞれの県における，現在の中小企業組合の代表であると言える。

なお，二つ以上の型に属する組合は38組合中9組合であり，その重複状況は下記の通りである。二つ以上の型に重複する場合は，先出の型分類に活動概要を明記した。下川ふるさと興業協同組合，早戸温泉つるの湯企業組合は「地域資源活用型」と「人材育成・養成，雇用開発型」，小湊妙の浦遊覧船協業組合，三崎朝市協同組合は「街づくり，観光誘致型」と「地域資源活用型」，おごと温泉旅館協同組合は「街づくり，観光誘致型」「地域資源活用型」「社会的課題，

環境問題対応型」および「人材育成・養成,雇用開発型」のいずれにも属する。大阪府塗装工業協同組合は「社会的課題,環境問題対応型」と「人材育成・養成,雇用開発型」,白浜温泉旅館協同組合は「街づくり,観光誘致型」と「地域資源活用型」,協同組合岡山県備前焼陶友会は「地域資源活用型」「社会的課題,環境問題対応型」および「人材育成・養成,雇用開発型」に属する。ふるさと萩食品協同組合は「街づくり,観光誘致型」と「地域資源活用型」にそれぞれ分類した。

2．街づくり活動型・観光誘致活動型

　この分野には,商店街や商業施設等の活性化に取り組み,まちづくりや集客力の向上に実績を上げている組合活動や,観光誘致に取り組み,国内だけでなく海外からの集客力を高めて実績を上げている組合活動をとりあげた。対象となったのは,38組合中14組合である。業種別には,商店街組織である小売・サービス業が5組合,卸問屋等の卸売業が3組合,小売業及び飲食店・宿泊業が各2組合,製造業及びサービス業が各1組合となっている。

(1)　街づくり活動型

　商店街や商業施設等の活性化に取り組み,まちづくりや集客力の向上に実績を上げている組合活動である。地域の小売業,商店街や共同店舗などの中小商業組織は,長引く個人消費の低迷,デフレの進行,消費者の価値観の多様化,都市構造・交通体系の変化等により,かつてない厳しい状況におかれて,空き店舗等による空洞化が大きな地域経済問題となっている。地域の商店街,商業集積等の商業施設は,地域の伝統や文化を支え,地域コミュニティ形成の場として重要な役割を担っており,地域経済の活性化に繋がることは言うまでもない。

　さらには,地域に根ざした存在として,高齢者や子育て家族に対する支援,防災・防犯,環境保全など,地域コミュニティを維持・発展させる役割を担うことも期待されている。そこで,商店街や共同店舗,ボランタリーチェーン等が地域コミュニティ機能を担い,個店や商業集積の魅力向上など地域商業の活

性化に取り組むとともに，当該組合の付加価値額を増加させ，地域活性化に貢献する事業活動を行っている中小企業組合を対象とする。

　街づくり活動型には，具体的には次のような三つの事業活動事例があげられる。すなわち，①中小小売商業関係組合が共同事業等によって，個店の魅力向上や商業集積の活性化に取り組み，来客数や売上増などの成果をあげ，地域活性化に貢献している事業活動，②多機能ICカード，バーチャル商店街，電子商取引などITを活用した事業活動により，魅力ある個店づくり，街づくりに積極的に取り組み，地域活性化に貢献する事業活動，③大学，行政，中心市街地活性化協議会，NPO法人，その他地域住民団体など複数の機関・団体等とネットワークを組み，商店街・中心市街地の活性化を果たした事業活動である。

　街づくり活動型の事例組合としては，協同組合仙台卸商センター（4宮城県），高崎卸商社街協同組合（8群馬県），みやのかわ商店街振興組合（9埼玉県），商店街振興組合静岡県呉服町名店街（14静岡県），田原旭町通り商店街協同組合（16愛知県），大野もろみ蔵協同組合（19石川県），ふるさと萩食品協同組合（28山口県），新天町商店街商業協同組合（31福岡県），新富町商業協同組合（35宮崎県），鹿児島総合卸商業団地協同組合（36鹿児島県）がみられる。

(2) 観光誘致活動型

　観光誘致に取り組み，国内だけでなく海外からの集客力を高め，実績を上げている組合活動である。わが国経済のグローバル化が進展する中で，国内だけではなく，欧米，アジアからの観光客など，中小企業組合が独自のアイデアと行動によって観光誘致を図り，地域活性化に貢献していることも少なくない。特に，観光産業等の中小企業にとっても，海外からの観光客の誘致やそのための商品・サービス開発にも積極的に対応する必要性が高まっている。

　そこで，中小企業組合が取り組む国内，または海外からの観光客（顧客）誘致への支援などの事業活動，あるいは，海外からの観光客等を誘致するためのPR活動，受入環境整備のための事業活動によって，地域に訪れる観光客（顧客）を増加させて，地域活性化に貢献した事業活動を行っている中小企業組合を対象とする。

観光誘致活動型には，具体的には次のような三つの事業活動事例があげられる。すなわち，①にぎわい創出のためのイベント，地域特産品づくりによって，地域活性化に貢献している事業活動，②地域の観光資源の活用，観光産業，あるいは産学官と連携し，特色あるアイデアで観光客（顧客）を国内，または国外から誘致し，地域活性化に貢献している事業活動，③他地域との協議，連携したイベント，公共交通機関，駐車場等交通アクセスの整備，語学力の強化，バリアフリー化などによって集客力を高め，当該組合または組合員の付加価値を増加させるとともに地域活性化に貢献している事業活動である。

観光誘致活動型の事例組合としては，小湊妙の浦遊覧船協業組合（10千葉県），三崎朝市協同組合（11神奈川県），おごと温泉旅館協同組合（20滋賀県），白浜温泉旅館協同組合（24和歌山県）がみられる。

3．地域資源活用型・農商工連携型

この分野には，地域資源を活用し，新商品開発，新市場開拓等により実績を上げている組合活動や農商工連携を推進し，新商品開発・新市場開拓等により実績を上げている組合活動を地域資源活用型・農商工連携型として分類した。地域資源の概念が幅広いため，この分類に属する活動を行う組合数は，18組合と最も多かった。業種別には，産地・地場の特産品を生産する製造業が9組合と最も多く，以下，小売業4組合，サービス業及び飲食店・宿泊業各2組合，建設業1組合となっている。

(1) 地域資源活用型

地域資源を活用し，新商品開発，新市場開拓等により実績を上げている組合活動である。産地・地場産業は，地域経済を支える大きな柱の一つであり，地域経済の発展にとって，その活力の回復が不可欠である。中小企業組合が，産地の技術，地域の農林水産品，観光資源などの地域資源を活用した新製品，新技術，新サービスの開発，又は，これらの地域資源に関連した商品の高品質・高付加価値化や市場開拓（市場調査，販路開拓，産地（組合）ブランド，地域団体商標の登録を含めた地域ブランドの確立を含めたマーケティング活動などを広く捉

える)に取り組むことにより,組合員だけではなく,産地や地域に派生する関連業界を含め,大きな効果が生みだされる。

そこで,地域資源を活用し,組合員の経営合理化や当該組合の付加価値額を増加させるとともに,併せて,雇用の創出など地域活性化に貢献する事業活動を行っている中小企業組合を対象とする。

地域資源活用型には,具体的には次のような二つの事業活動事例があげられる。すなわち,①地域資源(産地の技術,地域の農林水産品,観光資源等)を活用し,共同事業として新製品,新技術,新サービスの開発,提供に取り組み,成果をあげている事業活動,②組合が中心となり,産地(組合)ブランド,地域ブランドの製品(商品)の開発,登録,マーケティングなどにより市場開拓を図り,地域の付加価値を高めている事業活動などである(中小企業新事業活動促進法,中小企業地域資源活用促進法等に基づく,当該組合やその組合員による事業計画認定の有無は問わない)。

地域資源活用型の事例組合としては,下川ふるさと興業協同組合(1北海道),水沢鋳物工業協同組合(3岩手県),早戸温泉つるの湯企業組合(7福島県),飛騨のさるぼぼ製造協同組合(17岐阜県),井波彫刻協同組合(18富山県),奈良県製薬協同組合(22奈良県),協同組合岡山県備前焼陶友会(26岡山県),宇和島蒲鉾協同組合(29愛媛県),福岡中小建設業協同組合(32福岡県),諸富家具振興協同組合(33佐賀県),沖縄県衣類縫製品工業組合(38沖縄県)がみられる。

(2) **農商工連携型**

農商工連携を推進し,新商品開発・新市場開拓等により実績を上げている組合活動である。都市と地方の格差拡大等の課題に対し,地域経済を支える中小企業者やその集合体である組合が,農林漁業者と組織間での連携活動(農商工連携)を行うことにより相乗効果を発揮し,双方の経営効率化や付加価値の向上に繋がることが期待される。

そこで,農林漁業者(JA,漁業協同組合,森林組合,その他の農林漁業関係機関・団体等を含む)と農商工連携活動を行い,新商品の開発,新役務の提供,新しい生産方式又は販売方式の開発などに取り組むことで組合員の経営合理化や当該

組合の付加価値額を増加させるとともに，併せて，雇用の創出など地域活性化に貢献する事業活動を行っている中小企業組合を対象にした。

農商工連携型には，具体的には次のような三つの事業活動事例があげられる。すなわち，① 中小企業組合が農業協同組合と連携し，製造，流通（輸送，保管，販売）で協力した関係作りを行ったことで，双方ともに付加価値が高まり，地域活性化に繋がった事業活動，② 農商工連携を推進し，新商品開発，新役務の提供，新しい生産方式又は販売方式の開発などの取組により地域活性化に繋がった事業活動，③ 農商工連携を推進し，域外への販売展開，マーケティング，新市場開拓等により当該組合の付加価値額を増加させ，地域活性化に繋がった事業活動などである（農商工等連携促進法に基づく事業計画認定の有無は問わない）。

農商工連携型の事例組合としては，新潟県すし商生活衛生同業組合（12新潟県），南アルプス特産品企業組合・ほたるみ館（13山梨県）がみられる。

4．社会的課題対応型・環境問題対応型

この分野には，子育て支援，介護，障害者支援，まちづくり，環境対策などの社会的課題をビジネスの手法を使用して解決したり，社会性・事業性・革新性を有する活動，地域が有する資源や強みを有効活用し，自助と自立による持続可能な地域再生のための環境問題に取り組みながら実績を上げている組合活動を社会的課題対応型，環境問題対応型として分類した。近年の環境に対する意識の高まりから，この分野に属する活動を行う9組合を取り上げた。排出される生ゴミ等を商店街組織として対応しようとする小売業3組合，製造業及び小売・サービス業各2組合のほか，飲食店・宿泊業並びに建設業が各1組合で続く。

(1) 社会的課題対応型

ソーシャルビジネスに取り組み，実績を上げている組合活動である。ソーシャルビジネスとは，子育て支援，介護，障害者支援，まちづくり，環境対策などの社会的課題をビジネスの手法を活用して解決し，地域活性化に貢献する

社会性・事業性・革新性を有する活動をいう。組合においても，社会的課題に取り組むため，企業組合や事業協同組合を活用して事業を行っている例が少なくない。そこで，ソーシャルビジネスを行うことによって，当該組合の付加価値額を増加させるとともに，地域活性化に貢献する事業活動を行っている中小企業組合を対象とした。

社会的課題解決型には，具体的には次のような二つの事業活動事例があげられる。すなわち，① 組合がソーシャルビジネスに取り組み，付加価値を高め，地域活性化に繋げた事業活動，② 組合が行うソーシャルビジネスが，域外へ展開，ノウハウを移転することで，地域社会，地域経済の活性化に繋がった事業活動があげられる。

ソーシャルビジネスは，社会的課題への解決に向けてボランティアとして取り組むのではなく，ビジネスの形で行うこととされ，次の三つの要件を満たす主体とする。すなわち，第一の社会性は，現在，解決が求められる社会的課題に取り組むことを事業活動の使命とすること。第二の事業性は，社会的課題への解決をビジネスとし，継続的に事業活動を進めていくこと。第三の革新性は，新しい社会的の商品やサービス，それを提供するための仕組みを開発すること。また，その活動が社会に広がることを通じて，新しい価値を創造することである。

ソーシャルビジネスは，社会的課題として多様な分類が考えられるが，ここでは次の如く15区分に分類する。すなわち，① 保険・医療・福祉，② 障害者や高齢者，ホームレス等の自立支援，③ 子育て支援，④ 教育・人材育成，⑤ 文化・芸術・芸能，⑥ スポーツ，⑦ 環境（保護・保全），⑧ 安全・安心（防災・防犯），⑨ 交通，⑩ 観光，⑪ 地域活性化（地域産業振興），⑫ まちづくり，⑬ 国際交流・国際協力，⑭ フェアトレード，⑮ その他（農業，公の施設の運営管理，失業者対策，清掃業など），これらの活動への支援等である。

社会的課題解決型の事例組合としては，大阪府塗装工業協同組合（23大阪府）がみられる。

(2) 環境問題対応型

　環境問題に取り組み実績を上げている組合活動である。地域の産業，技術，人材，観光資源，自然環境，文化，歴史など，地域が有する資源や強みを有効活用し，自助と自立による持続可能な地域再生を実現することが求められている。地球温暖化対策など環境・気候問題への関心が高まっている今日，地域経済・社会の一員として重要な位置にある中小企業組合においても，地域再生・活性化に積極的に関っていくことは，組合員にとって新しい事業を創出する絶好の機会となる。

　そこで，中小企業組合が組合員の新たな事業機会を創出するため，太陽光発電，CO_2削減，省エネルギーや3Rの推進などの環境問題に取り組み，新技術，新製品（商品），サービス等の研究・開発等を行い，組合員の経営合理化や当該組合の付加価値額を増加させるとともに，併せて，雇用の創出など地域活性化に貢献する事業活動を行っている中小企業組合を対象とする。

　環境問題対応型には，具体的には次のような三つの事業活動事例があげられる。すなわち，①天然資源の消費を抑制し，環境への負荷をできる限り低減する「循環型社会」の形成のため，各種環境規制や環境保全への対応，環境分野に関連した取組を行い，地域活性化に貢献している事業活動，②地球温暖化問題に対処するため二酸化炭素等の温室効果ガスの排出抑制に関連した取組などを行い，地域活性化に貢献している事業活動，③組合が組合又は組合員が対応しなければならない規制や課題（温室効果ガス削減，省エネルギー推進，廃棄物排出抑制，リサイクル推進，大気汚染防止，水質汚濁防止，土壌汚染対策，化学物質管理など）を解決するための取組を行い，地域活性化に貢献している事業活動などがあげられる。

　環境問題対応型の事例組合としては，協同組合江釣子ショッピングセンター（2岩手県），協同組合秋田市民市場（5秋田県），山形県電機商業組合（6山形県），協同組合横田ショッピングセンター（25島根県），高知県電気商業組合（30高知県），沖縄市管工事協同組合（37沖縄県）がみられる。

5．人材育成型・雇用開発型

　この分野には，インターンシップ事業や人材育成・養成事業に取り組み，地域における雇用開発や人材育成・養成に実績を上げている組合活動，さらには，CSRや産学官連携，民間各種機関，組合，株式会社，その地の外部機関との交流・連携など，他には分類されない地域経済の活性化や地域社会に貢献した事業活動があげられる。業種的には，製造業が6組合，卸売業，飲食店・宿泊業及びサービス業が各1組合の9組合が対象となった。

(1) 人材育成型

　インターンシップ事業や人材育成・養成事業に取り組み，地域における雇用開発や人材育成・養成に実績を上げている組合活動である。少子化の進展によって，労働力人口は減少局面に入っている。優秀な人材を採用し，戦略的経営を進めようとしても，企業は景気の低迷に加え，コスト負担，労働法制による規律強化，新規就業者のミスマッチ等の影響により，満足する採用が行えない状況にある。幅広い知識やノウハウを有した団塊の世代の大量退職により，ものづくり製造業等にとっては，技能継承に問題が生じることも少なくない。

　このような中で，中小企業にとっての人材の確保・養成とそのための適正な労務管理が必要とされており，組合も組合員の人材確保のための事業を積極的に行うことが重要となっている。そこで，インターンシップによる人材の確保や技術者等の養成，共同労務管理などで特色あるプログラムをもとに特に優れた人材を輩出し，組合員の経営合理化や当該組合の付加価値額を増加させるとともに，地域活性化に貢献する事業活動を行っている中小企業組合を対象とした。

　人材育成型には，具体的には次のような二つの事業活動事例があげられる。すなわち，①高校，高専，大学等の生徒，学生に対し，優れた研修プログラムによってインターンシップを行い，終了後は組合員企業へ多数の新規就業者を採用することで地域経済に貢献している事業活動，②当該組合が組合員企業の経営管理者，従業員等を育成する共同教育研修を実施し，独自の特色ある研修プログラムによって優れた人材を輩出している事業活動である。

人材育成型の事例組合としては，中部アイティ協同組合（15愛知県），熊野筆事業協同組合（27広島県），佐世保機械金属工業協同組合（34長崎県）がみられる。

(2) その他

その他，社会貢献，産学官連携などで実績を上げている組合活動である。組合および組合員の社会的責任（CSR）や社会貢献の推進，産学官連携（公的機関，大学等の研究者，民間各種機関，組合，株式会社，その他の外部機関との交流・連携）など，先に例示した事業活動に限らず，地域経済の活性化や地域社会に貢献した事業活動があげられる。その他の事例組合としては，京都府砕石協同組合（21京都府）があげられる。

第4節　地域活性化貢献中小企業組合の成功要因

都道府県中小企業団体中央会から推薦された代表的な地域活性化に貢献する中小企業組合が行う事業について，その成功要因を前述した四つの地域貢献分野別にまとめてみよう。

1．街づくり活動型・観光誘致活動型の成功要因

「街づくり」については，卸団地，卸問屋などの組合が行う地域と一体となった観点から，組合役職員と組合員，大学や市との連携による積極的な事業の取組（協同組合仙台卸商センター），長期ビジョンを示し導いた理事長をはじめとする役員のリーダーシップや情報を共有・編集し実行できる事務局の力（高崎卸商社街協同組合）など，明確な目標設定，組合員の積極的な取り組み姿勢（鹿児島総合卸商業団地協同組合）が重要である。

また，商店街組織においては，理事長の強力なリーダーシップと組合メンバーの人材力，事業実施体制の確立（みやのかわ商店街振興組合），消費者目線での商品の開発とブランド化（商店街振興組合静岡呉服町名店街），中心市街地としての地位の確立，地域住民にとって身近な商店街としての認知（田原旭町通り商店

街協同組合）などがあげられる。強固な組織体制，事業を実現する実行能力の高さ（新天町商店街商業協同組合），組合員と組合役員が一体となって組合の将来を真剣に考える姿勢（新富町商業協同組合）などの要因も抽出できる。まさに，「地域商工業者の街づくりを中心に自分たちの街を作っていこうとする熱い想いとそれを牽引するリーダーの存在，地域計画アドバイザーと行政との連携」が成功要因であると言える。

2．地域資源活用型・農商工連携型の成功要因

　地域の鉱工業品，農林水産品，観光資源などの地域資源活用については，地域産業資源の活用や農商工連携などによる商品開発，サービスの提供など，地域の特産品等の活用を前提とするため，活動の範囲を広く捉えることができると考えられる。この分野にみられる活動の成功要因をまとめると，まず集積する同類・同業種の事業者が自ら組織化を果してきた組合が，これからの生き残りをかけて，信用力向上，共同施設としての共同事業の運営による事業収益の増加と財政基盤の強化を図ることを目的に（小湊妙の浦遊覧船協業組合），補助事業等を活用して市場調査の実施とニーズの把握（水沢鋳物工業協同組合），他の施設との差別化と利用者の満足度向上のための積極的な新規事業の展開（早戸温泉つるの湯企業組合）を実施している姿が伺える。

　そこには，当然に理事長のリーダーシップ，人望のもとに若手役員の連携も加わって戦略的事業に取り組むとともに，参画する組合員が一体となって事業を実施した（宇和島蒲鉾協同組合，諸富家具振興協同組合）ことが重要となっていることはいうまでもない。また，地元自治体，研究機関等との事業連携，積極的な県や市など行政との提携，中小企業支援機関からの継続的な支援（下川ふるさと興業協同組合，三崎朝市協同組合，新潟県すし商生活衛生同業組合）も重要な要因となる。

　組織としての明確な目的，内部の高い結束力，行政と一体となった事業展開（南アルプス特産品企業組合・ほたるみ館）を図るためには，「理事長の強力なリーダーシップのもと，専門家を招いた研修など，常に将来を見据えた事業の実施

(下川ふるさと興業協同組合，飛騨のさるぼぼ製造協同組合）が必要」であり，地域資源を活用した新商品開発・サービスの提供等には，「中小企業団体中央会，商工会等の中小企業支援機関と組合，専門家が連携した産学官連携活動を進めていくことで（井波彫刻協同組合，奈良県製薬協同組合），地産地消や域外展開など，市場ニーズをいかにして捉え，組合が県産品，オリジナル商品へのこだわりと，品質向上への取組を追求する」（福岡中小建設業協同組合，沖縄県衣類縫製品工業組合）かが成功要因となる。

3．社会的課題対応型・環境問題対応型の成功要因

この分野についてみても，地域共生と環境対応型の事業活動への方向転換が必要であり，組合と組合員が団結した事業の実施が重要となる。まず，環境問題や社会的課題へ組合として取り組んでいこうとする意思と組合員へのメリット，組合としての経費削減効果を組合員と市場に明示し（協同組合秋田市民市場），時代が求める社会的な課題，環境問題へ組合としてどう対応していくか，組織体制の確立や従来の慣習にとらわれない時代にマッチした効果的な活動（協同組合岡山県備前焼陶友会）を行う組合としての意思決定が必要である。なお，この分野でも，理事長の強力なリーダーシップ（協同組合江釣子ショッピングセンター，山形県電機商業組合，高知県電機商業組合）が重要な要素としてあげられている。つまり，「組合の方針，方向性が見えることで，組合の意思統一として環境配慮型経営の推進，積極的な攻めの経営への方針をシフトする」ことが成功要因となる。

4．人材育成型・雇用開発型の成功要因

地域内雇用や地域に存在する人をつくり，育てて行くには，理事会の強力なリーダーシップと組合員の中に生まれた社会的貢献への使命感（中部アイティ協同組合，京都府砕石協同組合，佐世保機械金属工業協同組合），そして問題解決のための組合員の結束力（熊野筆事業協同組合）が成功要因であるとする組合が多い。すなわち，「社会的な使命感を組合・組合員が相互に共有し，同志の長年の

信頼関係で結ばれた強い団結力をもって」事業を展開していく必要がある。

上述した四つの型にみられる全体的かつ重要な成功要因としては次の四つの点があげられ，これが地域活性化に対する貢献度の高い組合事業を後押ししていると考えられる。すなわち，① 理事長のリーダーシップ，② 行政，中小企業支援機関との連携，およびマスコミの活用，③ 社会的な課題へ対応する地域の代表的組合としての使命感，④ 地域のために役立っているとの自負心と想いである。

第5節　地域活性化貢献中小企業組合の活動成果

収集した事例組合が行っている事業活動により，地域に貢献する活動成果がみられるところである。地域に対する活動成果は，実際のところ組合の活動の種類やそれぞれの地域において活動成果の内容は異っているが，すでに区分した四つの地域貢献分野ごとに生じた組合の活動成果をまとめてみよう。

1．街づくり活動型・観光誘致活動型の活動成果

「協同組合仙台卸商センター」では，団地のナビゲート機能を高めるためブロック毎に色分けされた番地表示プレートや地図案内図の設置，主要道路から卸町への誘導サインの充実，市民を招いて開催する街づくりイベントを実施した。2009年度には延2,300名が集まり，卸町全体の賑わいづくりと活性化に寄与した。

「高崎卸商社街協同組合」においては，カメラ付き街路灯91基，防犯カメラ182台の設置によって夜間の安全性が格段にあがり，組合員企業，団地内外に存在する企業も一体となって街づくりを行おうとする意識が強い。人口も1993年には447人であったが2008年には1,100人へと増加し，また問屋町にある公園の利用者数も2003年には8,640人であったが，2008年には3万3,552人へと大幅に増えた。高崎問屋町駅を利用する乗客人数をみると開業当時の2006年度には一日当たり1,492人であったが，2009年度には一日当たり4,632人へと3.1倍に大

幅増となっている。

　「みやのかわ商店街振興組合」では，高齢者にやさしい街づくりを掲げ，地元地域の知合いや近所住民が高齢者に対応するため，それが地域全体の生き甲斐となり，地域ぐるみの顔が見える安心商店街区となった。「小湊妙の浦遊覧船協同組合」では，自然と歴史を活かし，観光スポットとして行政と一体となった街づくりを行った。また「三崎朝市協同組合」では，地域資源であるマグロを活用して，観光客等を地元市へ呼び込んだ。

　「商店街振興組合静岡呉服町名店街」では，一店逸品運動の成功から，静岡呉服町名店街の知名度がアップし，呉服街ブランドの向上が図られ，新しいテナントの進出にも効果が出ている。「田原旭町通り商店街協同組合」は，中心市街地としての地位を確立し，近隣他団地と協力し合い，中心通りを主エリアとして街づくりを行った。

　「大野もろみ蔵協同組合」は，もろみ蔵オープン以来，毎年約2万人が訪れており，街全体の賑わい演出したことで，地域住民のだけでなく県内外からの観光客を集め空間全体が地域のシンボルになってきている。「おごと温泉旅館協同組合」や「白浜温泉旅館協同組合」では，地域との連携によって波及効果をもたらし，従来築かれていた温泉街のイメージを払拭し，新しいイメージの街として地域の振興と活性化を果している。

　「ふるさと萩食品協同組合」は，新製品を製作し，市の新しい特産品として地域活性化を果している。「新天町商店街商業協同組合」は，商店街のエコロジーに関する取組を行ったことで，堆肥処理施設から有機肥料を無料で配布することで商店街のイメージアップを図ることに成功した。「新富町商業協同組合」は，商店街の取組が町内外に商店街や温泉施設をPRする好機となり，温泉施設の入場者，売上高が対前年比6％の増加となっている。「鹿児島総合卸商業団地協同組合」については，品ぞろえを行う小売業者の育成に貢献することで，結果的に消費者の利便性・満足度向上に大きな影響を与えている。

　街づくり，観光誘致は，地域住民や観光客等が安心して集える場と空間であり，憩い，楽しみ，安らぎなど，いろいろなキーワードによってコンセプトが

制定される。人が集まるところには，さまざまな集積ができ，取引が活発化する。特産品や観光資源などの地域に存在する身近な資源を，組み合わせて，さらに地域住民，行政，マスコミを活用することによって，地域と一体となった街づくりが行えるのである。

2．地域資源活用型・農商工連携型の活動成果

「水沢鋳物工業協同組合」では，伝統工芸産地としての鋳物文化を国内だけではなく，ヨーロッパを中心に海外へも伝え，産地の振興に役立っている。「小湊妙の浦遊覧船協同組合」では，自然と歴史を活かした観光・交流都市を目指している鴨川市の観光スポットとして大きなウェイトを占めている。「三崎朝市協同組合」では，地元三浦市への観光客等を呼び込み，街の活性化に貢献している。

「新潟県すし商生活衛生同業組合」では，2009年より販売した地魚寿司メニュー「極み」を主に県外客に対して3万7,000食以上を販売し，金額に換算すると組合員の合計で1億1,000円以上の経済的効果があった。また，JR東日本と提携し，首都圏からの新幹線往復切符と地魚寿司「極み」をセットにした旅行商品を販売した。JR東日本新潟支社長から感謝状の授与を受けるなど，新潟県の観光客誘致にも貢献した。

「南アルプス特産品企業組合・ほたるみ館」では，販路拡大による売上高が年々増大し，組合員の意識だけでなく，地域貢献意欲が高くなっている。「飛騨のさるぼぼ製造協同組合」では，民芸品である「飛騨のさるぼぼ」を飛騨地域の代表的な特産品に成長させるとともに，ブランド力を高め，飛騨を観光地として地域の発展に貢献している。飛騨地域には500人以上の内職者がいることで，飛騨のさるぼぼは，製造，販売及びそれに関連する業務により，地域の雇用を支える存在として貢献している。

「井波彫刻協同組合」は，彫刻を施したエレキギターが話題を呼び，プロのエレキギター演奏家によるコンサートを開催するなど地域の話題となった。「おごと温泉旅館協同組合」では，旧来の雄琴温泉のイメージをかえることからは

じめ，肌によいおごと温泉として組合員が地域の振興に貢献している。「奈良県製薬協同組合」では，リピーターを創出し，業界活性化に寄与している。「白浜温泉旅館協同組合」では，観光地，温泉地としてのイメージアップを高め，地域との連携によって波及効果をもたらした。

「協同組合岡山県備前焼陶友会」では，毎年開催する備前焼まつりを備前市あげてのまつりへと発展させ，最近のまつりでは13万〜14万人にのぼる多数の来場者を得て，地域活性化に寄与している。「ふるさと萩食品協同組合」では，地元の一次産品を新製品に，萩市の新しい特産品として地域活性化の一助となるような活動を実施している。「宇和島蒲鉾協同組合」では，数多くのマスコミに取り上げられる回数が増加（2004年度では2〜3回程度であったが，2008年度には20回程度に増加）した。その結果，「宇和島じゃこ天」の知名度が急激にアップし，地域の特産品から土産物及び贈答品として格上げされてきた。

「福岡中小建設業協同組合」では，安い外材に押され，荒廃しつつある地域の森林保護と，ブランド化によって地域の活性化に繋がった。新築件数も年を追うごとに増加してきている。「諸富家具振興協同組合」では，諸富家具のブランド普及による商品化と観光地としての受け入れなど地域への波及効果があった。「沖縄県衣類縫製品工業組合」では，県内夏場の正装として「かりゆしウェア」が定着し，伝統工芸品の中でも，いつも身につけるウェアの作品の制作が沖縄県の文化振興に寄与している。

これらは，地域に特有の資源を活用し，それを生産・販売したり，観光に活用したり，地域の特性を域外に広めていく効果や地域雇用面での貢献，まつりや物産展，リピーターなど来街者を増加させ，地域の産業振興と活性化へ貢献していることが伺える。

3．社会的課題対応型・環境問題対応型の活動成果

「協同組合江釣子ショッピングセンター」は，回収された廃油量の95％分，約6,840リットルをバイオ燃料に精製することで，軽油使用時と比べて95.1％分のCO_2排出削減を図った。これによって，燃費向上（軽油使用時より約20％向

上）による環境負荷の軽減と排気ガスがクリーンなエコバスとなって公共交通機関の利用促進に繋がっている。「協同組合秋田市民市場」では，堆肥によって作られた農作物が話題となり，新聞やテレビでも取り上げられ，市場としてのイメージアップと集客の目玉の一つとなっている。

「山形県電機商業組合」では，困りごと相談，戸別訪問件数をイベントとして実施し，年間で1万5,701件の実績になった。当組合の組合員であることが広く地域住民に対し浸透し大きな信頼を得ることができ，大型量販店では対応できないきめ細やかなサポートの結果であると言える。「おごと温泉旅館協同組合」では，雄琴温泉としてイメージが定着していたものを，温泉，健康，美のイメージに展開させるために，組合名もおごと温泉に標記を変え，地域全体のイメージ転換，振興と活性化に寄与している。

「大阪府塗装工業協同組合」では，犯罪の温床となる落書きをなくすことによって治安向上に繋がった。ピーク時，2001年度には20万4,831件も発生していた街頭犯罪が2008年度には10万4,262件に減少して大阪府のワースト1が返上された。それにより，地域住民参加型による地域コミュニティ強化や地域の青少年の健全・育成が図られている[5]。

「協同組合横田ショッピングセンター」では，空調設備，ショーケース，照明器具の取り替えを行うことによって，年間260tのCO_2の排出削減に成功し，地球温暖化防止に貢献している。「協同組合岡山県備前焼陶友会」では，備前焼まつりの来場者がバブル期に記録した17万人には及ばないものの再び増加してきて，現在では13万～14万人の多数の来場者を得ている。備前市あげてのまつりへと発展，定着した。「高知県電機商業組合」では，CO_2の排出量の削減および温暖化対策への組合員の意識が向上している。「沖縄市管工事協同組合」では，組合による環境活動・環境経営の優良事例としてマスコミ等でも取り上げられ，県の広報番組でも紹介されている。

以上のように，CO_2排出量削減，廃油のリサイクル利用，生ゴミ処理による堆肥化と農産物の生成，犯罪防止，地上デジタル放送に向けての高齢者世帯への周知など，時代の要請とも言える環境問題，防犯，安全・安心を求める時代

のニーズに対応した地域経済に対する貢献活動が成果となってあらわれている。

4．人材育成型・雇用開発型の活動成果

「下川ふるさと興業協同組合」は，組合施設従業員として2名の通年雇用と4名の季節型雇用者を採用した。従前から管理業務に管理人2名，パート1名，組合事務局に理事・工場長および経理担当者の計5名の職員を雇用しており，地域における雇用の場の確保にも貢献している。「早戸温泉つるの湯企業組合」では，地元重視の雇用に努めて，就業機会のない地区内から24名の雇用を創出した。

また，地場産品の販売だけで，2010年度では約1,100万円の売上を確保している。施設に地元の木材を使用し，早戸温泉の存続による三島町早戸地区に産業を興している。38組合中唯一IT組合として選定された「中部アイティ協同組合」が実施している夢プロジェクトは，中小企業での自己実現を志向する地域の若者と教育指導者の間に定着してきているが，昨年来の就職難の中でさらに採用，雇用がみられるなど広範なニーズがあらわれている。

「京都府砕石協同組合」では，大規模な地震や台風で道路が崩落等で通行が不能となったときに近隣の採石現場から重機を搬入することで迅速なライフラインの復旧が期待できるなど，地域住民の安全策，安心の確保に貢献している。「熊野筆事業協同組合」では，地場産業における技術・技法の伝承が図られるとともに，雇用の増加により，地域活性化に貢献している。「佐世保機械金属工業協同組合」では，組合員企業の従業員以外に一般応募者が33名おり，ものづくりに関心が高いことが伺えた。

地域経済社会に貢献する最も効果的方策は，都道府県・市町村への税の増加と雇用の確保といっても過言ではない。上記の事例からも組合が地域活性化を図るために行ってきた活動の成果として，雇用人員が増加する例が少なくない。また，新たに事業を拡大・展開していくことで新規雇用者が増加する。あるいは，伝統工法・技法の伝承のため研修制度の充実展開により，人材の育成・

養成に繋がっている。

第6節　地域活性化貢献中小企業組合の資本効率性

1．資本利益率（ROI）と自己資本比率

　中小企業組合は，構成員である組合員の経済活動を補完することが組織の目的である。そのため，損益の観点からは，組合員が組合事業を利用することによって，組合員から手数料を徴収し，その事業利用に剰余が出た場合には，組合員に手数料の超過徴収分として割り戻す考え方が一般的である。そこで，必要な経費を過不足のないように徴収することが，組合の事業運営にとっては適切であるとの見方もできる。

　しかし，実際の組合運営にあたっては，利用料率を収支均等になるように定めることは不可能なため，利用分量配当制を活用して，できるだけ一般の市場価格と同じ価格になるように手数料等を決定する考え方が多い。組合の剰余金の性格は，投下資本に対する利潤というよりも，本来，組合と組合員との間で行う取引の発生の都度精算する考え方になる。

　そこで，上記38組合の2010年度の経常損益から，組合の事業活動に投下された資本が利益獲得のためにどれだけ効率的に利用されたかを分析し，組合の地域貢献度を業種別に見てみよう。なお，ROI(return on investment)は，投下資本に対する創出された利益を測る基本的な指標であり，企業の収益力や事業における投下資本の運用効率を示す指標である。

　サンプル数が少ないので一概に業種別という観点から比較するのは難しいが，自己資本比率については，建設業，製造業，卸売業，サービス業，および飲食店・宿泊業については，平均値より高い値を示している。特にサービス業（82.4％・指標値25.5％），飲食店・宿泊業（75.7％・指標値10.3％）の自己資本比率については，指標値より著しく高い数値を示している。しかし，情報通信業（36.4％・指標値38.3％），小売業（12.5％・指標値23.8％），商店街組織を分類した小売・サービス業（16.6％・指標値24.7％）に比べて低い。なお，小売・サービ

図表9-5　地域活性化貢献組合の総資本対経常損益金額，自己資本比率一覧

No	組合名	業種区分	経常損益金額／総資本(ROI)	当期純損益金額／総資本	経常損益金額／自己資本比率	自己資本比率
1	下川ふるさと興業協同組合	2	3.70%	2.60%	7.30%	50.9%
2	協同組合江釣子ショッピングセンター	6, 7	4.30%	2.90%	8.30%	51.6%
3	水沢鋳物工業協同組合	2	1.20%	0.70%	2.20%	56.6%
4	協同組合仙台卸商センター	5	1.10%	1.00%	3.90%	29.0%
5	協同組合秋田市民市場	6	3.60%	3.50%	29.60%	12.1%
6	山形県電機商業組合	6	0.60%	0.60%	1.00%	60.5%
7	早戸温泉つるの湯企業組合	7	2.40%	1.80%	4.10%	59.1%
8	高崎卸商社街協同組合	5	4.90%	3.40%	10.60%	46.2%
9	みやのかわ商店街振興組合	6, 7	42.20%	33.20%	46.40%	91.0%
10	小湊妙の浦遊覧船協業組合	7	2.80%	1.80%	3.20%	89.1%
11	三崎朝市協同組合	6	1.20%	1.20%	1.40%	88.5%
12	新潟県すし商生活衛生同業組合	6	0.20%	0.20%	4.40%	3.7%
13	南アルプス特産品企業組合・ほたるみ館	6	17.20%	12.50%	28.40%	60.6%
14	商店街振興組合静岡呉服町名店街	6, 7	2.90%	0.20%	32.20%	9.0%
15	中部アイティ協同組合	3	7.90%	5.90%	21.70%	36.4%
16	田原旭町通り商店街協同組合	6, 7	-3.20%	6.60%	-6.20%	50.9%
17	飛騨のさるぼぼ製造協同組合	2	1.20%	-1.50%	10.20%	12.2%
18	井波彫刻協同組合	2	0.50%	0.10%	0.60%	91.1%
19	大野もろみ蔵協同組合	2	8.00%	3.60%	33.60%	23.8%
20	おごと温泉旅館協同組合	8	1.30%	0.80%	1.30%	93.1%
21	京都府砕石協同組合	2	2.00%	2.10%	13.40%	14.6%
22	奈良県製薬協同組合	2	-1.00%	0.40%	-1.30%	75.1%
23	大阪府塗装工業協同組合	2	2.70%	2.20%	3.00%	90.8%
24	白浜温泉旅館協同組合	8	3.60%	1.00%	5.60%	65.1%
25	協同組合横田ショッピングセンター	6, 7	2.20%	0.00%	19.00%	11.4%
26	協同組合岡山県備前焼陶友会	2	3.20%	1.80%	8.90%	36.0%
27	熊野筆事業協同組合	2	1.60%	2.00%	2.30%	72.3%
28	ふるさと萩食品協同組合	6	4.30%	3.10%	32.20%	13.4%
29	宇和島蒲鉾協同組合	2	0.90%	7.30%	1.40%	66.3%
30	高知県電機商業組合	6	53.70%	53.70%	53.70%	72.4%
31	新天町商店街商業協同組合	6, 7	-0.40%	-0.60%	-10.90%	3.9%
32	福岡中小建設業協同組合	1	0.40%	0.30%	1.20%	31.9%
33	諸富家具振興協同組合	2	0.00%	0.00%	0.20%	18.2%
34	佐世保機械金属工業協同組合	2	0.10%	0.20%	0.40%	29.0%
35	新富町商業協同組合	6, 7	2.00%	1.50%	3.70%	55.0%
36	鹿児島総合卸商業団地協同組合	5	2.70%	2.00%	5.80%	47.2%
37	沖縄市管工事協同組合	1	3.60%	3.10%	9.40%	38.8%
38	沖縄県衣類縫製品工業協同組合	2	1.10%	1.10%	2.40%	48.4%
	合計		1.80%	1.30%	6.30%	

ス業の指標値は小売業とサービス業の指標値の算術平均値である。

また，総資本対経常損益率（ROI）については，業種別において投下した資本の効率性と財務体質に安定性を見いだすことは難しい。製造業，情報通信業，小売業，および飲食店・宿泊業では指標値より高くなっているものの，卸売業，サービス業，小売・サービス業では低くなっている。

図表9-5「地域活性化貢献組合の総資本対経常損益金額，自己資本比率一覧」は，地域活性化貢献組合事例38組合の，(1)経常損益金額／総資本（ROI），(2)当期純損益金額／総資本，(3)経常損益金額／自己資本比率，(4)自己資本比率の四つを一覧表に示したものである。

図表9-6「業種別総資本対経常損益金額，当期純損益金額および自己資本比率」は，地域活性化貢献組合事例38組合の業種別の，(1)経常損益金額／総資本（ROI），(2)当期純損益金額／総資本，(3)経常損益金額／自己資本比率，(4)自己資本比率の四つを一覧表に図示したものである。

図表9-7「業種別経営・原価指標数値」は，わが国中小企業の業種別「経営・原価指標数値（以下「指標」という）」[6]として，(1)事業損益金額／総資本，(2)経常損益金額／総資本（ROI），(3)当期純損益金額／総資本，(4)経常損益金額／自己資本比率，(5)自己資本比率の五つを一覧表に示したものである。なお，自己

図表9-6　地域活性化貢献組合の業種別総資本対経常損益金額，
当期純損益金額，自己資本比率一覧

業種区分	事例組合	経常損益金額／総資本（ROI）	当期純損益金額／総資本	経常損益金額／自己資本比率	自己資本比率
1	建設業平均	2.8%	2.3%	7.5%	37.0%
2	製造業平均	1.4%	1.4%	2.8%	49.7%
3	情報通信業平均	7.9%	5.9%	21.7%	36.4%
4	運輸業平均				
5	卸売業平均	2.1%	1.7%	5.8%	36.8%
6	小売業平均	3.5%	3.3%	28.4%	12.5%
7	サービス業平均	2.7%	1.8%	3.3%	82.4%
8	飲食店・宿泊業	2.7%	1.0%	3.6%	75.7%
6.7	小売・サービス（小売の数値とサービスの値の算術平均とする）	0.9%	0.3%	5.6%	16.6%

図表 9 - 7　わが国中小企業の業種別経営・原価指標数値

区分	中小企業	事業損益金額／総資本	経常損益金額／総資本（ROI）	当期純損益金額／総資本	経常損益金額／自己資本比率	自己資本比率
1	建設業平均	1.5%	1.7%	0.3%	0.9%	33.0%
2	製造業平均	3.8%	4.1%	2.1%	5.5%	37.7%
3	情報通信業平均	3.2%	4.3%	0.9%	2.5%	38.3%
4	運輸業平均	2.4%	3.1%	1.5%	5.1%	28.9%
5	卸売業平均	2.8%	3.2%	1.5%	4.9%	31.0%
6	小売業平均	0.8%	2.0%	0.7%	2.9%	23.8%
7	サービス業平均	3.2%	3.6%	1.2%	4.5%	25.5%
8	飲食店・宿泊業	1.1%	0.9%	0.3%	2.7%	10.3%
	その他・全産業平均	2.8%	3.1%	1.4%	4.5%	30.6%

「経営・原価指標」株式会社同文館，2009.10.30

資本比率については，図表 9 - 7 によれば，自己資本比率30.6％は，わが国の中小企業の全産業平均値であることから一つの基準とした。

2．事例組合のグルーピング

図表 9 - 8 「地域活性化貢献組合の資本収益率（経常損益金額／総資本ROI）と自己資本比率からみた分布」は，地域活性化貢献38事例組合について，横軸に各事例組合の自己資本比率（自己資本／総資本×100％），縦軸に各事例組合の資本の効率性をみた総資本対経常損益率（ROI・経常損益／総資本×100％）をとり，比率をインプットし，その分布状況を示したものである。

財務の健全性である自己資本比率から，総資本からの通常の事業活動における経常損益の効率性を見てみると，図表 9 - 8 に示した「A（自己資本30.6％未満）」「B（自己資本比率30.6％から50.0％以下）」「C（自己資本比率の理想である50％以上から70％未満）」「D（自己資本比率70％以上100％）」「E（自己資本比率50％以上であり，かつ総資本対経常損益率10％以上）」の如く五つにグルーピングすることができた。

なお，グルーピングを行うにあたっては，総資本対経常損益比率が0％未満の損益を生じている中小企業組合（No.16，22，31の三つの組合）はグルーピングから外した。すでに示した「経営・原価指標」では，横軸の自己資本比率は全

第9章 地域活性化に貢献する中小企業組合の現状と課題　307

図表9-8　地域活性化貢献組合の資本収益率（ROI）と自己資本比率からみた分布

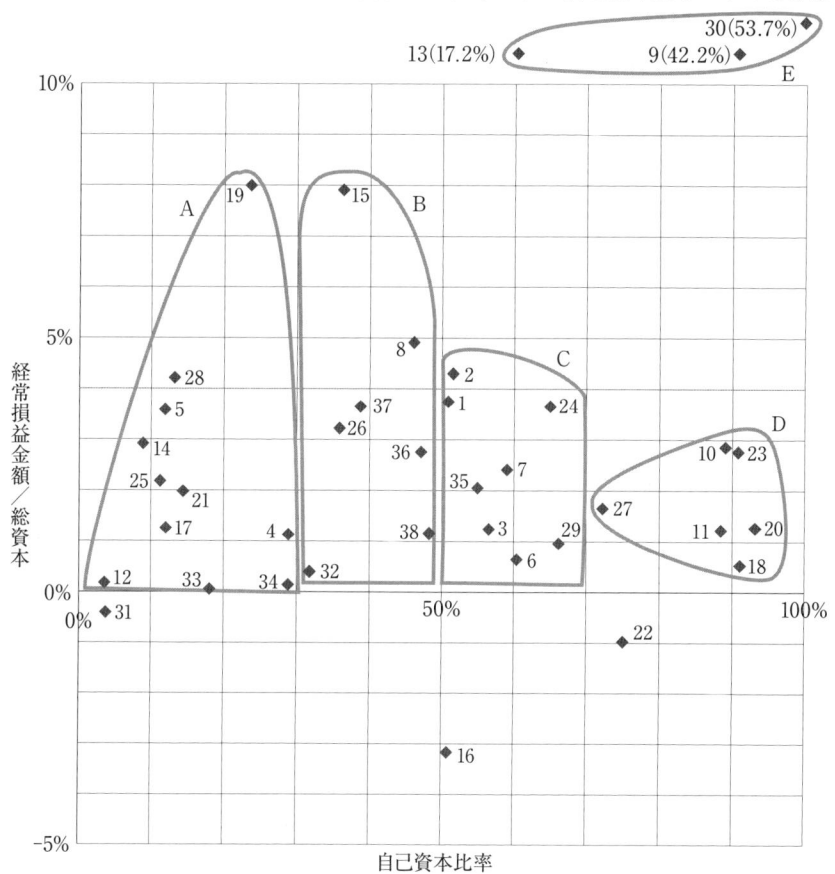

産業平均30.6％，縦軸の資本効率性を見る総資本対経常損益率（ROI）では，全産業平均3.1％となっている（当期純利益（税引き後利益）では2.8％）。

図表9-8に示したように，Aグループには（自己資本30.6％未満）に11組合，Bグループ（自己資本比率30.6％から50.0％以下）に7組合，Cグループ（自己資本比率の理想である50％以上から70％未満）に8組合，Dグループ（自己資本比率70％以上100％）に6組合，そして，Eグループ（自己資本比率50％以上であり，か

つ総資本対経常損益率10％以上）に3組合と分類した。

　中小企業組合は，営利を直接的な目的とする組織体ではないので，組合員が共同購買事業，共同加工事業などの共同事業を利用することによって，そこに生じる手数料収入や組合員からの賦課金収入に依存するところが多く，最終の当期純利益段階で，収支を均衡にする例が多く見られる。そのため，利潤を追求する株式会社，個人事業者などの企業体との事業目的がそもそも異なるものであり，総資本対経常損益率が1.8％，自己資本比率も28.5％と，指標に比べて悪くなっている。全国3万5,000組合の代表である今回収集した38の優良組合の中には，業種的に平均値を上回る数値を上げている組合は多く見られるものの，平均値を下回っている組合も少なくない。38組合の全体からの平均値を見ると，財務効率性の観点からは決してほめられたものではない。

　Aグループに属する中小企業組合については，総資本の効率性を高めながら，併せて財務の健全性を高めるため，少なくとも業種別の平均値を超えるよう経常的な事業を実施することに努め，特に一般管理費の経費を抑え，借入金比率を少なくし自己資本比率50％を目標に資本構成を是正していくことが必要となる。Bグループに属する中小企業組合については，自己資本比率50％を目標に経常収益を上げていくような努力が必要である。

　また，CおよびDグループに属する中小企業組合については，目標とされる自己資本比率はまずまずであるので，よりいっそうの利益金額の増加を図るための事業の効率化を目標にしていきたい。Eグループに属する中小企業組合ついては，自己資本比率は目標値を超えており，資本の効率性も非常によい数値となっていることから，単年度で終結しないように現在の事業の成長，発展を追求していく必要がある。

　今後も地域活性化に貢献する事業活動として行ってきた組合の事業が資本の効率性と同時に自己資本を高める事業につながっていくことを期待したい。

第7節　中小企業組合による組織的・産業的・地域的連携の方向性

　中小企業組合を構成する組合員は，共同購買事業，研究開発事業，新分野進出事業など各種の共同事業を利用することで，同業他社と切磋琢磨しながら経営力の向上を図っている。組合員企業は収益の増加と社会的信用の増大といった，地域における影響力と有形無形の財産を得る。地域に存在する中小企業にとって，街づくり，にぎわい・雰囲気のよい空間づくり，地域の安心・安全，創業・開業による企業数の増加，新規事業の増加，雇用の増大，人材の地域内育成・確保，人材の流入，そして，税収のアップをもたらすことが必要であり，これが地域活性化に通じる途となる。

　中小企業組合や組合員の事業活動の利用度（活動レベル）が高まれば高まるほど，中小企業組合の活動指向と組合の事業活動のレベルが地域に対してどのように貢献していくかが極めて重要な課題となる。図表9-9「組合活動と地域貢献のレベル」は，横軸に地域貢献レベル，縦軸に組合活動レベルをとって図示したものである。

(1)　組合事業の利用による地域への影響

　第一段階に位置する組合は，地域活性化に貢献するといった意識の有無にかかわらず，組合員が組合事業を利用することによって，組合員の事業活動が他の企業との取引，雇用，納税などによって地域経済に影響を与えていくことから，「組合事業の利用による地域への影響」が図られることになる。

(2)　産学官等との連携による地域経済への波及

　地域活性化をより高いレベルで進める第二段階では，組合と組合員との事業レベルを高めて，中小企業支援機関や行政，マスコミ，その他の外部関係機関等との間で，単なる情報交換レベル，知識の取得レベルの連携ではなく，対等な関係の構成メンバーとして，技術やノウハウの提供，相互利用といった，より高次の交流・連携活動を行う「産学官等との連携による地域経済への波及」が進んだ段階に移行する。

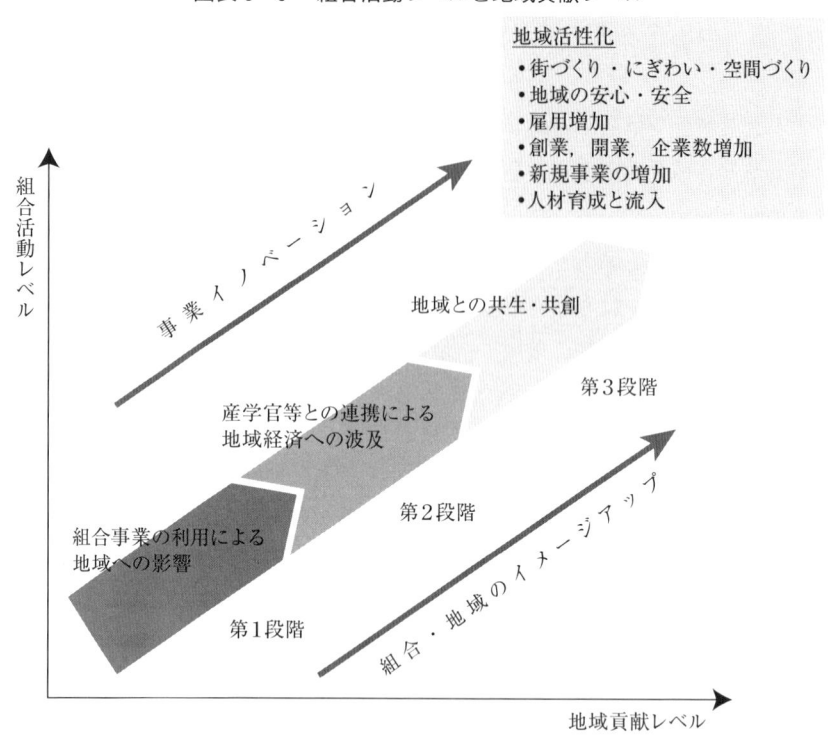

図表9-9　組合活動レベルと地域貢献レベル

<u>地域活性化</u>
- 街づくり・にぎわい・空間づくり
- 地域の安心・安全
- 雇用増加
- 創業，開業，企業数増加
- 新規事業の増加
- 人材育成と流入

組合活動レベル

事業イノベーション

地域との共生・共創

第3段階

産学官等との連携による地域経済への波及

第2段階

組合事業の利用による地域への影響

第1段階

組合・地域のイメージアップ

地域貢献レベル

(3) 地域との共生・共創

　さらに高次な第三段階になると，地域の活性化に対して地域住民も強い関心を持つようになり，一般市民との連携，大企業，行政を巻き込んだ活動を展開することが少なくない。そして，地域における中小企業組合の必要性，存在意義を住民，行政等と再確認するとともに，組合員企業にとって，中小企業組合と一体となった中・長期的な地域の方向性等について，地域と一体となった参加型の組合活動を行う。すなわち，「地域との共生・共創」に向けて，地域活性化に貢献する組合活動を行う方向にシフトしていく。

　中小企業組合が行う事業活動は，地域の雇用や事業取引などを生み出し，地域活性化に貢献する活動に繋がっている。そのための手段として，中小企業組

合は，外部機関等との交流・連携によって効果を高め，着実なる事業実施を行うことができるネットワークをつくっていく必要がある。より高次な段階に進もうとする地域活性化に貢献する中小企業組合は，地域づくりにも繋がる社会的な課題の解決に取り組むために，社会性・事業性・革新性の三つの要件を備えて，ビジネスの視点で取り組んでいくソーシャルビジネス的な役割が期待されてくるのである。

　中小企業組合が地域と関り合い，より高次な段階に進むにつれて，組合事業活動として事業のイノベーションが進展し，組合と地域のイメージアップが図られていく。次段階へのステップアップが図られるよう，地域の中で共存していく中小企業組合が，現在，どの段階に位置しているのか見極め，組合事業のコストパフォーマンスと効果・成果を意識したマネージメント（組合運営）を行っていく必要がある。

（森川信男／佐久間一浩）

■注
1) 共著者の佐久間一浩氏は，現在青山学院大学総合研究所客員研究員である（研究プロジェクト：中小企業研究，研究プロジェクト代表：森川信男，研究テーマ：中小企業の企業連携—組織的・産業的・地域的・国際的連携—研究），研究期間：2010年4月〜2012年3月。同氏は，現在全国中小企業団体中央会事業推進部長として，中小企業関係の支援・調査・研究業務に従事している。全国中小企業団体中央会は，傘下に47都道府県中小企業団体中央会，さらには約4万の中小企業協同組合を擁する団体である。
2) 筆者（森川信男）は，1980年代初頭から長年に渡って全国中小企業団体中央会における各種研究委員会委員として，中小企業協同組合や中小企業団体の調査研究や実態調査に関する貴重な機会に恵まれてきている。同中央会との関りにおいて，実地調査や講演，報告書作成や論文執筆等の機会に恵まれたが，最新の著作は次の通りである。森川信男著『IT化への対応（農商工連携人材育成事業研修テキスト）』全国中小企業団体中央会，2009年8月。
3)『中小企業組合白書（平成24年度版）』全国中小企業団体中央会，2012年10月，64頁。
4)『中小企業組合白書（平成24年度版）』全国中小企業団体中央会，2012年10月，22頁。

5）大阪府ホームページ：
　http://www.pref.osaka.jp/chiantaisaku/hanzai/index.html
6）『経営・原価指標』同文館，2009年10月，68-98頁。

第10章
中小企業組合におけるソーシャルビジネスの現状と課題

第1節　中小企業組合におけるソーシャルビジネスへの取組み

1．ソーシャルビジネスと中小企業組合

　特に近年，急速に進む少子高齢化社会への移行，都市間格差の拡大，ライフスタイルの個性化と就労環境の変化等を背景として，介護・福祉，子育て，青少年の育成や生涯教育，街づくり・地域おこし，環境保護，障がい者等の自立支援，環境問題といった，さまざまな社会的課題が顕在化してきている。

　また，東日本大震災によって，地震の揺れや大津波以外にも液状化現象，地盤沈下が引き起された。被災地における各種ライフラインの寸断等はもとより，日本各地の企業に影響が及び，燃料不足と部材・資材関係のサプライチェーンの崩壊による操業率の低下，電力不足不安にともなう経済活動の抑制，風評被害等による買控えなど，大きな被害が拡がった。その結果，被災地の瓦礫の撤去や被災者の生活支援，経済的な自立支援のための活動など，災害復旧・復興支援に関する課題も露呈された。

　従来，これらの社会的課題に対しては行政が対応してきたところであるが，予算面や人的な制約，あるいは過去に経験したことのない広域災害にともなう各種課題をすべて解決・解消することは難しく，行政以外の機関や市民のボランティア，慈善事業等を行うNPOなどの組織が解決・解消，緩和の担い手とし

て活動する例が少なくない。最近では，これらの社会的課題をビジネスの一環として捉え，収益を確保しながら組織を維持発展させていこうとする活動，いわゆる「ソーシャルビジネス（Social Business：SB)」も増えてきている。

　ソーシャルビジネスについては，中小企業の集合体である事業協同組合等の中小企業組合が，その組織原理となる相互扶助の精神と組合員相互の絆を活かして，災害発生後から現在までに，社会的要請と自らの使命感，組織力を発揮しながら，さまざまな支援活動を展開してきている。

　「中小企業組合」は，全体で38,795組合あり，その内訳は，事業協同組合が30,574組合と最も多く全体の78.9％を占めている。次いで，商店街振興組合が2,557組合（6.6％），企業組合が1,908組合（4.9％），商工組合が1,240組合（3.2％），協業組合が866組合（2.2％）となっている[1]。

　中小企業者が互いに協力し，助け合う精神（相互扶助の精神）に基づいて協同で事業を行い，経営の近代化・合理化と経済的地位の向上・改善を図るための事業協同組合や，組合員の勤労の場の確保，経営の合理化を図るために，個人が参画する企業組合，商店街地域の環境整備を図る商店街振興組合，業界全体の改善と発展を図ることを主な目的とする商工組合や組合員の事業を統合し，規模を適正化して生産性の向上，共同利益の増進を図ることを目的とした協業組合などのような各種の種類がある[2]。

　本稿では，これまで研究を進めてきた中小企業と中小企業組合研究の一環として[3]，このような社会的課題の解決に向けてソーシャルビジネスに取り組む中小企業組合を分野別に類型化し，ソーシャルビジネスにおける，中小企業の共同体としての中小企業組合の役割と，それに対する政治的・行政的に必要な支援策について研究することにしたい。

2．経済産業施策によるソーシャルビジネスへのアプローチ

　わが国においては，「新成長戦略」[4]，「産業構造ビジョン2010」[5]，「新しい公共」[6]など，国が示した戦略ビジョンに社会的課題への対応の必要性等が明記されているものの，ソーシャルビジネスに対する社会的な認知度はまだまだ低

く，また実施主体として，実行機関や組織を育成・支援していく制度についても整備されていないと言える。

海外においては，イギリスでは2004年に会社法第2部に社会的企業向けの組織として「コミュニティ利益会社（CIC：Community Interest Company）」が，イタリアでは2005年に社会的企業法に基づく社会的企業が，韓国では2006年12月に社会的企業育成法に基づく社会的企業が，アメリカ合衆国では2008年4月にL3C法が制定され，「L3C（Low-profit LLC）」という法人格組織が設けられている。しかし，以下に示されるように組織の目的，活動内容等は同一ではない[7]。

イギリスにおけるコミュニティ利益会社は，2004年会社法第2部に規程が設けられ，2005年5月にコミュニティ利益会社規則が制定された。コミュニティ利益会社は，2009年11月現在3,174団体が存在する。

また，イタリアでは，2005年に社会的企業法が制定され，社会的企業として法人格を持った組織体となる。2008年末には，社会的企業として事業体の登録を行っている団体は571団体である。イタリアには，福祉・医療サービスの提供，社会的不利益を被っている人々の労働参加の促進などを主目的とする，1991年に制定された「社会的協同組合法」に基づく社会的協同組合という制度があり，2005年時点で7,363組合あるが，そのうち社会的企業の法人格を取得したのは15組合程度とされる。

韓国では，2006年12月に社会的企業育成法が制定され，社会的企業としての法人格を有する組織が誕生している。社会的企業育成委員会によって認証された団体を「社会的企業」といい，2009年7月現在244団体がある。

アメリカ合衆国では，2008年4月にL3C法が制定され，L3Cという法人格組織ができた。利潤の最大化を図ることが目的ではなく，社会的な利益の追求を第一目的とする低営利型のLLCとされる。アメリカでは州ごとに法の適用が異なるため，ニューヨーク州，カリフォルニア州の一部に留まっているとされる。

現在のところ，わが国では，ソーシャルビジネスを行う組織体についての保護法や規制法，あるいは認証制度などは設けられていない。そのため，ソー

シャルビジネスを行う組織体は，現状の法律やその上で定義される組織体を活用して組織を運営しているところである。

ソーシャルビジネスの推進については，経済産業省地域経済産業グループ立地環境整備課が中心となって，施策立案と周知活動が展開されている。まず，2007年度にソーシャルビジネスやコミュニティビジネス事業者と，学識経験者，中間支援機関，金融機関，大企業等の外部有識者を委員とする「ソーシャルビジネス研究会」が開催された[8]。

このソーシャルビジネス研究会では，委員からのプレゼン等をもとに議論を重ねて，① わが国におけるソーシャルビジネスの現状，② 今後ソーシャルビジネスが発展していく上での課題，③ これらの課題の解決策について報告書がとりまとめられた。この報告書が，経済産業省内におけるソーシャルビジネスについて，概念，定義，ソーシャルビジネスとコミュニティビジネスとの差異を示した最初の報告書となる。そして，2008年度にも開催され，2009年度には「ソーシャルビジネス推進イニシアティブ」に名称が変更され開催されてきた。

2010年10月からは，「新しい公共」を推進する政府の動きも踏まえつつ，これまでのソーシャルビジネス振興・支援策の成果や課題を含めた総括を行うとともに，今後の振興策のあり方について積極的に検討していくため，ソーシャルビジネス事業者と有識者等による「ソーシャルビジネス推進研究会」が開催された。そして，2011年3月には，同研究会により，ソーシャルビジネスに関する活動統計とソーシャルビジネスの認証ならびに新たな法人格のあり方について検討を行った『ソーシャルビジネス推進研究会報告書』がとりまとめられた。

また，経済産業省では，ソーシャルビジネス研究会等の会議体のほか，2009年2月に「ソーシャルビジネス55選」を発表するとともに，2011年3月にはさまざまな社会的課題に対応している121のソーシャルビジネス実施事例を集めた『ソーシャルビジネス・ケースブック[9]』，2012年1月には東日本大震災の復興に貢献するソーシャルビジネス27事例を集めた『ソーシャルビジネス・ケースブック（震災復興版）〜被災地の復興に向けたソーシャルビジネス〜[10]』をとりまとめ，地域活性化を図るためのツールとしてソーシャルビジネスを周知

し，全国的な活動として展開されるように期待しているところである。

　さらに直近では，新産業分野を創出し，新たな付加価値を創造することによって，需要の開拓と雇用の創出を図るために，2012年2月10日に閣議決定された「経済社会課題対応事業の促進に関する法律案」[11]において，特定製品や特定役務について認定し，金融を中心とした支援を行うこととしている。そして，育児または家族介護の補助，健康の保持，増進などにかかわる特定製品・特定役務について，就業者数の維持・増加や新たな課題に対応する事業，わが国産業活動の発展および改善に資する事業として，ソーシャルビジネスに適合する分野の事業が認定の候補としてあげられている。

3．ソーシャルビジネスとコミュニティビジネス

　特に近年，保険・医療・福祉，障がい者や高齢者，ホームレス等の自立支援，子育て支援，教育・人材育成，文化・芸術・芸能，スポーツ，環境（保護・保全），安全・安心（防災・防犯），交通，観光，産業振興，地域産業振興，地域活性化・街づくり，国際交流・国際協力，フェアトレード，災害対策等の分野において多種多様な社会的な課題が顕在化している。そこで，これらの社会的課題をビジネスとしての事業性を確保しながら自ら解決しようとするものが，「ソーシャルビジネス」である。

　ソーシャルビジネスの運営主体は，住民，NPO法人，一般・公益社団法人，事業協同組合や企業組合等の中小企業組合，株式会社など，さまざまな事業主体が協力しながら実施している。ソーシャルビジネスを推進することによって，行政コストが削減されるだけでなく，地域における新たな起業や雇用の創出等を通じた地域活性化に繋がることが期待されるのである。

　経済産業省が2008年4月に発表した前出の『ソーシャルビジネス研究会報告書』によれば，ソーシャルビジネスとは，社会的課題への解決に向けてボランティアとして取り組むのではなく，ビジネスの形で行うこととされ，活動範囲が一定の地域にとらわれず，「社会性」，「事業性」，「革新性」の三つの要件をすべて備えながら，新たな分野や働き方を提供する活動のことをいう。

ここで，社会性・事業性・革新性というソーシャルビジネスに関する三要件の定義についてみておきたい。社会性とは，現在，解決が求められる社会的課題に取り組むことを事業活動の使命とすることである。事業性とは，社会的課題への解決をビジネスとし，継続的に事業活動を進めていくことである。革新性とは，新しい社会的商品やサービス，それを提供するための仕組みを開発すること，またその活動が社会に広がることを通じて，新しい価値を創造することである[12]。

　ソーシャルビジネスと類似した形態としてコミュニティビジネスという言葉があるが，「コミュニティビジネスについては，活動領域や解決すべき社会的課題について一定の地理的範囲が存在し，ソーシャルビジネスについては，こうした制約が存在しない[13]」とされる。コミュニティビジネスは，一定の地域で行う活動として限定を付せば，ソーシャルビジネスと同様であると考えられる。

　ソーシャルビジネスは，商店街や地区内の市民，住民，仲間などによって行われている，地域的に限定された活動であるコミュニティビジネスに対して，活動範囲が一定の地域にとらわれず，「社会性」「事業性」「革新性」といった三つの要件をすべて備えながら，新たな分野や働き方を提供する活動をいう。コミュニティという言葉は，共同体，地域社会のイメージを一般的に有することから，やや緩やかで，かつ必ずしも営利ビジネスを目的にしたり，取り組みの手法が高いレベルまで達していない概念として，使用される場合もある。

　コミュニティビジネスは，一定の地域で行う活動として限定を付せば，ソーシャルビジネスと同様であると考えられる。なお，コミュニティは，共同体，地域社会のイメージを一般的に有することから，やや緩やかな，必ずしもビジネス目的や新しい手法が高いレベルまで達していない概念として，使用される場合もある。

4．ソーシャルビジネスの対象分野

　ソーシャルビジネスは，行政の協働パートナー，地域や社会・経済全体の活

性化を担う主体として，その役割は大きいと言えるが，活動の対象分野としては，行政機関から明確な分類や定義がなされているわけではない。そこで，本稿で使用するソーシャルビジネスの分野としては，次の15種類に分類する。

すなわち，①保健・医療・福祉，②自立支援，③子育て支援，④教育・人材育成，⑤文化・芸術・芸能，⑥スポーツ，⑦環境，⑧安全・安心，⑨交通，⑩観光，⑪地域活性化（地域産業振興），⑫街づくり，⑬国際交流・国際協力，フェアトレード，⑭震災対策・復興支援，⑮その他（農業，公の施設の運営管理，失業者対策，清掃業など）である。

なお，いずれの対象分野についても，「社会性」「事業性」「革新性」といった三つの要件を有しながら，本来は行政が担うべき，あるいは担当してきた事業を予算面，人的面，事業面における制約から実施が困難な状況にあることから，行政以外の機関・団体，組織が解決の担い手として行う活動とする。

こうした，「社会性」「事業性」「革新性」の三要件を有しながら，ビジネスの手法を用いて社会的課題を解決するソーシャルビジネスを行う事業主体は，いわゆる「社会起業家」「社会的企業」等と呼ばれることもある。また，社会的課題の解決・解消，緩和に向けて取り組もうとする活動の種類，展開する事業エリア（地域），活動の成熟度（成長段階）などによって分類することもできる。ソーシャルビジネスの活動の結果として，経済の活性化や新しい雇用の創出に寄与するといった効果が期待される。

5．ソーシャルビジネス推進組織としての「中小企業組合」

わが国では，1998年に「NPO法（特定非営利活動促進法）」が施行されて，地球環境問題，少子高齢化問題，地域産業の衰退といった，企業にとって，あるいは行政にとっても解決の難しい社会的課題に取り組むNPO法人（特定非営利活動法人）が増加し，コミュニティビジネスや社会的企業などが注目されているところである。

個人や中小企業の集合体である企業組合，事業協同組合ならびに商店街振興組合等の中小企業組合は，中小企業等協同組合法，中小企業団体の組織に関す

る法律や商店街振興組合法等の中小企業の組織体や団体を定義した根拠法に基づき，法人格を有した組織として社会的な役割を有する。

　そして，地域の活性化と自社の経済発展のために，社会的課題の解決にビジネスの手法を取り入れて組織を維持しながら活動を行ってきている。そうした社会的課題の解決等に取り組む中小企業にとって，中小企業組合制度は，市場競争における中小企業の弱点を克服する一つの手段であり，組織間の協同を推進する役割を果たしている。

　中小企業組合は，地域振興や高齢者の雇用創出等の社会的な課題解決に結びつく事業を積極的に実施していることから，ソーシャルビジネスの対象に十分含まれるものである。中小企業組合のうち，特に企業組合は相互扶助を基本理念として，組合員が地域の人々と連携してともに助け合うことを機軸とする組織であるとともに，共同経済事業を通じて自立共助を具現化する組織であり，この条件を十分に満たすものである。

　ソーシャルビジネスに取り組み，事業活動を継続して行うためには，十分な事業実施体制と組織を維持するための収益性等の財政的基盤の裏付けが必要不可欠となる。ソーシャルビジネスそのものが，地域における新たなビジネスチャンスという側面も有しており，社会的課題を解決しつつ，新たな創業や雇用の創出等の地域活性化に繋げていくことが大いに期待される。

第2節　ソーシャルビジネス実施中小企業組合の現状

1．ソーシャルビジネス実施組合の概要

　本稿におけるソーシャルビジネス実施組合調査の調査対象は47都道府県中小企業団体中央会であり，収集方法は郵送・メール送信による配布，FAX・メールによって回収を行った。収集期間は2012年4月26日～5月11日の回収期間を設けて実施した。

　中小企業組合の指導・支援機関である全国中小企業団体中央会では，中小企業組合が取り組む社会的課題の解決に資する活動として，ソーシャルビジネス

に取り組む企業組合，事業協同組合等が多く見られることから，都道府県中小企業団体中央会を通じて，全会員（26,750組合）の中から，ソーシャルビジネス（コミュニティビジネスを含む）に属する分野の事業を行っている中小企業組合の選定をお願いした。

その結果，ソーシャルビジネスを行っているとみられる中小企業組合は全国で160組合が見出され，そのうち東日本大震災による被災地の復旧・復興支援に当たり，ソーシャルビジネスに取り組む中小企業組合としては7組合が存在していることがわかった。

以下では，収集した160の組合事例の概要について，組合種類，組合設立年，組合出資金，組合員数，組合業種，組合地域といった，組合の属性に関する六つの観点から整理する。図表10-1「ソーシャルビジネス実施組合の概要」は，こうした六つの観点からみた，ソーシャルビジネス実施組合の概要を一つの図表の形で示したものである。

(1) 組合形態

ソーシャルビジネスを実施している組合の形態は，「企業組合」が93組合（58.1％）と最も多く，次いで「事業協同組合」が42組合（26.3％）となっている。企業組合が全体の60％弱を占め，ソーシャルビジネスを行うに相応しい組織体として認識されていることがうかがえる。

(2) 組合設立年

ソーシャルビジネスを実施している組合の組合設立年は，「1998年〜2007年」が69組合（43.1％）と最も多く，次いで「2008年以降」が37組合（23.1％）となっている。1998年以降に設立された組合が66.2％を占めており，経済が成熟し，社会的課題が取りざたされてきた比較的新しい年代に設立された組合によって実施されている比率が高い。

(3) 組合出資金

ソーシャルビジネスを実施している組合の組合出資金は，「100万円〜500万円未満」が59組合（36.9％），次いで「500万円〜1,000万円未満」が28組合（17.5％），「50万円〜100万円未満」が24組合（15.0％），「10万円〜50万円未満」

図表10-1　ソーシャルビジネス実施組合の概要

概要区分	No	明細区分	組合数	構成比（％）
(1)　組合形態別	1	事業協同組合（連合会含む）	42	26.3%
	2	企業組合	93	58.1%
	3	協業組合	17	10.6%
	4	商工組合（連合会含む）	0	0.0%
	5	商店街振興組合（連合会含む）	7	4.4%
	6	生活衛生同業組合（連合会含む）	1	0.6%
		計	160	100.0%
(2)　組合設立年別	1	1957年代以前	6	3.8%
	2	1958年～1967年	5	3.1%
	3	1968年～1977年	9	5.6%
	4	1978年～1987年	13	8.1%
	5	1988年～1997年	21	13.1%
	6	1998年～2007年	69	43.1%
	7	2008年以降	37	23.1%
		計	160	100.0%
(3)　組合出資金額別	1	1万円～10万円未満	1	0.6%
	2	10万円～50万円未満	20	12.5%
	3	50万円～100万年未満	24	15.0%
	4	100万円～500万円未満	59	36.9%
	5	500万円～1,000万円未満	28	17.5%
	6	1,000万円～3,000万円未満	13	8.1%
	7	3,000万円以上	15	9.4%
		計	160	100.0%
(4)　組合員数別	1	4人以下	24	15.0%
	2	5人～20人	73	45.6%
	3	21人～50人	34	21.3%

		4	51人～100人	15	9.4%
		5	101人～500人	11	6.9%
		6	501人以上	3	1.9%
			計	160	100.0%
(5)	組合業種別	1	林業	4	2.5%
		2	建設業	4	2.5%
		3	製造業	19	11.9%
		4	ガス業	1	0.6%
		5	情報通信業	3	1.9%
		6	運輸業	4	2.5%
		7	卸売・小売業	15	9.4%
		8	不動産賃貸業・管理業	2	1.3%
		9	飲食店・宿泊業	8	5.0%
		10	社会保険・社会福祉・介護事業	27	16.9%
		11	一般教育・学習支援業	3	1.9%
		12	サービス業	25	15.6%
		13	異業種（大分類間の複数業種）	45	28.1%
			計	160	100.0%
(6)	組合地域別	1	北海道・東北地方	16	10.0%
		2	関東地方	39	24.4%
		3	甲信越地方	27	16.9%
		4	中部地方	25	15.6%
		5	近畿地方	7	4.4%
		6	中国地方	10	6.3%
		7	四国地方	19	11.9%
		8	九州・沖縄地方	17	10.6%
			計	160	100.0%

が20組合（12.5%）の順となっている。

(4) 組合員数

ソーシャルビジネスを実施している組合の組合員数は，「5人～20人」が73組合（45.6%）と最も多く，次いで「21人～50人」が34組合（21.3%），「4人以下」が24組合（15.0%）となっている。50人以下の規模の組合が81.9%を占めている。

(5) 組合業種

ソーシャルビジネスを実施している組合の組合業種は，商店街や地域におけるさまざまな事業主が集まった組合などの「異業種（大分類間の複数業種）」が45組合（28.1%）と最も多く，次いで「社会保険・社会福祉・介護事業」が27組合（16.9%），「サービス業」が25組合（15.6%），「製造業」が19組合（11.9%），「卸売・小売業」が15組合（9.4%）と続いている。

(6) 組合地域

ソーシャルビジネスを実施している組合の組合地域は，関東地方が39組合（24.4%），甲信越地方が27組合（16.9%），中部地方が25組合（15.6%），四国地方が19組合（11.9%），九州・沖縄地方17組合（10.6%），北海道・東北地方16組合（10.0%），中国地方10組合（6.3%），近畿地方7組合（4.4%）となっており，四国地方のウエイトが高くなっている。

2．ソーシャルビジネス実施組合の活動分野

ソーシャルビジネスを実施している組合の活動分野は，先述した「ソーシャルビジネスの対象分野」で示した通り，本稿では15種類に分類した。図表10-2「ソーシャルビジネス実施組合の活動分野」は，こうした15種類の分類からみた，ソーシャルビジネスを行う組合の活動分野について，そのソーシャルビジネス実施160組合中の実施率と，ソーシャルビジネス実施15活動分野中の構成比を一つの図表の形で示したものである。

組合におけるソーシャルビジネスの実施率は，図表からみられるとおり，「地域活性化（地域産業振興）」が52組合（32.5%）と最も多く，次いで「保健・医療・

第10章 中小企業組合におけるソーシャルビジネスの現状と課題 325

図表10-2 ソーシャルビジネスを行う組合の活動分野

No	活動分野	組合数	構成比(%)
1	保健・医療・福祉	31	19.4%
2	子育て支援	15	9.4%
3	自立支援（障がい者や高齢者、ホームレス等の）	27	16.9%
4	教育・人材育成	19	11.9%
5	文化・芸術・芸能	7	4.4%
6	スポーツ	3	1.9%
7	環境（保護・保全）	19	11.9%
8	安全・安心	6	3.8%
9	交通	5	3.1%
10	観光	17	10.6%
11	地域活性化（地域産業振興）	52	32.5%
12	街づくり	12	7.5%
13	国際交流・国際協力・フェアトレード	4	2.5%
14	震災対策・復興支援	8	5.0%
15	その他	6	3.8%
	計	160	－

＊複数回答

福祉」が31組合（19.4%），「自立支援（障がい者や高齢者，ホームレス等の）」が27組合（16.9%），「環境（保護・保全）」が19組合（11.9%），「教育・人材育成」が19組合（11.9%），「観光」が17組合（10.6%），「子育て支援」が15組合（9.4%）と続いている。

3．組合におけるソーシャルビジネスの類型化

　ソーシャルビジネスを行う組合の活動分野としてすでに15分野に分類したが，これを組合の活動目的別にまとめると，組合におけるソーシャルビジネスは，以下の六つに類型化することができる。そして，それぞれの類型についてさらに幾つかに細分化することができる。

(1) 社会福祉・子育て支援型ソーシャルビジネス

　第一は社会福祉・子育て支援型であり，保健・医療・福祉，子育て支援に取り組むソーシャルビジネスである。このタイプでは，高齢者等に対するデイサービスや訪問介護等の介護サービス，配食サービス等を提供する「保健・医療・福祉」，一時保育や子育てに関する情報提供，買い物支援等のサービスを提供する「子育て支援」があげられる。いずれも，高齢者や乳幼児等に関する生活全般のサポートを担っている社会的要請の高い分野である。

(2) 自立支援・人材育成型ソーシャルビジネス

　第二は自立支援・人材育成型であり，障がい者や高齢者，ホームレス等の自立支援，教育・人材育成，文化・芸術・芸能，スポーツに取り組むソーシャルビジネスである。このタイプでは，団体の設立等による雇用促進や，職業訓練等による就労支援を行う「自立支援（障がい者や高齢者，ホームレス等の）」，学生のインターンシップや，後継者育成のための体験教室・講習会の開催，地域住民への環境教育などを行う「教育・人材育成」，地域に根ざした児童演劇や定期演奏会の開催，地域の伝統工芸や伝統食等の文化継承に取り組む「文化・芸術・芸能」，スポーツの場の提供等，スポーツ振興に取り組む「スポーツ」があげられる。内容，対象者にかかわらず，広い意味での"自立と教育"，"人材育成，教育の場の提供"を担っている。

(3) 街づくり・地域づくり型ソーシャルビジネス

　第三は街づくり・地域づくり型であり，環境（保護・保全），安全・安心（防災・防犯），交通，街づくりに取り組むソーシャルビジネスである。このタイプでは，ゴミの分別回収やリサイクル，LED (Light Emitting Diode，発光ダイオード）導入支援等を行う「環境（保護・保全）」，防災マップの作成や防犯パトロールの実施等，街の安全・安心に取り組む「安全・安心（防災・防犯）」，コミュニティバスの運行等，地域の交通網の確保・整備等に取り組む「交通」，地域社会，住民あるいは行政等と連携した，自らの街の活性化に取り組む「街づくり」があげられる。ここには，よりよい街づくりに繋がる取組全般が含まれる。

(4) 産業振興・地域振興型ソーシャルビジネス

第四は産業振興・地域振興型であり，観光，地域活性化（地域産業振興），国際交流・国際協力，フェアトレード（fair trade, 公正取引）を中心としたソーシャルビジネスである。このタイプでは，観光施設の運営やPR等，地域の観光産業に取り組む「観光」，地域の特産品を活用した商品の製造・販売，地域の文化を取り込んだイベントの企画・運営等に取り組む「地域活性化（地域産業振興）」，国際間での都市との提携・連携，国境を越えた生活・経済支援や，国際間での公正な貿易により途上国の自立や環境保全など「国際交流・国際協力，フェアトレード」があげられる。ここには，地域の文化・産業にかかわらず，広い意味での産業振興の取り組みが含まれる。

(5) 災害復旧・復興支援型ソーシャルビジネス

第五は災害復旧・復興支援型であり，東日本大震災等にみられるソーシャルビジネスである。このタイプでは，被災地である東北地方の中小企業組合をはじめ，全国組織の組合が，ライフラインの復旧，物資の供給，人的な応援，イベント開催による支援，さらには復興を支援するために行う食料備蓄などの仕組みづくり，電力供給節約，放射能の除去，雇用創出などの活動を行っている。特に東日本大震災による復旧・復興支援の活動は，大変注目されるところである。当初はボランティアとして活動してきたが，長期化する被災地支援に当たって，行政と連携したボランティアに留まらず，継続的な事業として活動を維持していくためには，最低限の収益性を考慮していく必要がある。

(6) その他のソーシャルビジネス

第六はその他のソーシャルビジネスであり，上記の五つの分類・分野のいずれにも属さない，または分類・分野が複合化して分類しにくい取り組み事例である。

第3節　ソーシャルビジネス実施中小企業組合事例

以上，ソーシャルビジネスを行う組合の活動分野を六つに類型化したが，こ

こではさらに都道府県中小企業団体中央会から当該県内の代表的取組事例として推奨のあった中小企業組合の中から28事例を取り上げて，それぞれの類型に28事例組合を当てはめて，それぞれの活動の方向性を分析することにしたい。図表10-3「ソーシャルビジネスの類型化」は，ソーシャルビジネスを六つに類型化し，それぞれの類型に28事例組合を当てはめて一つの図表の形でまとめたものである。また，図表10-4「ソーシャルビジネス実施事例組合の概要」は，以下で取り上げるソーシャルビジネスを実施している，28中小企業組合事例の概要を一つの図表の形でまとめたものである。

図表10-3　ソーシャルビジネスの類型化

分類	分野	組合名と取組
社会福祉型	保健・医療・福祉	○企業組合愛（栃木県）きめ細かな介護サービスを提供 ○協同組合福祉・環境ラボ（広島県）福祉・環境に着目した新製品の企画開発 ○天神商店街振興組合（福岡県）食事重度障がい者，高齢者への訪問宅配を実施 ○企業組合和の会（沖縄県）指定通所介護事業所を開設，「地域の顔」が見える介護事業
	子育て支援	○企業組合パパママふぁいと（青森県）子育て関連情報サイトの企画・運営でパパママ応援 ○企業組合わいた保育園（山口県）地域・家庭・学校が一体となり，保育園の運営・教育整備
自立支援型	自立支援	○企業組合ウェルフェアグループ（北海道）組合員である障がい者自身が活動できる場の提供 ○白石クリーニング協同組合（宮城県）障がい者を積極的に雇用し，自立を支援 ○企業組合群馬中高年雇用福祉事業団（群馬県）中高年齢者と身体障がい者の雇用機会の確保 ○企業組合あうん（東京都）リサイクルショップや便利屋の運営による仕事起し
	教育・人材育成	○横浜市資源リサイクル事業協同組合（神奈川県）地域の小学生やその家族への環境啓発活動 ○企業組合子どもの森（長野県）山村留学による自然体験活動で子どもたちの豊かな人間形成

街づくり型	文化・芸術・芸能	○企業組合劇団風の子東北（福島県）児童を対象に地域特性を活かした演劇を展開 ○協同組合徳島総合流通センター（徳島県）音楽祭の企画・開催による地域貢献
	環境	○長崎漁港水産加工団地協同組合（長崎県）生ゴミや廃油の回収・リサイクルによる環境対応
	安全・安心	○四日市諏訪商店街振興組合（三重県）太陽光発電，防犯カメラ設置による環境や安心・安全
	交通	○長岡市ハイヤータクシー協同組合（新潟県）スクールバスの運行支援で地域ニーズに応える
	地域づくり	○宇宿商店街振興組合（鹿児島県）防犯・教育・観光等，地域に根付いたサービスやイベント
産業振興型	観光	○企業組合アドベンチャーバケーションネットワーク（千葉県）野外活動体験ツアーの企画販売
	地域活性化	○企業組合若鮎グループ加工部（福井県）地域の伝統食や特産品を活用した商品づくり ○企業組合元気村かみくげ（兵庫県）化石発掘体験，地元農産加工品の製造・販売 ○企業組合蒜山グリーンフィット（岡山県）農業の活性化による地域振興 ○企業組合石畳むら（愛媛県）景観保存地区で本格的な手打ちそばを提供 ○企業組合百笑一喜（大分県）ハウスワイン特区活用の製造・販売，グリーンツーリズム ○高根クラインガルテン企業組合（山梨県）遊休農地の活用として貸し農園の施設管理
	国際交流・国際協力，フェアトレード	○にほんごの会企業組合（東京都）外国人技能実習生制度に対応した，実践的な日本語を指導
災害復旧型	震災対策・復興支援	○協同組合いわき市環境保全センター（福島県）瓦礫の運搬，処理について継続的な事業展開 ○福島県放射性物質除去協同組合（福島県）放射性物質の測定業務を共同受注し除去に取り組む

図表10-4　ソーシャルビジネス実施事例組合の概要

NO	地域	組合形態	組合名	設立年	出資金	組合員数	組合業種	ソーシャルビジネスの分類
1	北海道	企業組合	企業組合ウェルフェアグループ	2006	25	95	社会保険・社会福祉・介護事業	②
2	青森県	企業組合	企業組合ババヘラ・あいす	2010	20	4	情報通信業（情報サービス業）	③
3	宮城県	事業協同組合	白石クリーニング協同組合	1971	2,690	4	サービス業（洗濯・理容・美容・浴場業）	②
4	福島県	企業協同組合	企業協同組合鶴岡風の子東北	2000	170	6	サービス業（娯楽業）	③⑤
5	福島県	協業組合	協同組合いわき市環境保全センター	1990	290	21	サービス業（廃棄物処理業）	⑭
6	福島県	協業組合	福島県放射性物質除去協同組合	2011	300	6	サービス業（大分類間の複数業種／放射性物質）	⑭
7	栃木県	企業組合	企業組合愛	2006	83	10	社会保険・社会福祉・介護事業	①
8	群馬県	企業組合	企業組合群馬中高年雇用福祉事業団	1989	1,629	53	異業種（大分類間の複数業種）	②
9	千葉県	企業組合	企業組合アドベンチャーバケーションネットワーク	2002	150	10	サービス業（その他の事業サービス）	⑩
10	東京都	企業組合	企業組合あうん	2007	930	32	異業種（大分類間の複数業種）	②
11	東京都	企業組合	にほんごの会企業組合	1988	561	34	一般教育・学習支援業	④⑬
12	神奈川県	事業協同組合	横浜市資源リサイクル事業協同組合	1992	5,800	136	卸売業（建築材料、鉱物・金属材料等卸売業）	④⑦
13	新潟県	事業協同組合	長岡市ハイヤータクシー協同組合	2006	80	8	運輸業（道路旅客運送業）	⑨
14	長野県	企業組合	企業組合子どもの森	2005	85	4	サービス業（その他の事業サービス）	③④
15	山梨県	企業組合	高根クラインガルテン企業組合	1998	316	126	サービス業（その他の事業サービス）	⑮
16	三重県	商店街振興組合	四日市諏訪商店街振興組合	1975	4,761	83	異業種（大分類間の複数業種）	⑦⑧
17	福井県	企業組合	企業組合若狭グループ加工部	2004	50	10	製造業（食料品製造業）	④⑤⑪
18	兵庫県	企業組合	企業組合元気村かみんぐ	2011	67	74	異業種（大分類間の複数業種）	⑪
19	岡山県	企業組合	企業組合蒜山グリーンフィット	2005	156	11	異業種（大分類間の複数業種）	⑪
20	広島県	事業協同組合	協同組合福祉・環境ラボ	2007	40	4	異業種（大分類間の複数業種）	①⑦
21	山口県	企業協同組合	企業組合わいた保育園	2003	40	4	社会保険・社会福祉・介護事業	③
22	徳島県	事業協同組合	協同組合徳島物流通センター	1976	101,409	42	異業種（大分類間の複数業種）	⑤
23	愛媛県	企業組合	企業組合石畳むら	2011	110	11	一般飲食店	⑪
24	福岡県	商店街振興組合	天神商店街振興組合	1993	44	44	異業種（大分類間の複数業種）	①
25	長崎県	事業協同組合	長崎漁港水産加工団地協同組合	1987	20,905	23	異業種（大分類間の複数業種）	⑦
26	大分県	企業組合	企業組合百笑一喜	2008	20	8	異業種（大分類間の複数業種）	⑩⑪
27	鹿児島県	商店街振興組合	宇宿商店街振興組合	1992	111	39	異業種（大分類間の複数業種）	③④⑧⑩⑫
28	沖縄県	企業組合	企業組合和の会	2006	1,327	17	社会保険・社会福祉・介護事業	①

＜ソーシャルビジネスの分類＞

①保険・医療・福祉、②自立支援、③子育て支援、④教育・人材育成、⑤文化・芸術・芸能、⑥スポーツ、⑦環境、⑧安全・安心、⑨交通、⑩観光、⑪地域活性化（地域産業振興）、⑫街づくり、⑬国際交流、フェアトレード、⑭震災対策・復興支援、⑮その他

1．社会福祉・子育て支援型の組合事例

(1) 企業組合愛

当組合は，栃木県宇都宮市に所在し，2006年3月に設立され，出資金は83万円，組合員数は10人，組合業種は社会保険・社会福祉・介護事業である。

当組合は，要介護者の立場に立ったきめ細かな介護サービスをモットーに介護事業を展開している。「ステーション愛」と「デイホーム泉」の2カ所を拠点に，介護保険法に基づく訪問介護事業および通所介護事業を実施している。高齢化社会にともなう要介護者の増加や介護ニーズの多様化など，介護需要は年々増加傾向にあり，介護経験者が地域や弱者の目線に立って介護サービスを提供するなど，地域社会に貢献する活動として期待されている。職員の資質向上や処遇改善を図りながら，堅実な事業計画に基づいて運営されており，収益性は確保されつつある。

(2) 協同組合福祉・環境ラボ

当組合は，広島県安芸郡海田町に所在し，2007年4月に設立され，出資金は40万円，組合員数は4人，組合業種は異業種（大分類間の複数業種）である。

当組合は，2004年度に広島市工業技術センター等の仲介で福祉用具開発研究会が発足されたことを契機に，同機関の支援と助成を受けて，身体障がい者用駐車システム「aiパーク」を共同開発し商品化した。その後，シックハウス症候群などの生活環境での問題解決のため，高性能な脱臭・消臭及び有害物質の除去器具「シックノン」も開発・販売している。

身体障がい者用駐車システムは，必要性や効用などについて関係施設等には十分理解されているが，価格やメンテナンス等の問題によって実際に設置するまでには一定の時間がかかる。そこで，福祉と並んで成長分野である環境分野に領域を拡げて，新たな事業の柱となる製品開発を行うために中小企業新事業活動促進法に基づく経営革新計画の認定を得た。今後は，収益性を高めるため，販売面での強化が課題である。

(3) 天神商店街振興組合

福岡県北九州市に所在し，1993年4月に設立され，出資金は44万円，組合員

数は44人，組合業種は異業種（大分類間の複数業種）である。

　当組合は，地域商店街が生き残るためには，買い物弱者といわれる障がい者・高齢者等に対するサービスを含めて，地域に何ができるかについて組合員全員で考え，実行していくことが重要である。当組合は，1997年度より北九州市から委託事業として受託したことをきっかけとして，商店街の生鮮食料品店や飲食店の協力によって，高齢者向けの福祉訪問給食サービス，重度障がい者，独居老人や老夫婦世帯等に夕食の弁当を宅配するサービスを継続的に実施している。2010年からは，商店街で買い物をした商品を自宅まで届ける「天神直行便」サービスも実施している。また，商店街事務局に「よろず相談」窓口を設置し，生活支援サービスも実施している。

(4)　企業組合和の会

　当組合は，沖縄県八重瀬町に所在し，2006年11月に設立され，出資金は1,327万円，組合員数は17人，組合業種は社会保険・社会福祉・介護事業である。

　当組合は，「地域の顔」が見える介護事業を目指した指定通所介護・介護予防事業（デイサービス），給食事業，高齢者ケア付き住宅の運営を行っている。組合員のこれまで蓄積された経験を活かし，和と輪を持って利用者の人格を尊重し常に利用者の立場に立ったサービスの提供を心がけるとともに，家庭的な雰囲気で，生き甲斐や趣味を楽しんでもらうアクティビティーの実施や，利用者が必要とする適切なサービスに柔軟に対応して事業を推進している。

　和の会が運営するデイサービスでは，居宅にあって要介護状態等となった利用者が，その能力に応じて，可能な限り居宅において自立した生活を営むことができるように，また家庭から外に出ることで社会参加を支援できるように，介護保険法に基づいて運営をしている。これからの超高齢化社会を迎えるに当たって，事業性（収益性）がまだ十分には確保できていない部分もあるが，社会性を重視して活動している。

(5)　企業組合パパママふぁいと

　当組合は，青森県八戸市に所在し，2010年12月に設立され，出資金は20万円，組合員数は4人，組合業種は情報通信業（情報サービス業）である。

当組合の運営する「子育て支援 Web サイト」は，小児科や保育園などの情報はもちろん，子育て世代が相互に情報交換を行う掲示板が充実している。「地域密着型」という点に特徴をもたせて，地域に特化した「口コミ」機能によって，地域の子育て世代の利便性を向上させている。事業のコンセプトとして，収益性を追求する性質のものではなく，社会的な問題の解決に重きをおいた事業展開を進めている。

すでに子育て支援に参画している大手企業の多くは，子育て支援関係のサイト運営を行っているが，その情報の多くは画一的であり，地域に特化した情報が少ない。そこで，実用性や有効性の高いサイトが地域の子育てに関る人々には有効であり，かつ組織の認知度や収益に直結するポイントであると考えた。コンテンツの更新，量的な充実を図ることによって，新しい Web サービスの観点からの革新性を有し，子育て支援という社会性を考えた。今後ますます成長を見込める事業である。

(6) 企業組合わいた保育園

当組合は，山口県下関市に所在し，2003年4月に設立され，出資金は40万円，組合員数は4人，組合業種は社会保険・社会福祉・介護事業である。

1997年12月，旧わいた保育園が運営資金等の問題から閉鎖されたが，託児事業，育児講座などを通じて，地域の子育て支援を行うことを目的に，旧わいた保育園に関係のある保育士や父兄がボランティアで保育園の自主運営を行い始めた。2002年，経験豊かな保育士や子育て経験者等を中心に，当組合が設立され，わいた保育園を継続して運営することとした。子どもの健全育成を図るために，「子どもは地域の宝」という理念から始まった保育園の運営は，子育て支援を目指す活動として，家庭と地域，そして保育園が一体となって注目を集めた事業活動モデルとなっている。

2．自立支援・人材育成型の組合事例

(1) 企業組合ウェルフェアグループ

当組合は，北海道釧路市に所在し，2006年5月に設立され，出資金は25万円，

組合員数は95人，組合業種は社会保険・社会福祉・介護事業である。

当組合は，障がい者，高齢者，ホームレス等の自立を支援するために，組合員である障がい者自身が活動することのできる"場の提供"として，羊毛製品の製造，菓子の製造・販売，ペット美容（トリミング），喫茶店，お好み焼き等，幅広い事業展開を行っている。2011年4月からは，パンの製造・販売を新規に展開して，障がい福祉サービス事業者としての地位を確立している。

勤労意欲のある障がい者の一般企業への雇用に対して理解を得るのが難しい中，健常者の協力のもとに一丸となって，障がい者自らが働き，経営に参画するという試みは，北海道で最初の活動であった。現在も売上高は年々増加し，地元イベントにも出店するなど，地域社会との接点も強いものとなっている。企業組合としての特徴を活かし，事業の拡充をよりいっそう進めることによって，障がい者である組合員（＝勤労者）としての意識の向上と地域社会の幅広い理解を得ることに繋がっている。

(2) 白石クリーニング協同組合

当組合は，宮城県白石市に所在し，1971年12月に設立され，出資金は2,690万円，組合員数は4人，組合業種はサービス業（洗濯・理容・美容・浴場業）である。

当組合では，従来より積極的に障がい者雇用を行ってきたが，より多くの障がい者が社会人として経済的に自立することが求められていると考えて，障がい者就労支援を目的とする株式会社エスシーを設立した。障がい者を積極的に雇用し，障がい者の自立を支援できるように，組合事業であるクリーニング業の作業を委託しているほか，他社からの仕事も受注して，これらによって障がい者の自立支援を行っている。当組合で選択した組織形態は株式会社であるが，これは，社会的取組によって事業を行ったとしても，営利を追求し，自己の財源を確保しない限りは，組織の存続は困難であるとの考えによる。営利を追求することによって，そこで働く障がい者にも健常者と同等の賃金を与えることに繋がる。

(3) 企業組合群馬中高年雇用福祉事業団

当組合は，群馬県佐波郡玉村町に所在し，1989年2月に設立され，出資金は1,629万円，組合員数は53人，組合業種は異業種（大分類間の複数業種）である。

当組合は，中高年齢者と身体障がい者の雇用機会の確保を目的に設立され，組合事業として，当初より一般廃棄物の収集・運搬及び処理を中心に行っている。処理については，再生可能なゴミは手選別していることから，資源率は高い数値を出している。また，指定管理者として町のスポーツ広場の管理を受託するなど，施設管理事業，除草・枝打ちなどの緑化事業にも積極的に取り組んでいる。「社会弱者に仕事を」という考えのもと，障がい者雇用に力を入れている。2003年に障がい者雇用優良事業所として県知事表彰，2006年には永年の障がい者雇用が認められて，厚生労働大臣表彰を受賞している。

(4) 企業組合あうん

当組合は，東京都荒川区に所在し，2007年11月に設立され，出資金は930万円，組合員数は32人，組合業種は異業種（大分類間の複数業種）である。

当組合は，リサイクル品店舗販売，フリーマーケット，家電パック販売を行うリサイクルショップ事業，引っ越し，片付け・清掃やリフォーム等を行う便利屋事業を行っている。社会貢献・非営利事業として，野宿支援団体等と協力して，山谷の共同炊事，隅田川医療相談会（無料の健康相談会）を行っている。リサイクルショップや便利屋の運営による仕事起しが図られるよう，「一日3食 食べられるだけの賃金」を目標に，野宿者・生活困窮者であった者が主体的になって行う事業を推進している。

リサイクルショップや便利屋の主な顧客も生活保護受給者等の生活困窮者である。当組合の事業は，厳しい経済環境の影響による生活保護受給者の増加，組合員の経営努力等によって順調に推進しており，ソーシャルビジネスの主体として，自立支援としての社会性，リサイクルショップ運営，便利屋という事業性，生活困窮者支援と仕事起しとの連動といった新しい事業形態である革新性を確保している。

(5) 横浜市資源リサイクル事業協同組合

　当組合は，神奈川県横浜市に所在し，1992年12月に設立され，出資金は5,800万円，組合員数は136人，組合業種は卸売業（建築材料，鉱物・金属材料等卸売業）である。

　横浜市内の小学生を対象として，夏休みに環境をテーマとした「環境絵日記」を募集し，環境について家族で考える機会を提供している。優秀な環境絵日記は啓発イベントで表彰し，応募してくれた小学生およびその家族全員を啓発イベントに無料招待して環境についての啓発活動を行っている。本事業は，2011年で12年目を迎えたが，地域の小学生やその家族に環境啓発活動を展開し，環境啓発によって，市民がリサイクルに積極的に取り組んでくれるようになることが，組合および組合員にとって大きなメリットになるために，ソーシャルビジネス活動では事業性よりも社会性を重視して活動を行っている。

(6) 企業組合子どもの森

　当組合は，長野県木曽郡大滝村に所在し，2005年3月に設立され，出資金は85万円，組合員数は4人，組合業種はサービス業（その他の事業サービス）である。

　当組合は，恵まれた大自然を活用して，子供たちが，団体生活の中で基本的な生活習慣を身に付けて，さまざまな自然体験活動を通して社会性・人間性を育み，豊かな人間形成と自主自立の精神を育むことを目指して活動をしている。1年契約の「長期留学」，2週間～1カ月程度の「中期留学」，1泊2日～10日程度の「短期留学」のさまざまなコースを設定して，首都圏・中京圏・関西圏等の大都市圏を中心に，全国から小学校3年生～中学校3年生を受け入れている。質の高い事業を行っていくためには，県内および全国の施設との情報交換・交流が必要である。そこで，山村のみならず海浜中心の施設との交流・提携等も模索して，幅広い事業展開を図っている。

(7) 企業組合劇団風の子東北

　当組合は，福島県喜多方市に所在し，2000年3月に設立され，出資金は170万円，組合員数は6人，組合業種はサービス業（娯楽業）である。

第10章　中小企業組合におけるソーシャルビジネスの現状と課題　337

　当組合の本部は，有限会社劇団風の子（東京都）であり，主として児童を対象にした演劇公演を行っている全国に実績のある劇団である。1950年に「日本の未来を考えることは，子どものことを考えること」という理念から誕生した劇団で，全国に8カ所，それぞれ児童を対象に，地域の特色を活かした作品を創作し講演活動を行っている。

　当組合が行う児童演劇は，幼稚園，保育園および養護学校等で行うことが多く，イソップ童話の発展型，紙芝居型，参加型芝居など，すべて1人から3人で行う創作芝居である。年間約260日に及ぶ公演を行っている。現代の人々が忘れかけている大切な心，気持ちを子どもに届けるという意味から，当組合が行っている児童劇団事業の意義は大きい。

(8)　協同組合徳島総合流通センター

　当組合は，徳島県徳島市に所在し，1976年3月1日に設立され，出資金は10億1,409万円，組合員数は42人，組合業種は異業種（大分類間の複数業種）である。

　当組合は，音楽を通じて文化活動をすることによって地域社会に貢献することを目的として，1991年から日本音楽コンクールの入賞者による演奏会「リオデ徳島音楽祭」を開催している。ここで，「リオデ徳島」の「リオ」は，ポルトガル語で"河"という意味で，徳島の物流と情報の流れの中心になっていく，そんな願いを込めた組合の愛称である。

　社会性（地域社会貢献）を重視している活動であるために，運営費用等の関係で2010年度には，開催を断念せざるを得ないような状況であったが，公益財団法人徳島銀行生涯学習振興財団の後援を受けて事業を継続することができ，20回目の音楽祭を開催することができた。組合と地域との一体感，地域貢献というこれからの組合運営の方向性を考慮した社会的な意義ある活動である。

3．街づくり・地域づくり型の組合事例

(1)　長崎漁港水産加工団地協同組合

　当組合は，長崎県長崎市に所在し，1987年8月に設立され，出資金は2億905

万円，組合員数は23人，組合業種は異業種（大分類間の複数業種）である。

当組合では，生ゴミや廃油等の回収・リサイクルによる環境への取組を目的として，組合員の加工場や魚市場・鮮魚小売店等が排出する残渣を魚粉処理し，畜産・養殖魚飼料へのリサイクル事業を実施している。食品製造業者の廃油の燃料利用や，ホテル・レストラン等の魚アラの魚粉処理，さらに焼却処分していた生ごみの発酵処理による有機肥料化等，環境に配慮した地域循環型ビジネスモデルとして取り組んでいる。

組合員の加工事業の側面支援を通じて環境保全（悪臭防止・水質汚濁防止）に寄与している。生産した発酵魚粉飼料を養殖魚に利用することによって，高付加価値のブランド魚の商品化を行う。社会性，事業性をともに重視して活動しており，今後は新たな事業を取り入れる革新性も考慮した事業展開を行いたいと考えている。地域資源の循環を図って，地域の活性化に繋げていく方針である。

(2) 四日市諏訪商店街振興組合

当組合は，三重県四日市市に所在し，1975年12月に設立され，出資金は4,761万円，組合員数は83人，組合業種は異業種（大分類間の複数業種）である。

当組合は，1975年9月モータリゼーションの進展にともない，街区における環境整備，そして駐車場を建設すること等を目的に設立された。1977年には高度化資金を導入して，195台収容することができる駐車場を設置した。環境や安心・安全に配慮した街づくりを目指すために，アーケードの建設や共同販売等を行い，組合員の事業を支援する共同事業を実施してきた。

その後，2009年度に「商店街の活性化のための地域住民の需要に応じた事業活動の促進に関する法律（地域商店街活性化法）」に基づく商店街活性化事業計画の認定を受けて，太陽光発光発電システムと照明のLED化の導入および防犯カメラの設置を行い，商店街の「安心・安全・環境に優しいエコタウン」による商店街の活性化を図っている。太陽光発光発電システムおよび照明のLED化の導入や防犯カメラを設置しただけでは，直接的に組合員の売上に寄与するわけではないが，四日市市および商店街のイメージアップや中心商店街として

の安全な街づくりに貢献するために本事業を推進している。

(3) 長岡市ハイヤータクシー協同組合

当組合は，新潟県長岡市に所在し，2006年9月に設立され，出資金は80万円，組合員数は8人，組合業種は運輸業（道路旅客運送業）である。

当組合は，旧来の山古志村（現：長岡市）のバス路線を運行していた越後交通株式会社がスクールバスの運行を行っていたが，同社がこの路線から撤退したことを受けて，地域のニーズに応えるために，組合員が保有するジャンボタクシーを活用して，住民の利便性を確保する受け皿となるために運行を開始した。現在，長岡市教育委員会から業務を受注し，運行計画に対する業務等を行い，交通弱者に対する支援を継続している。山間僻地の通学交通を支えて，地域の課題解決のための取組となっており，社会性を確保した事業活動となっている。高齢者や障がい者などの交通弱者のニーズに対応しており，事業性も確保され，現在も継続して行われている。

(4) 宇宿商店街振興組合

当組合は，鹿児島県鹿児島市に所在し，1992年12月に設立され，出資金は111万円，組合員数は39人，組合業種は異業種（大分類間の複数業種）である。

当組合は，携帯GPSを活用して所在を確認することができる「子供・高齢者の見守りサービス」，地域の医療機関の情報を掲載した「商店街マップの作成」，危機に面した時に大声が出せる訓練として小学生を対象にした「レスキュー大声コンテスト」，中学生が商店の経営体験をする「中学生商人選手権」の開催を行っている。

さらには，大学との連携による地域経済の実証・実践，NPO法人と連携して，各地の商店街とその周辺の史跡を探訪し，身近なまちの魅力を再発見する「商店街観光えびすツアー」，県内各地の商店街地区の味自慢を競うイベント「鹿児島県商店街S1グランプリ」の開催など，子育て支援，人材育成，地域の安全・安心，地域活性化に繋がるさまざまな活動を展開している。これらの活動を通じて，単なる街づくりに留まらず，県内各地の活性化およびコミュニティ機能の維持，安心して暮らせる地域づくりなど，地域経済を理解した人材

の育成等を視野に入れて，社会性を重視した活動を行っている。

4．産業振興・地域振興型の組合事例
(1) 企業組合アドベンチャーバケーションネットワーク

当組合は，千葉県市原市に所在し，2002年3月に設立され，出資金は150万円，組合員数は10人，組合業種はサービス業（その他の事業サービス）である。

当組合は，全国のネイチャーガイドのネットワークによる屋外活動体験ツアーの企画・販売を行うために，アメリカに本拠地を持つ世界的アウトドアブランド「L.L.Bean」のイベントを個々に請け負ってきた，日本各地の環境NPOの代表者やネイチャーガイドが集まって設立された。組合員のネットワークを活かした「企画の提案」と「首都圏での営業活動」を一括して行い，各地域において個別のノウハウだけでは成し得なかった，「総合的な自然体験イベントを展開」している。大きな売上の伸長はみられないものの，情報交換やお互いの資質向上のための「研修」や「広報活動」を効率的に進めており，今後のビジネスとして期待することができる。

(2) 企業組合若鮎グループ加工部

当組合は，福井県吉田郡永平寺町に所在し，2004年12月に設立され，出資金は50万円，組合員数は10人，組合業種は製造業（食料品製造業）である。

当組合は，地域の伝統食や特産品を活用した商品づくりを行うために，1998年より地域の伝統食や特産品を活用した商品づくりを実施して，地域の伝統料理である「木葉ずし」と地場特産のニンジンを使った「キャロムー（デザート）」の製造・販売を行っている。観光物産協会との連携や小学生の体験学習，高齢者の生きがい活動の受入れを行っている。

「木葉ずし」や「キャロムー」は，地元スーパーや祭・イベント等で販売され，地域の伝統料理の継承，地場農産品のPR，併せて農村女性の生き甲斐の場の創出等，地域の賑わいや活性化に貢献している。伝統的食品と販売形態の融合や事業の仕組みに革新性がある。また，地域の特産品を活用しながら事業を行って，雇用の場としての役割も多く，社会性，事業性ともに両立していると

言える。

(3) 企業組合元気村かみくげ

当組合は，兵庫県丹波市に所在し，2011年5月に設立され，出資金は67万円，組合員数は74人，組合業種は異業種（大分類間の複数業種）である。

当組合は，兵庫県の北東部の中山間部に位置し，過疎高齢化が進んでいる丹波市山南町上久下地区において，丹波竜の化石発掘現場という地域資源を活用して，地域の活性化に役立てることを目指して地域の住民によって設立された。第一発見者である地域住民が組合員となって多目的展示施設「元気村かみくげ」を丹波市の補助を得て建設した。化石の発掘体験や地元の農産品を使った加工品の製造・販売，土産物販売を行っている。初年度である2011年度は約1,000万円の売上を達成した。

(4) 企業組合蒜山グリーンフィット

当組合は，岡山県真庭市に所在し，2005年6月に設立され，出資金は156万円，組合員数は11人，組合業種は異業種（大分類間の複数業種）である。

当組合は，組合で生産した農作物を直売所，インショップ，産直市等で販売している。また，体験農場に子供たちを招いて収穫体験を実施するなど，イベント開催にも取り組み，消費者と直接交流できる場として事業を展開している。直売所の来場者数や売上は，少しずつではあるが伸びて，成長を続けている。蒜山地域の農業の活性化と農家存続を目指して，後継者育成とJAまにわへの全面的な協力など，地域産業の発展に向けて取り組んでいる。蒜山地域全体としても，行政，JAだけでなくさまざまな団体や生産者の連携・協力のもと，グリーンツーリズムを地域振興のアイテムとして農業の魅力を広げていくこととしている。

(5) 企業組合石畳むら

当組合は，愛媛県喜多郡内子町に所在し，2011年5月に設立され，出資金は110万円，組合員数は11人，組合業種は一般飲食店である。

当組合は，県の天然記念物にも指定されたシダレ桜等，観光資源をインフラとした農家レストランで，地元石畳営農組合が栽培した玄そばを使用して，山

形県で研修した組合員が手打ちのざるそばを提供している。景観保存地区で本格的な手打ちそばを提供するために,「そば打ち体験」や「栽培・収穫体験」のメニューも取り入れて,地域活性化に繋がる事業展開を目指している。農林業の低迷を背景に過疎化,住民の高齢化による地域活力の低下が問題となっており,組織化以前から組合員を中心とした有志による農村体験宿泊施設やイベントの開催等を仕掛けてきた。今では辺境の地にありながら県内外から観光客が訪れ,農林水産省の「美しい日本のむら景観百選」にも選定されている。

(6) 企業組合百笑一喜

当組合は,大分県宇佐市に所在し,2008年5月に設立され,出資金は220万円,組合員数は8人,組合業種は異業種(大分類間の複数業種)である。

当組合は,ハウスワイン特区を活かした加工品の製造・販売,グリーンツーリズムを展開するために,地元農産物・加工品の販売や,特産品のブドウを使ったワイン醸造を実施している。グリーンツーリズムの全国的先駆者として地域を束ね,製造したワインや農産物は地元民泊施設でも提供している。修学旅行をはじめとする子ども達の宿泊も積極的に受け入れて,農業体験や地域住民との交流を通じて地域活性化に貢献している。

「百人の人に百回笑われても,一人の人に一回喜ばれればいい」という精神で地域活性化のために活動を展開している。地元大学や酒造メーカー,地元自治体等との連携も進んでいる。グリーンツーリズム,農産物販売という柱に加え,2008年に大分県宇佐市が「構造改革特別区域法[14]」によって,「ツーリズムのまち宇佐ハウスワイン特区」として認定を受けたことを契機として,地元産ブドウを使ったワイン醸造に力を注いでいる。

(7) にほんごの会企業組合

当組合は,東京都世田谷区に所在し,1988年7月に設立され,出資金は561万円,組合員数は34人,組合業種は一般教育・学習支援業である。

当組合では,外国人や日本語教師を目指している方を対象とした日本語教室の開催や日本語教師の派遣,日本語教育のためのテキストや辞典を編集・発行している。2010年7月から入管法が変わり,研修生制度が技能実習生制度に

なった。当組合では，技能実習生制度に対応して現場で役に立つ日本語や「安全用語」などの実践的な日本語を指導し，日本語研修を行っている。費用は，講師料として時間単価4,500円（20名まで）である。介護福祉士候補者の日本語研修（EPAによるインドネシア介護福祉士候補者），企業の社員および家族の日本語指導，技能研修生（JITCO）の日本語指導，工場での研修に必要な安全用語，実践的な生活用語や大学での留学生の日本語指導などを行っている。

5．災害復旧・復興支援型の組合事例
(1) 協同組合いわき市環境保全センター

当組合は，福島県いわき市に所在し，1990年12月に設立され，出資金は290万円，組合員数は21人，組合業種はサービス業（廃棄物処理業）である。

当組合では，いわき市と「地震等による災害時における災害廃棄物収集運搬の協力に関する協定」を締結していることによって，効率的に作業を進めることができる。現在，いわき市は，津波被災地区の沿岸部に瓦礫の仮置場を9カ所に設置している。集積した災害廃棄物のうち，リサイクルができず焼却や埋立するものについては，処理施設周辺住民の放射性物質に対する不安が強いことなどから，地区説明会の開催や放射線モニタリング結果をお知らせすることによって，不安の解消に努めながら理解を求めている。今回の大震災においても，発生した瓦礫の運搬，処理について，組合が窓口となってボランティアとしても活動をしてきたが，大量に残っている瓦礫の処理についても，ソーシャルビジネスとして継続的に事業として行っていく方針である。

(2) 福島県放射性物質除去協同組合

当組合は，福島県福島市に所在し，2011年9月に設立され，出資金は300万円，組合員数は6人，組合業種は異業種（大分類間の複数業種）である。

当組合は，放射性物質の除去事業者（建設業者，産業廃棄物処理業者，ビルメンテナンス業者等）によって，被災後の2011年9月に設立された。設立後間もないが，放射性物質の測定業務を共同受注して，県下の放射性物資の除去に取り組んでいる。高圧洗浄機による除染活動，表土除去による除染活動，放射性物質

除去浄水器，放射性物質汚泥収納バックなどの共同事業を行って，同じ被災者である組合員が，地元密着型によって同じ目線で放射性物質除去へ取り組んでいる。当組合は，目に見えない恐怖である放射性物質から被災者を守るために，建物の放射性物質の除染・敷地内の表土除去などの除染作業，体内へ入る予防および除去指導作業，建物・表土・食品・体内等の測定を事業としている。

6．その他の組合事例
(1) 高根クラインガルテン企業組合

当組合は，山梨県北杜市に所在し，1998年6月に設立され，出資金は316万円，組合員数は126人，組合業種はサービス業（その他の事業サービス）である。

当組合は，遊休農地を活用して地域振興を図るために，貸し農園として行政が整備した施設の管理運営を行っている。首都圏からの小中学生の体験学習や個人利用者の農業支援等には，農地を貸与している農民が就労している。地域の行事と一体となったイベントを開催するなど，地域社会を雇用と文化活動から下支えしている。地権者となっている地域内のほとんどの住民が組合員となり，組合の事業運営（就労・イベント等）に参加することによって，薄れつつある地域の繋がりを補完する役割を担っている。

第4節　ソーシャルビジネス実施中小企業組合への支援

ここでは，ソーシャルビジネス実施中小企業組合への支援に関し，中小企業組合におけるソーシャルビジネス活動の戦略的領域，企業組合をはじめとする中小企業組合の積極的活用，企業組合における事業活動の志向，中小企業組合におけるソーシャルビジネスへの具体的支援策，ソーシャルビジネス実施中小企業組合に対する金融・税制上の支援，といった五つの点を取り上げる。

1．組合におけるソーシャルビジネス活動の戦略的領域

ソーシャルビジネスを中小企業組合が推進することは，地域経済における新

たな雇用を生み出し，税，金融による資金の循環を創出することに繋がる。つまり，ソーシャルビジネスは，中小企業が企業価値を高めつつ，事業を発展させるための手法（第二創業，転業）としての可能性を持つとともに，新たな事業分野として事業の可能性を高める方策となる。これからの中小企業組合は，従来ビジネスの対象として捉えることが難しかった事業領域において，新たな経済活動を興す起爆剤としてソーシャルビジネスの角度から事業活動を活かしていくことが重要となる。

　実施主体となる組織や個人が行う行為，活動がソーシャルビジネスに該当するか否かは，高・低，濃・淡の差異はあるにせよ，定性的な社会性，事業性，革新性の三つの要件をすべて備えていることが必要である。しかし，現状では，「ソーシャルビジネス」について定量的な基準，水準，要件，条件といった統一的な規定や定義が明確になされているわけではない。

　そこで以下では，中小企業組合におけるソーシャルビジネス活動の戦略的領域について，社会性，事業性，革新性という三つの定性的な視点から捉えてみよう。図表10-5「組合におけるソーシャルビジネス活動の戦略的領域」は，中小企業組合のソーシャルビジネス活動に取り組む戦略的領域を一つの図表の形で示したものである。

　縦軸には「事業性」の高・低，横軸には「社会性」の高・低を示した。事業性については，組織活動の維持，継続，発展のためには，収益面を捉えることが必要であり，固定費，変動費等の経費や費用が必要となる。そして，経費や費用は，それを上回る部分の経済的価値が利益となって組織や個人に収納される。利益を生み出す取扱高（また売上高と言っても良い）を損益分岐取扱（売上）高とする。

　横軸に示した社会性については，社会的課題に対応する組織や個人の使命感とその達成度，ボランティア的に行う営利・非営利を問わない活動の健全意識など，公益的活動の指標である。その中でソーシャルビジネスに取り組む実施主体としての組織の能力や行動の満足度，実現目標の達成度というべき，社会的な貢献度・満足度について，実施主体が目指す社会性の指標について一つの

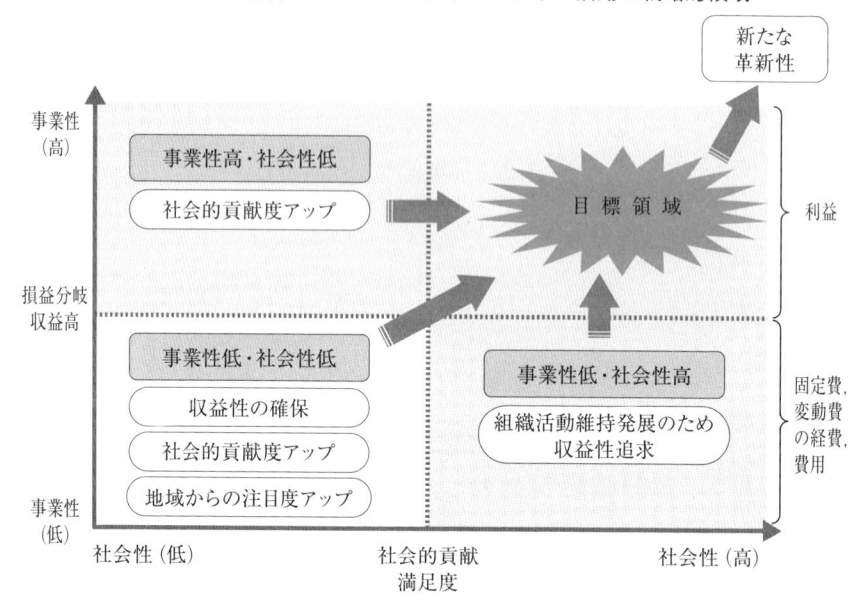

図表10-5　組合におけるソーシャルビジネス活動の戦略的領域

```
事業性
(高)
          ┌─────────────────┐                    新たな
          │事業性高・社会性低│                    革新性
          │                 │         ┌───────┐    ↑
          │ 社会的貢献度アップ│  ⇒    │目標領域│   利益
          └─────────────────┘         └───────┘
損益分岐 ─────────────────────────────────────────
収益高     ┌─────────────────┐    ┌─────────────────┐
          │事業性低・社会性低│    │事業性低・社会性高│   固定費,
          │ 収益性の確保    │    │組織活動維持発展のため│ 変動費
          │ 社会的貢献度アップ│    │  収益性追求    │   の経費,
          │ 地域からの注目度アップ│ └─────────────────┘   費用
          └─────────────────┘
事業性
(低)
       社会性(低)        社会的貢献       社会性(高)
                          満足度
```

点を捉えて考えてみよう。

「事業性（低）・社会性（低）」に属する活動については，収益性の確保，社会的な貢献度や認知度を増加させることの取組と意識改革が重要である。そこで，地域からの注目度を高めることが必要であることから，社会性の高い事業を実施していることのPRや認知度を高めるための広報活動が不可欠である。

一方，「事業性（高）・社会性（低）」に属する活動については，目標とする社会的貢献度・満足度について増加させ，目標領域に入るべく努力を重ねることが必要である。しかし，事業性としての程度が高いのであれば，企業体として営利を追求していくことも方向性の一つである。

また，「事業性（低）・社会性（高）」に属する活動については，組織活動の維持・発展のために，付加価値の増大を図ること，または固定的な経費，変動的な経費を両面から削減し，利益を生み出していく活動の仕組み作りを早々に検討して，収益性を確保していくことが必要である。一定の収益性を確保してい

かなければ，ボランティアとして短期間に活動する事業体としては維持していくことはできても，継続的に活動を実施していくことは難しくなる。

いずれにしても，「事業性（高）・社会性（高）」という，目標とする領域に活動を導くことによって，新たな展開や新たな活動等を展開する新しい仕組みや価値を創造するといった，「革新性」に優れた事業を検討していくことが必要となろう。

2．企業組合をはじめとする組合の積極的活用

ソーシャルビジネスが具備しなければならないとされる要件を備えて，社会的課題を解決するべく積極的に取り組んでいる組織体として，企業組合や事業協同組合などの中小企業組合が有効に機能すると言える。わが国における中小企業組合制度は，組合形態からみると事業協同組合，企業組合，協業組合，商工組合，商店街振興協同組合，生活衛生同業組合等といった多様な形態があるが，特に企業組合は，組合員が出資して自らの仕事の場を創り出す組織であることから，設立主体や事業目的に対して，柔軟性をもった組織制度であり，ソーシャルビジネスに取り組む組織体として適当であると考えられる。

企業組合制度は，1949年の中小企業等協同組合法制定時から制度化されている組合制度で歴史は古く，個人が組合に資本と労働力を投入し，組合自体が一つの企業体となって事業活動を行い，組合員は組合の事業に従事するという特色を持つ制度である。定款で定めれば，商業，工業，鉱業，運送業，サービス業，その他の事業（農林水産業でも良い）など，さまざまな事業を行うことができる。

企業組合は，協同組合原則である相互扶助を基本理念としつつ，個人事業主や勤労者がそれぞれの資本と労働を組合に集約し，組合自身があたかも一つの企業体となって事業を営むことを最大の特徴としている。企業組合制度創設当初は，戦後の引き揚げ者に働く場を提供すること等で多大な社会貢献をしてきた。現在では，社会参加を目指した働く主婦による設立や，企業の定年退職者が第二の人生を豊かに送ること（社会貢献と収入の確保）を目的に設立するケー

スが増加しており、実施している事業内容も介護・福祉、地域起し、教育、環境問題等社会的課題の解決に直接結びつくものが多くなっている。

ここで、特に「ソーシャルビジネスの実施に最も適する組合組織」という視点から、中小企業組合制度に関り特に企業組合を選択した理由についてみてみよう。図表10-6「企業組合を選択した理由」は、多様な中小企業組合制度の中で特に企業組合を選択した理由を、一つの図表の形で示したものである[15]。

図表からみられるとおり、現在は株式会社でも当初の資本は少額でできるにもかかわらず、企業組合を事業組織として選択する最も多い理由として、「少額の資本で設立できる組織だから（342件、42.1％）」があげられ、次に「運営が民主的で公平・平等な組織であるから（299件、36.8％）」「自治体など行政や中央会に進められたから（186件、22.9％）」、「組合員が自己の能力を活かせる組織だか

図表10-6　企業組合を選択した理由

No	企業組合を選択した理由	件数	構成比(％)
1	運営が民主的で公平・平等な組織であるから	299	36.8％
2	組合員が自己の能力を活かせる組織だから	167	20.5％
3	零細事業者が経営を合理化できる組織だから	129	15.9％
4	高度化融資等の公的助成が利用できるから	61	7.5％
5	少額の資本で設立できる組織だから	342	42.1％
6	資本より組合員の人格を尊重する組織だから	110	13.5％
7	組合員の仕事の場を創造する組織だから	156	19.2％
8	組合員に利益を分配できる組織だから	99	12.2％
9	他の組織より信用力を得やすいから	78	9.6％
10	自治体など行政や中央会から勧められたから	186	22.9％
11	旧いことなのでよく分からない	109	13.4％
12	その他	41	5.0％
13	無回答	33	4.1％
	計	813	－

＊複数回答

ら（167件，20.5％）」と続いている。

3．企業組合における事業活動の志向

次に，企業組合を活動組織として選択した場合に，どのような「事業活動の志向」を持っているかについて捉える。いまここでは，組合における「事業活動の志向」を，組合の社会貢献・事業確保・事業発展という三つの視点から捉え，それぞれを三つの段階に区分して，それぞれ組合の利益志向（事業収益性）の3段階と対比して捉えると，以下の如く九つの区分に分類することができる。

(1) 社会貢献を第一目標とするタイプ

社会貢献を第一目標とするタイプで，利益志向との関係において捉えると，次の三つに区分される。第一は「社会貢献・利益不要」であり，社会に貢献することを目標として，利益をあげることは考えないとするタイプである。第二は「社会貢献・利益中庸」であり，ここでは社会に貢献することを目標とし，利益はほどほどでよいとするタイプである。第三は「社会貢献・利益拡大」であり，ここでは社会に貢献することを目標とし，多くの利益をあげたいとするタイプである。

(2) 事業確保を第一目標とするタイプ

事業確保を第一目標とするタイプで，利益志向との関係において捉えると，次の三つに区分される。第一は「仕事の場・利益不要」であり，仕事の場を確保することを目標とし，利益をあげることは考えないとするタイプである。第二は「仕事の場・利益中庸」であり，仕事の場を確保することを目標とし，利益はほどほどでよいとするタイプである。第三は「仕事の場・利益拡大」であり，仕事の場を確保することを目標とし，多くの利益をあげたいとするタイプである。

(3) 事業発展を第一目標とするタイプ

事業発展を第一目標とするタイプで，利益志向との関係において捉えると，次の三つに区分される。第一は「事業発展・利益不要」であり，事業を発展さ

せることを目標とし，利益をあげることは考えないとするタイプである。第二は「事業発展・利益中庸」であり，事業を発展させることを目標とし，利益はほどほどでよいとするタイプである。第三は「事業発展・利益拡大」であり，事業を発展させることを目標とし，多くの利益をあげたいとするタイプである。

図表10-7「企業組合における事業活動の志向」は，上述した観点から捉えた企業組合の実態を一つの図表の形で示したものである。図表からみられる通り，「仕事の場・利益中庸」が160件，19.7%と最も多く，次いで「社会貢献・利益中庸（135件，16.6%）」「仕事の場・利益拡大（114件，14.0%）」「事業発展・利益拡大（112件，13.8%）」が続いている[16]。

事業に対して，組合を組織する仕事の場の確保と社会貢献に対する意識が強

図表10-7　企業組合における事業活動の志向

志向区分	対収益	件数	構成比(%)
Ⅰ．社会貢献	1．利益不要	27	3.3%
	2．利益中庸	135	16.6%
	3．利益拡大	66	8.1%
	小計	228	28.0%
Ⅱ．仕事の場	1．利益不要	45	5.5%
	2．利益中庸	160	19.7%
	3．利益拡大	114	14.0%
	小計	319	39.2%
Ⅲ．事業発展	1．利益不要	13	1.6%
	2．利益中庸	44	5.4%
	3．利益拡大	112	13.8%
	小計	169	20.8%
無回答		97	11.9%
合計		813	100.0%

＊構成比は四捨五入の関係で合計が100.0%にならない。

く，利益は拡大できればそれにこしたことはないが，ある程度の適切な収入を確保できて組織活動を維持していければよいとする傾向が強い。こうした企業組合に対する調査結果をみても，組織の意識としても社会的課題に対応するソーシャルビジネスを実施する組織として，企業組合は極めて適しているものと言える。

4．組合におけるソーシャルビジネスへの具体的支援策

中小企業組合が行う事業活動は，地域の雇用や事業取引などを生み出し，地域活性化に貢献する活動に繋がっている例が多い。そのため，中小企業組合は事業活動の効果を高める手段として，行政，先駆的なソーシャルビジネス事業者，大学等の研究機関など外部機関等との交流・連携を図り，ネットワークをつくっていく必要がある。組合自身が，組合員企業と新規のビジネス相手とを結びつける中間支援機能（マッチング）としての機能を有することで，ソーシャルビジネス事業者としての認知度や信頼性の向上に努め，地域社会に存する第三者を入れて，協働の成果と連携の評価を確認していく必要がある。

地域活性化に貢献する中小企業組合は，地域づくり，街づくりにも繋がる社会的な課題の解決に取り組むために，社会性，事業性，革新性の三つの要件を備えて，ビジネスの視点で取り組んでいくソーシャルビジネス的な役割が期待されてくるのである。

ソーシャルビジネスに取り組む組合，あるいは任意グループから組合組織への法人化，NPO法人等連携組織体への指導・支援により，以下のような実施可能な支援施策を国・都道府県，あるいは市町村に要求し，事業活動が実現されるよう努めていく必要がある。

(1) ソーシャルビジネス育成のためのコーディネート活動への支援

第一は，ソーシャルビジネス育成のためのコーディネート活動への支援である。ソーシャルビジネスを推進していく上で，ソーシャルビジネスに取り組もうとする中小企業組合，NPO法人，共同出資社，任意グループ等が市場における事業競争力を高めていくためには，専門家，他企業，研究機関など外部経

営資源を有効に活用し，連携して事業を推進することが不可欠である。

　しかし，事業推進のノウハウ等を有した外部経営資源にソーシャルビジネスを実施しようとする機関・団体が自らの力で巡り会うことは困難であることから，巡り会いが円滑に行われるような仕組みを整備することが重要であると考えられる。そこで，このようなソーシャルビジネスに取り組もうとする機関・団体等と，外部経営資源との引き合わせ・連携を側面的に促進する活動を支援するために，必要な事業費の一部を助成する事業が必要である。対象科目としては，人件費，謝金，旅費，会場借上，試作費，研究費，借損料，広告宣伝費などがあげられる。

(2) ソーシャルビジネス活路開拓への支援

　第二は，ソーシャルビジネス活路開拓への支援である。本来，行政機関等が取り組むべき経済的・社会的課題に民間業者が対応し，事業性，社会性，革新性を有したソーシャルビジネスに関する事業活動ができるように，中小企業組合，NPO法人，任意グループ，共同出資会社等の連携組織を対象として，新たな活路の開拓等，単独では解決困難な諸問題，その他ソーシャルビジネスの発展に寄与するテーマ等について，これを改善するためのビジョン作成，新商品・サービスなどの開発，販売などの取組を共同で行う事業が必要である。

　対象分野としては，ソーシャルビジネスの対象とする15分野のいずれかである。対象事業としては，調査研究事業およびビジョン作成事業，成果普及講習会，展示会開催事業，試作・改造事業，実験・実用化試験事業，試作・求評事業である。対象科目としては，謝金，旅費，会場借上，試作費，調査費，研究費，会場設営費，借損料などである。

(3) ソーシャルビジネス実施組合に対する金融・税制上の支援

　金融・税制上次のような支援が必要である。一つは，ソーシャルビジネス実施中小企業組合に対する財政基盤確立のための金融等の支援である。企業組合の場合は，基本的には個人が出資して事業体を形成することからどうしても財政基盤が脆弱になりがちであり，ファンド等を活用した支援が必要である。また，事業協同組合についても財政基盤が必ずしも強固ではないことから，社会

貢献活動等のソーシャルビジネスへの参画を容易にするためには同様の金融支援が必要である。

　もう一つは，ソーシャルビジネスを実施する組合に対する税制上の支援である。企業組合は，税制上は一般の株式会社と同等の取り扱いとなっており，ソーシャルビジネスの実施に関しては，社会性が高く，かつ構造的に収益性の高くない事業を実施しているにもかかわらず非常に不利な状況におかれていることから税制面での支援措置が必要である。なお，事業協同組合については，一部優遇措置はあるもの，ソーシャルビジネスの実施に当たってはボランティア的に取り組まねばならない場合もあり，さらなる支援措置が必要である。そこで，ソーシャルビジネスを実施する中小企業組合に対する寄付金についても，資金供給の拡充を図る観点から税制面の見直しが必要である。

（佐久間一浩／森川信男）

■注
1) 2012年3月末現在，中小企業庁・厚生労働省，全国中小企業団体中央会調査。
2) これらの各種中小企業組合の指導・支援機関として，都道府県中小企業団体中央会と，その上部機関として全国中小企業団体中央会がある。全国中小企業団体中央会は，傘下に47都道府県中小企業団体中央会，さらには約4万の中小企業協同組合を擁する団体である。
3) 共著者佐久間一浩氏は，昨年度まで青山学院大学総合研究所客員研究員であり（研究プロジェクト：中小企業研究，研究プロジェクト代表：森川信男，研究テーマ：中小企業の企業連携－組織的・産業的・地域的連携－研究，研究期間：2010年4月～2012年3月），今年度は研究成果刊行期間である。同氏は，現在全国中小企業団体中央会事業推進部長として，中小企業関係の支援・指導・調査・研究業務に従事している。
　共著者森川信男は，全国中小企業団体中央会において，1982年度の「組合情報提供委員会委員」から2012年度の「組合指導情報整備事業運営委員会委員長」に至るまで，長期間各種調査研究活動に従事するという大変貴重な機会に恵まれてきている。
4)「新成長戦略～『元気な日本』復活のシナリオ～」2010年6月18日，閣議決定，82頁。
5) 経済産業省『産業構造ビジョン2010（産業構造審議会産業競争力部会報告書）』

経済産業省，2010年6月，33，37頁。
6）「新しい公共」内閣府，第8回「新しい公共」円卓会議資料，2010年6月。
7）『平成21年度地域経済産業活性化対策調査（コミュニティビジネスの統計と制度的検討のための調査事業）』三菱UFJリサーチ＆コンサルティング（株），2010年2月，12，32，61，67，68，86頁。
8）2007年度にソーシャルビジネス研究会（座長：谷本寛治一橋大学大学院商学研究科教授）が，2007年9月25日〜2008年3月28日の間に計6回開催され，『ソーシャルビジネス研究会報告書』として取りまとめられた。
9）経済産業省『ソーシャルビジネス・ケースブック』経済産業省，2011年3月。
10）経済産業省『ソーシャルビジネス・ケースブック（震災復興版）〜被災地の復興に向けたソーシャルビジネス〜』経済産業省，2012年1月。
11）「経済社会課題対応事業の促進に関する法律案」は，エネルギーの利用の制約への対応や少子高齢化による生産年齢人口の減少下における就業者数の増加・維持など，わが国経済の持続的な発展を図るための課題に対応するための製品やサービスの開発・製造等を促進するため，実施に必要な資金の調達の円滑化に関する措置や当該製品・サービスの需要開拓を図る措置を講じるもので，第180回国会で審議中（2012年7月17日現在）である。
12）『ソーシャルビジネス研究会報告書』経済産業省，2008年4月より作成。
13）同上，4頁。
14）構造改革特別区域法は，2002年12月18日に制定された法律で，地方公共団体の自発性を最大限に尊重した構造改革特別区域を設定し，その地域の特性に応じた規制の特例措置の適用を受けて地方公共団体が特定の事業を実施し，またはその実施を促進することによって，教育，物流，研究開発，農業，社会福祉その他の分野における経済社会の構造改革を推進することで地域の活性化を図ることを目的としている。
15）全国中小企業団体中央会『企業組合実態調査報告書』全国中小企業団体中央会，2008年3月より作成。
16）同上。

第11章
中小企業の知的資産経営と中小企業ネットワーク

はじめに

　2010年6月18日に閣議決定された「中小企業憲章」では，冒頭において「中小企業は，経済を牽引する力であり，社会の主役である」と述べている。しかし，中小企業は，この20年ほどで100万社ほども減っている。中小企業は，経営規模が小さいために，大企業と比較していわゆる「人・物・金・情報」といった経営資源が乏しく，今日のようにデフレが長期化し，円高が進行している中で一段と厳しい経営を余儀なくされているのが現状である。

　中小企業は，技術力，経営者の熱意，従業員の結束力など財務諸表に表れないさまざまな知的資産を持っているが，企業自体もその価値を十分に把握，活用していないし，中小企業を取り巻く取引先，金融機関等のステークホルダーも，最終的な企業判断は財務諸表によるところが大きい。これら中小企業が財務諸表に表れない知的資産を活用した経営が「知的資産経営」である。

　本稿では，知的資産についての整理とその活用手順，そして，有効に活用するための手段として，中小企業のネットワーク組織である事業協同組合等の連携組織に焦点を当てることとしたい。

第1節　東日本大震災と中小企業経営

　2011年3月11日に発生した東日本大震災，その後の津波によって，多くの尊い命が失われ，また被災地域は，過去から営々と築き上げてきた歴史，文化，生活のすべてを喪失した。福島原子力発電所の事故も加わり，被災地域の復旧・復興への足取りは遅く，今後の日本経済全体に及ぼす影響は計り知れないものがある。

　被災地域の中小企業も多大な損害を被ったが，その中から被災地域の復旧にいち早く立ち上がったのも中小企業であった。これらの活動は，そのほとんどが中小企業の組織する協同組合等の中小企業連携組織であったことは特筆すべきことである。

　たとえば，協同組合八戸管工事協会は，八戸圏域水道企業団との災害協定のもとにライフラインである上下水道の復旧に組合組織をあげて迅速に対応したほか，青森県だけでなく他の被災県にも衛生車を派遣するなどの活動を行った。また，秋田県トラック運送事業協同組合は，タンクローリー車にて仙台，盛岡に石油を配送し，組合員も被災県の各取引先に対して米，水，野菜，レトルト食品，缶詰などの食料品の緊急輸送を行った。

　さらに，全国の協同組合等からも多くの支援が行われた。全国オートバイ協同組合連合会では，被災地における道路は損壊し，がれきの散乱等で自転車やバイクのタイヤパンクが続出していることから，ボランティアを派遣してタイヤ修理を行っているほか，オフロードバイクを使って，物資を届けたり，役所と避難者を結ぶホットラインとして献身的な活動を行った。

　岐阜県可児工業団地協同組合では，岐阜県の支援を受けて，震災で失業した被災者を雇用して，ものづくりに必要な知識や技能を身につける人材育成事業を実施している。島根県合板協同組合は，被災地域の同業企業が製造困難となったために，組合全体で代替品の製造に努め，サプライチェーン全体の復旧に大きく寄与している。

この他，全国の多くの組合から，食料品，家具，日用品などの被災地が必要とするさまざまな物資が寄贈されるなど，今回の大震災以降の全国の協同組合等の連携，絆の強さはその存在意義をあらためて認識させることとなった。

　本稿は，厳しい経営環境にある中小企業が自社の知的資産を経営に活かすことによって，業績の安定や向上に繋げることができるようにするためには，中小企業のネットワークを活かした仕組みが非常に有効であるとの検証を行うことを試みようとするものであるが，まさに，今回の大震災を経験して，これら中小企業のネットワーク，連携組織である協同組合等の活用が非常に有効であることが証明されたものと言える。

　被災地域の中小企業では，大震災の発生とともに，いわゆるサプライチェーンシステムの破綻がさまざまな業種・業態において発生したことを教訓に，あらためて，事業継続計画（BCP）策定の動きがみられる。遠隔地にある同業種組合が核となって，事前に情報ネットワークを活用したデータ連携を行うことで，何か事があったときには，被害を受けなかった組合，中小企業が迅速に業務を引き継ぎ，取引先等に影響のないような体制を構築しようとするものである。前述の島根県合板協同組合の事例はまさに顕著な事例であり，こうした仕組みの確立は，組合に加入する組合員企業にとっては有力な知的資産の一つと言ってよいのではないであろうか。

第2節　知的資産とは

1．知的資産の定義

　これまで，金融機関・取引先・顧客企業などのいわゆるステークホルダーが企業を評価する場合には，貸借対照表，損益計算書等の財務諸表を活用してきたと言える。

　しかし，企業は財務諸表に表れにくい技術・人材・ノウハウ・ブランド力・組織力・企業間ネットワークなどを有しており，これらの情報をステークホルダーに有効に知らしめることができれば，企業に対する評価，価値にも新たな

図表11-1　知的資産の位置づけ

＜知的資産の位置づけ＞

知的資産	無形資産（借地権等）
	知的資産（経営理念，組織，人的資産，ネットワーク等）
	知的財産（ブランド，ノウハウ等）
	知的財産権（特許権，実用新案権等）

図表11-2　知的資産の意味

「知的資産」とは，「知的財産」と同義ではなく，それらを一部に含みさらに組織力，人材，顧客とのネットワーク等企業の「強み」となる目に見えにくい経営資源を総称した幅の広い考え方と捉えている。
「中小企業の知的資産経営マニュアル」（平成19年3月）より抜粋

視点が加わるものと考えられる。企業が業績の安定，経営の向上を図っていくためには，今後，財務諸表には表れないこれら知的資産に対する認識を新たにし，その拡充を図りつつ，また，これをステークホルダーにいかにアピールすることができるかが，経営の成否を左右する大きな要素となってきている。

ここではまず，知的資産とは何かについて整理することにしよう。知的資産について考える場合，注意しなければならないのは一般に認識されている知的財産との関係である。独立行政法人中小企業基盤整備機構では知的資産について，「中小企業の知的資産経営マニュアル」において，図表11-1「知的資産の位置づけ」，図表11-2「知的資産の意味」，図表11-3「知的資産と知的財産」のように整理している。

このように，知的資産は知的財産を包含したより幅広い概念である。知的資産を考えるとき，知的財産は重要な要素であり，知的財産を戦略的に管理・活用することは中小企業にとっても重要なテーマとなる。

中小企業はわが国の付加価値額の約半分を生み出していると言われているが，知的財産の活用が十分とは言えず，特許取得状況においても，大企業では7割以上が特許を取得しているのに対して，中小企業では3割程度にとどまっ

図表11-3　知的資産と知的財産

> ＜知的資産と知的財産について＞
>   知的資産の類似概念として「知的財産」がある。その定義については諸説あり，研究者によっては知的資産とほぼ同義に扱う場合もあるが，知的財産基本法では知的財産及び知的財産権を以下のように定義している。
> 【知的財産基本法（平成14年法律第122号第二条より抜粋）】
> ●「知的財産」とは，発明，考案，植物の新品種，意匠，著作物その他の人間の創造的活動により生み出されるもの（発明または解明がされた自然の法則または現象であって，産業上の利用可能性があるものを含む。），商標，商号その他事業活動に用いられる商品または役務を表示するもの及び営業秘密その他の事業活動に有用な技術上または営業上の情報をいう。
> ●「知的財産権」とは，特許権，実用新案権，育成者権，意匠権，著作権，商標権その他の知的財産に関して法令により定められた権利または法律上保護される利益に係る権利をいう。

ていると言われている。

　いわゆる「人・物・金・情報」のすべての経営資源において，大企業と比べて不利性を有している中小企業にとって，競争力の基となるのが知的財産（権）であるような企業にとっては，知的財産を戦略的に管理・活用する「知財経営」を実践するとともに，さらに総合的に「知的資産経営」を実践することが今後の「強み」を発揮する大きな課題の一つと言えよう。

2．知的資産の分類

　次に，具体的に知的資産とはどのようなものが考えられるのかについて整理しておきたい。具体的な知的資産についてはさまざまな視点からの整理が可能であるが，ここでは以下のごとき五つの観点から捉えることにしよう。

　第一は経営者（社長）に関する知的資産であり，たとえばリーダーシップ，経営理念，企画力，先見性，経験，カリスマ性，知識，人柄等の経営能力等が含まれる。

　第二は従業員等人的資産に関する知的資産であり，たとえば技術力，独自性，企画力，アイデア力，資格保有者，後継者，団結力等が含まれる。

第三は企業価値に関る知的資産であり、たとえば企業ブランド・イメージ、知的財産、ビジネスモデル、経営管理、歴史、主力事業の優位性、資金調達力、研究開発力、教育体制、コンプライアンス体制等が含まれる。

第四は業務、商品、製品に関する知的資産であり、たとえば市場規模、市場の成長性、品質の優位性、製品等の採算性等が含まれる。

第五は外部とのネットワークに関する知的資産であり、たとえば関係会社、加入組織、同業他社とのネットワーク、顧客とのネットワーク、関連機関との連携力等が含まれる。

第3節 知的資産経営とは

このように知的資産とは、それぞれ企業の強みを発揮する有力な要素ではあるが、単に保有するだけでなく、いかに有効に活用するかが大きなポイントである。したがって自らの有する知的資産を確実に把握し、それを有効に活用して業績の向上、企業の発展を目指していく必要があり、これらを目指す経営こそが「知的資産経営」であると言える。知的資産経営を実践する手順は図表11-4「知的資産経営を実践する手順」のとおりである。

図表11-4　知的資産経営を実践する手順

```
┌─────────────────────┐
│  知的資産の把握・分析  │
└─────────────────────┘
           ↓
┌─────────────────────────────┐
│ 知的資産経営に向けた課題抽出  │
└─────────────────────────────┘
           ↓
┌─────────────────────────────────┐
│ 知的資産経営に向けた経営課題の重点化 │
└─────────────────────────────────┘
           ↓
┌─────────────────────────────────────┐
│ 知的資産経営に向けたアクションプラン策定 │
└─────────────────────────────────────┘
```

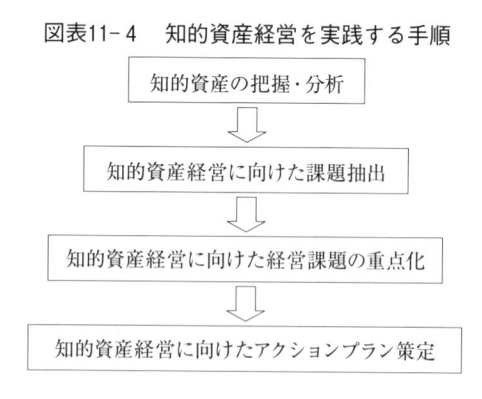

1. 知的資産の把握・分析と知的資産経営に向けた課題抽出

中小企業経営者の中には、長年の経験、あるいは経営の「感」によって自社

の強み，弱みを判断している場合がある。しかし，このような経営は時として実際の企業の強み，弱みと異なる場合が生じ，結果として経営に大きく影響を及ぼすこととなる恐れがある。

このため，知的資産経営を行うための第一歩は，自社の強み，弱みを確実に認識することが必要となる。そのための手法としてはSWOT分析が有効である。

SWOT分析は，企業の戦略計画ツールとして一般に活用されており，当該企業を取り巻く経営環境を的確に認識し，経営課題を抽出することによって，今後の方向性を見定め，アクションプランの策定に導くものとして有効である。SWOT分析は図表11-5「SWOT分析」を作成することによって行う。

一般に，SWOT分析は，企業のさまざまなチームごとに行うことが有効であるとされている。たとえば，経営幹部，技術関係セクション，総務関係セクション，営業関係セクションなどである。それぞれの置かれている立場によって，企業に対する視点が大きく異なることが多いからである。これらのさまざまな視点を総合的に整理した後，総合的なSWOT分析として取りまとめることとなる。

SWOT分析の目的は，企業の目標達成に向けた重要な内外の要因を特定することである。このため，重要な環境要因は次の二つに分類される。一つは内部環境であり，強みと弱みである。もう一つは外部環境であり，機会と脅威である。

内部環境は，目標への影響のいかんによって強みまたは弱みとなる。ある目標についての強みは，別の目標についての弱みとなる可能性がある。内的要因には，人材，財務，製造力などのほかに，マーケティングの4P，すなわち

図表11-5　SWOT分析

＜内部環境分析＞	＜外部環境分析＞
＜強み = Strength＞	＜機会 = Opportunity＞
＜弱み = Weakness＞	＜脅威 = Threat＞

Production（商品），Price（価格），Promotion（広告），Place（流通）が含まれる。外部環境には，マクロ経済，技術革新，法令・社会環境・文化の変化が含まれる。

これらの分析結果はマトリックス形式で表されることが多い。なお，SWOT分析はあくまで1つの手法であり，弱点も存在する。単にSWOTリストの抽出，整理に注力するあまり本質的に重要な企業の目標達成から乖離したり，全体のバランスを重視してしまう場合がある。

企業を取り巻く経営環境に関するSWOT分析を行う場合に抽出される項目には，たとえば以下のようなものがあげられる。

強み・弱みとしては，資源（財務・知的財産・立地），顧客サービス，効率性，競争上の優位，インフラ，品質，材料，経営管理，価格，配送，コスト，顧客との関係，市場における知名度・評判，ブランド力，企業倫理などである。また，機会・脅威としては，政治・法令，市場トレンド，経済状況，株主の期待，科学技術，公衆の期待，競合他社の行為などである。

企業のさまざまなグループでSWOT分析を行った後，これらを総合的に整理・判断して真に重要であると判断される要素を抽出することが重要である。前述したとおり，グループごとのSWOT分析は，その立場，環境によって異なることが考えられ，この段階が最も重要な作業である「知的資産経営に向けた課題抽出」であり，ここで的確な課題が抽出できないと目標を誤る恐れがあるので，慎重な注意が必要となる。

2．知的資産経営に向けた経営要因の重点化

SWOT分析によって経営課題が抽出された後，経営課題に対する対応策として，保有する知的資産のうちの何に重点を置いていくことが有効であるのかを定めることとなる。たとえば，自社の強みは従業員の「技術力の高さ」であるが，経営者も従業員自身もそれを十分に認識できておらず，また，その水準を維持する努力も行っていないというような課題が抽出されたならば，「技術力の高さ」に対する再評価と，技術水準の維持，さらには外部への積極的なア

ピール活動に重点を置いた展開を目指す，などといった重点目標を掲げることである。

なお，この段階の判断は，その後の企業経営の成否に直接的に関ることとなる。それまでの段階は，可能な限りさまざまな形で従業員の参画，あるいは中小企業診断士等外部専門家の助言を得て行うことが有効であるが，この段階は，経営者の判断が求められることとなることに留意する必要がある。

3．知的資産経営に向けたアクションプランの策定

「知的資産経営に向けた経営要因の重点化」が行われた後は，これを実現するための具体的なアクションプランを策定することとなる。

アクションプランは実際に企業が取り組むべき行動，手順，目標を定めるものであるので，経営者の判断だけでなく，十分実現可能なものかどうか従業員一人ひとりが認識，理解した上で策定することが成功の成否を握ると言っても過言ではない。経営者がどんなに実現を目指しても従業員に十分理解されないアクションプランは結局，絵に書いた餅に終ってしまう。

アクションプランを策定する上での留意点を列挙すると以下のとおりである。

(1) 抽出された重点課題ごとに策定すること。
(2) 重要度が高く，実現可能な課題から取り組むこと。
(3) 目標達成の期間を整理（短期，中期，長期）し，すべてを一気に達成しようとしないこと。
(4) 従業員の十分な理解を得た上で決定すること。また，実施にあたっては，従業員それぞれが参画する計画としていること。
(5) 実施にあたっては，必ず「計画，実行，確認，見直し（PDCAサイクル）」の手順によって行う計画とすること。

4．知的資産経営の公開

以上，知的資産経営実践の手順について簡単に整理したが，重要なことは経

営者だけでなく従業員全体が一体となって知的資産経営に取り組んでいくことである。管理者あるいは一部のセクションだけで作業を進めようとしても，全体の意識にズレがあると必ずどこかで矛盾が生じることが予想される。ある時点で会社全体に宣言するとか，社是に盛り込むなどして全員が一丸となって取り組んでいくことが肝要である。

さらに，せっかく会社を上げて知的資産経営に取り組んでも，外部のステークホルダーに伝わらなければ，知的資産経営に取り組む意義も半減してしまう。したがって，知的資産経営をスタートすることが決定した段階で，取引先，金融機関等のステークホルダーに対しても積極的に公開していく必要がある。また，企業のホームページに知的資産報告書として掲載し，広く外部に公開することが好ましい。特に近年の就職氷河時代において，就職希望者に単に，給与，待遇，財務状況等だけでなく企業の実態をアピールすることができれば新たな視点からの人材確保の一助ともなり得ると言えよう。

なお，独立行政法人中小企業基盤整備機構が平成21年度より全国中小企業団体中央会の支援をうけた「魅力発信レポート」として，2年間にわたって全国のさまざまな業種から約600社を選定して「知的資産経営報告書」を作成した。以下のサイトで公開しているので参照されたい（「魅力発信レポート」http://miryoku.smrj.go.jp/）。

第4節　中小企業ネットワークを活用した知的資産経営

1．組合等連携組織活用の意義

これまで整理したように，中小企業にとって知的資産経営への取組は有効な経営革新の手段として注目すべき課題であると言える。しかし多くの中小企業は，自社の知的資産が何であるのか，どのようにすれば有効に活用できるのかなどについての具体的な知識，ノウハウを持たないために，大きなチャンスを逃しているといっても過言ではない。

中小企業が知的資産経営に目覚めて，的確にその活用を図るための有効な手

段として，組合等連携組織の活用が注目される。現在，全国には約35,000の組合等連携組織が存在しており，ほとんどの中小企業はいずれかの組織に加入しているのが実態である。

事業協同組合等の組合等連携組織は，中小企業のネットワークそのものであり，長い間，スケールメリットを求めて行う共同購買，共同販売，共同生産・加工等の経済的事業を中心に展開する組織として位置づけられてきた。近年経済情勢の大きな変化とともにその存在意義は変化し，スケールメリットのみを追求する組合は，場合によってはその存在価値が減少し，組合不要論さえ論議される場面も見かける状況となっている。

しかし，中小企業を取り巻く環境変化に迅速かつ的確に対応している多くの組合は，単にスケールメリットの追求だけではなく，たとえば環境問題，省エネルギー問題，組合員業務の効率化，高度化を図るためのIT活用，人材育成等個々の中小企業が独自で実施することが困難な事業に関して積極的に各種事業を展開している組合も多い。

全国中小企業団体中央会が平成19年度に行った「事業協同組合実態調査」では，約13,000組合からの回答を得たが，その中で，今後の主な重点事業について聞いた回答が図表11-6「今後の主な重点事業（事業協同組合）」のとおりである。

これを見ると，相変わらず，経済的事業である「共同購買・仕入」がトップとなっているが，「共同宣伝・販売促進・イベント」，「教育・訓練・人材養成」「市場調査・販路開拓」といったソフト事業をあげる回答も多い。

これら事業は，個々の事業者が単独で実施するにはコスト，ノウハウ，リスク等の面から困難性が高く，組合員の組合に対するニーズが高いことが推察される。

中小企業における知的資産経営に向けた取組は，多くの中小企業にとっては人材，ノウハウ，資金等の面でまだまだ単独での取組みには高いハードルがあると考えられ，この意味から組合等連携組織が核となって組合員の知的資産経営を推進していくことが非常に有効であると考えられる。特に近年は組合と組

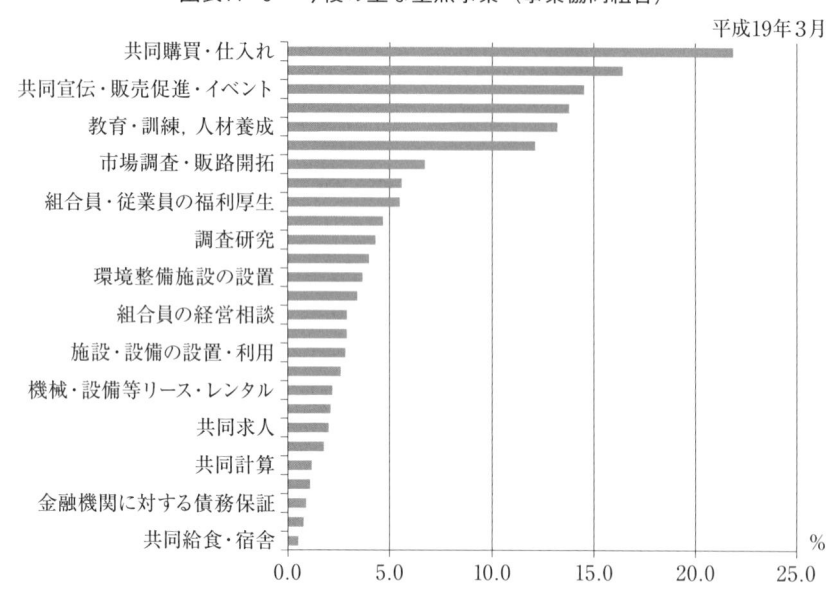

図表11-6　今後の主な重点事業（事業協同組合）

平成19年3月

項目	%
共同購買・仕入れ	約22
共同宣伝・販売促進・イベント	約16
教育・訓練、人材養成	約14
市場調査・販路開拓	約12
組合員・従業員の福利厚生	約6
調査研究	約5
環境整備施設の設置	約4
組合員の経営相談	約3
施設・設備の設置・利用	約3
機械・設備等リース・レンタル	約2
共同求人	約2
共同計算	約1
金融機関に対する債務保証	約1
共同給食・宿舎	約0.5

資料：事業協同組合実態調査（全国中小企業団体中央会）

合員間のITネットワークによる事業展開が進んできており、これらシステムを活用した新たな事業展開も組合の組合員支援事業という面から有力な事業の柱となり得ると思われる。

しかし、現状では組合におけるITの活用状況は必ずしも高くない。たしかに、多くの組合にはパソコン等は導入されているが、まだまだ事務処理分野での活用にとどまっており、前出の実態調査においても、図表11-7「事業協同組合におけるインターネットの活用状況」に示すとおり組合のHPによる情報発信、電子メールの活用が目立つ程度である。平成23年度時点で全国中央会が把握している組合HPの公開数も5,000件に届いていない状況である。

組合等連携組織が、組織のネットワーク力を発揮していくツールとして、今後はIT活用が欠かせないものとなることは明らかであり、組合が組合員の知的資産経営を推進、支援していく組織として十分機能するためには、早急に組

図表11-7　事業協同組合におけるインターネットの活用状況

組合HPによる情報発信	電子メールの活用	電子申告に活用	電子入札に活用	受発注システム	インターネット通販等	共同決済	その他	特に活用していない	不明	回答組合数
2,790	3,088	134	371	503	294	92	678	6,794	954	13,158
21.2	23.5	1.0	2.8	3.8	2.2	0.7	5.2	51.6	7.3	

資料：事業協同組合実態調査（全国中小企業団体中央会）

合等連携組織がIT化に取り組んでいくことが重要である。

中小企業の知的資産経営を推進していくために優位性があると思われる組合等連携組織であるが，すべて組合等連携組織を通じて支援することが有効であるとばかりは言えない。組合等連携組織の組合員は，組合という組織の一員として共同で組合等連携組織の事業を利用する立場にあり，組合への参画はあくまでも自社の経営に資することが目的である。

以下において，組合が行うことによって効果が高いと考えられる展開を列記することとする。

2．組合等連携組織を活用した知的資産経営支援の実際

(1) 気づき教育

中小企業が知的資産経営を行っていこうとするとき，まず考えるべきは経営者の意識改革であろう。中小企業の経営者は，ややもすると長年培ってきた自身の経営の仕方（経営方針，経営哲学など）がすべてと考える傾向にある。また，改革しなければならないと考えたとしても，そのきっかけがない，あるいは他人，従業員等に指摘されたくないなどの理由によって，結局改革に踏み出せない経営者が多いのが現状であると言える。

これを改善して，経営者に知的資産経営の意義を認識させるためには，組合

が行う教育情報事業を有効に機能させることによって，経営者に以下のような「気づき」を与えることがもっとも有効であろう。

　一つは，知的資産経営の有効性を単に理論ではなく，組合員等の同業他社，あるいは組合間連携を築いている他業種企業の事例等（直接これら経営者との交流の場を与えることも有効である）を与えること。

　もう一つは，組合員，組合事務局だけでなく，外部専門家を招聘した組合主催講習会等を開催し，体系的な情報提供を行うこと。

(2) 従業員に対する継続的な教育

　知的資産経営は経営者だけで行えるものではない。あらゆる意味において，従業員が一体となって目標に向かうことが重要である。そのためには，組合等連携組織が組合員企業の従業員を対象としたさまざまな教育研修を継続的に行っていくことが肝要である。たとえば，年代別，職種別，テーマ別など，業種・業態によって取り組むべき主題は異なるであろうが，次のような主題は，まさに組合等連携組織であるからこそ行う意義の高い教育分野であると言えよう。

　第一は，知的資産経営の意義，実践に向けた手順，手法に関する教育である。第二は，職種ごとの専門性を高めるための実践教育（知識付与，技術向上，資格取得等）である。第三は，テーマごとの高度な教育（社会・経済情勢の付与，法令・制度情報，知財管理等）である。

(3) IT活用による支援

　経済におけるIT化がこれまで以上に進展する中で，組合等連携組織においてもさまざまな形で組合員企業のIT化を支援する取り組みが進んできている。特に，取引先と組合員企業を結んだ受発注ネットワークの構築は，組合員企業の経営を大きく支援するものとして高く評価されるが，まだまだ取り組むべき課題は多い。以下に列記するような課題を，組合等連携組織がITを活用して取り組むことが組合員企業の知的資産経営に非常に有効であると考えられる。

　第一は，外部の各種経営指標と連携した組合員の財務分析システムの構築で

ある。システムの構築方法によっては，組合員が財務データを組合に開示する必要があるため，組合と組合員同士の信頼性を高めることが必須となる。

　第二は，特許情報，技術情報，制作情報，金融情報等外部の有効なデータベースを，組合等連携組織が中心となって常に収集，加工できるシステムを構築することによって，組合員はいつでも必要な情報を瞬時に検索することができ，経営判断の参考とすることができる。

　第三は，組合員の企業情報データベース（知的資産情報）の構築によって，ステークホルダーに対して有効な情報提供を行うこと。この場合，消費者向け，金融機関向けなど，異なる相手に必要に応じた情報内容を抽出することが可能となるシステムを構築することが有効である。開示の方法は，多くがホームページを通じて行われることとなる。

　第四は，組合員の企業情報データベースの構築は，組合員の求人活動にも大きな効果が期待される。近年の経済状況の中で，中小企業における求人活動は厳しい時代が続いており，中小企業がホームページによって行う個別の求人活動にはおのずから限界がある。これを組合等連携組織がスケールメリットを活かして求職者に対して組合員の求人情報を提供すれば，まさにスケールメリットを活かした共同求人が可能となる。

　第五は，先に述べたように，東日本大震災において多くの中小企業が被災し，事業の継続が困難となった。災害に限らず，経営体力の弱い中小企業においては，たとえば交通機関等インフラの影響によって取引先からの原材料供給が滞るなどによって，一時的であっても継続的な事業実施が困難になることが想定される。

　このような状況の発生は，企業の経営破綻にも直結するものであるが，個々の企業がこれら不測の事態に事前に対応することは現実的に厳しいものがある。こうした状況に対応するため，まさに組合等連携組織が中心となって「事業継続ネットワーク」を構築する意義は高い。同業種で組織する組合等連携組織であれば，他地域の同業種組合とのITネットワークの構築によって相互連携し，業務を代行することも可能となる。

図表11-8　（事例）組合間連携による事業継続への取組み

（事例）組合間連携による事業継続への取組 ○神奈川県メッキ工業組合（神奈川県） ○新潟県鍍金工業組合（新潟県） 【テーマ】 同業種間でBCP協定締結 【活動内容】 　神奈川県メッキ工業組合（栗原敏郎理事長）と新潟県鍍金工業組合（井筒昇理事長）は，大規模災害時に両組合の企業同士で代替生産などの相互連携を行う事業継続計画（BCP）を策定し協定を締結した。(2011年4月) 【成果，実績】 　県をまたいだ企業と契約しておけば，東日本大震災のような広域の災害が起きた場合にも代替生産など対応しやすくなる。たとえば，神奈川県の企業が被災して事業の継続が困難になった場合，あらかじめ契約していた新潟県の企業が代替して生産する。県域を越えて業界団体同士がBCP協定を結ぶのは全国初で，ほかの業界でも例がない。

　このたびの東日本大震災を受けて，図表11-8「(事例)組合間連携による事業継続への取組み」に掲げるメッキ組合の連携事例のように具体的に大規模災害時の事業継続に向けた組合間連携に取り組む動きも始まっている。

　こうした事例のほかにも，いくつかの組合において事業組合員の継続計画（BCP）を策定する動きが出てきており，これらを組合員が活用することは，企業の知的資産として大きく外部取引先等にアピールできるものであろう。

おわりに

　厳しい経済情勢が続く中で，必ずしも財務状況が芳しくない中小企業が少なからず増加していくことが考えられるが，このような中小企業でも，技術，人材等何かひとつ光る特徴を持っていれば，それを最大限活用して外部のステークホルダーにアピールしていくことが経営発展の大きな要素となるのではなか

ろうか。つまり，知的資産経営に取り組むことは，今後の中小企業が生き残っていく上で非常に有効であると考えられるが，これまで述べてきたとおり，個々の中小企業が独自に知的資産経営に取り組むことには大きな困難性があることから，本稿では，組合等連携組織のネットワーク力に着目したところである。

　経済的スケールメリットを最大の目標として運営してきた多くの組合等連携組織にとっても，新たな事業展開の目標として組合員の知的資産経営の支援に全力で取り組むことが，これからの時代の組織発展の柱となっていくのではないであろうか。今後の事業展開を模索している多くの組合において，組合員の知的資産経営への支援がスタートすることを期待するものである。

（加藤篤志）

【参考文献】
「中小企業組合ガイドブック」全国中小企業団体中央会，2011年11月。
「中小企業のための知的資産経営実践の指針」(独)中小企業基盤整備機構，2008年10月。
「事業協同組合実態調査報告書」全国中小企業団体中央会，2008年3月。
「魅力発信レポートWeb」(独)中小企業基盤整備機構。

第四部　中小企業組合事例：農商工連携と地域活性化

第12章 農商工連携に取り組む中小企業組合事例

本章では，実際の「農商工連携に取り組む中小企業組合」を取り上げる。事例として収集した農商工連携に取り組む34組合は，北海道・東北，関東，甲信越，中部，近畿，中国，四国，九州・沖縄の8地域に区分し，事例組合の概要，農商工連携の経緯や目的，活動内容，活動成果の順に記述する。

以下に掲載する事例組合は，2009年10月13日から27日にかけて都道府県中小企業団体中央会に照会して，農林漁業者との連携を通して新商品開発，物流（輸送・保管），商流（売買），販路開拓等を行っている34組合を収集した。これらはすべて，都道府県中小企業団体中央会が直接的に指導・支援，あるいは活動に関与している組合である。さらに，データの正確性を期すために，2010年5月12日から18日にかけて，直接各当該組合に対して，組合の概要，農商工連携の経緯，活動内容，活動成果について再調査を実施した。

第1節　北海道・東北地方の事例組合

事例1　青森県農産品加工協同組合

青森市に所在し，出資金は55万円，組合員は8名，2009年5月に設立，業種は食品製造業，農業（第1〜3次産業間の複合業種），連携先は農業事業者（農事組合法人，地元個人農家）である。豆腐，製めんなどの日配品を扱う中小製造業者と，こんにゃくいも生産農家などの農商工業者8名が集まって，消費者に地元の安全な食を提案して，商品の付加価値を高めようと当組合を設立した。青森県産原料にこだわった日配品を「あおもり正直村」ブランドに統一して，活動戦略の策定，総合プロデュースなどの地産地消を意識した共同販売事業を行っている。

2001年，多店舗展開を図る取引先スーパーが倒産して，蒟蒻製造業を営んでいる理事長企業は，売上げが対前年比60％減少となるまでに大幅に落ち込んだ。このままでは業績の回復を図ることは難しく，企業存続の危機に立たされた。そこで，単独の企業だけでは資金力，行動力等経営資源に乏しいことから組織化が必要とな

り，8名の農商工業者によって当組合が設立された。県内の豆腐，製麺の製造を行う仲間に呼びかけて，青森県産の農産物を使って製造したこんにゃく，豆腐，麺などの日配品を共同販売して，安定的な販路の確保と共同での広告宣伝，売り場スペースの確保を目的として事業展開している。

発起人である理事長は，事業を始めるための連携体を構築するような仲間づくりからスタートした。個々の事業者が地場産の原料による生産方式にこだわっても，スーパー等では客寄せのための安売り，目玉商品になるだけで，豆腐，納豆などの日配品における単体のブランド化は難しく，コストや販売面でも限界があった。そこで，こうした業者が集まって，各自のこだわり商品を「あおもり正直村」としてシリーズ化し，商品の発信力を強めることにした。取り扱う品目は，消費者に広く知ってもらうために，こんにゃくや豆腐，納豆，麺といった購入頻度の高い日配品を中心として，共通のロゴやラベル，パッケージを作成した。2009年12月から販売を開始した。

安定的な販路の確保と共同での広告宣伝，売り場スペースの確保を行って，地産地消を意識した日配品を中心とする食品の統一ブランドを確立した。その結果，地産地消を進めて，食の「安全・安心」へのニーズに応えるとともに，複数の中小事業者と農家が共同でブランドを発信することによって商品力を強めている。原料の生産から製造までを地元産にこだわることによって，消費者にとっては「安全・安心」が一番の魅力となっている。青森県内の老舗の百貨店「さくら野」とスーパー「マックスバリュ」等の4店舗で販売されており，顧客は他の商品と比較しながらも「あおもり正直村」の商品づくりのコンセプトを認識していると感じている。

事例2　川内村生産者の分かる味噌造り企業組合

福島県双葉郡川内村に所在し，出資金は50万円，組合員は10名，2009年2月に設立，業種は味噌製造業，連携先は農業事業者（地元個人農家）である。川内村では，米の転作作物として大豆が奨励されていることから，大豆の生産量は増加傾向にあった。そこで，大豆の有効活用を図るために，有志によって企業組合が設立された。川内村を通して地元農家から大豆を仕入れて，味噌造りや特産物の開発を行っており，地域の顧客をユーザーとして地産地消を実践している。

双葉郡川内村では，2005年から転作作物として生産された大豆を利用した味噌の開発が行われており，改良を重ねた結果，味・色・香りともに納得のいく川内のこだわり味噌が完成した。味噌の風味・色は各地方でそれぞれ特徴があり，地方色の強い食材の一つである。当組合は，この味噌の製造販売に向けて設立された。

川内産味噌の原材料は，地元の大豆や米はもちろんのこと，いわき市塩屋崎の本塩，川内村いわなの郷のおいしい地下水を使用するなどによって無添加，自然熟成でつくられている。味噌のパッケージは，郡山市にある「国際アート＆デザイン専門学校」の学生がプロデュースして，原料・製造だけではなく，商品の開発全てに

おいて地産地消を実践することによって，話題性を作って商品の付加価値を高めるように配慮した。

大豆の有効活用を図るための取組みであったが，そのほかの原料やパッケージも地産地消を実践して，製造方法にもこだわったことによって，非常に完成度の高いこだわりの味噌を完成させることができた。一般的な味噌と比べて，低カロリー，低塩分で，大変ヘルシーな味噌に仕上がっており，消費者からは「やさしくて上品な味」と好評を得ており，リピーターも増えている。

事例3　岳温泉旅館協同組合

二本松市に所在し，出資金154万円，組合員15名，1970年2月に設立，業種は旅館業，サービス業（第2・3次産業間の複合業種），連携先は農業事業者（地元個人農家）である。当組合が主体となって農家等との連携を実現して，旅館から排出される食品残渣を堆肥化あるいは飼料として再利用している。それを使って地元農家で有機野菜の栽培を行って，組合員である旅館で料理の素材として活用する，資源循環型社会を構築している先駆的な事例である。

1998年，生ゴミ処理費の値上がりによって，本事業の検討が始まった。以前から残飯整理には気を配ってきた実績もあり，さらに今後は循環型社会の実現が社会的な要請となるという認識のもとに，食品残渣を有機肥料化して活用することとした。当時，所属する中小企業同友会において，畜産農家である㈲国分農場が会員となっていたこともあり，堆肥化の話がスムーズに進展した。生産された堆肥は，近隣のJA等で大量に使用を期待したが，現実には難しく，1999年にJAみちのく安達二本松有機農業研究会の8戸の農家に使用してもらうこととなった。最初は1シーズンに1品目使用から始まり，2000年には旅館と生産者間で野菜の取引が始まった。有機農家へは組合から無償にて供給し，組合が栽培品を買い取る契約になっている。2001年には，国分農場と年間300トンの肥料の取引についての覚書を交換した。2002年には，リサイクル事業の充実を期して「あだたら環境農業研究会」を立ち上げた。

旅館側の有機野菜の旬に対応したメニュー開発や，国分農場の優良な堆肥生産への挑戦，有機農家の野菜生産方法確立への挑戦等々がこの活動を支えている。組合員旅館の役割はいくつかあるが，主として生ごみを細かく分別して出すことと，有機農家が生産した有機野菜を使用して料理を提供することである。その生ごみの約3分の1は養豚業者に飼料として引き取ってもらい，残りを国分農場が無料で引き取って，牛の糞尿と混ぜて良質な堆肥を生産する。当組合はその堆肥を買い取って，一部を有機農家に無償提供をする。残りの堆肥は旅館ごとに割り振り，宿泊客に各自の店頭で販売をする。それでも全量が消化しきれないために，近隣の学校や菊人形生産者に寄付をしている。有機農家はその堆肥を使用して無農薬野菜を栽培する。地元スーパーや青果店はその有機野菜を仕入れて販売をする役割を担ってい

可燃ごみ処理費の値上げに対応するために始まった環境リサイクルへの挑戦は，品質のよい堆肥をベースにして活発な異業種交流となり，信念を持った団体や組織が率先して活動してきた。本事業の成功要因としては，① 直接的には，可燃ごみとして排出していれば1,700万円かかるところが1,500万円に抑えられて，200万円の経費節減を実現したこと，② 間接的には，従来は焼却してしまっていたものを堆肥(有効な資源)として再利用を実現し，さらにその堆肥を使用して有機野菜を生産したことが，環境保全型農業実践の地域として全国の農業関係者等から注目を浴びたことがあげられる。比較的早い時期に旅館，農場，農家，販売業者等の連携によって，岳温泉地域内で資源の循環型サイクルを形成したことは，岳温泉が環境に優しい温泉地であるというイメージづくりにも繋がっている。また，新聞，雑誌，テレビなどのメディアに取りあげられて報道されたことは大きな宣伝効果となった。

事例4　ふたば夢工房企業組合

　福島県双葉町に所在し，出資金100万円，組合員20名，2003年9月に設立，業種は食料品製造・販売業，連携先は農業事業者(地元個人農家)である。地元農家の主婦達が，農産物の有効活用と付加価値を高めるために加工施設を設置した。地元農産物の素材にこだわった商品作りを行っており，2007年には「福島県農業賞」や「農山漁村チャレンジ活動表彰優秀賞」を受賞した。

　福島県浜通り地方のほぼ中心に位置する双葉町にある。双葉町は，農業が主な産業で，他の地域と同様に高齢化が進んで，農業の担い手不足と地域の活性化が課題となっている。こうした中で，農産物直販所を運営する「ふれあいふたば産地直売協議会」のメンバーであった地元農家の主婦たちが，農産物の有効利用と付加価値を高めるために，加工施設の設置を企画した。事業活動や施設の取得には法人格が必要であるために，2004年に企業組合を設立して，県と町の助成を得て，加工施設を設置した。田舎の町でも頑張れば夢や希望が叶うということから，組合名は「ふたば夢工房企業組合」と名付けた。

　組合の主な事業は，2004年に完成した加工施設において，地元で長年親しまれてきた「かしわ餅」や「味付けおこわ」等の製造を行って，これらを農産物直販所において販売している。地元行事のだるま市をモチーフにした「だるまお焼き」や特産のかぼちゃを材料とした「ふたば夢まんじゅう」なども新商品として開発した。加工所は，県と町の助成を受けて完成したが，2007年度の売上は1,100万円を超えた。販売所の営業日は，毎週水，木，土，日曜の週4日となっており，組合員の人数の面で制約があるために，加工所も販売所もシフト制で作業に取り組んでいる。

　組合設立以来，地元農産物の素材にこだわった商品が人気を呼んで，売上は設立以降順調に伸びている。客層も県内だけではなく，県外からの来客も多く，予約が殺到する場合もある。町外や県外のイベントにも積極的に参加しており，それが評

価されて，2007年度には「福島県農業賞」や「農山漁村チャレンジ活動表彰優秀賞」を受賞した。

事例5　企業組合ぴかりん村

会津若松市に所在し，出資金355万円，組合員35名，2003年2月に設立，業種は食料品製造，連携先は農業事業者（地元個人農家）である。地元農産物の消費拡大を目的に，2003年に企業組合を設立して農産物の加工，販売を行っている。地産地消の活動を積極的に展開して，最近では当組合で製造・販売している商品「いもころりん」がマスコミ等で話題となる。フーデックスに出展するなどによって，販路拡大についても積極的な活動を行っている。

理事長をはじめとした有志が，地元農産物の消費拡大を目的として，以前より農業協同組合と役場に対して農産物加工所の設置を依頼していた。その甲斐もあって，2003年に北会津村（当時）が4,000万円で農産物加工所を設置するとともに2,000万円の加工機械を導入した。村としては，運営を民間に委託する方針であったが，個人や任意グループに委託することはできないために，理事長らが発起人となって，組合員を募って設立に至った。

農産物の加工・販売では，組合員と地元の農家が生産した果物や野菜の加工を行っている。主なものとしては，地元で生産されたリンゴ・ブドウ等の無添加生ジュース，地元産の大豆を原料とした味噌のほかに，地元産のジャガイモを原料にした無添加漬物床「いもころりん」の製造・販売を行っている。特に，ジャガイモをつぶして漬物の床にした「いもころりん」がメディアで取り上げられて大反響を呼んだ。これをきっかけとして，各種メディアで多数取り上げられることになり，これまでに6,000個を売り上げるヒット商品となった。また，リンゴジュースの受託加工も行っており，地元の果樹農家がリンゴを持って組合を訪ねて，ジュースに加工することができる。ジュースのラベルは，顔写真入りのシールなどのオリジナルラベルを貼ることもできるようになり，農家の独自ブランドとして販売することができるようになっている。

地元で生産された果物や野菜にこだわった商品開発を行った結果，付加価値の高い商品を開発して製造・販売することが可能になった。また，受託加工では，地元産の規格外品（品質上問題なし）を使用することによって，廃棄などの無駄を減らしているために，農産物の有効活用につながり，地元農家からも高い評価を得ている。組合の知名度向上という面においては，「いもころりん」がテレビなどの各種メディアに取り上げられたことによって，ヒット商品となって大きな宣伝効果があった。2009年には，財団法人食品産業センターが主催した「平成20年度優良ふるさと食品中央コンクール」において「いもころりん」が食品産業センター会長賞を受賞した。

第2節　関東地方の事例組合

事例6　荒川沖商業協同組合

　土浦市に所在し，出資金10億7,032万円，組合員12名，1977年9月に設立，業種は商業・サービス業（第2・3次産業間の複合業種），連携先は土浦農業協同組合である。農業協同組合と事業協同組合の連携の一つとして，地域農業が地元農産物の普及・販促，組合ショッピングセンター（SC）が顧客サービスの向上を目的に「農産物展示・卸売フェア」を実施している。茨城県農業協同組合中央会を通じて連携を協議している。

　「身近さや気軽さ，求めやすさに加えて，都会らしさと遊び心も大切に」を基本コンセプトとしてショッピングセンター「さんぱる」（共同店舗）を運営している。昨今の急激な景気の低迷や，食に対する不安などによる消費低迷の改善を図るために農商工連携の実施に至った。毎月売上の減少が続いており，個人消費の向上を含めて，商業の活性化の一助となるように安全で新鮮な農産物の提供等の取組みを続けている。

　地元JAとの連携によって，ショッピングセンター「さんぱる」において，地元農産物フェアを開催している。地場野菜などを豊富に取り揃えて，農産物が当たる抽選会や環境対策としてのエコバック配布などといったような各種イベントも企画している。これまでに4回の開催を重ねるまでに至り，2010年に第5回目を実施する運びである。2010年にはJA茨城かすみの農産物直売所を常時開設して，好評を得ている。

　地元農産物フェアも次回で5回目を迎えて，いずれも賑わいを見せている。地産地消を農商連携の形で進めるよい機会となっている。地元の農作物を地元の人々に食べてもらい，美味しさを知ってもらうために，継続的に取り組んでいく予定である。

事例7　ぐんま長寿命住宅協同組合

　前橋市に所在し，出資金200万円，組合員4名，2009年2月に設立，業種は建設業，連携先は特例有限会社ホームビルド，㈱匠の杜工房，㈱OUJYA，林業事業者（個人）である。国が提唱する長寿命住宅について検討を重ねていたが，地元の唐松・杉材に着目して，その有効利用を研究している。木材調達において，原木の品質のバラつき，履歴の不整備，規格外の原木処理等の問題解決について林業者と共通理解が得られて，連携事業の実施に至った。

　地元唐松の未利用や買い取り価格の下落が進んで，林業および地元産業は疲弊と地盤沈下の状況にある。国の提唱する超長期住宅に検討・研究を重ねていた当組合は，地元の唐松・杉材に着目して，有効利用や本物の家づくりの提案・追求を考え

ていた。地域の林業家（個人）との共通理解が得られて，木材調達における原木品質の安定，履歴の整備，規格外の原木処理などの双方協同を目指して連携事業を進めていくこととなった。

　林業の維持・活性化を図るためには，販売規格外原木の商品化の実現が急務である。量産化を行うことによって規格内原木が適正価格で取引されて，処分雑木による純損失が軽減される。そこで，組合による共同購入を行うことによって仕入れコストの削減，共同製作によるフローリング等資材の有効利用率の向上を図ろうと取り組んでいる。共同販売による集客・啓蒙活動を安価にかつ効果的に実施して，小規模工務店の弱点を補填する。こうしたすべての製造流通において，地元の製材・運搬業者を利用して，地域産業の活性化を図る。

　林業者としては，等級分け販売による原木材価格安定と，規格外原木の商品化によるロスの削減・収益増，築材料としての有効活用が見込まれ，売上増が期待される。また，組合としては，地域の材料，産業を中心とした超長期住宅モデルの確立，断熱・木質系外装建具等の開発およびトラス工法，トラスシェルター型式認定試験によって，地元小規模工務店の商品力強化が期待されて，大手住宅メーカーとの差別化が可能になる。成功要因としては，建築資材の開発，施工時における導入（強度木組み，カウター洗面台，内装建材），組合設立・準備（埼玉県，神奈川県），モデルハウス建築準備が挙げられる。今後については，組合設立（東京都），オガクズによる断熱材，木組み，床材の形式認定を目指していく予定である。

事例8　協同組合東京の木で家を造る会

　東京都西多摩郡日の出町に所在し，出資金460万円，組合員31名，2001年9月に設立，業種は育林業，木造建築工事業，製材業，土木建築サービス業（第1～3次産業間の複合業種），連携先は東京農工大学，財団法人東京都農林水産振興財団である。当組合に加入している林業者，製材所，建築家，工務店が，東京育ちの木材で家造りを行うことを通じて，山林の再生と組合員の受注量の維持に貢献する。「地産地消型の木造住宅」の普及に向けた活動によって，西多摩山林の再生を目指している。

　昔から西多摩地区は，林業の盛んな地域であり，地元の職人が地元の木材を使用して伝統的な工法で家を造ってきた。地元の木を使用することによって山林が更新され，川下の都市環境も守られてきた。しかし近年，安い外材と新しい工法に押されて，東京の林業は衰退の一途を辿り，西多摩の山林は荒れ果て，瀕死の状態といっても過言ではなかった。このような状況から西多摩地区の木，東京育ちの木材で家造りを行うことを通じて，林業に元気を取り戻して，山林を育て，ひいては都市環境の保全に役立つことを目的として，林業家，製材所，建築家，工務店等が集まって，1996年に結成した任意団体「東京の木で家を造る会」を母体として，2001年に組合を設立した。

木造住宅の新築・増改築の受注斡旋，組合員が取り扱う木材の共同販売，ホームページを利用した共同宣伝，「森林と住まいの講座」開催（年6回），また「地産地消型の木造住宅」の見学会，会報「布土樹」（年6回）を発行する情報提供等を実施している。組合の活動を通じて，建主と家造りに携わる組合員が直接話し合う機会を設けて，「顔の見える家造り」によって，自然の素材による健康的な住まいの実現を図っている。

住宅の斡旋件数も順調に伸びて，組合員へ「地産地消型の木造住宅」の建築という，従来とは異なる事業分野を提供したことが成功要因としてあげられる。組合活動を通じて，組合員間で仕事の交流が生まれたことも成果の一つであり，将来展望を示したことが大きい。

事例9　企業組合ワーカーズ・コレクティブ凡

町田市に所在し，出資金は3,750万円，組合員12名，1989年8月に設立，業種は食料品小売業，連携先は町田市農業委員会，農業事業者（農家）である。地元町田の農産物を使用してジャムやシロップ等の製造販売を行っている。① 消費する立場（食べ手）から必要とされる食品の生産，② 女性の経済的な自立の追求，継続的な働き場の創出，③ 暮らしの自治範囲の拡大を起業理念としている。

生活クラブ生協の組合員として共同購入活動に携わっていた町田市の主婦20名が集まって，1984年に生協の業務の一部を請け負う任意団体を結成した。生協の請負事業，農産物などの加工事業，弁当・惣菜作りなどの三つの事業を展開しながら独自事業の創出を模索していたが，結成以来抱いていた「小さくても誇りを持って，生命を育む食づくりをしたい」，「恵まれた地場産（町田）の新鮮な農産物を原料として，農産加工業を展開して，私たちの街の食に活かしたい」という想いから企業組合を設立した。地元の農家との連携を経て，ブルーベリーソースを中心とした各種ジャムやシロップの製造に本格的に取り組むこととなった。全員が出資して労働し，共同で運営を行う「ワーカーズ事業」とすることによって，「雇う・雇われる」という関係ではなく一人ひとりが経営を担って，自分の働き方に責任をもちながら自主管理する，いわば「働く人の協同組合」として，地域で豊かに暮らせるためのモノやサービスを提供している。

特に，次の5点を企業理念として事業に取り組んでいる。① 循環型地域経済への関与，② 生活技術，地域文化の事業化，③ 消費する立場（食べ手）から必要な食品の生産，④ 女性の経済的自立の追及，継続的な働き場の創出，⑤ 危機管理能力を高めて暮らしの自治範囲を拡大した。地場産の原料を中心とした，ジャムやシロップなどの製造販売を主軸として事業展開している。製造の基本姿勢としては，① 生産者・生産状況のわかった原材料の使用，② 主として地場産の原材料を使用，③ 生産工程を明らかにして情報公開を行う，④ 納得のいく手作りを基本とする，⑤ 見せかけの価値を上げるための化学調味料，合成着色料，香料，保存料は使用しない，と

している。実際に町田産ブルーベリーを4トン，梅・にんじん・しそを各500kg程，原料として使用している。主要取引先は生協組合員としているが，地元JAアグリハウスや手造りパン屋さんにおいて"町田産"の商品として固定客が増えてきている。また，地域の働き場の提供としても貢献し，労働条件の整備にも取り組んでいる。

生活クラブ生協の共同購入品として「ブルーベリーソース」が定着して，着実に売上を伸ばしている。現在では，生活クラブ生協の共同購入品としてのみならず，都内百貨店等への販売先を拡大するとともに，インターネットによる販売なども行っている。地元農家との連携によって，地場産の原材料の安定的な確保が実現している。また，地産地消の考え方の下で，食の「安心・安全」へのニーズに応えることによって，その姿勢が消費者にも受け入れられて，確実に固定客も増やしている。さらに，品目数の増加や連携の強化を進めることによって，活動を拡大していくことになる。

事例10　野毛飲食業協同組合

横浜市に所在し，出資金は150万円，組合員222名，1962年7月に設立，業種は一般飲食業，連携先は日本捕鯨協会である。2009年度より地域資源の認定事業者である野毛地区振興事業協同組合，日本捕鯨協会等と連携して，くじらを使用した商品開発に取り組み，組合員加盟30店舗が「野毛くじら横町」として料理を提供している。

野毛大道芸ブランドは，2007年6月に施行された「中小企業地域資源活用促進法」に基づいて，同10月に「野毛大道芸を中核にした，野毛劇場ブランド事業」として，国から野毛地区振興事業協同組合が第一号の認定を受けた。5年計画の予定で，野毛地域全体を劇場空間に見立てて，見て，学んで，食べて，歩いて，買って楽しめる，地域振興事業の展開を目指している。

2008年度事業では，野毛と関わりの深い「くじら」をテーマとした新名物メニューの開発に取り組んで，メニュー開発・試食会・試販を行ってノウハウを積み上げてきた。2009年度事業では，前年度の成果を本格化するように，「野毛くじら横町」と題して，事業主体となった。日本捕鯨協会，合同会社鯨食ラボ，株式会社フードラボなどの協力を得て，鯨肉の品見会と鯨肉調理の講習会を開催した。各店の料理人たちが，それぞれの名物メニューを開発して，組合員加盟30店が「野毛くじら横町」として，それぞれに工夫をこらした鯨料理を提供するに至った。

その全店を紹介する「鯨（Gei）マップ」を作成して，野毛地区インフォメーションセンターなどにおいて無料配布している。30店の参加でスタートしたが，野毛には約500店もの飲食店があるために，アンケートを実施する等によって，今後さらに同志を募り，参加店を増やして，「日本一のくじら横町」を目指していく。

第3節　甲信越地方の事例組合

事例11　南アルプス特産品企業組合：ほたるみ館

　南アルプス市に所在し，出資金は118万円，組合員は118名，2004年6月に設立，業種は農産物加工販売業（第1～3次産業間の複合業種），連携先は農業事業者（地元個人農家）である。フルーツの特産地域において，農家の主婦が企業組合を設立した。地元の農産物の販売やジャムなどの農産物の加工食品を製造・販売している。市から受託して管理運営している2施設である，地域活性化施設「ほたるみ館」と地元特産品販売施設「まちの駅」における製造・販売を中心に活動しており，新鮮な農産物は地産地消および農業振興・地域振興に貢献している。

　さくらんぼ・桃などのフルーツの産地である旧櫛形町（現：南アルプス市）において，生産農家の主婦が中心となって現組合の前身である「櫛形町生活改善研究会」として組織され，地場産農産物の消費拡大を目的とした研究を進めてきた。市場出荷できない二級品の活用に着目して，これらを活用したジャムを特産品として加工品製造販売を推進してきたことが活動の原点となっている。ジャムをはじめとした地元産農産物の加工販売事業が農業振興や地域振興につながるために，旧櫛形町や地元商工会からも支援を得て，町の活性化策として1999年1月に農家を主とする134名の組合員による任意組織「櫛形町あやめの里特産品加工組合」が設立された。その後，2004年には「南アルプス特産品企業組合・ほたるみ館」に法人化し，現在ではジャム・菓子・惣菜・アイス・味噌・漬物におよぶ製造販売事業を中心として，学校給食への食材提供および青果・果実の直販も行っている。

　活動拠点である旧櫛形町は，果樹・野菜生産を中心とする中山間農業地域であり，農業事業者の高齢化や耕作放棄が危惧される地域である。現在，市場に出荷できない2級品を含む地元産の農産物を地元農家や地元農協から仕入れて，加工して販売する事業を主としており，周辺の遊休農地を利用してブルーベリーを生産して，ジャムの製造販売を行っている。販売は，南アルプス市から施設管理運営を受託している2施設である，「アヤメの里活性化施設ほたるみ館」と「地元特産品販売施設まちの駅」における販売が主である。現状では日々の販売品の廃棄ロスはほとんどない状況にあり，少量ながら地元のイオン店舗への納品も行っている。当組合は，地元農家の主婦などの高齢女性が中心となって事業運営されており，事業をビジネスライクに拡大するといった方向ではなくて，農業中心の地域活性を重視したコミュニティビジネスとしての性格を志向している。

　地元産の農産物を原料とする付加価値の高い加工品を製造し，特産品として地元販売を行うことによって，地産地消を実現している。この第一次産業から第二次・三次産業へと広げる農商工連携によって，地元産農産物の販売やPRに寄与するとともに，加工・販売に携わる雇用や遊休農地の活用等にもつながっている。高齢化

や過疎化が危惧される中山間農業地域の活性化に貢献している好例である。この事業推進に当たっては，農業改良普及センターによる指導が大きく貢献している。販売が好調な「まちの駅」における売上が徐々に増えて経営安定につながっている現状であるが，背伸びはしないで，当面現行規模における運営継続を進めていく方針である。

事例12　新潟県すし商生活衛生同業組合

　新潟市に所在し，出資金は25万円，組合員311名，1960年12月に設立，業種は飲食業（寿し店），連携先は新潟漁業協同組合である。当組合と新潟県水産海洋研究所，新潟漁業協同組合が連携して，寿しに合う「南蛮海老魚醤」の開発を行った。組合員へ活用を推奨するとともに，2007年より行っている新潟の寿し統一メニュー「極み」に活用した。新潟ディスティネーションキャンペーンにおいて「観光とセットの"極み"」を提供することによって，需要と供給の安定化を図った。新潟の寿し需要の喚起，寿し文化の形成を図るべく，新たな魚醤の開発，新たな販売促進策等を検討している。

　2007年，政令指定都市新潟の誕生を祝って新潟の寿し職人が新メニュー「極み」を生み出した。コシヒカリ・活南蛮海老・新潟沖魚介類等の地域資源を活用して，新潟ならではの創作寿司の企画・開発をするとともに，さまざまな広報活動によって「寿司の聖地・新潟」のPR等を行って，美味しい米と魚貝類で作る新潟の寿司のブランド化を目指している。その取組みの一環として，新潟県発の技術である「魚醤」の開発にも取り組んだ。当組合と新潟県水産海洋研究所および新潟漁協協同組合が連携して製造する魚醤について，当組合としても，連携協力して，寿しに合う「魚醤」の開発を行った。

　寿しに合う「魚醤」ということで，3種類の魚醤（鮭醤，ホッケ醤，南蛮海老醤）が開発された。鮭魚醤は鮭のルイベに合うことを目指して開発，製造されている。ホッケ醤は薄めると吸い物や茶碗蒸しのようなうま味が感じられるとともに，ホッケ醤で漬け込んだホッケの干物はうま味が一段とはっきりすることがわかった。南蛮海老醤は，日本酒と紹興酒を混ぜて南蛮エビのむき身を「ずけ」にしたときに，南蛮海老の風味を邪魔しない，とてもおいしいものになったという結果が得られている。

　新潟県水産海洋研究所と新潟漁協協同組合の知識・技術と，新潟の寿しのブランド化を目指す新潟県寿し商生活衛生同業組合のアイディアが融合して開発された商品である。新潟発の魚醤製造技術を活かして，地産の個性的な「付けだれ」を寿司店で活用することによって，新潟の寿司はますます極められ，新潟の寿し需要の喚起，寿し文化の形成に繋がるものと考える。

事例13　新潟県なまめん工業協同組合

　長岡市に所在し，出資金は31万円，組合員28名，1965年4月に設立，業種はなまめん製造業，連携先は特例有限会社太洋軒JAである。新潟県食品研究センターが開発した柿渋（羽茂農協が原料供給，マルハフーズが柿渋製造）をラーメンに練り込んだ生ラーメンを開発した。組合員に製造ノウハウを提供することによって大手ラーメン店でも採用されて，売上は好調に推移している。当組合が新潟県の推進する柿クラスター事業の一翼を担うことによって，柿渋の需要が拡大して離島の農業振興に寄与している。

　コシヒカリ米粉を用いた「コシヒカリラーメン」を開発したが，知名度の低さから販路拡大ができないで低迷していた。この反省に立って，「コシヒカリラーメン」に替わるものとして，大手ラーメンチェーン店において採用されるような，需要が大きく安定した販売が見込まれる新しい生麺の開発と製造特許による供給の独占を目指した。

　新潟県の食品研究センターが開発した柿渋（ポリフェノール）を生麺に練り込み，抗酸化・抗菌作用がある機能性健康食品として開発し販売したところ，大手チェーン店グループがラーメンに採用した。食感もよく販売も好調で，他県への出店も計画されて，いっそうの需要増大が期待されている。使用する柿は，佐渡産の「おけさ柿」であり，食品研究センターは地域農産物の高付加価値化事業として「柿クラスター」を構築している。地域資源を活用した農業振興として，当組合もその一翼を担っている。

　2006年度における柿渋および専用粉の売上高は3,664万円であった。柿渋（ポリフェノール）を取り扱う組合員7社の大手チェーン店への販売実績は約7,000袋（1袋25kg）であった。このように組合および組合員双方の収益拡大に貢献しており，組合にとっては財務基盤の強化と組合員への事業費負担の軽減が図れて，組合員にとっては自社の売上増加に結びついている。佐渡における農業振興のためにも，柿渋の需要拡大が期待されている。

第4節　中部地方の事例組合

事例14　奥美濃カレー協同組合

　郡上市に所在し，出資金は184万円，組合員は23名，2009年4月に設立，業種は飲食店，宿泊業，食料品製造業（第2・3次産業間の複合業種），連携先はめぐみの農業協同組合である。地産地消の観点から，地元野菜を使うことを条件として商品化したのが「奥美濃カレー」である。地元の野菜を提供するために共同購買事業によって，地元の「めぐみの農協」と協定を締結している。野菜の提供と休耕畑で奥美濃カレーに適した野菜の生産にも取り組んでいる。

　地元で採れた食材を使ってカレーを作って，地元の顧客に美味しいカレーを食べ

てもらうべく設立された。「地域をなんとか元気にできないか」との想いで2003年から地元商工会の協力を得ながら構想を練ってきた。多くの人が好きな国民食「カレー」による地域おこしが本事業のねらいとなっている。

昔ながらの食材を活かしながら地域に根ざしたカレーを作ろうということで、統一名称を「奥美濃カレー」として郡上味噌をカレーの中に取り入れて販売している。地域活性化のためには、地元農業の活性化も必要であると考えて、休耕田の活用に取り組んでいる。地元農協との協定を結んで、4種類の玉ねぎを試験的に生産してもらうことによって、カレーに合う玉ねぎを見極めて、2011年度以降には増産する計画になっている。生産量が増えれば、奥15美濃の特産品となり、農商工連携の一つのモデルになるであろう。将来的には、その休耕田を利用して、ニンジン、ニンニク、生姜、ジャガイモなどを生産していく予定である。

「奥美濃カレー」の知名度・認知度向上のために、マスコミを活用して、奥美濃カレー発表会の開催案内を送信した。テレビ局2社をはじめとするマスコミ数社から取材依頼があり、瞬く間に全国に広がった。こうした中で、コンビニでの商品化も実現した。百貨店や量販店での物産展等にも積極的に参加して、宣伝活動を行ってきた。

事例15 協同組合エスウッド

各務原市に所在し、出資金は200万円、組合員は4名、1999年12月に設立、業種は木材・木製品製造業、連携先は特例有限会社田宮製畳、株式会社ダイヒットカンパニー、農業事業者（地元個人農家）である。「未利用短イグサを活用した石けん等の製造・販売事業」をテーマに、2009年、農商工等連携促進法に基づく事業計画の認定を受けた。木のチップを木の性質を活かした人に無害のノンゲルを用いて、ボード化する技術を有して、同技術によってイグサボードを製造して、製品（石けん）を入れる化粧箱を製造している。

6、7年前から、当組合と田宮製畳との間では、岐阜県異業種交流会における、未利用短イグサを活用した「イグサボード」という新素材の共同開発を進めてきた。株式会社ダイヒットカンパニーが4年程前から、別途「イグサ」関連商品の収集やイグサ石鹸のレシピを開発していたことによって、この三者が出会って、2007年には民間ベースにおける連携が始まった。2008年には農商工連携のスキームを活用した八代イグサ農家を含めた連携体構築事業に発展して、2009年の事業認定に至った。

事業化・市場化支援事業は、2009年から正式にスタートした。初年度においては、手頃なサイズのイグサ石鹸（試供品）を定量作成し、各方面で実際に使用してもらって、その反応をアンケートとして回収、分析することによって、市場が求める品質・デザイン・価格帯を明確にすることを軸に、事業化・市場化活動を推進する計画である。併せて、イグサ石鹸の優位性や特徴を明らかにするための基本的な試

験を実施する。連携体それぞれの役割としては，農業者（個人）が低農薬イグサの栽培技術を提供して，有限会社田宮製畳がイグサ商品の企画・販売，バーベルケミカルズ株式会社が石けんの製造技術，当組合がイグサボード（化粧箱）の製造技術，株式会社ダイヒットカンパニーが商品企画・販売を担当している。

連携体としての活動について定める四者協定が締結されたことによって，基本的なインフラを整備することができた。しかし，「イグサ石鹸」に的を絞った事業化については，先行する競合製品との厳しい競争や消費市場の根強いデフレ傾向を考えると，今後の展開は楽観できないと思われる。農業者は，従来廃棄していた未利用短イグサの活用によって，新たな収益性を確保し，新規需要開拓によって国産イグサ需要の拡大が期待される。一方，中小企業者としてもイグサの持つ芳香成分や優れた特性を活かしたイグサ関連商品を企画・販売することによって，新たな収益性を確保することが期待できる。連携各社がそれぞれの強みを活かしつつ，「何故イグサ石鹸なのか？」というテーマに的を絞った事業化を実施することによって活路が拓かれる。

事例16　企業組合若鮎グループ加工部

吉田郡永平寺町に所在し，出資金は45万円，組合員は9名，2004年12月に設立，業種は食料品製造業，連携先は農業事業者（地元個人農家）である。地元の農家と連携して，地域の伝統料理である「木葉ずし」と地場特産のニンジンを使った，他にはない「キャロムー（デザート）」を製造・販売している。販売先は，地元スーパーや小売店，イベントにおける販売も実施している地産地消の事例である。農産加工品の製造・販売だけではなく，地域伝統料理の啓蒙活動などの地域貢献活動も行う。

組合の名称にも使用している「若鮎グループ」は，1994年に曹洞宗の大本山永平寺のある永平寺町浄法寺地区の農家の主婦が中心となって，地域で採れる野菜を安価で多くの消費者に提供したいとの想いから，夕市を始めたことが原点である。その後，夕市を訪れる消費者から，農産物の加工品を販売して欲しいという要求が増えて，若鮎グループの一部メンバー7名が，町が農産物加工場を設けたのを機に加工部会を発足した。地域の伝統料理の継承，地場農産品のPR等を目標としており，併せて農村助成の生き甲斐の場を作って，地域の賑わいを通じて活性化に寄与する活動である。

第1号の商品は，現在も主力商品となっている「木葉ずし（こっぱずし）」である。家庭では作られなくなった伝統料理を復活させて，味や大きさ等の統一を図って商品化した。「木葉ずし」の成功によって，新たな商品の開発に着手した。生産から販売までの新しい農業ビジネスを開拓する「福井県アグリベンチャー支援事業」の採択をうけて，福井農林総合事務所の支援を受けながら，商品開発を進めた。永平寺町の特産品を活用することを前提として，ニンジンの活用を決定した。特産品とし

ての知名度は低く,「加工することで消費拡大とＰＲにつなげよう」と県・町のバックアップも得ることができた。完成したのが,ニンジンムースとニンジンジュースで作ったゼリーの２層のデザート「キャロムー」である。当組合の主力商品である２品は「木葉ずし」が５月～11月のあぶら桐の葉が採取できる期間,「キャロムー」がニンジン収穫後の12月～５月となっている。当初は,町内のお祭りやイベントなどに出店して販売していたが,町や県の支援を受けながらメンバーが販路開拓に努力した結果,町内のスーパーや県内量販店における販売が可能となって,出荷数も順調に伸びていった。

　法人化によって対外的信用力が上がり,製造者責任の明確化に加えて,各組合員の事業参加における責任の明確化と連帯感が強くなった。事業運営の合理化,健全化に向けた対応を進められる下地ができたことが大きな成果である。一方,農村主婦の活動の場を広げたことや,こうした活動による地域の話題作り,ひいては地域活性化に寄与することができた。今後は,現在の主力商品が季節限定であるために,新たな主力商品として年間を通じて製造・販売することができる賞品の開発に取り組んでいく方針である。地元で昔から作られている食材を活用して,高齢者向けの新商品開発にも取り組むことによって,地元の福井県立大学やデイサービスセンターなどへ試作品を持ち込んで,意見・要望を得ながら商品化に向けた試作を重ねている。製造・販売だけではなく,地域伝統料理の啓蒙活動などの地域貢献活動も行うこととしている。

第５節　近畿地方の事例組合

事例17　滋賀特産品振興企業組合

　甲賀市滋賀県に所在し,出資金は20万円,組合員は４名,2008年１月に設立,業種は食料品製造業,連携先は北川製茶である。滋賀県の名産品である茶に,幅広い年代に親しんでもらえるよう,国内には例がほとんどない「お茶ジャム」の製造に取り組んだ。開発が難しいとされてきたお茶ジャムであったが,茶業と加工業の知恵を結集して,材料や製造方法を工夫した。通常ジャムに入れるゲル化剤である「ペクチン」を使わない製品開発に成功した。農商工等連携促進法に基づく事業計画の認定を受けて,お茶ジャムのバリエーションやお茶ドレッシングなども開発中である。

　近年,消費者の健康・安全・安心な食へのこだわりが高まっている中,当組合は,地域の特産品である「近江茶」を活用して,本物志向で健康にもよいジャムドレッシングを製造することを計画した。そこで,以前より直売店等で取引のあった茶栽培において,104年の歴史のある農業事業者（北川製茶）との連携を開始した。

　原料となる「近江茶」は,土作りからこだわりの特別栽培を実施しており,さらに加工工程において茎や葉脈を取り除いたものを使用している。また,従来捨てら

れていた「茶の実」から茶油・粉末を精製し，ジャムドレッシングへの添加物として活用する。茶葉を丸ごと使用して，「茶の実」を添加することによって多くの有効成分が含有されており，消費者の健康・安全・安心な食へのこだわりに対するニーズに合致した新商品となっている。

　農業者である北川製茶は，104年の歴史・経験を活かして，特別栽培による近江茶葉の特別加工とお茶の実の採取を行って，各種ジャムドレッシングの原材料を提供している。当組合は，健康によいお茶を多く含有したジャムドレッシングを開発して販路拡大を行って，地域ブランドの向上を図ることとした。滋賀県の素材を使った「健康・安全・安心な食品の提供」を目指した，食品の開発・販売によって地域活性化を目指している。茶業と加工業，それぞれの経験と知恵を結集して，材料や製造方法を工夫することによって生まれた商品であるといえる。

事例18　奈良弁当仕出事業協同組合

　奈良市に所在し，出資金は40万円，組合員は4名，2007年7月に設立，業種は飲食業，連携先は農業事業者（地元個人農家）である。地元の農業事業者から農産物を仕入れて，奈良の地域資源に認定されている伝統野菜を使った仕出し弁当や新たな商品開発を行っている。奈良の新名物の創造をテーマにした取組みでは，大和伝統野菜を取り入れることとし，中でも一年中入手することが可能な「大和まな」を使用した。

　近年，日本独自の米，魚，野菜を中心とした食生活が時代の変遷とともに大きな変化を迎えている。食産業に携わる事業者は，社会の変化と消費者のニーズに応えなければならない。奈良に訪れた観光客などへの弁当配達業者選定の手間を一挙に解消し，また奈良大和の新名物を世に送り出そうという有志が集まったことが当組合の設立の動機であった。

　奈良の新名物の創造に当たっては，大和伝統野菜を取り入れることとし，中でも1年中手に入る「大和まな」を使用することを決定した。「大和まな」販売促進の取組みとしては，①漬物の開発，製造および販売，②「奈良のうまいもの」に出品（「大和まな」を使用した知事賞受賞商品を販売），③料亭への提案（漬物，めはり寿司），④通信販売による販売拡大，を行っている。組合員の中で，経済産業省「農商工連携」の認定を受けるに至った。

　伝統野菜の広報活動的側面があるためか，「大和まな」に関する問い合わせが増えてきている。また，「大和まな」を通じて，同じような活動（大和野菜の普及）に取り組む人々との縁によって，情報の質も高くなってきている。今後，観光事業者と連携することによって，活動を拡大・促進させて，他地方の方々にも広くアピールしていく計画である。

事例19　エコフィード循環事業協同組合

　加西市に所在し，出資金は600万円，組合員は15名，2007年6月に設立，業種は飼料製造業，廃棄物処理業（第2・3次産業間の複合業種），連携先は農業事業者（養豚業者）である。食品工場の製造過程で産出される食品副産物やスーパーの販売期限切れ食品等の食品廃棄物を原料に飼料を製造して，エコフィードとして養豚農家や配合飼料メーカーに販売する食品リサイクル事業を行っている。生産する飼料によって安全で高い品質の豚肉を生産するリサイクルループの構築を志向して，食味で優れる霜降り豚肉の生産に成功した。ブランド豚肉「ひょうご雪姫ポーク」としても販売されて，2008年度の食品リサイクル推進環境大臣賞で最優秀賞を受賞するなどの農商工連携の好例として高く評価されている。

　組合は，飼料化事業においてリサイクルループの構築，すなわちスーパー等から排出される食品廃棄物を利用した飼料製造から飼料販売，その販売先である畜産農家が生産した畜産物をスーパー等が販売するという持続的な事業を構築した。利用される質の高い飼料化を実現するためには多方面の専門家の知識と経験が必要であることから，2003年には地元の県立農林水産技術総合センターや中小企業団体中央会，商工会などをメンバーとする研究会を立ち上げて，地元の養豚農家も加わって事業化に向けた活動を加速している。エコフィード生産ノウハウを構築した。新連携対策補助金等を活用した事業化を進めて，2008年に事業を本格稼動させた。本事業では，生産物であるエコフィードの質の向上と利用者の確保が事業の重要な要素となるために，給餌試験とデータの蓄積と肉質をよくするための最適な給餌タイミング，給餌量の把握（給餌ノウハウ）を目的として検討段階から畜産農家との連携を行っている。

　当組合が取り組んでいるリサイクルループの構築には，食品廃棄物を排出するスーパーや食品メーカー，収集運搬する産業廃棄物事業者，生産したエコフィードを利用する畜産農家や配合飼料メーカー，生産された豚肉などの畜産生産物を販売する精肉店・スーパー等に関わる事業者が多くて，多面的な機能連携を要している。そのために，ノウハウがなかった製造技術の専門家や事業化のアドバイザー機能を外部に求めて，連携する事業体をも含めた研究会（連携体）を構成して事業化を進めたことが特徴点である。エコフィードの質と給餌した畜産物（豚肉等）の質の向上は，リサイクルループの要でもあり，初期段階から国立大学農学博士による畜産の専門的アドバイスや指導を受けて，地元の畜産技術センターの協力による飼料成分の研究と給餌試験を継続的に行っている。畜産農家との連携は研究の初期段階から行って，地元の養豚養鶏農家に協力・連携を求めて，給餌試験を継続的に行っている。

　リサイクル工場は2009年から稼動している。当組合のエコフィードを給餌して生産する霜降り豚肉は，安定的な生産を行うレベルに達しており，このエコフィードを利用する養豚農家で構成されている団体「兵庫県霜降り豚肉生産協議会」はブラ

ンド豚肉「ひょうご雪姫ポーク」として県内3店舗で2009年に販売を開始した。当組合が目指す食品廃棄物を飼料利用したリサイクルループの基本的なモデルが構築されている。当組合は，事業量の拡大を目指して，事業量の拡大にはエコフィードを利用する農家や飼料メーカーにとって，年間を通して量・質の面で安定的に飼料供給を得られる環境が望まれることから，原料となる食品廃棄物の安定的確保による安定的な供給体制の構築と同時に，需要側であるエコフィードの販売先・販売量の拡大を進めている。食品廃棄物の飼料化には当組合が時間をかけて乗り越えてきたように多くの課題がある。当組合のような設備やノウハウをもって事業化している団体は少なく，希少な成功事例である。

事例20　垂水商店街振興組合

　神戸市に所在し，出資金は128万円，組合員は130名，1998年4月に設立，業種は小売・サービス業，飲食業（第2・3次産業間の複合業種），連携先は兵庫県多可郡多可町（旧八千代町），農業事業者（地元個人農家）である。旧八千代町（現多可町八千代区）と当商店街が「町と街のフレンドシップ提携」を行って，町が商店街内にアンテナショップを仮設し運営している。多可町の農産加工品の販売や住民同士の交流会を開催している。

　八千代町（現在の多可町八千代区）では，2000年に策定した八千代町総合計画の中で「待ちの交流から攻めの交流へ」が大きなテーマとして提示された。これは，都市部の情報基地から，情報の発信や特産品等の販売を推進して，都市農村交流をよりいっそう活発化させようとするものである。この一環として，2003年9月に神戸市の垂水商店街振興組合と同町との間でフレンドシップ提携が結ばれて，2005年度においては，定期的な交流PRイベント等の開催に加えて，10月にアンテナショップ「八千代フレンドショップ」を開設して，地元の農業事業者と連携して直売を行っている。

　「いかなごの商店街」として地域の特産品と農産物を結びつけて，都市部の交流拠点として商店街を位置づけることができた。アンテナショップの運営は，生産者，農林業界，商工業界などにおける各分野11名が集まって検討している。アンテナショップの開設によって，地域の農産物の販路が開拓されて，八千代町の魅力をPRすることができた。

事例21　紀州田辺梅干協同組合

　田辺市に所在し，出資金は1,800万円，組合員は36名，1957年8月に設立，業種は梅干製造業，連携先は牟妻商工会，たなべ農業協同組合，農業事業者（梅栽培農家）である。地元農協と連携して，農家から良質の梅の提供を受けて，梅干製品，新商品の開発に取り組んでいる。紀州の梅干しは，古くからの歴史の流れを組む産業として，そのビジネスパターンは他の食品製造業には稀な特殊性を有する。生梅およ

び一次加工梅については，生産者段階，仲買段階，メーカー段階という三つの段階において在庫調整機能が働いて，市場への価格調整をまさに農商工連携で行っている。

隣接地の組合（紀州みなべ梅干協同組合）とならんで，梅干の生産・出荷に関しては国内最大の規模を誇っているが，近年，地元産の良質な原料梅「紀州南高梅」の確保が困難になってきた。当組合と農家が団体交渉を行って，3年間の安定供給契約を締結した。本契約期限終了後は更新されることになっており，良質な原料梅の適正価格による長期安定供給体制が確立されている。

組合員が個々に農家と契約を締結することは手間がかかって困難であるが，本方式の場合は比較的容易である。契約締結によって必要量を適正価格によって確保することができるとともに，個別契約に比べて組合員間のバラツキも少ない。契約は，組合員にとって製品のいっそうの高品質化，安定化にも繋がり，農家にとっても豊作時に値崩れをおこすことなく出荷することができ，安心して梅栽培に従事することができる。これによって，農家における後継者確保に好影響があらわれ始めており，良質な梅の長期安定供給の基盤が整えられつつある。

組合員は当組合を，梅農家はJAをバックにそれぞれの代表者が数量，価格などの条件について交渉して合意に達すれば契約を締結する。価格については梅相場の変動が激しいために，毎年協議の上で決定される。契約が成立すれば，原料梅は組合を通さないで農家から直接組合員に納入される（組合は手数料を徴収しない）。契約締結を実現するために，組合事務局は事前に調査や研究を行って，懸念のある事項についてはJA側と事前協議を行っている。

第6節　中国地方の事例組合

事例22　鳥取本通商店街振興組合

鳥取市に所在し，出資金は6,339万円，組合員は62名，1963年7月に設立，業種は小売業，サービス業（第2・3次産業間の複合業種），連携先は農業事業者（地元個人農家）である。商店街のスペースを活用して，地産地消を中心とした農水産物の直販を実施している。農産物を生産する農業事業者が販売することから，顔が見える野菜の提供となって評判もよい。

鳥取市の代表的な中心商店街であり，商店街区のスペースを活用して，地産地消を中心とした農水産物の直販を実施している。農産物を生産する農業事業者が自ら販売することから，顔が見える野菜の提供となって評判もよい。地域内にある空きスペースに商業と新たなコミュニティ拠点となる核施設を建設して，行政を巻き込んで，一丸となって推進することとなった。

中心市街地活性化策として，商業機能の復活，生活サービス機能の再構築を目指して，商店街内にコミュニティ機能と商業機能，駐車場機能を持った核施設を目指

した。商店街には買い回り品の店舗が多いことから，最寄品や飲食店，交流の場の機能を持って，来店客のライフスタイルにマッチできる核施設が完成して，新たな賑わいとふれあいの場として話題を呼んでいる。

賑わい拠点商業施設「パレットとっとり」がオープンして，商店街内にはない最寄品の生鮮食料品等には周辺住民の主婦層を中心とした顧客に人気となっている。個店には直接的な売上増，顧客数増加の好影響は見られないものの，施設オープン後は商店街内の空店舗が半減するなどの効果が出ており，今後の施設の動きと組合活動や個店の対応が連携することによって，中心商店街への大きな波及効果が期待される。

事例23　協同組合横田ショッピングセンター

島根県仁多郡奥出雲町に所在し，出資金は3,300万円，組合員は9名，1971年1月に設立，業種は小売業，サービス業（第2・3次産業間の複合業種），連携先は農業事業者（農家）である。循環型社会形成推進の視点に立った地域内循環を確立することを目的として，地域内循環という視点から，農作物および農作物加工品の「安全性に目を向けた専業系食品残さの処理軽減とともに，その堆肥化によるユーザー（消費者）との連携を図る仕組み」を構築するべく取り組んでいる。成果物である生産品や加工品が町内のショッピングセンターにおいて販売されて，消費者が購入するサイクルを実現した。

2001年5月に食品リサイクル法が施行されて，食品循環資源の再利用促進のための措置が義務化された。組合内では，発生する廃棄物の量とともに処理コストが増大しつつあり，対応が急務の状況であった。一連の食品関連事件等をきっかけとして，食の安全・安心への関心や期待が高まる中，中小企業団体中央会主催の研修会等を通じて，土壌改良菌「内城菌」の存在や，視察によって他地域の状況を知ることとなった。組合内で発生する食品残渣の処理と，食の安全を求める生産農家（農業生産法人）とのマッチングによって，リサイクル活動をスタートさせた。同じ関心や意志を有する，地元の商業者，農業事業者，商工会，行政職員等の有志が集まって，2003年にNPO法人コスモ銀河計画を設立した。組合内で発生する食品残さを，連携先（NPO法人）で有機肥料に加工，連携農家は有機肥料を使用して有機農産物を生産して，当組合が仕入れて販売する循環型の農商連携を確立させた。これによって，食品廃棄物リサイクルと自然循環型の有機農産物の生産が可能となった。

当組合の組合員商業者が，事業所内で発生した食品残渣をNPO法人施設に搬入して，有機肥料化する。NPO法人は製造された有機肥料を農業者に販売して，農業者はこの肥料を用いて有機農産物を生産する。農産物の一部は，組合商業者によって仕入れられて，それが販売に供されることによって連鎖が完結する。NPO法人内における有機肥料製造が連携の要であり，生産される肥料の効果性能と安全・安心が鍵である。また，地元農産品や食品加工品の特産市の開設を計画した。2010年

に「横田蔵市」入口に「特産の駅おくいち」をオープンした。地産地消をアピールして売上げアップを図るねらいである。管理運営は農業生産法人コスモ21が行う。商品管理はバーコードによって，JA雲南が管理するPOS（販売時点情報管理）システムと連動させて，生産者が携帯電話などを通じて物品の販売情報を単品ごとに知ることができる。共同店舗と農業法人と農協が連携した事例である。

　化学肥料をできる限り使用しないで環境に配慮した農産物が生産されて，当組合などの流通システムを通じて有機農産物として販売されている。農産物は，食の安全性を重視する消費者からは好評を得ている。一方，組合内で発生する食品残さは，発生自体が意識的に抑制されるようになり，発生した残渣も効率的にリサイクルされて肥料に姿を変えている。組合廃棄物のトータル処理コストは，社会全体からみてもかなり削減されていることになる。当組合員を含むNPO法人の各メンバーの日常的な協力や頻繁な連絡等のもとで連携が支えられている。連携当初は新規の投資等を極力押さえて，メンバー自身の拠出によったことも，事業の遂行を可能にした要因である。

事例24　協同組合岡山市栄町商店街

　岡山市に所在し，出資金は1,061万円，組合員は43名，1951年5月に設立，業種は食品製造業，連携先は全農岡山県本部である。全国農業協同組合連合会と県内の食品製造業者26名で構成される岡山県食品産業協議会メンバーとの懇談会を開催している。共同して取り組む上での課題を検討して，今後の新商品開発につなげていくことを目的として活動を展開している。商店街の空店舗を活用して，全農岡山県本部が運営する地域農産品を販売するアンテナショップを設置した。

　岡山市栄町商店街内には，従来から農産品取扱業者がいないために地域住民の生活基盤に必要な機能が欠けていた。そこで，その不足能力を補完するために商店街の空店舗を活用して，農産品直売のアンテナショップを全農岡山県本部との連携によって開店することに成功した。経済産業省の補助事業である中小商業活力向上事業を活用した。

　2009年，商店街に農産品のアンテナショップをオープンした。鮮度を重視して，安心・安全をモットーに信頼できる商品を展開している。高齢者はもちろん，ニューファミリー層にも利用しやすい商店街となり，空店舗利用によって二重の効果をもたらしている。

　毎日の生活に密着した農産品の取扱いによって，リピーターが増加した。今後は，この店舗をより発展させるために，駐輪場の整備やアンテナショップを活用した「食」イベント（栄町B級グルメフェア等）を定期的に開催することとしている。

事例25　協同組合リメイク広島

　広島市に所在し，出資金は300万円，組合員は6名，2003年4月に設立，業種は廃

棄物処理業，海面養殖業，産業機械装置製造業（第2・3次産業間の複合業種），連携先は江田島市水産物等販売協議会，カキ養殖業者である。広島県の特産品である牡蠣について，牡蠣養殖組合との研究会を通じて，環境にやさしい牡蠣作りのあり方を考えてきたことが発端となり，ともに勉強してきた有志6名によって組合が設立された。環境にやさしい牡蠣作りに対応するためには廃棄物の完全リサイクルを図る必要があることから，カキ養殖現場から出る廃筏やカキ殻の一体型システムを開発して，機械製造を担当する組合員を通じて，廃竹破砕機などのシステムを構成するユニット機の販売を開始した。

廃竹筏の破砕チップと廃発砲スチロールブイ溶融物を利用した固形燃料製造装置の開発等を行った事例である。養殖に使われた竹筏は依然として廃棄物として処理されている。環境にやさしい牡蠣作りに対応するためには廃棄物の完全リサイクルを図る必要があることから，研究開発を進めてきた。

研究開発は，実際に使用する江田島市水産物等販売協議会，カキ養殖業者の意向を踏まえて，広島県をはじめ江田島市，広島県立総合技術研究所西部工業技術センター，カキ養殖業者の協力，産学官連携のもとに進めている。本研究開発は，当組合の組合員である牡蠣養殖業者だけでなく，養殖業者が直面している問題を解決するための研究開発である。

環境に優しい牡蠣養殖を目指している業者も少しずつ増えてきており，漁協・市町村に今まで開発してきたものについて成果発表を行って，製品紹介等をすることによって，引き合いも出てきている。対象製品の売り込みを養殖業者，市町に行っているが，経営環境，財政の悪化などによって，購入までには至っていない状況である。

事例26　協同組合甲山いきいき村

広島県世羅郡世羅町に所在し，出資金は205万円，組合員は22名，2005年4月に設立，業種は農業，食料品製造業（第1～3次産業間の複合業種），連携先は農業，大手量販店（広島市内イオン，県内サティ）および県東部地区中堅量販店である。当施設の販売施設の指定管理者の指定を受けるためには法人化を図ることが必要であることから，新鮮で安心な農産品を消費者に提供していくために当組合は設立された。現在，広島市内3カ所および県東部箇所にコーナー出店しているが，好評のために量販店等への出店依頼が相次いでいる。

世羅郡の農家が生産する農産品とそれを使った加工品の共同販売を実施している。当初は任意グループによって世羅町内直販施設で事業を行っていたが，食の安全，安心指向から取扱高が急増してきた。当施設の販売施設の指定管理者の指定を受けるために2005年に法人化したが，それ以降量販店の出店依頼等が相次いでおり，消費者から好評を得ている。

畜産農家と野菜農家が「土づくり協定」を結んで，美味しくて安全で健康な農産物

を生産する仕組みをつくり，1998年から独自に「こだわり農産物」認定制度（元気くん）を立ち上げている。店内のパソコンで栽培履歴が確認できるようになっている。秋には，恒例のお祭りや餅つき体験などの家族で楽しめるイベントを開催している。学校給食などに野菜の供給を行っているほか，食材の仕入れに訪れる町内の飲食店も多い。

広島市内大手量販店に3カ所および県東部箇所にコーナー出店して，2008年度の取扱高は3億8,000万円を超える。トレーサビリティに対応した独自の品質保証マーク「元気くん」の発行や生産指導を行うとともに，組合員農産物を利用した加工食品の研究開発を農家の主婦に行うなどといったように，世羅地区の農産関係品販売のリーダー役となっている。

第7節　四国地方の事例組合

事例27　香川県食糧事業協同組合

高松市に所在し，出資金は1億691万円，組合員は168名，1951年1月に設立，業種は米穀小売業，連携先は香川大学農学部，香川県産業技術センター，県内農家7件である。後継者不足による組合員の減少，大手量販店等との価格競争，需要の減少といった厳しい経営環境に対応するために，新たな商品の開発を目指して，ビタミンやミネラルなどの多くの有用成分をバランスよく含んでおり，近年の健康志向ブームにも対応することができる玄米粉の製品化に本格的に取り組んだ。契約農家7名から原料を仕入れて，米穀等の主要食糧の卸売業務を行っている。農家との連携に加えて，産学官連携によって玄米を独自の技術で粉末状に加工した家庭向け製品を開発するとともに，マーケティングのあり方についても検討を行っている。

契約農家から原料を仕入れて，米穀等の主要食糧の卸売業務を行っているが，後継者不足による組合員の減少，大手量販店などとの価格競争，ライフスタイルの変化による需要の減少，コイン精米機の普及等によって，組合員の経営環境は一段と厳しいものとなっている。こうした状況を打破して，組合員の取り扱う新たな商品の開発を目指して，玄米粉の製品化に本格的に取り組むこととなった。

玄米粉を製品化するためには，①玄米の粉砕時にデンプンの損傷率が高くて，栄養価が損なわれてしまうこと，②糠に油脂成分が多く含まれているために，保存性が悪く酸化しやすいこと，③玄米の表面は一般細菌が多く付着して非衛生的になるなどといった多くの問題が残されていた。生産農家から意見を取り入れるとともに，加熱殺菌製法の技術研究を行って，加熱装置を活用して，試作を繰り返した。玄米を粉砕する工程においては，従来から行われているローラーですりつぶす方法ではなく，円盤を高速回転させて粉砕する方式を採ることによって，玄米粉の粒径が細かく，しかもデンプン損傷率を従来法の約2分の1にとどめることができた。加熱については，約100度の加熱温度によって数分で急速焙煎することによって，一

般細菌が死滅して，衛生上の問題が解決されて，長期保存が可能な玄米粉が開発された。

こうして技術研究，試作を重ねた結果，2005年に「焙煎玄米健康のひかり」として販売された。本製品は，組合員各米穀店への納入のほか，県内の百貨店・量販店などでも販売しており，県内発の産学官連携で生まれたオリジナル健康食品として注目を集めている。今回の研究開発の成果は，現在特許申請中であり，今後は玄米粉の実用化を図ることによって，食生活の向上等に努めていくこととしている。さらに，玄米粉入りパンの学校給食への導入を検討中であるが，玄米粉を使った料理レシピのレパートリーが少ないために，今後さらなる玄米粉の普及に向けて研究開発を重ねていく予定である。

事例28　協同組合阿波池田ラクーンネット

三好市に所在し，出資金は350万円，組合員は7名，2000年3月に設立，業種は食料品製造業，酒類製造業，飲食料品小売業，製材業，農協（第1～3次産業間の複合業種），連携先は農業協同組合である。地元特産品の研究開発のために，地元中小企業とJAの連携・出資によって設立された。県西部の郷土食であるそば米関連商品，雑穀を使った商品を開発した。フリーズドライ製法として，地元JAなどとの連携を進めながら市場をインターネット通販によって拡大し，農商工連携に取り組む新商品の域外展開を図っている。

「徳島県の顔としての特産品」「徳島ブランド」を研究開発して，内外に徳島県を情報発信すべく，牽いては地域産業の再構築を行う目的で設立された。1998年度に阿波池田商工会議所が実施した「村おこし事業」の一環として物産振興と地域産業振興をテーマに，地元特産品の研究開発のために，地元中小企業とJAの連携・出資によって設立してスタートした。

徳島県の郷土料理の「そば米雑炊」とフリーズドライ製法を融合させて，1999年度に商品化に成功した。「秘境のめぐみ：そば米ぞうすい」が現在の主力商品である。「秘境のめぐみ：そば米ぞうすい」は，2001年度優良ふるさと食品中央コンクール国産農林水産部門において，農林水産大臣賞を受賞した。県内の一次産品を利用した新商品の研究開発を行って，地域一次品を加工・付加価値を付けて販売するという，ユニークなビジネスサイクル（循環型ビジネスサイクルの再構築）の確立と地域再生型ビジネスおよび地域おこしへの夢を乗せて食文化ビジネスへの挑戦を続けている。県内のお土産店，高速道路パーキング，地元スーパー等で販売しており，徳島県の情報発信を今後全国に展開していくことが出来るように現在努力中である。新商品の開発にも力を傾注しており，新商品を市場に出す計画が進行中である。

JAが当組合に出資することによって，組合員として連携が強化されることとなった。意思決定に組合内から参画することができることによって，事業がスムー

ズに進んでいることが成功要因である。

第8節 九州・沖縄地方の事例組合

事例29 佐賀県漬物工業協同組合

佐賀県西松浦郡有田町に所在し、出資金42万円、組合員は11名、1963年9月に設立された。当組合および組合員が参画している佐賀県食料産業クラスター協議会において、「相知高菜分科会」（構成員数15名、2008年9月に組織）を立ち上げて、JAからつ、料理研究家と連携し、佐賀県相知地区に古来より伝わる「相知高菜」を原菜とした加工食品を開発した。佐賀発の『地域ブランドを全国へ』という域外展開への市場開拓を図ろうとしている。

佐賀県相知地区に古来より伝わる「相知高菜」を原菜として、一般に普及している高菜漬けと特徴の異なる新商品ならびに「相知高菜」を利用した加工食品を開発することによって、「相知高菜」を地域特産品として佐賀ブランドに育てることを目標としている。本事業は、佐賀県食料産業クラスター協議会の事業を利用して実施する予定である。

全日本漬物協同組合連合会では、1997年に地域特産品委員会を設置した。佐賀県でも特産品漬物はあるが、佐賀の高菜漬として昔から栽培されていた「相知高菜」は昭和40（1965年）年代以降、約40年の間姿を消していた。2007年、相知町で漬物加工業を営む広瀬仙吉商店の高菜契約農家の納屋から少量の種子が偶然に見つかったことにより、前田食品工業の試験農場とJAからつ管内の相知地区楠村と七山地区の圃場等で試験栽培を開始した。2年がかりで種を増やして、2009年に約40トンを収穫した。高菜漬けに加工して熟成中で、7月から6アイテムで販売を始める。相知は土地が大変肥沃であり、かなりの収穫量が見込めるために、組合事業として取り組むことを正式決定した。

JA、中小企業団体中央会などの協力を得て、行政支援を取り入れることを視野に入れて、ブランド化を進めた。佐賀をアピールするネーミングや、農家の育成などの課題もあるが、組合内に部会組織を立ち上げて、ルール作りに着手している。地元住民を交えた試食会を開いたほか、流通業者向けの展示会にも出品して、消費者ニーズを探っている。将来的には、共同事業として組合の収入源になるように、佐賀発の「地域ブランドを全国へ」という夢を乗せて、プロジェクトを始動している。

事例30 協業組合さくらフーズ

長崎市に所在し、出資金は600万円、組合員は4名、2007年9月に設立、業種は蒟蒻製造業、連携先は長崎県総合農林試験場、JA島原雲仙である。地産地消を目的として長崎県が開発して品種登録した、ばれいしょ「西海31号」を利用した新たな加工食品づくりに参画した。組合の役員、農家が県との会合に参加するなど、新商

品作りに向けて連携した取組みを開始した。じゃがいもを原料とした蒟蒻の試作等を行う段階にある。

長崎県総合農林試験場において新品種のばれいしょ「西海31号」が開発された。従来ならば，各食品メーカー等に原料供給をするところであるが，より付加価値をつけて，地元における製造・消費をしたいという想いから，地元食品製造業や外食産業などとの連携がスタートした。JA島原雲仙は量産化を目指して連携に協力している。

ばれいしょ「西海31号」を使って，県内7社の食品製造業，外食産業で商品開発が行われている。現在，試作の2～3回目である。長崎県内にばれいしょを粉末化することができるメーカーが存在しなかったために開発に苦戦していたが，粉末工場の目途もついて，これからスピードを上げて開発が進むものと思われる。JAでは並行して量産化に向けた取組みを実施している。

連携はスタートしたばかりであるが，ばれいしょを開発した長崎県総合農林試験場，加工をする食品製造業や外食産業，量産化を進めるJA島原雲仙が連携することによって，地元における地産地消，地域活性化につながる取組みとなっている。

事例31　大分県漬物工業協同組合
　大分市に所在し，出資金は16万円，組合員は15名，1964年12月に設立，業種は漬物製造業，連携先はJA玖珠九重である。地産地消を目的として，大分県の特産品であるゆずを活用して，風味を活かした新しい漬物を開発した。当組合の組合員でもあるJA玖珠九重が原料調達と製造を担当して，組合員企業が販路開拓に取り組んでいる。

　漬物の原料である塩の共同購買事業や教育情報事業等各種事業を実施してきた。食の欧米化等の消費者嗜好の変化によって漬物市場が年々縮小傾向にある中で，設立当初20名以上いた組合員は，廃業などによって現在15名と減少してきている。近年では，大手食品メーカーの偽装疑惑，輸入食品の薬物混合等の発生によって，消費者の食の安全・安心に対する意識が特に高まってきている。このような状況の中で，当組合では，大分県地域資源活用促進事業によって，組合員5名で新商品開発委員会を立ち上げて「大分ゆず大根もろみ漬」を開発した。本事業では，大分県の特産品であるゆずに着目して新商品を開発することとし，当組合内に新商品開発委員会を組織して，農業生産者と中小企業者が連携した事業活動に取り組むこととなった。

　大分県の特産品であるゆずに着目して，これに合う大根と「もろみ」を使って新製品を開発した。生産技術面では，当組合の組合員5名が新商品開発委員会を組織して既存技術を活用するとともに，同じく当組合員である玖珠九重農業協同組合の「吉四六漬」工場の製造設備を活用して新商品を製造している。販売面では，当組合の組合員15名が既存販売ルートを活用して販路開拓を行っている。開発に当たって

は，2007年度の約１年間をかけて新商品案の検討，試作品の試食，検討，パッケージデザインの決定，商品名の決定などを行った。原料の大根は，玖珠九重協の大根部会農家22戸との契約栽培によって調達している。これは，８月の播種前に農協と農家の間で必要数量と契約面積について，協議して数量契約を結んで，冬場にまとめて買い入れる。原料のゆずは，県内産を使用して，そのほとんどが日田地区から仕入れている。製造はJA玖珠九重が担当している。

本事業は，地域の特色ある農産物と既存の製造技術，既存の販売ルートが，当組合の活動をとおして結びついたものであり，農商工連携が生んだよい成果であるといえる。農商工連携活動による漬物等の新商品開発に取り組むことによって，組合員のまとまりや一体感が出てきており，その製造技術の蓄積と製造設備が本連携活動でよく活かされている。販売面では，当組合の組合員15名が既存販売ルートを活用して販路開拓に当たっている。「第３回こだわり食品フェア（於東京ビッグサイト）」等への出展を行って，今回開発した新商品についても試食と商品紹介を行った。2008年に販売が開始されたが，今後は組合員企業の既存販路を活用しつつ，販売数量と販路の拡大を進めていく方針である。将来的には地域団体商標登録を目指すこととしている。

事例32　日田梨協同組合

日田市に所在し，出資金は231万円，組合員は115名，2009年４月に設立，業種は梨生産事業者（第１～３次産業間の複合業種），連携先は大分県農業協同組合である。委託販売型の日田梨輸出を産地の農業生産者自らが行って，消費地台湾の需要に沿った商品を提案する産地発信型の戦略的輸出事業に取り組んでいる。量販店中心の国内販売だけでなく，大玉需要の高い台湾などの中秋節・春節向けの輸出を行っている。2007年に台湾へ163トンを輸出している。

量販店中心の国内販売では，大玉果の価格が低下して，主力の大玉品種「新高」の販売に苦慮していた。そこで，大玉需要の高い台湾などの中秋節・春節向け商品として，輸出への取組みをスタートさせた。委託型の輸出ではなく，産地自らが消費地・台湾の需要に沿った商品を提案する産地発信型の戦略的輸出事業に取り組むために，当組合が設立された。輸出事業に留まらず，年間約200トン弱発生する規格外品の活用方法についても，地元企業と連携して，商品開発協力や一部商品の販売等を当組合で行っている。

量販店中心の国内販売では，大玉果の価格が低下して，主力の大玉品種「新高」の販売に苦慮している。大玉需要の高い台湾などの中秋節・春節向けの輸出に取り組んで，2007年に163トンを輸出した。以降，世界的な景気低迷や円高等もあって，輸出量は減少しているものの，上海，タイ，香港と少量ながら対象国が拡大している。選果場で年間約200トン弱発生する規格外品の活用方法として，地元企業と連携してジュース，シロップ漬け，水煮，ゼリー等の加工に取り組んでおり，その商

品の開発協力や一部商品の販売を当組合で行っている。連携商品としては，リキュール・発泡酒・焼き肉のタレ・梨酢等が既に販売を開始している。

　農業部門である当組合が直接，輸出や加工に取り組むとなると，多大な人員や設備投資などの経費，加工技術等を有する者の養成等が必要になるが，連携することによって幅広い取組みを効率よく，低コストで実施することができるようになっている。連携して開発した加工商品と青果をセット商品として販売することによって，商談会等でも青果単独の時と比べて，幅広い層からの関心が集まり，多様な層の事業者と商談の機会を持つことができるようになり，対象者が広がりを見せている。日田温泉旅館街の宿泊客に対する販売にも取り組み，市内の旅館にチラシを置いて，注文があがるとチラシに書かれた旅館に対して手数料を支払う仕組みを構築して運用中である。

　事例33　企業組合百笑一喜
　宇佐市に所在し，出資金は24万円，組合員は7名，2008年5月に設立，業種は地元特産品製造販売（食料品製造業），連携先は農業事業者（ぶどう生産農家）である。地元の農産物を用いて，地元の学校給食への食材提供，産直コーナーの設置等事業活動を実施している。農商工連携の取組みは，ふるさと雇用再生特別基金事業「おおいた次世代ニュービジネスプラン」として，「小さな地ワイン醸造事業」を進めた。そこで，地ワインの試験醸造，製品開発に取り組むとともに，新たな販売体制を構築して，本格的な製造販売体制の確立を目指すこととなった。

　本組合は，「農を通じて故郷を守る」を目標に安心院町の農家が集まって設立された。地元の学校給食への食材提供，産直コーナーの設置などといったさまざまな取組みを実施している。農商工連携の取組みは，「ふるさと雇用再生特別基金事業」の一環で「おおいた次世代ニュービジネスプラン」として，「小さな地ワイン醸造事業」を進めた。そこで，地ワインの試験醸造，製品開発に取り組むとともに，新たな販売体制を構築して，本格的な製造販売体制の確立を目指すこととなった。

　安心院町は，西日本有数のブドウ生産地であり，農泊を中心としたグリーンツーリズムの先進地である。このような地域特性から，グリーンツーリズムとワイン（ブドウ）の融合を図り，100％地元産のブドウを使ったワインを開発したいと考えた。ところが，ハウスワインの製造許可を受けるには，酒税法によって一定量以上の製造見込量が必要であった。そのような時，2008年度に「ハウスワイン特区」として認められ，さらにふるさと雇用再生特別基金事業によって，ハウスワインの醸造と販売を目指すこととなった。

　「安心院小さなワイン工房」設立に至り，小さいという特徴を活かして，個性的で小回りのきくワイナリーを目指して，結婚式の引き出物や記念日用として，当事者自身にワインの仕込みを体験してもらう企画等を検討している。ぶどう生産農家が集まって企業組合を設立したことによって，取引の対外信用力の向上，農業の第6

次産業化にも貢献している。

事例34　大隅物流事業協同組合

　鹿児島市に所在し，出資金は1,000万円，組合員は4名，1997年6月に設立，業種は運送業，耕種農業（第1～3次産業間の複合業種），連携先は農業事業者（地元個人農家）である。2007年農林水産省の「広域連携アグリビジネスモデル支援事業」の補助を受けて，農水産物の加工施設を建設した。生産者から依頼された青果物の乾燥粉末化，おでん用大根，焼酎用さつまいもダイスの加工，ゆず精油を使用したエステ用オイルの原料開発等を行っている。

　運送として，鹿児島から都市圏へ農産物を運ぶ際，農産物（特に根物）は重量がある割に，あまり利益が得られない。そこで，農水産物の加工施設を建設して，その場で一次加工をすることによって，重量を抑えて，付加価値を付けることによる商品単価アップを目的として，農家⇔加工場⇔販売のシステム化を図る連携の取組みがスタートした。

　農業生産者から依頼された青果物の乾燥粉末化，おでん用大根，焼酎用さつまいもダイスの加工，ゆず精油を使用したエステ用オイルの原料開発等を行っている事例である。野菜の加工場を設立した。加工場の設立によって販売先との情報共有が可能になり，農家では計画的に作付けを行っている。また，販売先でも積極的に新商品開発が行われている。

　連携によって役割分担が明確化し，自社だけではできない相乗効果によって，たとえば① 情報の共有化による消費者ニーズの把握，② 無駄な物流費のカットの実現といったさまざまな効果が得られている。

（森川信男／佐久間一浩）

第13章 地域活性化に貢献する中小企業組合事例

　本章では，実際の「地域活性化に貢献する中小企業組合」を取り上げる。事例として収集した地域活性化に貢献する38組合は，北海道・東北，関東，甲信越，中部，近畿，中国，四国，九州・沖縄の8地域に区分し，事例組合の概要，地域活性化の経緯や目的，活動内容，活動成果の順に記述する。

　以下に掲載する事例組合は，地域活性化に貢献する分野の活動を行い，一定の成果を生み出している組合で，(1)原則として自己資本比率が前年度に比べて改善されていること，(2)または最近3カ年（2008～2010年度）において2カ年連続の当期純損失がないことを推薦の条件とした。そのため，組合員数が多く，産地・地場の有名な既存の組合であっても，事業活動が停滞し，財務状況等が優れない場合には選定から外されている。いわば，掲載した事例組合はそれぞれ，各都道府県における現在の中小企業組合の代表格であるとも言える。

第1節　北海道・東北地方の事例組合

事例1　下川ふるさと興業協同組合

　北海道上川郡下川町に所在し，1983年10月に設立され，出資金は903万円，組合員数は9名，組合員業種は建設業，製造業，卸売業，小売業またはサービス業を行う事業者である。下川町の過疎化よる地元中小企業者の経営安定のために，地域の森林資源等を有効活用し，新商品の研究開発および生産に取り組みはじめた。下川町森林組合が製造する木炭の製造過程で抽出される「木酢液」は，静殺菌作用があり，当時問題となっていた農薬による土壌汚染に対して効果的であることに着目し，土壌改良剤を開発した。この木酢液は，木竹酢液認証協議会の認証を北海道内で唯一取得し，現在でも主力商品となっている。その後，木酢の静殺菌作用を応用し，肌に優しい基礎化粧品「MeetSシリーズ」や入浴液，消臭剤等の開発に取り組んだ。

　基礎化粧品は，新聞等でも取り上げられて大きな反響を呼んだ（2009年度売上実績1,249万円）。また，地元で採れるくま笹は，「くま笹茶」として共同販売を行って

いる（2009年売上実績1,161万円）。2008年度には，冷え性への効果的な商品が市場には少ない点に着眼して，下川町の地域資源にも認定されているエミューの脂ともみの木製油（トドマツ）を基材とした「ぽっぽジェル」や「みえないストッキング」の商品開発と共同販売を始めた。同商品は，国の補助事業を活用してさまざまな調査を実施し，肌に対する刺激が非常に少なく，安全性の高さを実証して商品化された。過疎化に悩む地域資源を活用した新商品開発の成功事例は，他の過疎地域への見本となっている。

事例2　協同組合江釣子ショッピングセンター

北上市に所在し，1981年4月に設立され，出資金は2億3,201万円，組合員数は42名，組合員業種は織物・衣料・身回品小売業・飲食料品小売業，飲食店，自動車・自転車小売業，家具・什器小売業，その他の小売業，洗濯・理容・浴場業である。組合および組合の事業活動で生じる廃油処理が課題となっていた。バスを運行する岩手県交通㈱では，排ガスに関する苦情や燃料費高騰等が課題となりつつあった。㈱エヌ・エス・テックでは，バイオディーゼル関連事業へ進出のため，廃油の安定回収確保策やバイオディーゼル燃料の安定供給先の確保に課題を抱えていた。企業経営上それぞれ問題を抱える地元の三事業者が，互いの課題解決のために連携することとなり，回収した廃油をバイオディーゼル燃料としてショッピングバスの運行に使用しはじめた。

連携する三者の役割分担は次の通りである。無料ショッピングバスの運行発注者である当組合は，植物性廃油を組合員店舗や地域住民から回収する専用回収所を設置するとともに，再利用しやすい廃油の排出方法等の指導を行う。産業廃棄物等の中間処理事業者である㈱エヌ・エス・テックでは，当組合からの廃油回収と，それをもとにバイオディーゼル燃料への精製・製造を行う。そして，岩手県交通㈱では，㈱エヌ・エス・テックよりバイオディーゼル燃料を買い上げてショッピングバスを運行する。こうした一連の取組みによって，① コスト削減（20万円／年），② ショッピングバス乗降客数の増加（前年比110.9％），③ CO_2排出削減（従来比95.1％），④ 軽油使用時より約20％の燃費向上等の成果を上げて，経営合理化，環境負荷軽減，エコ活動のアピールイメージ向上等にもつながっている。

事例3　水沢鋳物工業協同組合

奥州市に所在し，1954年12月に設立され，出資金は3,764万円，組合員数は57名，組合員業種は鋳物製造および製造関連事業である。伝統産業工芸品や機械用鋳物等を製造する組合員で構成されているが，1997年以降工芸鉄器の売上が落ち込み，新たな販路の開拓が急務となっていた。その一方で，日本の伝統工芸品と欧米の消費者の嗜好を取り入れた欧米向けティーポットの輸出が好調となり，本格的に欧米市場への進出を目指した。2005年度に国の補助事業を活用して独立行政法人日本貿易

振興機構より紹介された欧米の輸入業者・小売店200社を対象にアンケート調査を実施した。

アンケート結果をもとに専門家・業界委員を交えて課題の検討を重ねて，欧米の消費者ニーズにあった工芸鉄器等のデザインに関して，岩手大学を初めとするデザイナーに依頼した。そのデザインをもとに20点の工芸鉄器等を試作して，再度欧米の輸入業者・小売店200社に対し製品・価格等について求評調査を実施した。こうした取組みは，工芸鉄器等を欧米市場の輸出ルートに乗せるためのビジョン作成ならびに欧米市場への「鋳TETSUGI技」ブランドの情報発信につながり，工芸鉄器等の売上向上を図るための足がかりとなった。この成果を得て，フランクフルトメッセ，メゾン・エ・オブジェ等，海外の展示会への出展を開始し，2009年度の輸出関連の共同販売取扱額は約250万円，組合員全体の売上は1億5,000万円に達し，着実に取引先拡大，売上向上につなげている。

事例4　協同組合仙台卸商センター
　仙台市に所在し，1965年7月に設立され，出資金は4億1,535万円，組合員数は272名，組合員業種は卸売業，サービス業，建設業，不動産業である。メーカーと小売業の直接取引の増加，景気低迷による組合員の売上減少が続いて，300人いた組合員が260人まで減少した。厳しい環境下における危機感から，従来型の卸売業にこだわらず，流通団地としての機能の再構築と他の地域との差別化，さらには卸，文化，居住を融合した「まち」の価値を高めて再生する方策を検討することとした。
　当地域では，2015年に仙台市営地下鉄東西線の開業を予定しているため，実行部隊として「まちづくり委員会」を発足させて，将来的な居住人口・労働人口の増加を見据えて，地元の東北大学や仙台市と連携を図りつつ取り組んだ。すなわち，①流通団地の機能の再構築，②文化芸術活動，③地域とのコミュニティ活動を中心とした組合のまちづくり活動によって，2003年に仙台市が条例を改正し，団地地区（約57ha）に限定した用途地域の変更が行われた。500㎡以下の小売店舗や飲食店・集会場，また客席が200㎡未満の劇場・映画館・観覧場等の立地が可能となった。併せて組合員の資格業種の変更効果もあり，2009年度末には組合員数は272人に増加した。特に年2回の「卸町ふれあい市」では，過去最高の6万6,000人の来場者があり，新たな賑わいを創出している。

事例5　協同組合秋田市民市場
　秋田市に所在し，1962年4月に設立され，出資金は4億5,236万円，組合員数は68名，組合員業種は鮮魚，塩干物，青果物，食料品，衣料品，日用雑貨品等の販売または飲食業，その他の商業を行い，市場施設内に事業場を有する事業者である。市民向けの小売市場であり，1日400～500kgの生ゴミが組合員店舗から排出されていた。生ゴミは全て焼却処分していたが，2007年の「食品リサイクル法」改正の影響

もあり，食品の売れ残りや廃棄物の減量を図っていく必要性が生じていた。さらに，消費者の環境意識の高まりに呼応して，組合としても環境への社会的責任が意識されるようになり，生ゴミの減量化だけでなく，有効活用を図るために堆肥化に取り組むこととなった。市場から排出された生ゴミを魚のアラ，野菜・果物クズ，その他に分別・計量して処理機に投入し，生成した有機肥料を農家へ提供，その肥料を使って生産した農作物がまた市場に並ぶというリサイクルシステムを確立させた。

　導入前と比較すると，生ゴミの排出量は2割以上削減され，ゴミの処理費用は約4割削減され，処理機の電気代等を差し引いても年間100万円程度の節約となっている。また，市場から排出される発泡スチロールについても，蒸気で溶解して60分の1程度に減量されるとともに，海外で再利用されるなどのリサイクルを実施している。これらの取組みは，新聞やテレビ等でもたびたび紹介され，市場としてのイメージアップに貢献したほか，市場の堆肥によって作られた農作物は，イベント集客の目玉の一つとなっている。

　事例6　山形県電機商業組合
　山形市に所在し，1962年9月に設立され，出資金は非出資組合，組合員数は326名，組合員業種は電気商品の販売を営む者である。各家庭におけるCO_2削減のために2006年，環境問題を理解して省エネ型製品を勧められる販売員を養成・認定する「環境マイスター認定制度」を構築した。NPO法人との連携によって講習会等を実施して認定を進めている。現在，組合員のうち83人（25.5％）が「環境マイスター」の認定を取得し，その中から57人が県の「地球温暖化防止行動普及促進に関する協定」における「山形県地球温暖化防止推進員」の任命を受けた。これらの者が各地の小・中学校において，地球環境対策の推進と省エネ型家電の普及のために講習会を開催している。環境マイスター制度によって行政との連携，信頼関係がより強化された。

　地デジへの対応として開設した「家電困りごと相談センターデジタル110番」は，2010年度の相談，個別訪問件数が1万5,701件にのぼり，地域住民に対して当組合の取組みが広く浸透してきている。電話1本だけでさまざまな要請に組合員が直接対応し，家電量販店では対応できないきめ細やかなサポートをする活動は，地域住民からの信頼も高く，特に高齢化世帯が増加している地域において必要不可欠な存在であり，社会的な貢献度も高いといえる。

　事例7　早戸温泉つるの湯企業組合
　福島県大沼郡三島町に所在し，2004年3月に設立され，出資金は970万円，組合員数は17名，組合員業種は三島町に居所を有し従事または協力する者，三島町に事業場を有し役務の提供を行う法人等である。1,200年の歴史を持つ温泉地に位置し，

地元住民が湯守となり存続してきたが，湯守の高齢化，後継者不足，施設の老朽化により事業の継続が困難となっていた。そうした状況下で，三島町が「早戸温泉交流拠点事業整備事業」を計画して，2003年度に2階建露天風呂付き温泉施設を建設したことから，翌2004年3月に企業組合を設立した。同年4月には施設の指定管理法人として当組合が管理・運営を受託して「早戸温泉つるの湯」をオープンした。

温泉浴場および宿泊施設の運営を行うほか，温泉施設の利便性向上と誘客拡大を図るために，地域産品の販売，飲食店の設置，観光遊覧船の運航を順次実施した。2009年度より東北芸術工科大学（山形県）と協力のもと，只見川沿いに早戸温泉を起点とする遊歩道の整備も行った。初めの2004年度は8カ月間で3万6,000人の入場者であったが，年々漸増し2009年度には年間6万3,000人に増加し，近隣のイベント入場者も増加した。早戸地区のもう一つの地域資源である只見川の絶景を活用した屋形船による「只見川山峡下り」は，紅葉の時期に「はとバス」等の観光コースになるなど，誘客増大，知名度向上へ大きな役割を果たしている。今回の事業実施によって28人の新規雇用を創出した。

第2節　関東地方の事例組合

事例8　高崎卸商社街協同組合

高崎市に所在し，1963年4月に設立され，出資金は4,741万円，組合員数は119名，組合員業種は卸売業，建設業，製造業，小売業，不動産業，サービス業（風俗営業等を除く）である。高度化融資制度を活用した日本で最初の卸商業団地であるが，近年転廃業する組合員が増え，跡地に外部資本が入り込むなどの乱開発問題が持ち上がってきた。一方，団地隣接地にJR上越線の新駅が設置されることが確実となり，当組合が位置する高崎市問屋町は，それを契機としてこれまで以上に地域の拠点となることが期待されていた。そこで，当組合では2000年7月「問屋町まちづくり研究会」を立ち上げて，高崎市と共同で団地内に必要な機能を残す一方，不要な建築物等を進出させない内容を研究して，2004年4月に高崎問屋町地区計画づくりに参画した。

その結果，団地に不要な建築物・屋外広告物等が制限されて，区域内で建築等を行う場合は，高崎市ならびに地元住民に説明するまちづくりのルールができて，当組合が街づくり関する方向性や具体策のすべてを把握することができるようになった。群馬パース大学，大手住設メーカーショールーム等，学校や企業の誘致に成功し，高崎問屋町駅の開業やマンション，老人ホーム等の建設によって街を歩く人も増えている。組合員は，卸売業を基盤としながらも小売にも販路を見出し，「上州どっと楽市」「わけあり処分市」「Web版どっと楽市」等の販売促進事業で得たノウハウを活用して事業展開を図っている。一斉清掃，交通・防犯パトロール，公園や駅前駐輪場の管理，防犯カメラ付街路灯の設置等，暮らす場所としての快適性や安

全性を高める事業を実施することで住民から高い評価を得ている。

事例9　みやのかわ商店街振興組合
　秩父市に所在し，1990年4月に設立され，出資金は195万円，組合員数は111名，組合員業種は小売業，サービス業，上記以外の事業を営む者である。秩父郡市の高齢化が進む中，地域の高齢者や障害者の方々からの意見や話をきっかけに，買い物代行サービスをスタートさせた。"商品は自分で選ぶ"という買い物の楽しみも味わいたい想いを実現させるために，出張商店街を実施することとなった。実施に際しては，元気な高齢者の活用を検討し，「ボランティアバンクおたすけ隊」として組合に登録することとした。
　具体的には，援助が必要な高齢者などの依頼者は1時間800円のチケットを組合で購入して，組合が仲立ちとなってボランティアを派遣し，買い物代行，家事手伝い等の活動を行う。ボランティアは，依頼者より活動時間分のチケットを受け取り，秩父市商店連盟協同組合が発行している秩父市共通商品券「和銅開珎」500円に交換したり，ボランティア利用料として充当できる仕組みを構築した。交換された商品券は市内の商店で利用されるため，組合員の売上向上と差額の300円は組合の事務手数料となり，組合財務基盤の強化にもつながっている。2009年度は，ボランティア登録111人，活動時間延べ520時間，利用者213人である。昔ながらの地域コミュニティが徐々になくなってきているが，当組合が行う地域住民同士の共助の仕組みは，マスコミでもたびたび取りあげられて注目を集めている。高齢者や障害者の身近な生活援助とともに，サービス提供者となる元気な高齢者の介護予防，商店街の活性化にもつながっている。

事例10　小湊妙の浦遊覧船協業組合
　鴨川市に所在し，1954年12月に設立され，出資金は4,144万円，組合員数は259名，組合員業種は観光事業である。特別天然記念物である「鯛の浦のタイ生息地」では，深海性回遊魚で群れをなさないマダイが水深10～20mの場所に群れで定住しているという珍しい習性を持っている。保護の必要性とともに観光資源の一つになると考えて，観光遊覧船の運営ならびに鯛の浦会館の運営を行っている。観光遊覧船は，全船救命胴衣完備，賠償保険加入済みと安全面に配慮するとともに，一人でも気軽に予約なしで乗船できる不定期遊覧船とした。組合の共同施設である鯛の浦会館では，鯛の浦に関する貴重な資料を展示するとともに，土産売り場や眺めのよい展望室等の施設も併設し，乗船後も楽しめるように工夫されている。
　その他，ホームページでの割引券発行，キャンペーンの開催，県立鴨川青年の家とのタイアップによる小中学生の誘致等，リピーター獲得のための取組みも強化している。行政等と協力しながらタイの育成・保護にも努めている。これらの取組みは，たびたびマスコミにも取り上げられて，鴨川市の重要な産業である観光の一翼

を担っており，話題性の高まりとともに乗船客を増やしてきたものの，2007年度は11万1,889人，2008年度は10万5,806人，2009年度は10万4,357人と乗船客数はやや減少傾向にある。

　事例11　三崎朝市協同組合
　三浦市に所在し，2000年6月に設立され，出資金は290万円，組合員数は29名，組合員業種は農業，漁業，卸売業，小売業，飲食店またはサービス業を行う事業者である。法人化前の1989年から朝市を開催してきたが，度重なる経済不況の影響を受けて，朝市の魅力づくりとして新商品作りを検討してきた。特産品の「マグロ」を使った「マグロちまき」や「マグロぶっかけ丼」等のオリジナル商品を開発して，マスコミで紹介されるほどの人気商品となった。販売員の顧客とのやり取りによる「活気」は朝市の「売り」となり，来場者の増加，固定客化につながっている。最近では，県内朝市との共同開催，2009年度には野毛地区振興事業協同組合（横浜市中区）主催による中小企業地域活用促進プログラム認定事業として，商店街の大道芸イベントと朝市をコラボした「野毛大道芸フェスタ」の開催，三浦市の「シティ・セールス・プロモーション」事業等と連携したプロモーションおよびブランディング活動なども展開している。
　交通アクセスが余り良くないのにもかかわらず，毎週日曜日の朝市には2,000〜3,000人超，三崎朝市・三崎漁港には年間170万人が訪れるようになり，オリジナル商品の売上も設立当時の300万円から現在では500万円超に増加している。最近は，パッケージツアー等にも三崎朝市が組み込まれるようになり，新たな観光資源として地域活性化に大きく貢献している。こうした取組みによって，魅力ある朝市として，各種マスコミに多数取り上げられ，全国を代表する朝市として確固たる地位を築くとともに，地域活性化・賑わい創出を果たし，商店街（地域）の新たな魅力づくりのモデルケースとなっている。

第3節　甲信越地方の事例組合

　事例12　新潟県すし商生活衛生同業組合
　新潟市に所在し，1960年12月に設立され，出資金は26万円，組合員数は280名，組合員業種は寿司小売業である。新潟県水産海洋研究所が開発した速熟法，すなわち高鮮度の地場産魚介類を豆麹により速熟させる製法で，魚醤油特有の臭みや酸味を抑える技術によって，新潟県漁業協同組合連合会は，地魚の販売促進と高付加価値化を図るために南蛮エビを原材料とした魚醤油を試作した。新潟県漁業協同組合連合会と連携して，売上低迷の抜本的な打開策として魚醤油と地魚を素材とする新潟の食ブランドの創造に向けての活動を開始することとした。2009年度から地魚を使用した寿司メニュー「極み」を南蛮エビ魚醤油と組み合わせて販売したところ，同

年度における「極み」の販売数は4万3,000食以上に達し，金額に換算すると当組合の組合員に1億3,000万円以上の経済的効果をもたらした。

2007年7月16日に発生した中越沖地震による風評被害を払拭して，新潟県観光のイメージ回復を目的とする復興キャンペーンに参加したほか，JR東日本や観光業者と提携して，新幹線往復キップと地魚寿司「極み」をセットにした旅行商品を発売したところ，3,279人の利用者を数え，首都圏からの観光客の誘致に大きく貢献した。組合員と観光業者にもたらした地域経済効果は，年間9億5,000万円以上に上ると試算されている。2010年度からは，新潟魚醤油食ブランド普及協議会を結成して，新たなメニュー開発，海外の観光客誘致等にも取り組んでいる。

事例13　南アルプス特産品企業組合ほたるみ館

南アルプス市に所在し，2004年6月に設立され，出資金は113万円，組合員数は113名，組合員業種は農業者である。地域農業の振興，地産地消の普及を目的として，任意組織である「櫛形町あやめの里・特産品加工組合」を設立して，1998年には中山間地域総合整備事業により農産物加工施設「ほたるみ館」が建設され，市場に出荷できない農産物を有効活用するための加工組合の活動拠点が確立された。2004年に任意組織から企業組合「南アルプス特産品企業組合ほたるみ館」に組織を変更して，事業活動を行っている。組合員のほとんどは農業者であることから，自らが生産，加工・製造して，自らが運営する指定管理者施設で販売を行う仕組みとなっているために，それぞれの組合員の意識が非常に高く，販路が拡大するにつれて売上高も年々増加してきている。

具体的には，①朝市の開催（2009年度売上高は6,000万円），②地元学校給食への食材の提供，③加工事業（ジャム班，製菓班，漬物班，味噌班，惣菜班，アイス班，果実班），④地元スーパーや観光物産施設での委託販売やイベント開催等の販路開拓・販売促進事業，⑤拠点施設「ほたるみ館」，および直売所「まちの駅・くしがた」の管理・運営，⑥小・中学生，一般を対象としたジャム等の体験学習（2009年度参加者は400名）等を行っている。企業組合として組合員が110人を超えて，地域貢献として多方面から大きな反響を呼んでおり，先進事例として取材や視察等も多く受け入れている。

第4節　中部地方の事例組合

事例14　商店街振興組合静岡県呉服町名店街

静岡市に所在し，1964年7月に設立され，出資金は209万円，組合員数は86名，組合員業種は小売業，サービス業である。呉服町ブランドを強化して対外アピールを行うため，専門店ならではの品揃えによって差別化を図っていく必要性によって，1993年から「一店逸品運動」を実施してきた。「一店逸品運動」とは，各店舗が自慢

のオリジナル商品を作り，工夫を凝らした買い回りの逸品を開発して提供するものである。開発を行うにあたっては，一店逸品委員会を組織して，同業者も含めてアイデアを出し合いながら値段に至るまで意見交換を行い，毎年新作を発表している。

　この運動によって，それまで関心の低かった商店も商品開発に積極的に取り組むようになり，現在では各店に話題の逸品が存在し，全国的に注目される商品も多い。逸品商品を生み出すことによって，消費者のニーズを把握して敏感に対応することができる感性を身に付けて，来店客とのコミュニケーションを深めながら自信を持って商品説明を行うことが可能となった。また，逸品チラシを折り込みPRすることによって，新たな顧客の掘り起こしにつながり，店舗の売上の増加や，記念品等の大型受注につながる組合員も出てきている。これらの一連の活動によって，静岡呉服町名店街の知名度が高まり，新しいテナント進出にも効果を生み，呉服町ブランドの向上が図られた。

事例15　中部アイティ協同組合

　名古屋市に所在し，2001年2月に設立され，出資金は641万円，組合員数は127名，組合員業種は情報サービス業である。2006年度から中小企業庁による「若者と中小企業のネットワーク構築事業」が開始されて，翌年度に当組合が提案した若者と中小企業をインターンシップで結びつける「夢プロジェクト」が採択された。IT企業にとって将来の技術者や経営幹部を育てることは最大の経営課題であるが，中小各社の個別努力には限界がある。こうした問題解決を組織の共同戦略に位置づけてインターンシップ事業を展開した。インターン中のカリキュラムを各社毎に企画して，それをイベントで一覧展示して学生などに選択させるという仕掛けを行うことで内外からの注目が集まった。

　このイベントは春，秋に開催され，それぞれ夏季と冬季のインターン受入れにつなげているほか，2月には関係機関に対する成果報告会を開催している。2010年4月に名古屋市国際会議場において開催された「夢プロジェクト春」には，学生211人，未就職者13人，学校当局者22人，企業関係者96人，官公庁職員13人の参加を得た。同年4年目を迎えた夢プロジェクトは，中小企業での自己実現を志向する地域の若者と教育指導者の間に定着してきているが，就職難の中でさらに広範なニーズが出てきている。今後，中部地方を特徴づけるものづくり産業全体に当組合の手法が広がっていくことが期待されている。

事例16　田原旭町通り商店街協同組合

　田原市に所在し，1992年9月に設立され，出資金は140万円，組合員数は13名，組合員業種は小売業，飲食店またはサービス業である。都市計画道路整備事業に合わせて設立された商店街組合である。田原町は1995年から再開発に着手した。中心市

街地の北隣に位置する旭町商店街でも，この一環として道路の拡幅整備が行われたことを機に，街区東側をセットバックして共有多目的広場を作るなど，ハード面での商店街の整備に取り組み始めた。普段は共同駐車場として使われている広場を中心としてさまざまなイベントを企画・開催し，市民の触れ合いや，当地域（三河田原町周辺）のメインストリートである，「はなとき通り」ならびに個々の店舗の販売促進を目的として各種のソフト面の取組みも続けている。特に7月に行われる夜店は，田原市商工会青年部と共催して，3,000～4,000人が訪れる一大イベントとなっている。

10月には「はなとき周年祭」，11月上旬から12月下旬には公園の木や複合施設のイルミネーション装飾，また1月から3月にかけて開催される「田原市菜の花祭り」に合わせて，はなとき通りでも菜の花を飾るなど，人々の目を楽しませている。イベントは，その都度新聞等のマスコミに周知を図り，広くPRされることで集客効果を高めている。個店のイベントへの注目が集まることで各組合員の満足度も高まり，イベントの継続にもつながっている。これらの取組みを通して，個々の店舗が活性化するとともに，組合員の団結力が高まり，年間を通じてイベントの開催ならびに組合事業を推進する上での大きな活動力となっている。

事例17　飛騨のさるぼぼ製造協同組合

高山市に所在し，2006年6月に設立され，出資金は115万円，組合員数は4名，組合員業種は民芸品の製造である。地域団体商標制度が類似品問題の解決につながると考えて，地元の民芸品製造業者が団結して2006年6月に設立された。同年8月には同商標の登録を申請して2007年に取得し，組合員が製造する「飛騨のさるぼぼ」ブランドの保護とともに，組合員の信用の維持・向上に向けた活動を本格化させた。組合員や関係業者はもとより地域住民に「飛騨のさるぼぼ」ブランドの知名度アップを図るべく，飛騨国分寺境内の庚申堂の横に「さるぼぼ人形の石像」を設置してさるぼぼ供養を開始し，東海テレビが企画・製作したさるぼぼの歌「さるぼぼ☆サルサ」を組合でCD化し，市内保育園・小学校に無料配布したこと等，さまざまな活動を地元情報誌や新聞等メディアを通じて積極的にPRした。

2008年には，岐阜県内の工芸品を広く世間に紹介するために，岐阜県独自に制定された「岐阜県郷土工芸品」指定制度に申請して同年10月に指定された。「飛騨のさるぼぼ」ブランドの保護を推進するために立体商標の申請を行い，2009年に取得した。今後は，継続的に粗悪な類似品に対する注意喚起と，「飛騨のさるぼぼ」の登録商標の周知を図っていくこととしている。

事例18　井波彫刻協同組合

南砺市に所在し，1947年7月に設立され，出資金は3,388万円，組合員数は119名，組合員業種は木彫刻業を行う事業者である。井波彫刻の主力製品である欄間（らん

ま）の需要が減少して産地を取り巻く環境は厳しく，産地とそれを構成する企業の維持・存続のためには，井波彫刻の知名度を向上させてブランド力を高めていく必要があった。地元の井波商工会が当組合と連携して，「小規模事業者新事業全国展開支援事業」に採択されたことをきっかけに，商工会内に設置された委員会に組合が参加して新商品の開発に取り組んだ。

具体的には，① 現代の住環境に相応しいインテリア，② 新たな街の景観を生みだすサイン，③ 楽器分野での新商品の開発，といった三分野においてそれぞれ事業部会を設けて商品開発に取り組んだ。楽器分野では，井波彫刻のあらゆる技術を投入して約1年の試行錯誤を重ねた結果，木彫エレキギターを完成させた。販路開拓を促進するために，マーケティング活動，PR事業，ホームページを制作した。井波彫刻を施したエレキギターは，プロのギター演奏者によるコンサートが開催されるなど地域の話題となった。全国誌の週刊誌に井波彫刻のもつ文化的な価値が取り上げられて，数千万円の広告費に匹敵する効果をもたらした。新商品開発にあたっては，商工会や組合，組合員のみならず，地元の富山大学，建築設計士，楽器メーカーなどの広範な専門家が参画し，連携して事業に取り組んだ。

事例19　大野もろみ蔵協同組合

金沢市に所在し，1998年9月に設立され，出資金は100万円，組合員数は18名，組合員業種は農業，設備工事業，食品製造業，窯業・土石製品製造業，飲食料品小売業，広告業などである。古い街並みや大野町内に遊休化していた「もろみ蔵」に着目して，街づくりを意図する異業種の事業者が組合を設立して，自分たちの手で修繕・改築して，第1号「ギャラリー＆茶論・もろみ蔵」として再生した。それ以降，計6棟の蔵を再生して，街づくりの視点から地域との交わりを重視するとともに，若手現代アーティストとのコラボレート，組合と母体である商工振興会，町内外のボランティア等が一体となって活動を展開している。

第1号棟の蔵は，組合員の一人である醤油醸造事業者の敷地内にあった醤油の仕込み蔵を改装して再生させたもので，絵画・写真などの個展・展示販売やコンサートが行われている。第2号棟から第4号棟の蔵は，若手アーティストのアトリエ＆ギャラリー，第5号棟の蔵はアンテナショップ，第6号棟の蔵は主婦や中高年が中心となって運営する，レストランなどのコミュニティービジネスへのチャレンジ店舗として活用している。毎年約2万人が，この「もろみ蔵」を訪れるようになり，地域住民のみならず県内外の観光客にも開かれた空間としてこの町のシンボルになろうとしている。

第5節　近畿地方の事例組合

事例20　おごと温泉旅館協同組合

　大津市に所在し，1951年5月に設立され，出資金は1,000万円，組合員数は10名，組合員業種は旅館，ホテルを行う事業者である。単なる温泉療養ではない効果の見える温泉の新サービスとして提供することを目的として，「運動・入浴・食事」の三つをテーマとしたプログラム「おごとヘルスツーリズム」を開発した。これは，総合的な健康増進，または体質改善を図るためのプログラムであり，「おごと温泉」を旅しながら健康意識の醸成，老若男女を問わない健康維持と体力づくりメニューの開発・提供に努めている。当組合，大学，観光協会および地元企業等が連携して，おごと温泉独自の新サービスを提唱し，これを事業化するために，①美運プログラム，②美浴プログラム，③美食プログラムに取り組み，集客の安定化を試みている。これらを「見える化」するための運動データの管理および健康増進，体質改善に関する個人アドバイスシステムを開発している。

　上記組み入れ宿泊付き観光商品の共同開発・共同販売（組合事業として）を，地域資源活用促進法の認定申請に基づき5カ年計画で事業を行っている。プログラムを組み合わせて，旅行業登録後は，当組合として宿泊付プランや日帰りプランなど旅行商品を企画・販売する。5カ年計画最終年となる2013年の年間売上は2,000万円を見込んでいる。本事業のように，温泉利用の目的を本質的に満足させるサービスを提供することが，周辺環境を活用したリピート数の増加，顧客層の広がり，連泊・日帰り顧客の増大につながるものと期待できる。

事例21　京都府砕石協同組合

　京都市に所在し，1972年9月に設立され，出資金は510万円，組合員数は17名，組合員業種は採石業（砕石業を含む）を行う事業者で，地区内に事業場を有することである。2004年の台風23号によって甚大な被害を受けた京都府北部地域の道路復旧の経験を機に，大規模災害の際にライフラインの復旧を支援し，地域に貢献できる取組みを継続していこうという意識が芽生えた。2007年には京都府と「災害時協力協定」を締結し，地震や洪水，豪雪等，大規模災害の際に道路や堤防等に使用する砕石や土砂を無償で提供して，組合に加盟する組合員が重機や車両を使って復旧作業に取り組むこととした。

　採石場跡地の緑化促進は，採石場跡地は岩盤がむき出しで保水が困難なため，「吸水ポリマー」を使用した。植栽適期に関係なく，あらかじめ培養した保水性土壌苗キットを岩盤に削岩機で開けた穴に植えることで，早期緑化を目指している。苗については，黒松，蔦などの比較的乾燥に耐えられる国産種を選定して使用し，外来種による環境変化の防止にも考慮している。2007年5月の「災害時等における京都

府砕石協同組合の協力に関する協定締結式」は，地元紙にも大きく掲載され，マスコミ等からの注目を集めるに至った。吸水性ポリマーを使用した採石場跡地の緑化は，2010年夏からの取組みであり，現在は乾燥に強い黒松を主体に植樹しており，今後の成果が期待されている。

事例22　奈良県製薬協同組合

御所市に所在し，1949年10月に設立され，出資金は4,347万円，組合員数は57名，組合員業種は薬事法第12条に基づく許可を受けた医薬品製造業である。組合員企業の活性化，高齢化が進む配置従事者の後継者不足の解消，さらに生活習慣病の予防に役立つことで国の医療費の削減を目的として，組合内に「研究・開発特別委員会」を設置して，生薬を配合した新製品の開発を進め，医薬品として初めての俵状錠剤の開発に成功させた。その後，奈良県薬事研究センターの協力のもとに製剤の試作，規格試験法，安定性試験等を行い，京都薬科大学に薬理学的評価試験，実生産規模での試作は組合企業が担当するなどして，産官学が連携した奈良ブランドの医薬品「天平宝漢」を開発した。

2006年に厚生労働大臣の製造承認を受けて，同年8月から発売を開始した。その後，販売課題の洗い出し，販売コンセプト，ブランドイメージ等の研究開発等を図って新たな商品化を行った。2008年度，2009年度にはそれぞれ毎年1,200個を販売することによって約350万円の事業収入が得られた。特産品を活かした新商品づくりによって，本事業にかかわる事務職員の人件費にあてることや，組合員の賦課金を下げるなどの財政面にも寄与している。

事例23　大阪府塗装工業協同組合

大阪市に所在し，1947年6月に設立され，出資金は3,154万円，組合員数は119名，組合員業種は塗装工事を行う事業者である。大阪では犯罪の低年齢化が社会問題となり，青少年の健全育成を目的とした取組みについて各所でさまざまな検討がなされていた。大阪府警察は，他の行政機関や関係機関・団体にも啓発を呼びかけて，地域の中学生や未成年者を対象に地域の落書きを塗装で綺麗にして規範意識の啓発を図り，安全で安心して暮らせるまちづくりを目指そうと，当組合に相談をもちかけた。活動当初は，地域の落書きを地域住民や中学生，保護観察中の少年，継続補導中の青少年が塗装するための支援を行った。教育委員会等から公立中学校において，校舎の汚損された壁面等を塗装で綺麗にさせる活動を行いたいとの要請があり，教育現場において塗装指導等を行って，生徒に対してルールを守ることの大切さを醸成させる活動を実施した。

2009年度から大阪市では，長年大阪の街頭犯罪ワースト１の汚名を返上する活動の一環として，地域住民による落書き消し塗装事業を実施している。当組合はその助言指導を実施している。大阪市が主宰する落書き消し塗装事業は，2011年度まで

に実施される予定である。当初の活動が口コミ等によって行政の各方面に知られることとなり、さまざまな方面から塗装技能を活かした育徳の一環として要請を受け続けている。2002年には大阪府警察本部生活安全部長、2010年には大阪府知事から感謝状が授与された。

事例24　白浜温泉旅館協同組合

和歌山県西牟婁郡白浜町に所在し、1947年3月に設立され、出資金は252万円、組合員数は22人、組合員業種は旅館業である。1999年に「白浜温泉の新食文化の世界発信」というビジョンを掲げて、古くから幻の魚といわれていたクエを取り上げるために、地元はもとより大阪市商店街とのキャンペーンにも参加して、積極的にPR活動を開始した。その後、クエの認知度が高まってきた2002年には、「紀州九絵伝説」のキャッチコピーでさらなるPR活動の強化に努めてきた。2007年には、近畿大学水産研究所で20年の歳月を経てクエの養殖に成功した。これを機に「紀州本九絵・幻の魚をクエる旅」を旗印として町内関係団体・ＪＲ和歌山支社・各旅行エージェントと連携を図った。

名実共に白浜の新しい食材として定着し、町内の飲食店8店においてクエを使った郷土料理の提供を行い、白浜における名物となっている。クエ料理のPRは大手旅行会社3社と提携して実施されている。白浜町を窓口として全国商工会連合会が実施する「地域資源∞全国展開プロジェクト」に町内関係団体で参加し、クエの紹介や試食・販売を行っている。本事業を含めて白浜の魅力をアピールするキャンペーンを各地で行っており、行政機関や観光協会、町商工会、ＪＲや旅行会社等と連携して、地域が一体となって取り組んでいる。国内だけではなく海外向けのホームページも設けて、顧客獲得を目指して周知を図るとともに、「紀州本九絵・幻の魚をクエる旅」のPRを行っている。

第6節　中国地方の事例組合

事例25　協同組合横田ショッピングセンター

島根県仁多郡奥出雲町に所在し、1971年1月に設立され、出資金は3,300万円、組合員数は4名、組合員業種は各種小売業である。経営環境の悪化、エネルギー経費の高コスト体質を解消するために、早急な運営の見直しが求められていた。これらの経営課題を克服して、当組合としての経営力・競争力の向上を図るためには、リニューアル（設備改善・レイアウト改善）を実施して、環境配慮型経営を実践するほかはないとの結論に至り、「地域のエコの拠点になろう」を合い言葉にCO_2削減をねらった設備改善を行った。

具体的には、空調設備の高効率化更新、食品部門のショーケースの高効率化更新、照明器具の取り替え、集中管理装置導入による運用改善、自家発電の廃止を実施し

た。設備改善前には，年間660 t 余りの CO_2 排出状況であったが，これによって234 t（年間計画数値）の排出量削減が見込めることになった（年間計画コスト削減額は800万円）。また，地元との連携をさらに深めるために店頭駐輪場を改装して，利用客の高齢化を考慮してトイレのバリアフリー，地産地消による環境負荷軽減を意識した特産市売り場を開設した。実施から8カ月までの実績値を検証すると，当初予定したエネルギー原単位30％以上の削減を達成しており，計画通りの推移を示す格好となっており，年間 CO_2 削減量234 t，エネルギーコスト削減額800万円の目標値をねらえる状況にある。それに合わせて，来店客数についても2009年対比で増加してきている。

事例26　協同組合岡山県備前焼陶友会

備前市に所在し，1973年5月に設立され，出資金は2,080万円，組合員数は195名，組合員業種は備前焼の製造または販売である。伝統工芸品の全般的な傾向として，愛好家の減少により産地ブランド力だけで自然と売れた時代は終わり，良いものでも積極的にPRしなくては売れない時代になった。当産地の伝統工芸「備前焼」製品を広くPRし，販路を開拓するために，①全国主要都市での備前焼まつりPRキャンペーンの実施，②県外イベントへの参加，③展示即売会および協賛展の開催，④備前焼まつりの開催，⑤共同販売事業，⑥備前焼チャリティ展の開催，⑦煤煙処理研究事業，⑧地域活動などの各種事業を実施している。

備前市は，備前焼まつりを中心として，観光客誘致や備前焼に関連する産業全体の底上げを図ることが必要であることから，13万人から14万人とされる多数の来場者のリピート率を高めることが重要となる。そこで，県内外のマスコミへのアプローチ，市の教育委員会との連携によって，陶芸家が講師となって小学校で備前焼の製作体験授業を実施し，町内会のイベントに積極的に組合が参画・協力をしている。備前焼の会員作品112点を岡山県知事が理事長を務める県郷土文化財団に寄贈するなど，社会・文化に対する貢献度も高い。

事例27　熊野筆事業協同組合

広島県安芸郡熊野町に所在し，1947年4月に設立され，出資金は4,220万円，組合員数は115人，組合員業種は毛筆，画筆もしくは刷毛の製造または販売を行う事業者，およびそれに関連する事業者である。技術革新による大量生産，大量消費の経済構造の確立や国民の生活様式の変化によって，価格・量産における優位性の少ない毛筆産業は，近代工業製品にシェアを奪われるようになった。毛筆製造においては，業態を支えていた徒弟制度の基盤が崩れて従事者が激減していった。2006年度に熊野町役場内に雇用促進協議会が設けられて，筆の製造技術を伝承するための人材育成・確保等を図る目的で，地域提案型雇用創造推進事業が3年間に渡って実施された。

そうした実績を踏まえて，2009年度からは伝統的工芸品産業を振興するための事業として国と町の支援を受けて，組合主催によるマイスタースクールの運営を行っている。伝統工芸士数名の講師によって，筆事業所勤務の工程限定者や経験年数の少ない筆職人に対して，伝統工芸士級の伝統技術修得を目指して基本となる兼毫筆や小筆，羊毛筆等の製造技術の短期研修および各工程の技術短期研修を行っている。マイスタースクールの運営が新規職人や従事者の確保と技能の向上に寄与する仕組みとして定着しつつあり，3年間で受講者が75人あり，現在37人が職人として就職して，引き続き伝統工芸士を目指して熊野町内の筆製造会社で活躍している。今後は，市場ニーズへ素早い対応，オーダーメイドによる熊野筆ブランド確立，技術力・品質・信頼性をもとに，より一層優れた筆づくりを目指していく。

事例28　ふるさと萩食品協同組合

萩市に所在し，1999年10月に設立され，出資金は2,490万円，組合員数は15名，組合員業種は小売業，卸売業または製造業（共同店舗内に店舗を有すること）である。山口県漁業協同組合萩統括支店が扱う多獲性・低利用度魚種について，当組合を核としたチームを結成して，高付加価値惣菜系加工品化をプランニングした。製品開発の対象魚種が小鯵や小型イカ類は，全国的に見てもありふれた魚種であるために，連携参加者である萩海産物加工協同組合に協力を仰いで加工技術を活用して製品化した。市場競争力のある製品作りに徹して，販路確保のためのPR活動にも重点的に取り組んだ結果，一部魚種で生産者価格の上昇の兆しが見られるようになった。

単なる地物特産品の直売所機能に留まらず，PR発信拠点として地域水産業振興の中心的な役割を果たしてきた。特に，多獲性・低利用度魚種の付加価値付け・都市部マーケット参入による魚価の向上，低価格魚種の価格上昇による漁業者の増収と萩産水産加工品の各チャネル売上の増強，本事業による新製品を萩市の特産品として位置づけるなどといった形で，地域の活性化に成果をあげている。萩市は観光都市でありながら，地元市民をコアターゲットにして鮮度・価格・味・トレーサビリティを売りにした地産地消を目指している。

第7節　四国地方の事例組合

事例29　宇和島蒲鉾協同組合

宇和島市に所在し，1982年10月に設立され，出資金は828万円，組合員数は23名，組合員業種は水産煉製品製造販売業である。「宇和島じゃこ天」を名乗る粗悪品が出回り，被害拡大を防ぐことが組合の課題となっていた。そこで，地域ブランドを活用した地場産品の高付加価値化と競争力強化に取り組むこととなり，当組合を中心に研究会を発足させた。愛媛県では「地場産業地域ブランド育成支援事業」が創

設され,「宇和島じゃこ天」を全国で通用するブランドにすることを目標として,2年間同事業(「じゃこ天プロジェクト」)に取り組んだ。商品の品質面では,原料魚およびその配合比率の統一化を図り,積極的なPR活動を行った。

　各団体,民間事業者等が協力し合って,県内外のさまざまなイベントに積極的に参加した結果,2007年10月には「宇和島じゃこ天」が地域団体商標として商標登録された。これによって地域ブランドの確立体制が図られ,売上拡大と産地PR,品質の統一が図られ,全国蒲鉾品評会において受彰する組合員がでてきた。今後はじゃこ天をB級グルメの素材などとして利用できるように研究・提案して,国内外での需要を高めるために商品開発に取り組み,販路拡大,イベントの企画や見本市・展示会等への参加支援を行っていく計画である。

　事例30　高知県電気商業組合
　高知市に所在し,1963年2月に設立され,出資金は非出資,組合員数は217名,組合員業種は電気機器の販売の事業を営む者である。高知県は,県民,事業者,各種団体および自治体が連携・協働して総ぐるみで地球温暖化防止活動を推進することを目的として,2008年9月に高知県地球温暖化防止県民会議(会長=高知県知事)を設立し,当組合も当初より参画している。本事業では,セミナーの開催や,大川村全230世帯のすべてが省エネ電球に交換する取組みを通じて,子どもから大人まで村民全体に省エネを心掛ける暮らしへの意識を高めてもらう。県民に対しては,新聞やテレビなどでこの活動を広く周知を図ることによって,低炭素社会づくりへの啓発を行うことをねらいとしている。

　今回の電球取り替えによって,村民に対して省エネ意識を喚起することができ,直接的には年間約20 tのCO_2削減という成果が得られた。このエコ活動が地元テレビや新聞に大きく取り上げられたことによって,多くの県民に向けて低炭素社会への啓発がなされた。報道を通じて当組合の認知度が上がるとともに,高知県知事より高知県地球温暖化防止県民会議会長賞を授与されるなど,組合ならびに業界の社会的地位の向上にもつながった。

第8節　九州・沖縄地方の事例組合

　事例31　新天町商店街商業協同組合
　福岡市に所在し,1950年10月に設立され,出資金は1億9,619万円,組合員数は66名,組合員業種は小売・サービス業その他事業である。福岡県の中心商業地域の一つである天神地区は,九州全域が商圏であり,海外からの観光客も多く,さまざまな消費者ニーズに対応することが必要である。このような商業環境の中で来街者に対してイベント事業以外でのサービスの提供方法を模索した結果,「環境,安心・安全」に着目した事業内容を検討した。福岡市内の商業地域は,1996年開業したキャ

ナルシティ，2011年改装されたＪＲ博多駅ビルなどの新商業施設が台頭して，地域間競争が激化していることから，来街者が快適に利用できる商業空間を創出することとした。

「安心安全・高齢者にやさしい・環境にやさしいまちづくり」というテーマのもと，①防犯カメラの設置，②省エネ型アーケード・バリアフリー型カラー舗装，③堆肥処理施設の3事業を実施した。特に堆肥処理施設による有機肥料を無料で配布するエコロジーへの取組みが，商店街のイメージアップを図ることに成功して，予定されていた肥料が全てなくなるなどの好評を博した。2007年度に新設したアーケードは，映像・音響装置によって来街者が楽しめる空間づくりを行い，地元大学の協力を得て視覚・聴覚効果も十分に検討されたもので，産学連携の新たな事例といえる。

事例32　福岡中小建設業協同組合

福岡市に所在し，1979年8月に設立され，出資金は2,890万円，組合員数は44名，組合員業種は建築業法の許可を有し，建設業を行う事業者である。地域資源である「耳納杉」を活用するために，浮羽森林組合，岩佐製材所と三者で「耳納杉」産直ネットワークを形成した。「顔の見える家づくり」をコンセプトにして，「地産地消」を家づくりに導入し，地域の木材で家づくりを行っていた時代のように，そこで育った木が家になるまでを総合的に考えるのがネットワークづくりの趣旨である。本ネットワークの形成によって，「耳納杉の家」の受注実績は，2008年度は新築7件，リフォーム3件，2009年度は新築3件，リフォーム11件，2010年度は新築8件，リフォーム7件に達している。

2009年にNPO法人グリーンフォレスト福岡を設立し，ファミリーを対象とした耳納連山での「枝打ち」「植林」「田植え」体験等を通じて，森林資源の循環についての啓発と次世代に向けた森づくりに取り組んでいる。家づくりに地産地消の考え方を取り入れて，「住まい手」の立場に立った「顔の見える家づくり」への取組みを行っている。組合員にとっても，従来の価格競争ではない，森林資源の循環・保護や「住まい手」の健康（シックハウス症候群対策）等の提案型住宅建設が可能となり，新たな住宅市場開拓にもつながっている。

事例33　諸富家具振興協同組合

佐賀市に所在し，1979年7月に設立され，出資金は176万円，組合員数は30名，組合員業種は地区内に事業所を有し，家具または建具の製造・販売を営む者，およびそれに関連する事業を営む者である。家具産地の諸富は，資材・部材加工・量産家具・特注家具メーカーなどの，家具製造に関する多様な業者が集積している。諸富家具ブランドの構築を目指して，数年度に渡って活路開拓事業を実施することによって，ライフスタイルに対応したセミオーダー住宅家具の開発や，組合員企業に

おいてあまり重視されてこなかった異分野市場の商品開発に取り組んできた。これまで主に既製家具メーカーを対象にしていた事業の取組み方を，建具・別注家具・資材メーカーといった家具関連の組合員企業との連携を行う方向に比重をおくこととした。このような経緯から，今後の当産地が目指す方向性を具現化するためのビジョンを作成・共有して，産地ブランドの再構築を目指す活動を行っている。

地産地消商品として，杉を中心とした国産材を使用した量産家具の商品化に向けての研究開発にも取り組んでいる。セミオーダー住宅家具や子供用家具の開発の成果は組合員企業に定着し，新規顧客の確保や売上高の増加にも大きく貢献している。共同受注の売上高は，2008年度には1,000万円を超え，2009年度は3,000万円超となった。加えて，中小企業地域資源活用促進法認定1社，新連携認定1社，経営革新計画の承認1社となり，さらに数社が中小企業新事業活動促進法の事業計画認定に挑戦している。

事例34　佐世保機械金属工業協同組合

佐世保市に所在し，1972年6月に設立され，出資金は1,672万円，組合員数は8名，組合員業種は鉄工，機械加工，金属製品製造，輸送用機械器具製造，船舶製造・修理，情報サービスである。「日本を元気にする企業は"ものづくり"から」という自負によって，技術者のものづくりに意欲を燃やすモチベーションアップと付加価値製品に対応するためのスキルアップを目指して，組合オリジナルの人材育成事業を2009年から実施した。研修を必要とする人材のそれぞれの段階に対応するために，研修コースを大きく「若年者層・基本技術習得コース」「中堅者層・中級技術習得コース」「管理者層・上級技術習得コース」の三つに分類して，豊富な研修テーマを用意した。その結果，若年者層コースは259人，中堅者層コースは290人，管理者層コースは157人が参加した。

研修後のアンケートでは，研修に参加した6社のうち5社が"概ね満足"と回答している。組合員企業従業員以外にも一般応募者が33人おり，ものづくりに関心が高いことが伺えた。有能な人材を育成して世界に通用する企業を地域に根づかせることができれば，地域にとっても望ましく心強いとの声も聞かれた。本事業において組合員に限らず広く受講生募集を行ったほか，地元高校から積極的にインターンシップを受け入れるなど，地域に対する貢献も著しい。

事例35　新富町商業協同組合

宮崎県児湯郡新富町に所在し，1988年10月に設立され，出資金は7,918万円，組合員数は25名，組合員業種は小売業，サービス業，不動産業である。大型ショッピングセンターが県内にも進出し，顧客の流出が著しくなり，地元商店街は空き店舗の増加などで衰退傾向にあった。そのような状況を打破して，地域生活基盤の確保と街の賑わいを維持するために，隣接する大型店の駐車場の空きスペースを有効活用

した自由市場（朝市）を開催した。温泉利用客等の集客との相乗効果により，商店街への回遊性を高めた結果，隣接する市や町からもリピーターが訪れるようになっており，集客に貢献している。2008年には，商店街の近くに位置する町営温泉施設に指定管理者制度が導入されて，当組合事業が温泉施設の指定管理者となった。取組みから2年が経過した現在では，きめ細かなサービスとおもてなしによって，地元自治体や地域住民からの信頼も厚く，組合の安定的な経営にも寄与している。

　商店街の空き店舗の有効活用策として，「町民ギャラリー」を設置して絵画や陶器・写真展を年間約30回開催したところ，延べ1万人弱の集客に効果をあげた。これらの取組みは，「地元住民参加型のまちづくり」と「町外からの集客」の両面の機能を有している。自由市場や温泉の利用客を商店街に呼び込むことによって，街の賑わいを取り戻し，商店街の集客増加と個店の売上増加にも貢献している。温泉施設の入場者・売上高も対前年比6％増となり，それまで経常的に赤字体質だった組合の決算が，今では剰余金を出すまでになり，組合財政の改善に大きく寄与している。

事例36　鹿児島総合卸商業団地協同組合

　鹿児島市に所在し，1967年12月に設立され，出資金は5億6,822万円，組合員数は81名，組合員業種は卸売業，小売業，製造業，一般土木建築工事業，道路旅客運送業，道路貨物運送業，倉庫業，自動車整備業，物品賃貸業，不動産賃貸業，損害保険代理業である。卸売業を取り巻く環境は，通信販売やインターネットを活用した市場規模の急速な拡大，小売店からの値下げ要求などによって大変厳しい状況にある。電子商店街，電子見本市，小売店へのリテールサポート機能を持ったサイトを開設し，消費者の購買動向や消費ニーズを的確に把握することが，メーカーへの小売ニーズの提供，訴求力の増大，現在の卸売側の機能の充実による安定した収益の確保につながると考えて，Webサイトを活用した情報ネットワークシステムを構築した。サイトにおける取扱高は，2008年度は約391万円，2009年度は約444万円となっている。

　電子商店街「オロシティ・ドットコム」には19社が参加し，電子商店街を通じた消費者からの受注のほか，消費者の直接の声を収集して小売店のリテールサポートに役立てている。組合員の主要顧客である地方の小売店が，電子商店街の掲載を見た消費者から当該商品の発注を受けるなど，その存在が着実に実を結びつつあり，電子商店街への商品掲載が，地方小売店の新たな販路開拓につながる効果を示していることは大きな成果である。この電子商店街に求める最大の機能は，リテールサポートのための情報収集機能であり，組合員は取引先や顧客に対して，最新かつ生の消費者の声やニーズをもとにした事業提案を行うことが実現できるようになった。

第13章　地域活性化に貢献する中小企業組合事例　425

事例37　沖縄市管工事協同組合

　沖縄市に所在し，1974年5月に設立され，出資金は7,241万円，組合員数は22名，組合員業種は沖縄市より指定給水工事業者ならびに下水道排水設備指定工事店の指定を受けている管工事業者である。沖縄県の管工事業界は，公共工事関連予算の削減や指定工事店制度の規制緩和等によって厳しい経営環境下にある。こうした状況を打開するために，2005年7月に新規事業研究開発委員会を発足して環境分野への取組みをスタートさせ，当組合として「エコアクション21」の認証取得に取り組んだ。認証取得後は，PDCAサイクルによる経営の効率化と地球温暖化対策等や地域環境へ配慮した環境経営を実現するために，CO_2の排出量削減，廃棄物削減・資源の再利用・リサイクル商品の積極活用，雨水の活用などの取組みを中心に事業活動を行っている。

　緑化・清掃等地域環境活動として，周辺地域の定期的な清掃活動，河川の清掃活動等に取り組んでいる。このような環境活動の取組みによって，2009年度の組合事業によるCO_2排出量は，対2005年比では建設現場において21.5％，組合事務所において22.6％の削減に成功した。一般廃棄物排出量は19.6％，産業廃棄物量は26.4％の削減に成功し，水道光熱費等の一般管理費についても年間80万円程度の削減効果があった。こうした取組みは，組合による環境活動・環境経営の優良事例としてマスコミ等でも取り上げられ，沖縄県の広報番組でも紹介されている。沖縄県が作成したエコアクション21の普及用パンフレットにも優良事例として掲載されるなど，地域経済・社会からの評価も非常に高い活動である。

事例38　沖縄県衣類縫製品工業組合

　那覇市に所在し，1999年8月に設立され，出資金は207万円，組合員数は20名，組合員業種は織物製外衣・シャツ製造業，ニット製外衣・シャツ製造業，下着類製造業，和装製品・足袋製造業である。「かりゆしウェア」は，2000年の九州・沖縄サミットを機にビジネスシーンで普及し始めたことによって，組合企業の商品にも取り込まれ，2007年には生産高が38万枚になるなど，組合設立当時の8倍まで売上を伸ばしたが，現在は県内でも定着化してすでに飽和状態ともいわれている。今後，継続的に事業を営んでいくためには，未だ開拓余地が残されている県内若年層や女性層，県外市場を開拓する必要がある。そこで，組合員の資質向上を図るとともに，自社ブランドを持ち，県民が愛着を持つ「かりゆしウェア」づくりを目指した。

　今後の製品開発に活かすために，県内市場の現状を把握する調査を行った。それによって，県内では若者や女性層には未だ普及やブランド各社の認知がされていないこと，また県外では，沖縄伝統のシャツとして，デパートなどで父の日ギフトや中高年層へのプレゼントとして重宝されていることがわかった。これを踏まえた製品開発やPRを行った結果，下請加工が多かった以前に比べて自社ブランドとしての商品を消費者へ届けることができ，県内外から共同製作の依頼が入るようになっ

た。その中で，東京ガールズコレクションにおいて「かりゆしウェア」と県外企業とのコラボレーションが実現した。現在も県外企業からの企画提案があるほか，製作発表を海外で行う予定もあり，沖縄県内縫製業のかりゆしウェアが世界へ進出する時代が来るものと期待される。

（佐久間一浩／森川信男）

索 引

あ 行

新しい公共　308
域外市場　161
異業種交流　37, 41, 43, 44, 48, 53
異業種交流会　37, 41, 42, 44, 47
異業種交流グループ　44, 59
異業種連携　37, 40
一億総繋がり症候群　6
イノベーション　73, 76
異分野連携・新事業分野開拓　56
インターナショナル・オーディオ・ショウ　90
ヴァリュー・チェーン　78
ウォークマン　87
エゴ・ネットワーク　78
NPO法　313
大型店舗問題　109, 114
㈶大阪科学技術センター　41
オーディオ・マニア　86
オーディオ産業　76, 79, 85, 93

か 行

改正大店法（1979年施行）　110
改正都市計画法　111
外部環境　356
活動目標段階　190
基幹結合型　25
基幹プロセス　18
企業間組織　37, 38, 51, 53, 54
企業間連携　38, 40, 51
企業系列　10
企業連携　3, 30, 62
企業連携組織化プロセス　47

企業連携の類型　28
技術環境　133
技術交流プラザ事業　43
技術と市場開発研究会（MATE）　41, 47
旧城下町法（特定不況地域中小企業対策臨時措置法）　41
旧制度学派　128
業際化　48
業種・業態転換　38-40, 48, 54
行政刷新会議　58
共同事業　215
協同組織　161
業務的連携　29
漁業共同組合　210
禁じられた三者間の関係　81, 82
近促法　40
金流型組織　21
組合活動レベル　309
組合間連携　364
組合設立数　276
クリーク　81
グローバル市場　185
経営革新　279
経営革新計画　55
経営革新支援　55
経営革新法　55, 56
経営資源　16, 22
ケイレツ　10, 13
系列　7
原因変数の妥当性　265
現象学的な視点　74
県内連携区域　183
コア企業　56, 58, 59, 60

貢献型・苗床型　55
構造転換政策　41
合理性の神話　75
ゴーイングコンサーン　7
国際的連携　30
こだわり商品　190
コミュニティビジネス　312
コミュニティ利益会社　309
混合基幹結合型　27,28
コンパクト・ディスク　85

さ　行

産業構造ビジョン2010　308
産業的連携　29
産業の空洞化　70
産地法（産地中小企業対策臨時措置法）　41
事業化・市場化支援事業　204
事業仕分け　58
事業転換　38,39,40
事業転換法（中小企業事業転換対策臨時措置法）　41,42
事業連携活動　43,45,46
資源依存理論　131
市場活動区域　190
市場活動レベル　181
下請け系列　37
市内連携区域　182
社員等級　143
社会関係的な資本　93
社会起業家　313
社会的課題対応型・環境問題対応型　290
社会的企業　313
社会的共通資本　117
社会的連携　29
シャッター通り　11

重回帰による因果性分析　265
集団化　40
情流型組織　21
職務等級　143
食料自給率　202
人材育成型・雇用開発型　294
新事業開拓　56
新事業創出促進法　55
新城下町法（特定業種関連地域中小企業対策臨時措置法）　41
新成長戦略　202,308
新制度学派　128
人流型組織　20
森林組合　210
新連携　37,38,48,56,58,60-62,204,279
新連携（小企業新事業活動促進法による異分野連携新事業分野開拓）　54
新連携（中小企業新事業活動促進法）　54
新連携・農商工連携制度　55
SWOT分析　355
ステレオ　85
棲み分け　13
スモールワールド　83
制御変数　252
生産連携　53
制度化　127
制度環境　133
制度起業家　131
制度社会学　127
制度組織論　127
制度的同形化　139
制度理論　127,131,133
制度論的な視点　73
全国中小企業団体中央会　34
全国連携区域　184

戦略的提携　71
相関分析　249
創業　279
相互扶助の精神　308
創造的な摩擦　75,76,98
創造法　55
ソーシャル・ネットワーク（社会ネットワーク）　70,76,82,93
ソーシャルビジネス　307,308,311,322
組織化　40,52
組織化プロセス　38,47
組織的なネットワーク　76
組織的連携　29
組織の生態学　74
組織フィールド　77
組織連携　22

た　行

第一次百貨店法（1937年）　108
大規模小売店舗法　13
対境　48,49
大店法（大規模小売店舗法）　107,108,109
大店立地法（大規模小売店舗立地法）　107,111
第二次百貨店法（1956年）　108
ダイバーシティ・マネジメント　70
第六次産業化　195
タウンマネジメント　112
単回帰による因果性分析　263
単純集計分析　245
単相関係数　249
地域活性化　269
地域貢献レベル　309
地域産業資源　278
地域資源　278

地域資源活用　204
地域資源活用型・農商工連携型　288
地域的連携　29,30
地産地消　161
知的財産　353
知的財産権　353
知的資産　352
知的資産経営　354
地方経済再生のための緊急プログラム　203
中小企業近代化促進法　40
中小企業組合　31,161,307,308
中小企業組合制度　31,276
中小企業憲章　349
中小企業支援　63
中小企業新事業活動促進法　55
中小企業団体中央会　34
中小企業団体の組織に関する法律　35
中小企業等同組合法　35
中小企業のネットワーク　98
中小企業法の理念　55
中小小売商業振興法　109
中心市街地活性化法（1998年）　111,112,117
町村連携区域　181
強いつながりの弱点　81
伝産法　40
伝統的工芸品産業の振興に関する法律　40
特定中小企業者事業転換対策臨時措置法（新事業転換法）　42
都市計画法の改正（2006年）　117
トップ・エンド　86
都道府県中小企業団体中央会　34

な　行

内部環境　355

日米構造協議　110
日本型人事制度　138
日本的経営　10
ネットワークの組換え　77
ネットワーク全体　83
ネットワーク組織　53
農商工等連携事業計画　205
農商工等連携促進法　203
農商工連携　37,56,57,164
農商工連携組合　185

は　行

ハイエンド　87
ハイエンド・ショウ　90
バランス理論　82
パワーの法則　80
範囲の経済　90
反百貨店運動　108
ピアソンの相関係数　252
PCオーディオ　84
ビジネスの方法の特許　61
ビジネスモデル　52,62
ビジネスモデル特許　61
百貨店問題　109
ピュア・オーディオ　84,90,93
複雑システム　80
物流型組織　20
フランチャイジング　13
フランチャイズチェーン　37
ブリッジ　83
文化的資本　79,94
文化の多様性　76

分業連携　53
ヘテラルキー　83
偏相関係数　252
ボーダーレス化　11
補助結合型　26
補助プロセス　18

ま　行

Marketing3.0　121
マーケット＆テクノロジー研究会　41
マーケットペイ　149
街づくり活動型・観光誘致活動型　286
まちづくり三法　107,111
問題型　55

や　行

有機的連携　169
融合化法（異分野中小企業者の知識の融合による新分野の開拓促進に関する臨時措置法）　42,43,47,48,55
弱い紐帯　83

ら　行

リンクの組み換え　83
連携　3,4,51,52,53,54,61,62
連携可能な業務分野　196
連携活動期間　219
連携業務分野　195
連携対構築新事業　204
連携ポジション　185,195

編著者略歴

森川　信男（もりかわ　のぶお）
1976年　青山学院大学大学院経営学研究科博士課程単位取得
　　　　青山学院大学助手，専任講師，助教授を経て，
現　在　青山学院大学経営学部教授

中小企業の企業連携
―中小企業組合における農商工連携と地域活性化―
　　　　　　　　　青山学院大学総合研究所叢書

2013年3月30日　第一版第一刷発行

編著者　森　川　信　男
発行所　㈱ 学　文　社
発行者　田　中　千　津　子

〒153-0064　東京都目黒区下目黒3-6-1
電話(03)3715-1501　（代表）　振替　00130-9-98842
　　　　　　　　　　　http://www.gakubunsha.com

落丁，乱丁本は，本社にてお取り替え致します。　　印刷／東光整版印刷㈱
定価は，売上カード，カバーに表示してあります。　　　＜検印省略＞
ISBN 978-4-7620-2361-3
©2013 青山学院大学総合研究所